Die Entstehung des Staatshaftungsgesetzes der DDR

Rechtshistorische Reihe

Band 315

Peter Lang
Frankfurt am Main · Berlin · Bern · Bruxelles · New York · Oxford · Wien

Petra Thiemrodt

Die Entstehung des Staatshaftungsgesetzes der DDR

Eine Untersuchung
auf der Grundlage von Materialien
der DDR-Gesetzgebungsorgane
mit zeitgeschichtlichen Bezügen

Peter Lang
Europäischer Verlag der Wissenschaften

Bibliografische Information Der Deutschen Bibliothek
Die Deutsche Bibliothek verzeichnet diese Publikation in der Deutschen Nationalbibliografie; detaillierte bibliografische Daten sind im Internet über <http://dnb.ddb.de> abrufbar.

Zugl.: Berlin, Humboldt-Univ., Diss., 2005

Die vorliegende Arbeit wurde von
Prof. Dr. Rainer Schröder
zur Aufnahme in die Reihe empfohlen.

ISSN 0344-290X
ISBN 3-631-54033-7

www.peterlang.de

Vorwort

Die Arbeit lag der Juristischen Fakultät der Humboldt-Universität zu Berlin im Wintersemester 2004/2005 als Dissertation vor. Das Manuskript wurde im Sommer 2004 abgeschlossen.

An erster Stelle möchte ich Herrn Prof. Dr. Rainer Schröder für die freundliche Betreuung herzlich danken. Seine Anregungen und kritischen Hinweise haben mir die Fertigstellung der Arbeit sehr erleichtert.

Herrn Prof. Dr. Felix Herzog bin ich für die rasche Erstellung des Zweitgutachtens ebenfalls verbunden.

Erwähnen möchte ich auch die Mitstreiter des von der Deutschen Forschungsgemeinschaft geförderten Projekts "Zivilrechtskultur der DDR" am Lehrstuhl für Bürgerliches Recht, privates Bau- und Immobilienrecht sowie Neuere und Neueste Rechtsgeschichte an der Berliner Humboldt-Universität, die mich durch die kritische Diskussion meiner Vorträge und vor allem moralisch unterstützt haben. Zu nennen sind hier insbesondere Annett und Tina.

Auch meiner Familie danke ich für ihre Geduld; besonders Ivo, der an fast unendlich vielen Wochenenden die Betreuung unserer Kinder übernahm.

Ich widme die Arbeit unserer Tochter Nele und unserem Sohn Ilja.

Berlin, im April 2005 Petra Thiemrodt

Inhaltsverzeichnis

Zweiter Teil

Abkürzungsverzeichnis

a. F.	alte Fassung
ALR	Allgemeines Preußisches Landrecht
Anm.	Anmerkung
AO	Anordnung
Art.	Artikel
Aufl.	Auflage
AZ	Aktenzeichen
BArch	Bundesarchiv (hier zitiert mit Signatur und Seite)
Bd.	Band
BGB	Bürgerliches Gesetzbuch
BGBl.	Bundesgesetzblatt
Beschl.	Beschluss
BT-Drucks.	Bundestagsdrucksache
CDU*	Christlich-Demokratische Union
CSSR	Tschechoslowakische Sozialistische Republik
DA	Deutschland-Archiv
DB	Durchführungsbestimmung
DDR	Deutsche Demokratische Republik
dgl.	dergleichen
DJV	Deutsche Justizverwaltung
DVA	Deutsche Versicherungsanstalt
EG	Einführungsgesetz
einschl.	einschließlich
F. d. R.	für die Richtigkeit
FDGB	Freier Deutscher Gewerkschaftsbund
Fn.	Fußnote
GBl.	Gesetzblatt der DDR
GG	Grundgesetz
GVG	Gerichtsverfassungsgesetz
h.	hinten (Rückseite eines Dokuments)
HGB	Handelsgesetzbuch
i. V.	in Vertretung
KPD	Kommunistische Partei Deutschlands
KPdSU	Kommunistische Partei der Sowjetunion
KRG	Kontrollratsgesetz

* Institutionen oder Organe ohne weitere Zuordnung sind solche der ehemaligen DDR.

KritV	Kritische Vierteljahresschrift für Gesetzgebung und Rechtswissenschaft
LDP	Liberal-Demokratische Partei
LKV	Landes- und Kommunalverwaltung
MdI	Ministerium des Innern
MDN	Mark Deutscher Notenbank
m. w. N.	mit weiteren Nachweisen
ND	Tageszeitung Neues Deutschland (Organ des Zentralkomitees der Sozialistischen Einheitspartei Deutschlands)
NDPD	National-Demokratische Partei Deutschlands
NJ	Neue Justiz
NJW	Neue Juristische Wochenschrift
NÖSPL	Neues Ökonomisches System der Planung und Leitung
NSDAP	Nationalsozialistische Deutsche Arbeiterpartei
NVA	Nationale Volksarmee
NVwZ	Neue Zeitschrift für Verwaltungsrecht
OG	Oberstes Gericht
OGZ	Entscheidungen des Obersten Gerichts in Zivilsachen
RG	Reichsgericht
RGBl.	Reichsgesetzblatt
RGW	Rat für gegenseitige Wirtschaftshilfe (Wirtschaftsorganisation der sozialistischen Staaten)
RGZ	Entscheidungen des Reichsgerichts in Zivilsachen
ROW	Recht in Ost und West
SAG	Sowjetische Aktiengesellschaft
SBZ	Sowjetische Besatzungszone
SED	Sozialistische Einheitspartei Deutschlands
SGb	Die Sozialgerichtsbarkeit
SMAD	Sowjetische Militäradministration in Deutschland
SPD	Sozialdemokratische Partei Deutschlands
StPO	Strafprozessordnung
StuR	Staat und Recht
StVZO	Straßenverkehrs-Zulassungs-Ordnung
SU	Sowjetunion
TBC	Tuberkulose
TMDN	Tausend Mark Deutscher Notenbank
UdSSR	Union der Sozialistischen Sowjetrepubliken
Urt.	Urteil
v.	vorn (Vorderseite eines Dokuments)
vgl.	vergleiche

v. u. h.	vorn und hinten (Vorder- und Rückseite eines Dokuments)
Vfg.	Verfügung
VVG	Gesetz über den Versicherungsvertrag
WGO-MfOR	WGO – Die wichtigsten Gesetzgebungsakte in den Ländern Ost- und Südosteuropas Monatshefte für Osteuropäisches Recht
WRV/RV	Weimarer Reichsverfassung
z. B.	zum Beispiel
z. Zt.	zurzeit
ZGB	Zivilgesetzbuch
ZK	Zentralkomitee
ZPO	Zivilprozessordnung

Einleitung

A. Erkenntnisinteresse

Gegenstand der vorliegenden Arbeit ist die Entstehungsgeschichte des Staatshaftungsrechts der DDR. Das Gesetz zur Regelung der Staatshaftung in der Deutschen Demokratischen Republik, kurz StHG, trat am 12. Mai 1969 in Kraft.[1] Nach der Vereinigung der beiden deutschen Staaten wurde das Staatshaftungsgesetz für das beigetretene Gebiet als Landesrecht übernommen[2], allerdings mit erheblichen, durch den Einigungsvertrag[3] vorgegebenen Änderungen.[4] Das Staatshaftungsrecht der DDR wirkt damit zum Teil in die Gegenwart hinein. Es ist in gesamtdeutscher Sicht aber gleichzeitig - ebenso wie die DDR selbst - zur (Rechts-) Geschichte geworden.

Was macht die heutige Auseinandersetzung mit diesem Teil der DDR-Rechtsgeschichte lohnend und interessant?

Das Staatshaftungsrecht regelt die Ansprüche, die Bürgern zustehen, wenn sie durch hoheitliches Handeln staatlicher Organe Schäden erlitten haben. Damit berührt das Staatshaftungsrecht das Verhältnis des Staates zu "seinen" Bürgern zentral. Hier wird ein – zumindest potenzieller – Interessengegensatz zwischen dem Staat und seinen Repräsentanten auf der einen und den Bürgern auf der anderen Seite rechtlich reguliert. Nicht zufällig werden daher die Staatshaftung und ihre gerichtliche Durchsetzbarkeit in der staatsrechtlichen Literatur als Wesensmerkmal des Rechtsstaatsprinzips angesprochen. Bereits im Jahre 1927 bezeichnete *Jellinek* die Durchsetzung von Staatshaftungsan-

1 Gesetz zur Regelung der Staatshaftung in der Deutschen Demokratischen Republik – Staatshaftungsgesetz – vom 12. Mai 1969, GBl. I, S. 34-35; abgedruckt unten S. 169 ff.

2 *Christoph*, NVwZ 1991, S. 536-541 (536, 538); *Ossenbühl*, NJW 1991, S. 1201-1208 (1201 f.). Siehe auch *Lühmann*, LKV 1991, S. 120-124 (121), und *Büchner-Uhder*, NJ 1991, S. 153-155 (153).

3 Vertrag zwischen der Bundesrepublik Deutschland und der Deutschen Demokratischen Republik über die Herstellung der Einheit Deutschlands – Einigungsvertrag – vom 31. August 1990, BGBl. II, S. 889-1238, in der Form der Vereinbarung zwischen der Bundesrepublik Deutschland und der Deutschen Demokratischen Republik zur Auslegung des am 31. August 1990 in Berlin unterzeichneten Vertrages zwischen der Bundesrepublik Deutschland und der Deutschen Demokratischen Republik über die Herstellung der Einheit Deutschlands vom 18. September 1990, BGBl. II, S. 1239-1245.

4 Art. 9 Abs. 1 Satz 1 und Abs. 2 in Verbindung mit Anlage II Kapitel III Sachgebiet B Abschnitt III Nr. 1 lit. a bis lit. h des Einigungsvertrages.

sprüchen vor den Gerichten als die "ultima ratio des Rechtsstaates".[5] Auch *Stern* sieht einen engen Zusammenhang zwischen Staatshaftung und Rechtsstaatlichkeit. In zweien seiner acht "Hauptprinzipien der Rechtsstaatlichkeit" stellt er diesen Zusammenhang wie folgt dar[6]:

"Sechstens: Gewähr umfassenden Rechtsschutzes durch unabhängige Gerichte in einem gesetzlich geordneten Verfahren auch gegen Maßnahmen der Staatsgewalt einschließlich der Gesetzgebung!

Siebtens: Ein System der Verantwortlichkeit staatlicher Organe und – im Falle eines Fehlverhaltens – ihrer Haftung sowie der Entschädigung des Bürgers für Schadenszufügung oder Rechtsbeeinträchtigung!"

Bei dem Begriff des Rechtsstaates selbst geht es nach Ansicht von *Stern* "um die essentielle Frage: Was ist das Lebenselixier des Staates: Macht oder Recht?"[7] So unterschiedlich die Ausprägungen des rechtstaatlichen Prinzips in der Geschichte auch im Einzelnen diskutiert wurden, so sicher sei jedoch, dass eine Reihe übereinstimmender Vorstellungen vorhanden sei, nämlich[8]:

"Absage an absolute Macht und Hinwendungen zur Herrschaft des Rechts sowie Gewähr und Schutz persönlicher und politischer Freiheit durch Mäßigung, Gliederung und Begrenzung und richterliche Kontrolle der Staatsgewalt."

Das Rechtsstaatsprinzip stellt einen allgemeinen Rechtsgrundsatz dar, der sich an alle Träger der öffentlichen Gewalt richtet. Seine nähere Ausgestaltung erfährt der Grundsatz nach heutiger Sicht insbesondere durch die Grundrechte, die Entschädigung bei staatlichen Eingriffen, die Gewaltenteilung, den Vorbehalt und den Vorrang der Verfassung und des Gesetzes, den Rechtsschutz gegenüber öffentlicher Gewalt, das rechtliche Gehör und die Gewährleistung des gesetzlichen Richters.[9] In dieser Aufzählung wird deutlich, dass der Rechtsstaatsbegriff sowohl von formellen als auch von materiellen Komponenten geprägt wird.

Wichtige Bestandteile des so genannten formalen Rechtsstaats werden vor allem in der Gewaltenteilung, der Konkretisierung von Vorbehalt und Vorrang des Gesetzes, in der gerichtlichen Kontrolle des Handelns der Exekutive und in der Staatshaftung gesehen.[10]

5 Vgl. *Brintzinger*, ROW 1965, S. 145-155 (145); *Jellinek*, 1948, S. 320 (321).

6 *Stern*, Rechtsstaat, 1971, S. 7 (8).

7 *Stern*, Staatsrecht, 1984, S. 766.

8 *Stern*, Staatsrecht, 1984, S. 765.

9 Jarass/Pieroth-*Jarass*, 1992, Art. 20, Rn. 21; vgl. auch Maunz/Dürig/Herzog/Scholz-*Herzog*, 2001, Art. 20, S. 266-269; Schmidt-Bleibtreu/Klein-*Klein*, 1995, S. 497. Siehe ferner Sachs-*Sachs*, 1996, Art. 20, S. 634 f., welcher ausdrücklich die Staatshaftung als eines der Elemente der Rechtsstaatlichkeit nennt.

10 *Stern*, Staatsrecht, 1984, S. 774; Maunz/Dürig/Herzog/Scholz-*Herzog*, 2001, Art. 20, S. 264 f.

Die Gewaltenteilung hat dabei das Ziel, einem Machtmissbrauch entgegen zu wirken und bedeutet, dass staatliche Gewalt nicht in einer einzigen Person oder einem einzigen Staatsorgan konzentriert, sondern auf mehrere Staatsorgane und Personen verteilt werden soll. Je kleiner der Machtanteil ist, den das Organ oder die Person innehat, desto ungefährlicher und wohl auch unwahrscheinlicher wird ein Machtmissbrauch.[11] Gewaltenteilung setzt voraus, dass die wesentlichen staatlichen Zuständigkeiten und Befugnisse, die sich in die Bereiche Legislative, Exekutive und Judikative aufteilen lassen, voneinander unabhängigen Organen übertragen werden. Diese Organe sollen sich, soweit möglich, einander kontrollieren und begrenzen und in rationaler Weise zusammen arbeiten.[12]

Der Vorbehalt des Gesetzes betrifft die Forderung, dass alle Maßnahmen der Exekutive, die in die Rechte der Bürger eingreifen, einer gesetzlichen Grundlage bedürfen.[13] Der Vorrang der Verfassung und des Gesetzes bindet die Gewalten an die bestehenden Gesetze und an die Verfassung.[14]

Für den materiellen Rechtsstaatsbegriff werden die "Menschenwürde, das Bekenntnis zu den Menschenrechten und die unmittelbar rechtlich bindende Geltungskraft der grundrechtlichen Freiheiten" in den Mittelpunkt gerückt.[15] Dabei werden die materiellen Anforderungen nicht selten auf die Idee der Gerechtigkeit bezogen.[16]

Die Staatshaftung betrifft sowohl die formelle als auch die materielle Seite des Rechtsstaatsbegriffs. Die formelle Seite ist insbesondere vor dem Hintergrund der Frage des zuverlässigen Rechtsschutzes gegen die öffentliche Gewalt betroffen, welche sich unter anderem in der Gestaltung des Verfahrensweges niederschlägt. Die materielle Seite tritt in den Vordergrund, sobald mit der Regelung der Staatshaftung Grundrechte und –freiheiten, insbesondere die Gleichheitsrechte der Bürger betroffen werden, was vor allem die Ausgestaltung des Haftungstatbestandes betrifft.

Einen Hinweis darauf, wie schwer sich auch Rechtsstaaten trotz oder gerade wegen der herausragenden Bedeutung der Staatshaftung mit der Einführung eines kohärenten und übersichtlichen Staatshaftungssystems tun, gibt die wechselvolle Geschichte dieses Rechtsgebiets in der Bundesrepublik.[17]

11 Maunz/Dürig/Herzog/Scholz-*Herzog*, 2001, Art. 20, S. 138 f.

12 Maunz/Dürig/Herzog/Scholz-*Herzog*, 2001, Art. 20, S. 139 f.; Jarass/Pieroth-*Jarass*, 1992, Art. 20, Rn. 16.

13 Sachs-*Sachs*, 1996, Art. 20, S. 640; Jarass/Pieroth-*Jarass*, 1992, Art. 20, Rn. 29.

14 Jarass/Pieroth-*Jarass*, 1992, Art. 20, Rn. 23, 25.

15 *Stern*, Staatsrecht, 1984, S. 774.

16 Jarass/Pieroth-*Jarass*, 1992, Art. 20, Rn. 22.

17 Siehe hierzu beispielhaft *Ossenbühl*, Staatshaftungsrecht, 1991, S. 357-376; *Lühmann*, Neuordnung, 1994; *Pfab*, 1997.

Auch die DDR, gemäß ihrem Selbstverständnis ein sozialistischer Staat, der sich vom (bürgerlichen) Rechtsstaat westlicher Prägung abgrenzte,[18] musste sich mit der Frage der Staatshaftung beschäftigen. Politisch brisant war die Thematik aus mehreren Gründen.

Zum einen ging die DDR von einer weit gehenden Interessenübereinstimmung zwischen dem sozialistischen Staat und seinen Bürgern aus.[19] Eine rechtliche Regulierung der Staatshaftung erscheint in dieser Perspektive als Eingeständnis der Existenz von Interessenskonflikten, die es aus ideologischen Gründen gar nicht geben darf. So erklärte zum Beispiel einer der an den Diskussionen zur Staatshaftung maßgeblich beteiligten DDR-Rechtswissenschaftler, dass die "Rechte der Bürger unter den Bedingungen der Arbeiter- und Bauern-Macht ... zum ersten Male wirklich reale, für jeden Bürger wahrnehmbare Rechte" seien und dass "der Rechtsschutz der Bürger nicht daran gemessen werden" könne, "ob eine Haftpflicht des Staates" bestehe oder nicht.[20]

Zum anderen wollte sich die DDR als ein Staat präsentieren, in dem die Rechte der Bürger weit gehend respektiert und verwirklicht sind. So fand sich nach dem Erlass des Staatshaftungsgesetzes unter dem Stichwort Staatshaftung im Rechtslexikon der DDR etwa folgende Erklärung[21]:

"*Staatshaftung* – Einstehen für Schäden, die einem Bürger oder seinem persönlichen Eigentum durch Mitarbeiter oder Beauftragte staatlicher Organe oder staatlicher Einrichtungen in Ausübung staatlicher Tätigkeit rechtswidrig zugefügt wurden.

Die Staatshaftung dient dem Schutz und der Wahrung der Rechte der Bürger, stärkt deren Vertrauensverhältnis zum sozialistischen Staat und trägt dazu bei, die staatliche Arbeit zu qualifizieren. ..."

Das Staatshaftungsgesetz wurde in der DDR offiziell als besonders bürgerfreundlich, fortschrittlich und daher als sozialismustypisch gefeiert, nicht zuletzt auch mit Blick auf die Rechtslage in der Bundesrepublik Deutschland, wo es noch keine eigenständige gesetzliche Regelung zur Staatshaftung gab. Bereits in der Gesetzesbegründung führte der damalige Justizminister der DDR, *Wünsche*[22], aus[23]:

18 Vgl. hierzu auch unten S. 56 und S. 116.

19 So war bereits in der Verfassung der DDR von 1949 festgelegt: "Alle Staatsgewalt geht vom Volke aus." Vgl. Art. 3 Abs. 1 der Verfassung der DDR vom 7. Oktober 1949, GBl. I, S. 5-16 (6).

20 *Assmann*, Dissertation, 1959, S. 98.

21 *Brachmann*, 1988, S. 343; Hervorhebung im Original.

22 Prof. Dr. *Kurt Wünsche* war ab 1965 Mitglied des Ministerrates und von 1967 bis 1972 Minister für Justiz. Anschließend übernahm er an der Juristischen Fakultät der Humboldt-Universität zu Berlin einen Lehrstuhl für Gerichtsverfassungsrecht und war Herausgeber des für die Juristenausbildung der DDR maßgeblichen Lehrbuchs 'Grundlagen der Rechtpflege', Berlin 1986. Im Jahre 1990 wurde er erneut Minister der Justiz

"Die Entfaltung der sozialistischen Demokratie, die weitere Ausprägung der sozialistischen Rechtsordnung und die Vervollkommnung der Bürgerrechte sind in unserem Staate ein gesetzmäßiger, komplexer Entwicklungsprozess. Auch und gerade hierdurch werden die diametralen Entwicklungslinien der beiden deutschen Staaten und die Überlegenheit der sozialistischen Staats- und Gesellschaftsordnung in der Deutschen Demokratischen Republik über das spätkapitalistische volksfeindliche Herrschaftssystem in Westdeutschland erneut verdeutlicht. Während in der Deutschen Demokratischen Republik der Mensch im Mittelpunkt aller Bemühungen des Staates und der Gesellschaft steht und die Grundrechte der Bürger ständig ausgebaut werden, erfolgt im westdeutschen Staat ihr ständiger Abbau, ihre ständige Aushöhlung als notwendige Voraussetzung bzw. Folge einer Politik, die durch Expansionsstreben, Aggressionsvorbereitung und Notstandsdiktatur gekennzeichnet ist und damit gegen die fundamentalen Lebensinteressen der westdeutschen Bevölkerung verstößt."

Besonders bemerkenswert erscheint, dass in der DDR bis zum Erlass des Staatshaftungsgesetzes, also über zwei Jahrzehnte hinweg, überhaupt keine allgemeine gesetzliche Regelung der Staatshaftung existierte.[24] Einen Grund hierfür ließ der damalige Justizminister erstaunlich offen in seiner Begründung des Gesetzesentwurfs anklingen. Demnach sei die gesetzliche Regelung der Staatshaftung

"Ausdruck dafür, dass in unserer sozialistischen Gesellschaft neben den politischen und ökonomischen auch die juristischen Garantien für die allseitige Entwicklung der Rechte der Bürger planmäßig und im Einklang mit den gesellschaftlichen Möglichkeiten geschaffen und erweitert werden."[25]

Aus dem expliziten Bezug auf die "gesellschaftlichen Möglichkeiten" lässt sich der Schluss ziehen, dass die gesetzliche Regelung der Staatshaftung erst dann

---

der DDR. Weitere Informationen finden sich auf den Seiten des Archivs Munzinger Online unter http://register.munzinger.de/personen/00/000/011/00011767.shtml.

23 *Wünsche*, StuR 1969, S. 956.

24 Es existierten lediglich einige Spezialregelungen. In der Materialzusammenstellung des Justizministeriums der DDR vom 26. August 1965, in: BArch DP 1 VA 1431 Bd. 3, S. 147-155 (148-153), sind folgende Regelungen genannt:
- Verordnung zum Schutze gegen übertragbare Krankheiten vom 18. Mai 1955 (GBl. I, S. 421) bezogen auf Beschädigungen oder Vernichtung von Gegenständen infolge von staatlich durchgeführten Desinfektionen;
- Anordnung zur Durchführung von Schutzimpfungen vom 1. Juli 1949 (Zentralverordnungsblatt I 1949, S. 446) einschließlich der zweiten Durchführungsbestimmung vom 20. Februar 1951 (GBl. II, S. 132) bezogen auf Impfschäden;
- Entschädigungsverordnung zum Verteidigungsgesetz vom 16. August 1963 (GBl. II, S. 674) bezogen auf Schäden infolge von Militärübungen;
- Verordnung über Schadensersatzansprüche bei Wildschäden vom 30. Oktober 1958 (GBl. II, S. 801) und
- Verordnung über Tierseuchenentschädigung vom 19. Februar 1953 (GBl. II, S. 319).

25 *Wünsche*, StuR 1969, 956 (959).

erfolgen durfte, als die sozialistischen Machtverhältnisse und natürlich die ökonomischen Möglichkeiten dies zuließen. Immerhin ist ein erster Vorschlag für eine – damals noch sowjetzoneneinheitliche – Neuregelung der Staatshaftung bereits für das Jahr 1948 nachweisbar.[26]

Wie die vorliegende Arbeit zeigen wird, zog sich diese Grundfrage nach der Berechtigung und Möglichkeit eines sozialistischen Staatshaftungsrechts durch die gesamte Debatte zur Entstehungsgeschichte des Staatshaftungsgesetzes und wirkte sich auf seine konkrete Ausgestaltung aus. Die Fragen, ob die Existenz des Instituts der Staatshaftung bis zum Erlass des Gesetzes anerkannt war, und wie unterschiedlich auf Staatshaftungsbegehren der Bürger reagiert wurde, sind ebenso Inhalt der Untersuchung wie die Darstellung der langjährigen Diskussionen der einzelnen Regelungen selbst.

Sehr stark umstritten war insbesondere, ob eine enumerative oder die generelle Haftung eingeführt werden sollte. Dem Vorbild der Sowjetunion folgend wurde eine Staatshaftung zunächst nur für ausgewählte Fälle hoheitlichen Unrechts diskutiert. Die Arbeit wird veranschaulichen, warum die Einrichtung einer enumerative Haftung während der Gesetzgebungsarbeiten über einen recht langen Zeitraum bevorzugt wurde und welche Gründe schließlich dazu führten, dass eine generelle Haftung des Staates geregelt wurde.

Ein weiteres heikles Thema stellte die Frage dar, ob der Rechtsweg zur Durchsetzung von Staatshaftungsansprüchen zugelassen, und wenn ja, welcher Rechtsweg beschritten werden sollte. Welche Instanzen könnten im sozialistischen Staat zur Kontrolle staatlicher Tätigkeit berufen sein? Diese Frage hängt unter anderem mit der Frage der Existenz einer Verwaltungsgerichtsbarkeit zusammen. Eine solche Gerichtsbarkeit wurde in der DDR jedoch aus Ablehnung der Gewaltenteilung über sehr lange Zeit unterbunden.[27]

Von besonderer Bedeutung sind schließlich die politischen und ökonomischen Restriktionen, denen eine rechtliche Regelung der Staatshaftung in der DDR unterlag. Sie lassen sich auf eine einfache Formel bringen: Die diskutierten Staatshaftungsregelungen fielen umso bürgerfreundlicher und liberaler aus, je stabiler sich die politische und ökonomische Situation der DDR darstellte. Je instabiler diese Situation jedoch wurde, desto restriktiver gestalteten sich die Vorschläge zum Staatshaftungsrecht bis hin zum gänzlichen Verzicht auf eine Regelung.

26 Schreiben der Landesregierung Sachsen an die Deutsche Zentralverwaltung vom 25. Februar 1948, in: BArch DP 1 – VA – 6912, S. 12 v. u. h.

27 Eine Verwaltungsgerichtsbarkeit für die DDR wurde erst durch das Gesetz über die Zuständigkeit und das Verfahren der Gerichte zur Nachprüfung von Verwaltungsentscheidungen vom 14. Dezember 1988, GBl. I, S. 327 f., welches am 1. Juli 1989 in Kraft trat, eingeführt. Die zum Teil auf Landesebene nach Kriegsende noch bestehenden Verwaltungsgerichte waren bereits im Jahre 1952 aufgelöst worden. Siehe hierzu Fn. 188 (unten S. 61). Zur Ablehnung der Gewaltenteilung siehe Fn. 149 (unten S. 51).

Die Analyse des DDR-Staatshaftungsrechts und seiner Entstehungsgeschichte zeigt, wie viel Rechtsstaatlichkeit sich die DDR auf diesem Gebiet leisten konnte und wollte.[28] Dadurch will sie nicht nur einen Beitrag zur DDR-Rechtsgeschichte leisten, sondern auch zur Diskussion um ein angemessenes Staatshaftungsrecht in der Bundesrepublik und anderen Rechtsstaaten beitragen.

B. Materialbasis

Bisher existieren noch keine Untersuchungen über die Hintergründe des DDR-Staatshaftungsrechts. Dies führte nach Erlass des Gesetzes nicht selten zu Fehlinterpretationen unter anderem des Haftungstatbestandes. [29]

In der juristischen Fachliteratur der DDR wurden bis zum Erlass des Gesetzes nur sehr vereinzelt Beiträge zum Thema Staatshaftung veröffentlicht.[30] Die Arbeit stützt sich deshalb vorwiegend auf die im Bundesarchiv verfügbaren Akten des Zentralkomitees der SED und des Ministeriums der Justiz der DDR, welche die Diskussion der Staatshaftungsregelungen umfassend belegen.[31]

Da man sich im Zentralkomitee der SED und im Ministerium der Justiz seit der Gründung der DDR sehr intensiv mit der Problematik der Haftung des Staates beschäftigte, konnte für die Arbeit auf einen sehr umfangreichen Aktenbestand zurückgegriffen werden. Das Durchsehen der Akten und Auswählen der einschlägigen Dokumente war sehr zeitaufwendig, aber auch lohnend. Dabei entstand die Idee, in der Arbeit direkte Aktenauszüge zu verwenden, um die Entstehungsgeschichte des Gesetzes möglichst authentisch wiederzugeben. Über die Aufbereitung der übernommenen Dokumente kann ein durchgehendes und wirklichkeitsnahes Bild der Entstehungsgeschichte des Gesetzes gezeichnet werden.

28 Zur Entwicklung des sozialistischen Rechtsstaatsbegriffs in der DDR und seiner Abhängigkeit von den politökonomischen Bedingungen siehe *Sieveking*, Studie, 1975.

29 Siehe im Einzelnen unten S. 175 ff.

30 Zu nennen sind hier folgende Beiträge: *Steiniger*, NJ 1947, S. 146-150; *Kröger*, NJ 1952, S. 255-260; *Löwenthal*, NJ 1952, S. 70-71; *Schreier*, NJ 1958, S. 195-198, und *Assmann*, StuR 1958, S. 265-278.
Eine "ausgeprägte Abneigung gegen Öffentlichkeit und Schriftlichkeit" stellt auch *Thaetner*, 2003, S. 17, für den Bereich seiner Untersuchungen zur Zwangsvollstreckung in der DDR fest. Mit Verweis auf *Wolle*, 1998, S. 138, zitiert er dessen pointierte Vermutung, dass sich der Umfang der schriftlichen Darlegung in der Regel "umgekehrt proportional zum politischen Gewicht des Vorgangs" verhalten habe.

31 In der von *Karl A. Mollnau* vorgenommenen Auswertung der Beratungen und Beschlüsse des Zentralkomitees und des Politbüros, nach der die Beschäftigung beider Gremien mit rechtsrelevanten Themen einen breiten Raum einnahm, findet sich kein Hinweis auf das Thema der Staatshaftung. Vgl. *Mollnau, Karl A.*, Recht, 2003, und *Mollnau, Karl A.*, Dokumente, 2004.

Um dieses Bild abzurunden, wird in der Arbeit auch auf einschlägige Beiträge der juristischen Fachliteratur der DDR und wissenschaftliche Abhandlungen eingegangen. Für die Zeit nach In-Kraft-Treten des Gesetzes finden auch Beiträge aus der Bundesrepublik Berücksichtigung. Durch die Einbeziehung all dieser bereits vorhandenen Materialien soll vermieden werden, etwa auf Grund "soeben entdeckter Archivalien überraschende und völlig neue Thesen zu konstruieren", die bisherige Ergebnisse voreilig negieren könnten.[32]

C. Zeitliche Eingrenzung und Aufbau

Die Arbeit beginnt mit einer kurzen Darstellung der Staatshaftungsregelungen, die auf dem Gebiet der späteren DDR vor 1949 galten. Diese Regelungen sind für das bearbeitete Thema von Interesse, weil sie zum einen Grundlage des späteren Rechtsdenkens waren und zum anderen die Möglichkeit bestanden hätte, zumindest einige der Regelungen zu übernehmen. Die Darstellungen zum Dritten Reich erfolgen außerdem vor dem Hintergrund, am Ende der Arbeit einen eventuellen Vergleich der Regelungen zweier, wenn auch von Grund auf unterschiedlicher Diktaturen, zu ermöglichen.

Für den Zeitraum zwischen Kriegsende und Gründung der DDR erfolgt, anders als für die Zeiträume davor, zunächst eine Darstellung der politischen Rahmenbedingungen, bevor auf die Staatshaftungsproblematik eingegangen wird. Grund hierfür ist, dass in dieser Zeit nicht nur die Sowjetische Militäradministration in Deutschland, sondern auch die im Juli 1945 gegründete Deutsche Justizverwaltung[33] Einfluss auf das Schicksal der Staatshaftung hatte. Da die Staatshaftung damit bereits vor Gründung der DDR nicht mehr nur fremdbestimmt war, erscheint auch für diesen Zeitabschnitt eine Gegenüberstellung von Zeitgeschichte und Recht aufschlussreich.

Im zweiten Teil der Arbeit soll die Diskussion der Staatshaftungsproblematik von der Gründung der DDR bis zum Erlass des Staatshaftungsgesetzes nachgezeichnet werden. Die Darstellungen sind hier in Zeitabschnitte unterteilt. Die Kritik an den in der juristischen Literatur bereits vorliegenden "Periodisierungsversuchen"[34] blieb dabei nicht unbeachtet. Anknüpfungspunkt der Kritik war das Vorliegen mehrerer unterschiedlicher Periodisierungen der Geschichte der DDR, was zu der Frage führte, ob es überhaupt möglich sei, die Geschichte allgemein gültig in Perioden einzuteilen. Im Ergebnis wurden jedoch zumindest der Sinn und die grundsätzliche Nützlichkeit solcher Einteilungen nicht in

32 Diese Gefahr sieht *Weber*, DDR, 2000, S. 130.

33 Die Deutsche Justizverwaltung wurde neben zehn weiteren Deutschen Zentralverwaltungen für das Gebiet der SBZ auf Grund des Befehls Nr. 17 der SMAD vom 27. Juli 1945 gebildet; vgl. Befehl Nr. 17, in: *Schultes*, 1947, D, S. 1-3.

34 Vgl. etwa *Glaeßner*, DA 1984, S. 638-650.

Frage gestellt, sondern sogar als Chance gesehen, eine problemorientierte Aufarbeitung der DDR-Geschichte zu ermöglichen.[35]

Bei den in der Arbeit gesetzten Zeitabschnitten gaben bereits vorliegende Einteilungen eine Orientierung.[36] Dennoch wurde eine eigene Gliederung gewählt. Ausschlaggebend hierfür war das Ziel, die Entstehung der Staatshaftungsregelungen im Verhältnis zu den politischen und ökonomischen Rahmenbedingungen darzustellen. Deshalb wurde die Einteilung so vorgenommen, dass die Abschnitte jeweils mit politisch oder ökonomisch markanten Ereignissen beginnen beziehungsweise enden.

Im Rahmen der Abschnitte wird jeweils ein kurzer Einblick in den zeitgeschichtlichen Kontext gegeben. Die hierbei dargestellten Fakten sollen die einzelnen Etappen schlagwortartig charakterisieren. Notwendigerweise konzentriert sich die Darstellung auf möglichst prägnante Tatsachen. Eine gewisse Subjektivität der getroffenen Auswahl an Fakten lässt sich dabei jedoch nicht vermeiden.

Im Anschluss an die Ausführungen zum zeitgeschichtlichen Kontext erfolgt sodann eine Darstellung der Diskussion zur Staatshaftung im entsprechenden Zeitabschnitt. Durch diese Gegenüberstellung soll versucht werden, die eingangs der Arbeit behauptete Abhängigkeit des Rechtsinstituts der Staatshaftung von den politischen und ökonomischen Rahmenbedingungen herauszuarbeiten.

Den Abschluss der Arbeit bildet in zeitlicher Hinsicht der Erlass des Staatshaftungsgesetzes. Wegen der zentralen Bedeutung der endgültigen Gesetzesregelung für die vorliegende Arbeit wird der Wortlaut vollständig im laufenden Text abgedruckt.

Obwohl in einem weiteren Abschnitt die Diskussion des Gesetzes in der DDR und der Bundesrepublik aufgezeigt wird, soll der genannte zeitliche Rahmen grundsätzlich nicht überschritten werden. Die Darstellung der Diskussion der Staatshaftungsregelungen weist jedoch darauf hin, dass auch nach Erlass des Gesetzes noch immer eine ganze Reihe offener Fragen zu diesem Thema existierte.

Eine Auswertung späterer Beiträge zur Staatshaftung in der DDR, die etwa aus Anlass der Eröffnung des Verwaltungsrechtsweges im Jahre 1989[37] oder im Zusammenhang mit der Erwähnung des Gesetzes im Einigungsvertrag[38] erschienen, erfolgt nicht.

35 *Glaeßner*, DA 1984, S. 638-650 (650).

36 Vgl. *Weber*, Kleine Geschichte, 1988.

37 Am 14. Dezember 1988 wurde das Gesetz über die Zuständigkeit und das Verfahren der Gerichte zur Nachprüfung von Verwaltungsentscheidungen, GBl. I, S. 327 f., erlassen, welches am 1. Juli 1989 in Kraft trat (§ 13 Abs. 1 des Gesetzes). Vgl. hierzu auch *Lübchen*, NJ 1989, S. 13-17.

38 Einigungsvertrag zwischen der Bundesrepublik und der DDR in der Fassung des Einigungsvertragsgesetzes vom 23. September 1990, BGBl. II, S. 885-1245. Siehe zur

Als Anhang ist der Arbeit eine Auswahl besonders wichtiger Dokumente beigefügt. Dabei handelt es sich zum einen um zeitlich geordnete ausgewählte Entwürfe des Staatshaftungsgesetzes, die als Begleitung zum Sachtext gedacht sind. Außerdem sind dort noch weitere Materialien abgedruckt, die in engem Zusammenhang mit der Staatshaftung stehen. Sie sollen dazu dienen, die Materie in ihrem historischen Kontext etwas anschaulicher zu gestalten.

D. Kontext der Arbeit

Die vorliegende Dissertation ist im Arbeitszusammenhang des von der Deutschen Forschungsgemeinschaft geförderten Projekts "Zivilrechtskultur der DDR" am Lehrstuhl für Bürgerliches Recht, privates Bau- und Immobilienrecht sowie Neuere und Neueste Rechtsgeschichte an der Humboldt-Universität zu Berlin entstanden. Dessen Ziel ist eine kritische wissenschaftliche Auseinandersetzung mit juristischen Themen der ehemaligen DDR, die Zivilrechtsbezug aufweisen. In diesem Kontext wurde die Arbeit anfänglich konzipiert, regelmäßig mit den Projektbeteiligten diskutiert und schließlich fertig gestellt.[39]

E. Technische Hinweise

I. Abkürzungen

Das Aktenmaterial der ehemaligen DDR enthält eine Reihe von Abkürzungen und Kurzbezeichnungen, die zu einem großen Teil Eingang in den allgemeinen Sprachgebrauch gefunden haben. Ihre mehrheitliche Übernahme für den Text der Arbeit bot sich an. Die uneingeschränkte Verwendung ausformulierter und vollständiger Bezeichnungen hätte der Lesbarkeit des Textes eher geschadet. Das an den Beginn der Arbeit gestellte Abkürzungsverzeichnis ermöglicht die Auflösung der Abkürzungen. Benutzte juristische Abkürzungen werden ebenfalls in dem Verzeichnis erläutert.

Thematik der Staatshaftung in den neuen Bundesländern unter anderen *Büchner-Uhder*, NJ 1991, S. 153-155; *Christoph*, NVwZ 1991, S. 536-541; *Lühmann*, LKV 1991, S. 120-124.

39 Nähere Informationen zum Forschungsprojekt sind unter http://www.rewi.hu-berlin.de/jura/ls/srd/forschung.htm; siehe beispielhaft für das Themenspektrum *Schröder, Rainer*, Zivilrechtskultur, Berlin 1999-2001, oder auch *Mollnau, Marcus*, 2001.

Die Fundorte der Akten des Bundesarchivs ergeben sich aus folgendem Fundstellenschlüssel:

BArch DA 1 – ...	=	Volkskammer,
BArch DC 20 I/3 – ...	=	Ministerrat,
BArch DC 20 I/4 – ...	=	Präsidium des Ministerrates,
BArch DP 1 – ...	=	Ministerium der Justiz,
BArch DY ...	=	ZK der SED.

Neben Kurzbezeichnungen im engeren Sinne des Wortes werden auch insofern Abkürzungen verwandt, als Ministerien teilweise ohne Zusatz ihres Autoritätsbereiches genannt werden. Immer wenn das der Fall ist, handelt es sich um Ministerien der DDR. Landesministerien sind an den betroffenen Textstellen hingegen jeweils als solche ausgeschrieben. Wiederum zur besseren Lesbarkeit werden in geeigneten Fällen Kurzbezeichnungen der Ministerien gewählt, wie Justizministerium, Finanzministerium und Innenministerium.

II. Anonymisierungen

Weil in der Arbeit nicht nur offizielle Beiträge der am Gesetzgebungsverfahren beteiligten Personen, sondern vor allem Beiträge aus den internen Besprechungen und Vorbereitungen des Staatshaftungsgesetzes verwendet werden, war die Frage zu klären, in welchen Fällen Namen der beteiligten Personen genannt werden können und in welchen nicht. Im Rahmen einer verfassungsrechtlichen Güterabwägung war dabei zu prüfen, ob das auf die Art. 1 Abs. 1 und 2 Abs. 1 GG zurückgehende allgemeine Persönlichkeitsrecht der Betroffenen[40] oder das sich aus dem Art. 5 Abs. 1 und 3 GG ergebende Recht der Wissenschaft auf Information im konkreten Fall überwog. Bei dieser Abwägung war die Regelung des § 23 KunstUrhG[41] entsprechend heranzuziehen.[42] Hiernach ist eine Veröffentlichung auch ohne Einwilligung der betroffenen Personen erlaubt, soweit es sich bei ihnen um Personen der Zeitgeschichte[43]

40 Zur Herleitung des allgemeinen Persönlichkeitsrechts vor allem BGH, Urt. vom 25. Mai 1954, BGHZ 13, 334-341, und BVerfG, Urt. vom 15. Januar 1958, BVerfGE 7, 198-230. Vgl. auch die zahlreichen Nachweise bei MK-*Schwerdtner*, § 12 Rn. 155-159, und Palandt-*Thomas*, § 823 Rn. 175-200.

41 Gesetz betreffend das Urheberrecht an Werken der bildenden Künste und der Photographie vom 9. Januar 1907, RGBl. I, S. 7.

42 *Löffler/Ricker*, 42. Kapitel Rn. 9, 43. Kapitel Rn. 13 mit Bezug auf BGH, Urt. vom 25. Mai 1954, BGHZ 13, 334-341.

43 Vgl. zum weiten Verständnis des Begriffs der Zeitgeschichte OLG Karlsruhe, Beschl. vom 27. November 1981, AfP 1982, 48 f.

handelt. Herkömmlich wird dabei zwischen absoluten und relativen Personen der Zeitgeschichte unterschieden.[44]

Absolute Personen der Zeitgeschichte stehen als Persönlichkeit im Blickpunkt der Öffentlichkeit.[45] Zu ihnen gehören neben berühmten Politikern, Künstlern oder Sportlern[46] auch höchste Beamte des Staatsapparats.

In die Kategorie absoluter Personen der Zeitgeschichte wurden die ehemaligen Minister und andere Personen in gehobenen Positionen, wie etwa *Stoph*[47] oder *Benjamin*[48], eingeordnet.

Daneben war die Frage zu beantworten, welche Beteiligten als relative Personen der Zeitgeschichte angesehen werden können. Solche Personen rücken erst durch die Verknüpfung mit einem Ereignis der Zeitgeschichte in den Blickpunkt des öffentlichen Interesses.[49] Ein solches Ereignis der Zeitgeschichte kann nach Auffassung der Verfasserin auch ein Gesetzgebungsverfahren sein, wenn an diesem ein gesteigertes Interesse der Öffentlichkeit besteht.[50] Ein solches gesteigertes Interesse der Öffentlichkeit an Informationen über die Entstehung des Staatshaftungsgesetzes der DDR wird hier als gegeben angenommen.

Da eine wissenschaftliche Publikation zudem einen verhältnismäßig geringen Eingriff in das Persönlichkeitsrecht des Betroffenen darstellt, erscheint es gerechtfertigt, jedenfalls Personen, die als Mitarbeiter der am Gesetzgebungsverfahren beteiligten Ministerien der DDR oder der wissenschaftlichen Einrichtungen eine gehobene, mit entsprechender Einflussnahme auf das Ver-

44 *Löffler/Ricker*, 43. Kapitel Rn. 13, unter Hinweis auf *Neumann-Duesberg*, JZ 1960, 114-118.

45 *Löffler/Ricker*, 43. Kapitel Rn. 13, unter Hinweis auf *Neumann-Duesberg*, JZ 1960, 114-118.

46 BGH, Urt. vom 6. Februar 1979, NJW 1979, 2203-2205, und Urt. vom 26. Juni 1979, NJW 1979, 2205-2207.

47 *Willi Stoph* war von 1952 bis 1955 Minister des Innern und wurde 1954 Stellvertreter des Vorsitzenden des Ministerrates. Von 1956 bis 1960 bekleidete er das Amt des Ministers für Nationale Verteidigung und wurde 1964 Vorsitzender des Ministerrates. Weitere Informationen finden sich auf den Seiten des Deutschen Historischen Museums über http://www.dhm.de/lemo/html/biografien/StophWilli/.

48 Prof. Dr. *Hilde Benjamin* war von 1949 bis 1953 Vizepräsidentin des Obersten Gerichts und wurde anschließend Ministerin für Justiz. Nachdem sie 1967 vom Amt der Ministerin zurücktrat, übernahm sie einen Lehrstuhl für Geschichte der Rechtspflege an der Deutschen Akademie für Staats- und Rechtswissenschaften in Potsdam-Babelsberg. Ausführliche Informationen zu *Hilde Benjamin* finden sich bei *Brentzel*, 1997, und *Feht*, 1997. Bemerkenswert aus damaliger Sicht erscheint auch *Sorgenicht*, 1987.

49 *Löffler/Ricker*, 43. Kapitel Rn. 14.

50 Vgl. zu diesem Maßstab im Zusammenhang mit Strafverfahren etwa OLG Hamburg, Urt. vom 10. Dezember 1981, AfP 1982, 177-179 (178).

fahren verbundene Position innehatten, namentlich zu benennen. In diese Kategorie wurden beispielsweise *Lübchen* und *Assmann*[51] eingeordnet.

Anfragende Bürger oder einfache Mitarbeiter der beteiligten Behörden bleiben hingegen anonym.

51 Prof. Dr. *Walter Assmann* kann als einer der wichtigsten Begleiter des entstehenden Staatshaftungsgesetzes bezeichnet werden. Er begann seine Karriere als wissenschaftlicher Mitarbeiter an der Potsdamer Akademie für Staats- und Rechtswissenschaften, wo er 1959 zu Fragen einer Staatshaftung in der DDR promovierte. *Assmann* gehörte ab 1953 allen maßgeblichen, den Erlass des Staatshaftungsgesetzes vorbereitenden Gremien an (beispielhaft dazu Fn. 481, unten S. 118). Später zählte er zu den führenden Staatsrechtlern der DDR und war Herausgeber des für die Juristenausbildung der DDR maßgeblichen Lehrbuchs Staatsrecht der DDR, Berlin 1984.

Erster Teil

Staatshaftungsrechtliche Regelungen auf dem Gebiet der späteren DDR vor 1949

A. Gesetzliche Regelungen aus der Zeit des Kaiserreichs und der Weimarer Republik

Seit In-Kraft-Treten des Bürgerlichen Gesetzbuches[52] am 1. Januar 1900 war in dessen § 839 Abs. 1 die persönliche Haftung des hoheitlich handelnden Beamten geregelt. Hatte der Beamte die ihm einem Dritten gegenüber obliegende Amtspflicht vorsätzlich oder fahrlässig verletzt, so musste er den dem Dritten daraus entstandenen Schaden ersetzen.[53] Mit dieser Vorschrift war zunächst allein eine Haftung des Amtswalters geregelt. Zwar enthielt das Bürgerliche Gesetzbuch neben dieser Vorschrift in den §§ 31 und 89 auch die Haftung des Fiskus für das Handeln seiner Organe. Im Falle der Schädigung durch hoheitliches Handeln war der Geschädigte nach dem Gesetz jedoch auf die Inanspruchnahme des Beamten angewiesen.

Art. 77 des Einführungsgesetzes zum Bürgerlichen Gesetzbuch stellte allerdings klar, dass durch die getroffenen Regelungen

> "die landesgesetzlichen Vorschriften über die Haftung des Staates, der Gemeinden und anderer Kommunalverbände ... für den von ihren Beamten in Ausübung der diesen anvertrauten öffentlichen Gewalt zugefügten Schaden sowie die landesgesetzlichen Vorschriften, welche das Recht des Beschädigten, von dem Beamten den Ersatz eines solchen Schadens zu verlangen, insoweit ausschließen, als der Staat oder der Kommunalverband haftet",

unberührt bleiben sollten.[54] Dabei lag

> "dem Verzicht des Reichsgesetzgebers auf die Einführung einer Staatshaftung im hoheitlichen Bereich ... die Auffassung zugrunde, dass eine reichsgesetzliche Regelung

52 Bürgerliches Gesetzbuch vom 18. August 1896, RGBl. I, S. 195-603.

53 § 839 Abs. 1 BGB. Ähnliche Regelungen waren bereits früher im Preußischen Landrecht enthalten. So lautete dessen § 88: "Wer ein Amt übernimmt, muss auf die pflichtmäßige Führung desselben die genaueste Aufmerksamkeit wenden." § 89 sah vor: "Jedes dabei begangene Vergehen, welches bei gehöriger Aufmerksamkeit und nach den Kenntnissen, die bei der Verwaltung des Amtes erfordert werden, hätte vermieden werden können und sollen, muss er vertreten." Vgl. §§ 88, 89 ALR unter Teil II Titel 10 in: *Sauer*, 1933, S. 52. Siehe auch *Ossenbühl*, Staatshaftungsrecht, 1991, S. 7, der zusätzlich auf die dem § 839 BGB ähnelnde Regelung des früheren § 1507 Sächsisches BGB von 1865 verweist.

54 Einführungsgesetz zum Bürgerlichen Gesetzbuch vom 18. August 1896, RGBl. I, S. 604-650.

dieses Gegenstandes die Gesetzgebungskompetenz für die Regelung des bürgerlichen Rechts überschreite und einen Übergriff in das Hausgut der Bundesstaaten darstelle."[55]

In den Einzelstaaten des Reichs entwickelte sich die Gesetzgebung zur Haftung des Staates sehr unterschiedlich.[56] Teilweise beließ man es dort bei der im Bürgerlichen Gesetzbuch geregelten Beamtenhaftung, teils sah man aber auch eine subsidiäre Haftung des Staates neben dem Beamten vor.[57] In den meisten Einzelstaaten wurde eine Haftungsüberleitung auf den Staat eingerichtet.[58]

Für Preußen wurde im Jahre 1909 ein allgemeines Gesetz zur Haftung des Staates erlassen, das so genannte Preußische Beamtenhaftpflichtgesetz[59]. Hiernach traf die in § 839 BGB bestimmte Verantwortlichkeit bei Vorliegen ihrer Voraussetzungen "anstelle des Beamten den Staat".[60] Das Gesetz sah zudem eine Billigkeitshaftung des Staates für den Fall vor, in dem die Verantwortlichkeit des Beamten nach § 839 BGB etwa deshalb ausgeschlossen war, weil er in Bewusstlosigkeit oder in einem die freie Willensbildung ausschließenden Zustand krankhafter Störung der Geistestätigkeit gehandelt hatte. Die Staatshaftung trat nicht ein, sofern es sich um Beamte handelte, die ausschließlich auf den Bezug von Gebühren angewiesen waren, sowie bei Amtshandlungen, für welche die Beamten eine besondere Vergütung durch Gebühren von den Beteiligten zu beziehen hatten.[61] Das Rückgriffsrecht des Staates gegen den Beamten war als so genannte Kann-Bestimmung ausgestaltet.[62]

55 *Ossenbühl*, Staatshaftungsrecht, 1991, S. 9, mit Verweis auf BVerfGE 61,149-208 (177-182).

56 Vgl. die Darstellungen hierzu unter anderen bei *Bender*, 1981, S. 31; *Heidenhain*, 1965, S. 35 f., und Maunz/Dürig/Herzog/Scholz-*Papier*, Art. 34, Rn. 7 ff.

57 *Heidenhain* zufolge hielten bis zum Inkrafttreten des Art. 131 WRV "stillschweigend an der Nichthaftung des Staates fest: Sachsen-Altenburg, Sachsen-Meiningen, Schwarzburg-Rudolstadt und einige andere Kleinstaaten". In Hessen, Sachsen-Weimar-Eisenach und Schwarzburg-Sondershausen sei man von der subsidiären Haftung des Staates als Bürge neben dem Beamten ausgegangen. Siehe hierzu *Heidenhain*, 1965, S. 35 f., mit Verweis auf *Delius*, 1921, S. 58. Zur Bürgenhaftung siehe auch Maunz/Dürig/Herzog/Scholz-*Papier*, Art. 34, Rn. 9.

58 *Heidenhain* verweist hier auf Württemberg, Baden und Bayern sowie Berlin; vgl. *Heidenhain*, 1965, S. 36.

59 Gesetz über die Haftung des Staates und anderer Verbände für Amtspflichtverletzungen von Beamten bei Ausübung der öffentlichen Gewalt (im Folgenden: Preußisches Beamtenhaftpflichtgesetz) vom 1. August 1909, Preußische Gesetzessammlung, S. 691 f.

60 § 1 Abs. 1 Preußisches Beamtenhaftpflichtgesetz.

61 § 1 Abs. 2 und 3 Preußisches Beamtenhaftpflichtgesetz.

62 § 3 Preußisches Beamtenhaftpflichtgesetz.

Ein diesen Regelungen entsprechendes Reichsbeamtenhaftpflichtgesetz erging im Mai 1910.[63] Während das Preußische Beamtenhaftpflichtgesetz noch auf das Gesetz über die Zulässigkeit des Rechtsweges in Beziehung auf polizeiliche Verfügungen von 1842 verwies,[64] enthielt das Reichsbeamtenhaftpflichtgesetz eine eigenständige Rechtswegregelung. Diese begründete die vom Streitwert unabhängige Zuständigkeit der Landgerichte.[65]

Der wesentliche Regelungsgehalt der beiden Gesetze bestand darin, die persönliche Haftung des Beamten für unerlaubte hoheitliche Handlungen auf den Staat überzuleiten. Somit hatte sich hier das Modell der so genannten Amtshaftung, also einer mittelbaren Staatshaftung durchgesetzt.[66] Eine unmittelbare Staatshaftung hätte demgegenüber bedeutet, dass der Staat selbst als unmittelbares Zurechnungssubjekt angesprochen würde. Dem Bürger gegenüber müsste dann für unerlaubte Handlungen des Beamten in Ausübung seines Amtes ausschließlich der Staat und nicht zunächst der Beamte haften.[67] Obwohl die Konstruktion der mittelbaren Staatshaftung einige Kritikpunkte in sich birgt, weil sie auf der persönlichen Haftung des Beamten aufbaut,[68] wurde das Modell der unmittelbaren Amtshaftung oder auch "Verbandshaftung" in keinem der Einzelstaaten des Reichs gewählt.[69] Die Überleitung der Haftung des Beamten auf den Staat fand im Jahre 1919 in Art. 131 WRV[70] ihre konstitutionelle Verankerung.

63 Gesetz über die Haftung des Reiches für seine Beamten (im Folgenden: Reichsbeamtenhaftpflichtgesetz) vom 22. Mai 1910, RGBl. I, S. 798-800; auszugsweise abgedruckt auch bei *Kayser*, 1939, S. 1 f.

64 § 5 Preußisches Beamtenhaftpflichtgesetz.

65 § 3 Reichsbeamtenhaftpflichtgesetz.

66 Nach *Ossenbühl*, Staatshaftungsrecht, 1991, S. 7 f., entsprach dies der vorherigen deutschen Rechtsentwicklung auf diesem Gebiet.

67 *Ossenbühl*, Staatshaftungsrecht, 1991, S. 7 und 10.

68 So kann der Amtshaftungsanspruch allein auf Grund seiner personalen Konstruktion nur solche Forderungen erfassen, die der Beamte als Privatperson erfüllen kann. Somit ist eine Beseitigung rechtswidriger Beeinträchtigungen oder auch Schadensersatz durch amtliches Handeln ausgeschlossen. Dem Staat kommt außerdem zu Gute, dass er nur unter den Voraussetzungen zu haften hat, unter denen auch der Beamte persönlich haften würde. Damit ist eine Haftung, jedenfalls soweit nicht ausdrücklich etwas anderes geregelt wird, dann ausgeschlossen, wenn den Beamten beispielsweise kein Verschulden trifft. Vgl. hierzu unter anderen *Bettermann*, JZ 1961, S. 482-483, und *Ossenbühl*, Staatshaftungsrecht, 1991, S. 11 f., 358 f.; siehe auch *Grzeszick*, 2002, S. 41-45.

69 *Ossenbühl*, Staatshaftungsrecht, 1991, S. 9.

70 Art. 131 der Verfassung des Deutschen Reiches vom 11. August 1919, RGBl. I, S. 1383-1418 (1408), lautete: "Verletzt ein Beamter in Ausübung der ihm anvertrauten öffentlichen Gewalt die ihm einem Dritten gegenüber obliegende Amtspflicht, so trifft die Verantwortlichkeit grundsätzlich den Staat oder die Körperschaft, in deren Dienste der Beamte steht. Der Rückgriff gegen den Beamten bleibt vorbehalten. Der ordentliche

Art. 131 Abs. 1 WRV enthielt neben der Haftungsüberleitung und einem Rückgriffsvorbehalt des Staates auch die Regelung, dass der ordentliche Rechtsweg nicht ausgeschlossen werden dürfe. Nachdem anfänglich umstritten war, ob Art. 131 Abs. 1 WRV unmittelbar geltendes Recht sei,[71] sorgte das Reichsgericht für die Klärung dieser Frage. In seinem Urteil vom 29. April 1921 führte es hierzu aus[72]:

"Wäre dagegen Art. 131 Abs. 1 nur eine Richtlinie für eine spätere Landesgesetzgebung, so bliebe zweifelhaft, ob das Reich ... überhaupt die rechtliche Möglichkeit hat, eine solche Landesgesetzgebung in Gang und zur Vollendung zu bringen. Es bliebe also etwa dem einzelnen Lande überlassen, ob und wann es die Richtlinien der Staatsverantwortlichkeit für sein Gebiet verwirklichen wollte. Um dem vorzubeugen, schafft und verwirklicht die Reichsverfassung selbst die Staatsverantwortlichkeit als ein sofortiges Grundrecht aller Deutschen für das ganze Reichsgebiet. Sie beseitigt sofort und schlechtweg einen Rechtszustand, in welchem dem geschädigten Dritten nur der mit öffentlicher Gewalt betraute Beamte haftet und nicht der Staat, der doch den Beamten in seine Hoheitsstellung einsetzt und handeln lässt."

Diese Anschauung brachte das Reichsgericht auch in anderen Urteilen zum Ausdruck.[73] Nachdem es sie in einer mit Gesetzeskraft ausgestatteten Entscheidung wiederholt hatte,[74] galt Art. 131 WRV nunmehr unbestritten als unmittel-

---

Rechtsweg darf nicht ausgeschlossen werden. Die nähere Regelung liegt der zuständigen Gesetzgebung ob."

71 So gab insbesondere die Bestimmung des Abs. 2, "Die nähere Regelung liegt der zuständigen Gesetzgebung ob", Anlass zu der Vermutung, dass sich die Bestimmung nur an den Gesetzgeber wende, aber von einer unmittelbaren Regelung absehe. Auch die Formulierung in Abs. 1 Satz 1 "grundsätzlich" treffe die Verantwortlichkeit den Staat wurde als Indiz gegen die unmittelbare Geltung des Art. 131 WRV herangezogen. Vgl. etwa *Jellinek*, 1948, S. 319-331 (321 f.), und RG, Urt. vom 29. April 1921, RGZ 102, S. 166-174 (170).

72 RG, Urt. vom 29. April 1921, RGZ 102, S. 166-174 (171). Neben der Gefahr, dass die Bürger bei landesrechtlicher Ausgestaltung der Staatshaftung je nach Wohnsitz unterschiedlich behandelt würden, führte das Reichsgericht für eine unmittelbare Geltung des Art. 131 WRV an, dass sich dieser Artikel in einem Teil der Verfassung befinde, in dem auch sonst von unmittelbaren Rechten die Rede sei.

73 RG, Urt. vom 30. September 1921, RGZ 102, 391-394; RG, Urt. vom 31. Januar 1922, RGZ 103, 429-431 (430 f.); RG, Urt. vom 11. April 1922, RGZ 104, 290-292 (291 f.).

74 Auf Grund des Art. 13 Abs. 2 WRV und des Ausführungsgesetzes vom 8. April 1920 (RGBl. I, S. 510 f.) hatte das Reichsgericht am 20. Februar 1923 durch Beschluss entschieden, dass zwei näher bezeichnete Bestimmungen des preußischen Rechts, nach denen der ordentliche Rechtsweg in Haftungsfragen gegen den Staat ausgeschlossen war, mit Art. 131 Abs. 1 Satz 1 WRV unvereinbar seien (RGZ 106, 34-44). Der "Tenor" dieser Entscheidung des Reichsgerichts wurde im Reichsgesetzblatt von 1923 abgedruckt (RGBl. I, S. 292).

bares Recht[75] und diente in Verbindung mit § 839 BGB staatshaftungsrechtlichen Klagen als Anspruchsgrundlage.[76]

B. Rechtslage im Dritten Reich

Eine Zäsur trat 1933 in Folge der nationalsozialistischen Machtergreifung ein. Kurz nachdem die Regierung Hitler Anfang März 1933 eine Reichstagsmehrheit erreicht hatte, wurde das "Gesetz zur Behebung der Not von Volk und Reich" verabschiedet.[77] Die wichtigsten hier relevanten Bestimmungen dieses so genannten Ermächtigungsgesetzes lauteten[78]:

"Art. 1. Reichsgesetze können außer in dem in der Reichsverfassung vorgesehenen Verfahren durch die Reichsregierung beschlossen werden. ...

Art. 2. Die von der Reichsregierung beschlossenen Reichsgesetze können von der Reichsverfassung abweichen, soweit sie nicht die Einrichtung des Reichstages und des Reichsrates als solche zum Gegenstand haben. Die Rechte des Reichspräsidenten bleiben unberührt.

Art. 3. Die von der Reichsregierung beschlossenen Reichsgesetze werden vom Reichskanzler ausgefertigt und im Reichsgesetzblatt verkündet. ..."

Mit dem Ermächtigungsgesetz hatte sich der Reichstag nicht nur selbst entmachtet, sondern der Reichsregierung sogar die Kompetenz verliehen, verfassungsändernde Gesetze zu schaffen. Damit war die Verfassungskraft der Weimarer Reichsverfassung faktisch erloschen.[79]

Die Weitergeltung des Art. 131 WRV war jedoch grundsätzlich unbestritten.[80] Uneinigkeit bestand lediglich in der Frage, ob es sich noch um eine Verfassungsgarantie oder aber eine einfache Gesetzesregel des Reichsrechts handele.

Gegen die Annahme einer Verfassungsgarantie sprach schließlich der Erlass des so genannten Ausgleichsgesetzes[81] im Dezember 1934, welches die Handhabung des Art. 131 WRV betraf. Nach der Präambel des Gesetzes sollten

75 *Brand*, Anmerkungen, 1930, S. 273; *Glinski*, 1998, S. 35; anderer Ansicht: noch *Anschütz*, 1921, S. 211.

76 Umfassend dazu *Brand*, Anmerkungen, 1930, S. 272 ff. Siehe auch *Anschütz*, 1933, Art. 131 Anm. 1, der hier seine noch in der Vorauflage des Kommentars vertretene Auffassung ausdrücklich korrigierte.

77 Gesetz zur Behebung der Not von Volk und Reich vom 24. März 1933, RGBl. I, S. 141.

78 Gesetz zur Behebung der Not von Volk und Reich vom 24. März 1933, RGBl. I, S. 141.

79 So auch *Kroeschell*, 1992, S. 71; *Steiniger*, NJ 1947, S. 146 (147).

80 Vgl. beispielhaft *Brand*, Beamtengesetz, 1942, S. 232.

81 Gesetz über den Ausgleich bürgerlich-rechtlicher Ansprüche (im Folgenden: Ausgleichsgesetz) vom 13. Dezember 1934, RGBl. I, S. 1235 f.

"besondere Nachteile, die Einzelnen durch politische Vorgänge der nationalsozialistischen Erhebung zugefügt worden" waren, nur dann zulasten der Allgemeinheit ausgeglichen werden, "soweit dieser Ausgleich nach gesundem Volksempfinden zur Beseitigung unbilliger Härten erforderlich" sei[82]. Das Gesetz sollte auf alle Fälle angewandt werden, in denen im gerichtlichen Verfahren einschließlich der Zwangsvollstreckung zivilrechtliche Ansprüche geltend gemacht wurden, die mit der "nationalsozialistischen Erhebung und Staatserneuerung" zusammenhingen.[83] Die Entscheidung über einen Ausgleichsanspruch durften die Gerichte nicht selbstständig treffen. Sie hatten vielmehr zunächst die zuständige Verwaltungsbehörde zu benachrichtigen, welche wiederum dem Reichsminister des Innern Bericht zu erstatten hatte.[84] Bis zur Entscheidung des Reichsinnenministers über den Fortgang des Verfahrens konnte das Gericht auf Antrag des Anspruchsgegners das Verfahren aussetzen. Auf Ersuchen der zuständigen Verwaltungsbehörde war das Gericht sogar zur Aussetzung des Verfahrens verpflichtet.[85] Der Reichsinnenminister konnte dem Anspruchsberechtigten schließlich die Weiterverfolgung des Anspruchs überlassen oder aber der Weiterbehandlung des Anspruchs im Rechtswege widersprechen, was prozessual die Unzulässigkeit der gerichtlichen Anspruchsverfolgung bewirkte.[86]

Das Verfahren wurde hiernach als so genanntes Ausgleichsverfahren fortgeführt. Dabei handelte es sich um ein Verwaltungsverfahren, in dem der Reichsinnenminister nach billigem Ermessen abschließend selbst zu entscheiden hatte, ob und in welcher Höhe ein Ausgleich aus Reichsmitteln oder aber aus Mitteln Dritter zu gewähren sei.[87] Die Ausgleichsentscheidung führte in jedem Fall zum Erlöschen des geltend gemachten Anspruchs.[88]

Sinn und Zweck des Ausgleichsgesetzes lagen erkennbar darin, den Rechtsweg jeweils für solche Fälle auszuschließen, in denen es um Schäden in Folge politisch motivierten Handelns ging. Solches Handeln im Rahmen der "nationalsozialistischen Erhebung und Staatserneuerung" sollte offenbar im Zweifel durch den Geschädigten hingenommen werden müssen. Der Reichsinnenminister hatte im Rahmen der nationalsozialistischen Staatserneuerung eine führende Position inne. Er war damit einer derjenigen, welche die vom Ausgleichgesetz erfassten Schädigungen der Bürger mit zu verantworten hatten. Dabei dürfte es sich bei den Geschädigten überwiegend um politische Gegner

82 Präambel des Ausgleichsgesetzes.

83 § 1 Ausgleichsgesetz.

84 § 2 Ausgleichsgesetz.

85 § 3 Abs. 1 und 2 Ausgleichsgesetz.

86 § 4 Abs. 1 und 2 Ausgleichsgesetz.

87 § 5 Abs. 1 Ausgleichsgesetz.

88 § 6 Ausgleichsgesetz.

gehandelt haben. Indem ausgerechnet der Reichsinnenminister nach dem Ausgleichsgesetz nach Belieben das Verfahren an sich ziehen und sodann über den Ersatz des Schadens befinden durfte, lag ein Rechtsverlust für den Geschädigten nahe.

Bei der Entscheidung darüber, ob Letzterer seinen Anspruch vor dem Zivilgericht weiter verfolgen dürfe oder nicht, ging es sicherlich um den Ausschluss solcher Fälle, "in denen politisch unangenehme Tatsachen zur Erörterung standen, wie beispielsweise die zivilrechtlichen Folgen politisch motivierter Kriminalität von Parteigängern des Regimes".[89] Es liegt nahe, dass durch den Erlass und die Anwendung des Ausgleichsgesetzes verhindert werden sollte, dass sich die Zivilgerichte im Zusammenhang mit der Erörterung der Rechtmäßigkeit des schadensverursachenden Handelns auch mit möglicherweise inoffiziellen Befehlen der politischen Führung auseinander gesetzt hätten.[90]

Die Ausgleichsentscheidung des Reichsinnenministeriums im Verwaltungsverfahren dürfte zudem von finanziellen Erwägungen beeinflusst gewesen sein, denn die Mittel wurden für die nationalsozialistische Staatserneuerung benötigt. Durch die in seinem Ermessen stehende Ausgleichsentscheidung war der Reichsinnenminister in der Lage, finanziellen Belastungen der Staatskasse entgegenzuwirken. Mit dem Erlass des Ausgleichsgesetzes wurde "Recht" geschaffen, das eindeutig darauf ausgerichtet war, der politischen Führung des Staates zu nutzen.

Weitere Beispiele, in denen das Recht deutlich dem politischen Willen der Staatsführung untergeordnet wurde, sind im Dritten Reich insbesondere im Zusammenhang mit der gezielten Ausgrenzung der Juden zu erkennen.[91] Hier-

89 *Botur*, 1995, S. 203, mit Verweis auf *Schröder, Rainer*, Zivilrecht, 1988, S. 195 ff.

90 Vgl. *Botur*, 1995, S. 188, mit Verweis auf das Reichsjustizministerium, welches von sich aus nur sehr wenig Neigung zeigte, die Strafverfolgung von Pogromtätern an sich zu ziehen. *Badkowski*, 1976, S. 36-41 (38), schildert, dass zwischen den die Aussetzung des Verfahrens ersuchenden Verwaltungsbehörden und den Gerichten häufiger Meinungsverschiedenheiten über die Anwendbarkeit des Ausgleichsgesetzes auftraten, die wiederum das Reichsjustizministerium dadurch aufzulösen versuchte, dass es die Gerichte anwies, den Ersuchen der Verwaltungsbehörden nachzukommen, auch wenn der Richter diese für unbegründet hielt.

91 Vgl. etwa die Verordnung über die Sühneleistung der Juden deutscher Staatsangehörigkeit vom 12. November 1938, RGBl. I, S. 1579, die den deutschen Juden "in ihrer Gesamtheit" die Zahlung einer so genannten Kontribution von 1.000.000.000 Reichsmark an das Deutsche Reich auferlegte, sowie die Verordnung zur Ausschaltung der Juden aus dem deutschen Wirtschaftsleben vom 12. November 1938, RGBl. I, S. 1580, die den Juden faktisch alle noch bestehenden selbständigen Erwerbsmöglichkeiten verbot und ihre Entlassung als leitende Angestellte ohne Versorgungs- oder Abfindungsansprüche anordnete. Siehe hierzu auch *Botur*, 1995, S. 183.

zu zählte unter anderem die so genannte Straßenbildverordnung vom 12. November 1938, die die Abwicklung der Pogromschäden wie folgt regelte:[92]

"§ 1 Alle Schäden, welche durch die Empörung des Volkes über die Hetze des internationalen Judentums gegen das nationalsozialistische Deutschland am 8., 9. und 10. November 1938 an jüdischen Gewerbebetrieben und Wohnungen entstanden sind, sind vom jüdischen Inhaber oder jüdischen Gewerbetreibenden sofort zu beseitigen.

§ 2 (1) Die Kosten der Wiederherstellung trägt der Inhaber der betroffenen jüdischen Gewerbebetriebe und Wohnungen.

(2) Versicherungsansprüche von Juden deutscher Staatsangehörigkeit werden zugunsten des Reichs beschlagnahmt."

Auch die Straßenbildverordnung tangierte die Haftung des Staates. Denn genau wie bei den im Ausgleichsgesetz erwähnten Schäden lag auch bei den Pogromschäden eine Inanspruchnahme staatlicher Stellen wegen ihrer politischen Einflussnahme und damit der Auslösung oder zumindest Mitverantwortung schädigender Handlungen nahe. Durch die Straßenbildverordnung wurde der Ersatzanspruch des jüdischen Geschädigten gleich doppelt verneint. Zum einen weil er selbst zum Verpflichteten für die Wiederherstellung der Güter auf eigene Kosten bestimmt wurde. Zum anderen weil er auch etwaiger Versicherungsansprüche enthoben wurde. Besonders grotesk ist hierbei, dass solche Ansprüche zugunsten des Reichs beschlagnahmt wurden.

Der bloße Ausschluss von Ersatzansprüchen aus Pogromschäden wurde durch die zum Ausgleichsgesetz erlassene 14. Durchführungsverordnung zum Ausgleich von Pogromschäden vom 18. März 1939[93] insofern ergänzt, als auf die Ersatzansprüche für Pogromschäden das Ausgleichsgesetz sinngemäß anwendbar sein sollte. Damit wurde klar gestellt, dass die Rechtwegbeschränkung des Ausgleichsgesetzes auch für Ersatzansprüche auf Grund von Pogromschäden gelten sollte. Für die sodann im Verwaltungsverfahren zu treffende Ausgleichsentscheidung reduzierte die 14. Durchführungsverordnung zudem das dem Reichsinnenminister grundsätzlich zustehende Entscheidungsermessen dahin, dass deutschen und staatenlosen Juden eine Entschädigung nicht gewährt werden sollte.[94]

Die Regelungen des Ausgleichsgesetzes und seiner Durchführungsverordnungen standen im Widerspruch zu den Regelungen des Art. 131 Abs. 1 WRV

92 Verordnung zur Wiederherstellung des Straßenbildes bei jüdischen Gewerbebetrieben vom 12. November 1938, RGBl. I, S. 1581.

93 14. Verordnung zur Durchführung und Ergänzung des Gesetzes über den Ausgleich bürgerlich-rechtlicher Ansprüche vom 18. März 1939, RGBl. I, S. 614.

94 § 3 der 14. Durchführungsverordnung lautete: "Juden deutscher Staatsangehörigkeit und staatenlosen Juden wird eine Ausgleichsentschädigung auf Grund dieser Vorschriften nicht gewährt."

und setzten sie vor dem Hintergrund des Art. 2 des Ermächtigungsgesetzes gleichzeitig als Verfassungsgarantien außer Kraft. Das Reichsgericht stellte in einer Entscheidung vom 3. März 1937 schließlich fest, dass Art. 131 WRV nur noch ein allgemeiner Rechtssatz sei. Er enthalte keine Verfassungsgarantie mehr und gelte lediglich als einfache Norm des bürgerlichen Rechts fort, der gegenüber einer Sonderbestimmung Vorrang finde.[95] Die in der Weimarer Republik entwickelten Anschauungen zur Haftung des Staates waren somit überholt.

C. Zwischen Kriegsende und Gründung der DDR

I. "Antifaschistisch-demokratische Umwälzung" als politische Rahmenbedingung

Nach Beendigung des Zweiten Weltkrieges[96] gaben die vier Siegermächte Sowjetunion, USA, Großbritannien und Frankreich in ihrer Erklärung vom 5. Juni 1945[97] die Aufteilung des Deutschen Reiches in Besatzungszonen und die Übernahme der obersten Regierungsgewalt durch die jeweilige Besatzungsmacht bekannt.

In der Sowjetischen Besatzungszone wurde daraufhin am 9. Juni 1945 die Sowjetische Militäradministration in Deutschland (SMAD) mit Sitz in Berlin-Karlshorst gebildet.[98] Im Rahmen der von den vier Mächten zum gemeinsamen Ziel erklärten Demokratisierung Deutschlands beschloss die Sowjetunion für die von ihr besetzte Zone die Notwendigkeit einer Etappe der "antifaschistisch-demokratischen Umwälzung".[99] Als Auftakt dieser Etappe gestattete die SMAD bereits mit ihrem Befehl Nr. 2 die Bildung antifaschistisch-demokrati-

95 RG, Urt. vom 3. März 1937, RGZ 154, 144-155 (147); siehe hierzu auch *Siefart*, 1939, S. 14, sowie *Pfetsch*, 1936, S. 57. Letzterer stellt nur kurz fest, dass die einst umstrittene Frage, ob Art. 131 WRV als Programmsatz oder als unmittelbar anzuwendende Norm gelte, "heute keine praktische Bedeutung mehr" habe.

96 Nachdem die Gesamtkapitulation der deutschen Wehrmacht am 7. Mai 1945 gegenüber den Westalliierten und in der Nacht vom 8. zum 9. Mai gegenüber der Roten Armee unterzeichnet wurde, war der Zweite Weltkrieg für Deutschland beendet. Vgl. statt vieler *Pollmann*, 1984, S. 10.

97 "Vier-Mächte-Erklärung von Berlin" oder "Berliner Deklaration", *Pollmann*, 1984, S. 11; *Schroeder, Klaus*, 2000, S. 25.

98 Befehl Nr. 1 der SMAD über die Organisation der Militärverwaltung zur Verwaltung der sowjetischen Besatzungszone in Deutschland, abgedruckt in Stab der Sowjetischen Militärverwaltung in Deutschland, 1946, S. 9.

99 *Weber*, Kleine Geschichte, 1988, S. 8; *Weber*, DDR, 2000, S. 4.

scher Parteien.[100] Daraufhin konstituierten sich bis Anfang Juli 1945 die KPD, die SPD, die CDU und die LDP.[101]

Mit dem Potsdamer Abkommen vom 2. August 1945 wurden weitere wesentliche Entscheidungen für die Zukunft Deutschlands getroffen. Neben Regelungen über die Grenzen und über die Ausübung der obersten Regierungsgewalt wurde die völlige Abrüstung und Entmilitarisierung vereinbart. Die NSDAP wurde verboten, nationalsozialistische Gesetze sollten außer Kraft gesetzt, Kriegsverbrecher Gerichten übergeben und Mitglieder der NSDAP aus öffentlichen und halb öffentlichen Ämtern entfernt werden. Als Ziele wurden der Aufbau einer demokratischen Verwaltung und eines demokratischen Erziehungs- und Gerichtswesens sowie die grundsätzliche Zulassung demokratischer Parteien und freier Gewerkschaften proklamiert. In wirtschaftlicher Hinsicht wurden die Vernichtung des Kriegspotenzials und die Zerschlagung der "bestehenden übermäßigen Konzentration der Wirtschaftskraft" gefordert. Außerdem wurde die Zahlung von Kriegsreparationen festgelegt.[102]

Zum Zweck des Neuaufbaus der Verwaltung hatte die SMAD bereits im Juli 1945 Landesverwaltungen für die Länder Sachsen, Mecklenburg und Thüringen sowie Provinzialverwaltungen für die Provinzen Brandenburg und Sachsen-Anhalt eingesetzt.[103] Später wurde diesen das Recht eingeräumt,

> "Gesetze und Verordnungen, die Gesetzeskraft haben, auf den Gebieten der gesetzgebenden, richterlichen und vollstreckenden Gewalt zu erlassen, wenn sie den Gesetzen und Befehlen des Kontrollrates oder den Befehlen der Sowjetischen Militärverwaltung nicht widersprechen."[104]

Außerdem legte der Befehl Nr. 17 der SMAD vom 27. Juli 1945[105] die Bildung von elf deutschen Zentralverwaltungen fest, welche als Hilfsorgane der Sowjeti-

100 Befehl Nr. 2 der SMAD über die Genehmigung der Bildung antifaschistisch-demokratischer Parteien und Massenorganisationen vom 10. Juni 1945, abgedruckt in Stab der Sowjetischen Militärverwaltung in Deutschland, 1946, S. 9 f.

101 Gegründet wurden die KPD am 11. Juni 1945, die SPD am 15. Juni 1945, die CDU am 26. Juni 1945 und die LDP am 5. Juli 1945; vgl. *Pollmann*, 1984, S. 12-17; *Schroeder, Klaus*, 2000, S. 25.

102 Vgl. *Heitzer*, 1979, S. 28-30; *Weber*, Kleine Geschichte, 1988, S. 24.

103 *Weber*, Kleine Geschichte, 1988, S. 26.

104 Befehl Nr. 110 der SMAD über die Einräumung des Rechts an die Provinzialverwaltungen und Verwaltungen der föderalen "Länder" in der sowjetischen Besatzungszone Deutschlands, Gesetze und Verordnungen zu erlassen, die Gesetzeskraft haben, vom 22. Oktober 1945, abgedruckt in Stab der Sowjetischen Militärverwaltung in Deutschland, 1946, S. 19 f.

105 Befehl Nr. 17 der SMAD über die Bildung von deutschen Zentralverwaltungen in der Sowjetischen Besatzungszone Deutschlands vom 27. Juli 1945, in: *Schultes*, 1947, D, S. 1-3. Nach Ziffer 1 des Befehls Nr. 17 waren die Zentralverwaltungen für Verkehrswesen, Nachrichtenwesen, Brennstoffindustrie, Handel und Versorgung, Industrie, Land-

schen Militärverwaltung arbeiten und Signalwirkung für eine zukünftige deutsche Zentralregierung haben sollten.

Höhepunkte im Prozess der so genannten antifaschistisch-demokratischen Umwälzung waren die ab September 1945 in der Sowjetischen Besatzungszone durchgeführte Bodenreform[106] sowie die Schul-[107] und die Industriereform[108].

Der wirtschaftliche Wiederaufbau in der Sowjetischen Besatzungszone hatte sich indes als sehr problematisch erwiesen. Es gab kaum Bodenschätze und nur eine schmale schwerindustrielle Basis. Die vorgenommene Demontage der durch den Krieg ohnehin stark zerstörten Industrie und die Leistung von Reparationen hatten die Wirtschaft stark belastet und in eine katastrophale Lage geführt.[109]

Zum Vorbild für die weitere Entwicklung wurde immer stärker die Sowjetunion herangezogen. Im Januar 1949 erkannte die SED auf ihrer ersten Parteikonferenz ausdrücklich die "führende Rolle der Sowjetunion und der KPdSU" an und erklärte es zur "Pflicht" ihrer Mitglieder, die "sozialistische Sowjetunion mit allen Kräften zu unterstützen".[110]

---

wirtschaft, Finanzen, Arbeit und Sozialfürsorge, Gesundheitswesen, Volksbildung und Justiz zu bilden.

106 Hierzu *Heitzer*, 1979, S. 37: "Alle Großgrundbesitzer mit Gütern von über 100 Hektar Größe und der Grundbesitz von aktiven Nazis und Kriegsverbrechern mit dem gesamten Vermögen und landwirtschaftlichem Inventar wurden entschädigungslos enteignet." Die so erhaltenen Flächen wurden in einen Bodenfonds überführt. Vgl. dazu auch *Weber*, Kleine Geschichte, 1988, S. 28, und *Pollmann*, 1984, S. 18 f.

107 Nach *Heitzer*, 1979, S. 39 f., sollte im Zuge der demokratischen Schulreform das Bildungswesen "von den faschistischen und militaristischen Irrlehren und ihren Trägern" befreit und "das jahrhundertealte Bildungsprivileg der besitzenden Klassen" beseitigt werden. Es sollte ferner die "demokratische sozialistische Einheitsschule als einzige Form der schulischen Bildung und Erziehung in Stadt und Land" eingeführt werden. Zu den Reformen im Bildungswesen auch *Weber*, Grundriss, 1991, S. 37 f.

108 Durch die Befehle Nr. 124 und 126 SMAD wurde das gesamte Eigentum des deutschen Staates, der NSDAP und ihrer Amtsleiter sowie der Wehrmacht beschlagnahmt und zum Teil in Sowjetische Aktiengesellschaften (SAG) umgewandelt oder aber ab März 1946 den deutschen Verwaltungsorganen zur Verfügung gestellt. Vgl. *Weber*, Kleine Geschichte, 1988, S. 29 f.; Befehl Nr. 124 über die Beschlagnahme und provisorische Übernahme einiger Eigentumskategorien, abgedruckt in Stab der Sowjetischen Militärverwaltung in Deutschland, 1946, S. 20-22; Befehl Nr. 126 betreffend die Konfiskation des Eigentums der NSDAP, ihrer Organe und angeschlossenen Organisationen vom 31. Oktober 1945, in: *Schultes*, 1947, D, S. 12-15.

109 Nach *Weber*, Kleine Geschichte, 1988, S. 31, erbrachte die Sowjetische Besatzungszone bis 1953 Reparationszahlungen in einer Größenordnung von ca. 66 Milliarden Mark.

110 *Pollmann*, 1984, S. 44; *Weber*, Kleine Geschichte, 1988, S. 46.

Mit der Gründung der Deutschen Demokratischen Republik am 7. Oktober 1949 und dem In-Kraft-Treten ihrer Verfassung endete die Etappe der "antifaschistisch-demokratischen Umwälzung".

II. Entwicklung des Staatshaftungsrechts

1. Bestandsaufnahme

Nachdem Art. 131 WRV "den Einsturz des politischen Verfassungsgebäudes" im Dritten Reich zumindest als einfaches Gesetz überstanden hatte, wurde er zunächst auch in der Sowjetischen Besatzungszone noch als geltendes Recht angesehen.[111] In einer durch *Benjamin*, zu diesem Zeitpunkt Vortragende Rätin in der Deutschen Justizverwaltung[112], unterzeichneten und offenbar auch persönlich gefertigten handschriftlichen Ausarbeitung aus dem Jahre 1946 hieß es zur "Hoheitshaftung"[113]:

"1) Leitsätze
keine Vernichtung des Reiches durch bedingungslose Kapitulation ...
Übernahme der Regierungsgewalt durch die Alliierten ...
Mitteilung über die Drei-Mächte-Konferenz in Berlin, Anstellung von Behördenangestellten bewusst nicht als Beamte, sondern als Angestellte

Aufhebung des RBG[114] vom 26.1.37 -I/39-
Befehl Nr. 66 der SMA vom 17.9.45
Staatsrechtlich keine Beamten

Gesetz über Hoheitshaftung nicht aufgehoben
Art. 131 RV[115] Haftung für Verletzung der Amtspflicht trifft Staat.

111 *Steiniger*, NJ 1947, S. 146 (147).

112 *Brentzel*, 1997, S. 141; siehe auch *Feht*, 1997, S. 57, mit Verweis auf ein Schreiben des Chefs der Deutschen Justizverwaltung, *Schiffer*, an *Hilde Benjamin* vom 6. September 1945, aus: Bundesarchiv Potsdam P1 – VA – 6827, Bl. 10.

113 *Benjamin*, handschriftliche Ausarbeitung, in: BArch DP 1 VA 6912, S. 4 v.-7 h. (6 h.-7 v.).

114 Reichsbeamtengesetz vom 26. Januar 1937, RGBl. I, S. 39-70. Nach § 23 Abs. 2 des Reichsbeamtengesetzes war der Regress gegen einen Beamten auf die Fälle des Vorsatzes und der groben Fahrlässigkeit beschränkt. § 23 Abs. 2 lautete: "Hat der Dienstherr einem anderen Schadensersatz geleistet, weil ein Beamter in Ausübung der ihm anvertrauten öffentlichen Gewalt seine Amtspflicht verletzt hat, so hat der Beamte dem Dienstherrn den Schaden nur insoweit zu ersetzen, als ihm Vorsatz oder grobe Fahrlässigkeit zur Last fällt."

115 Gemeint ist offenbar die Verfassung des Deutschen Reiches vom 11. August 1919, RGBl. I, S. 1383-1418.

Beamter im Sinne des Art. 131 jeder, dem der Staat die Ausübung öffentlicher Gewalt übertragen hat, sei es durch Dienstvertrag, sei es durch Staatsakt.
Haftungsgesetze des Reichs und der Länder soweit sie Art. 131 entsprechen oder widersprechen, aufgehoben, jedoch bleibt bestehen
R. G. vom 22.5.1910[116] -S. 798- (§§ 2,5)
Pr. G. vom 1.8.1909[117] -S. 691- (§§ 1 III, 3)

2) Folgerungen
   a) Der Verrichter öffentlicher Gewalt ist Nichtbeamter im Sinne des Staatsrechts, Beamter im Sinne der Hoheitshaftung.
   b) Die Ersatzpflicht aus der Hoheitshaftung übernimmt der Staat (Art. 131).
   c) Umfang der Ersatzpflicht bestimmt § 839 BGB, für Vorsatz und Fahrlässigkeit, bei Fahrlässigkeit, wenn kein anderer Ersatz. ...
   d) Rückgriff des Staates
      § 2 Reichshaftpflichtgesetz vom 22.5.1910 (798) Rückgriff gegen Beamten
      § 3 Preußisches Haftpflichtgesetz vom 1.8.1909 (691) Rückgriff gegen Beamten
      ..."

Abgesehen von dem klaren Bekenntnis zu Art. 131 WRV ergibt sich aus dem Vermerk außerdem, dass das Ausgleichsgesetz nebst seiner Durchführungs- und Ergänzungsverordnungen nicht mehr als geltendes Recht angesehen werden sollte, da es hinsichtlich des Haftungsanspruches und dessen rechtlicher Durchsetzung Art. 131 WRV widersprach.

Anlass zu der oben zitierten Ausarbeitung hatte offenbar ein Schreiben der Justizverwaltung des Landes Mecklenburg-Vorpommern vom August 1946[118] gegeben. Darin war gegenüber der Deutschen Justizverwaltung angeregt worden, eine zoneneinheitliche Regelung zur Versicherung der Richter und Rechtspfleger gegen Rückgriffsansprüche des aus Amtspflichtverletzung in Anspruch genommenen Staates zu schaffen. Da die SMAD mit ihrem Befehl Nr. 66[119] unter anderem das Reichsbeamtengesetz vom 26. Januar 1937[120] aufgehoben hatte, war auch die dort in § 23 Abs. 2 festgelegte Beschränkung des Rückgriffs auf Vorsatz und grobe Fahrlässigkeit beseitigt. Sollten die Angestellten des Staates nun auch in den Fällen leichter Fahrlässigkeit dem Rückgriff des Staates

116 Verfasserin der Notiz bezieht sich auf das Reichsbeamtenhaftpflichtgesetz; siehe Fn. 63 (oben S. 33).

117 Gemeint ist das Preußische Beamtenhaftpflichtgesetz; siehe Fn. 59 (oben S. 32).

118 Schreiben der Justizverwaltung des Landes Mecklenburg-Vorpommern vom 28. August 1946, in: BArch DP 1 VA 6912, S. 1.

119 Befehl Nr. 66 über die Abschaffung der Sondergerichte und die Aufhebung der faschistischen Gesetze in der sowjetischen Okkupationszone Deutschlands vom 17. September 1945 (Ziffer 11: Aufhebung des Deutschen Reichsbeamtengesetzes vom 26. Januar 1937), in: *Schultes*, 1947, D, S. 4 f. Vgl. hierzu *Brintzinger*, ROW 1965, S. 145-155 (147).

120 Siehe bereits unter Fn. 114 (oben S. 42).

ausgesetzt sein, befürchtete man die Beeinträchtigung ihrer Arbeits- und Verantwortungsfreudigkeit.

Seitens der Deutschen Justizverwaltung sorgte man sich offenbar jedoch weniger um die Arbeits- und Verantwortungsfreudigkeit der Staatsangestellten als vielmehr darum, dass die Einrichtung einer Versicherung zu Prämienerhöhungen und starken Belastungen der Staatskasse führen könnte.[121] Die Klärung des Problems sollte auf der Anfang November 1946 stattfindenden Länderkonferenz herbeigeführt werden.[122] Nachdem sich die durch die Deutsche Justizverwaltung zu einer vorherigen Stellungnahme aufgeforderten Länder mit Ausnahme Thüringens[123] nicht geäußert hatten, wurde die Entscheidung über die Einrichtung der Versicherung jedoch aufgeschoben. Es sollte "abgewartet werden, ob die Länder und Provinzen die Angelegenheit bei einer der nächsten Konferenzen erneut aufgreifen und Material bringen" würden.[124]

Die Frage einer solchen Versicherung wurde danach nicht mehr thematisiert.

2. *Erster Vorschlag zur Neuregelung der Staatshaftung*

Unabhängig von der oben dargestellten Versicherungsfrage schlug das sächsische Ministerium der Justiz im Februar 1948 der Deutschen Justizverwaltung die Schaffung einer zoneneinheitlichen Neuregelung der Staatshaftung vor.[125] Dem war ein Streit zwischen dem Justiz- und dem Innenministerium Sachsens um die Geltung des Art. 131 WRV vorausgegangen. Während das Justizministerium Sachsens Art. 131 WRV als eine allgemein-rechtliche, den gegenwärtigen Anschauungen nicht widerstreitende Bestimmung ansah, die im Gegensatz zu den ausgesprochen politischen Verfassungsbestimmungen fortgelten müsse, verneinte das sächsische Innenministerium die Fortgeltung des Art. 131 WRV, hielt aber den in ihm verankerten Rechtsgrundsatz als Gewohnheitsrecht gleichwohl für anwendbar.[126]

121 Siehe hierzu letzter Abschnitt der handschriftlichen Ausarbeitung von *Benjamin*, in: BArch DP 1 VA 6912, S. 4 v.-7 h. (7 h.). Als "Erschwernisse" für die Einrichtung einer Versicherung waren dort genannt: "Belastung der Staatskasse", "Gefahr einer Prämienerhöhung", "Versicherung macht Einwand (konkreten) Verschuldens" und "Vorsicht der Richter lässt nach".

122 Vgl. dazu den Vermerk der DJV vom 15. Oktober 1946, in: BArch DP 1 VA 6912, S. 2.

123 Das Land Thüringen sprach sich in zwei Schreiben für eine Versicherung der Angestellten aus. Siehe Schreiben 21. Oktober 1946, in: BArch DP 1 VA 6912, S. 10 v. u. h., und Schreiben vom 30. Oktober 1946, in: BArch DP 1 VA 6912, S. 3.

124 Vermerk der DJV vom 15. November 1946, in: BArch DP 1 VA 6912, S. 10 h.

125 Schreiben der Landesregierung Sachsen vom 25. Februar 1948, in: BArch DP 1 VA 6912, S. 12 v. u. h.

126 Die Argumente des Justiz- und des Innenministeriums Sachsens werden in einem späteren Schreiben der Landesregierung Sachsens an die DJV noch einmal dargestellt.

Die Deutsche Justizverwaltung reagierte auf den Vorschlag zur Neuregelung der Staatshaftung zunächst mit einem Rundschreiben an die Justizministerien der übrigen Länder der Sowjetischen Besatzungszone und forderte diese mit Verweis auf die sächsische Anfrage zur Abgabe einer Stellungnahme auf.[127] Dabei unterstrich sie die Notwendigkeit einer zoneneinheitlichen Regelung, wies aber unter Bezugnahme auf einen Aufsatz *Steinigers*[128] darauf hin, bisher von der Weitergeltung des Art. 131 WRV ausgegangen zu sein. Sollten die Länder jedoch eine Neuregelung befürworten, so müsse diese wohl grundsätzlich dem bisherigen Rechtszustand entsprechen. Problematisch sei dabei nicht die Staatshaftung an sich, sondern die Frage, ob auch die Rechtsweggarantie des Art. 131 Abs. 1 Satz 3 WRV übernommen werden könne.[129]

Die Justizministerien der Länder hielten eine Neuregelung grundsätzlich für nicht oder nicht dringend erforderlich. Auch sie gingen von der Weitergeltung des Art. 131 WRV aus.[130] Die Garantie des Rechtsweges sollte nach Ansicht der Länder bestehen bleiben, wobei auch die Eröffnung des Verwaltungsrechtsweges erwogen wurde.[131]

Die Antwort des Landes Brandenburg hatte sich zunächst verzögert. Der Grund hierfür bestand in einer dort seit dem 19. Oktober 1946 existierenden Verordnung, die in ähnlicher Form auch in den Ländern und Provinzen Sachsen, Sachsen-Anhalt und Thüringen erlassen worden war.[132] Diese Verordnungen über die Geltendmachung von Ansprüchen aus Maßnahmen der öffentlichen Gewalt schlossen den ordentlichen Rechtsweg für Staatshaftungsstreitigkeiten aus. Anders als die Verordnungen der anderen Länder begründete die der

Siehe Schreiben der Landesregierung Sachsen vom 27. November 1948, in: BArch DP 1 VA 6912, S. 30 v. u. h. (30 v.).

127 Verfügung der DJV vom 8. März 1948, in: BArch DP 1 VA 6912, S. 13 v. u. h. (13 v.).

128 *Steiniger*, NJ 1947, S. 146-150.

129 Verfügung der DJV vom 8. März 1948, in: BArch DP 1 VA 6912, S. 13 v. u. h. (13 v.).

130 Schreiben des Justizministeriums Mecklenburg-Vorpommern vom 17. März 1948, in: BArch DP 1 VA 6912, S. 14; Schreiben des Justizministeriums Thüringen vom 31. März 1948, in: BArch DP 1 VA 6912, S. 16 v. u. h.; Schreiben des Justizministeriums Sachsen-Anhalts vom 12. Juli 1948, in: BArch DP 1 VA 6912, S. 23 v. u. h.; Schreiben des Justizministeriums Brandenburg vom 5. November 1948, in: BArch DP 1 VA 6912, S. 27 v. u. h.

131 Vgl. etwa das Schreiben des Justizministeriums Thüringen vom 31. März 1948, in: BArch DP 1 VA 6912, S. 16 v. u. h. (16 v.).

132 Nach *Ossenbühl*, Staatshaftungsrecht, 1991, S. 378 f., waren die Verordnungen auf Grund der Ermächtigung durch den SMAD-Befehl Nr. 110 vom 22. Oktober 1945 (siehe bereits Fn. 104, oben S. 40) erlassen worden. Nachweise für die Verordnungen bei *Brintzinger*, ROW 1965, S. 145-155 (147).

Provinz Mark Brandenburg außerdem eine Entscheidungszuständigkeit der Provinzialverwaltung.[133]

Eben diese Verordnung war auch Anlass für den bereits erwähnten Aufsatz von *Steiniger*[134]. Darin warf er die Frage auf, ob die Provinz Brandenburg berechtigt sei, die Rechtsweggarantie des Art. 131 WRV auf ihrem Gebiet zu beseitigen.[135]

Steiniger hob zunächst hervor, dass Art. 131 WRV "nicht der Gesetzessäuberung der Alliierten Instanzen zum Opfer gefallen" sei, da er kein spezifisch nationalsozialistisches Gedankengut widerspiegele. Er müsse mithin noch als geltendes Recht angesehen werden. Die Länder der Sowjetischen Besatzungszone hätten zwar nach dem Befehl Nr. 110 der SMAD[136] das Recht, auf den Gebieten der Legislative, der Exekutive und der Judikative Gesetze und Verordnungen mit Gesetzeskraft zu erlassen. Dieses Recht sei aber zumindest durch die Pflicht der Länder begrenzt, auf den Fortbestand eines demokratischen Deutschlands Rücksicht zu nehmen. Demnach stelle sich die Frage, ob der Ausschluss des ordentlichen Rechtsweges entgegen Art. 131 Abs. 1 Satz 3 WRV für die Entwicklung eines demokratischen deutschen Gesamtstaates förderlich sei oder nicht.[137] Hierzu erläuterte *Steiniger*[138]:

"Der Kampf um eine gesicherte Amtshaftung gehört historisch gesehen in die Auseinandersetzung fortschrittlicher Staatsbürger mit den Kräften der allmächtigen preußischen Bürokratie, und der Kampf gegen eine Entscheidungsmacht dieser Bürokratie in eigener Angelegenheit war die politische Spitze der ganzen Auseinandersetzung. Andererseits wäre es unüberlegt, die gewiss persönlich auch nicht unfehlbaren Verwaltungsorgane eines demokratischen Staates politisch mit der antidemokratisch tendierenden Staatsmaschinerie einer früheren Entwicklungsstufe gleichzusetzen. Über dem Vorgesetzten, der bei Amtspflichtverletzungen seiner Mitarbeiter aus falscher Solidarität dem Betroffenen die Entschädigung verweigern würde, schwebt heute im Lande Mark Brandenburg das Damoklesschwert parlamentarischer Kontrolle. War einst das von der Verwaltung unabhängige Gericht die ultima ratio des bürgerlichen Rechtsstaates in diesem Komplex, so ist heute im Zustande demokratischer Parlamentshoheit

133 Schreiben des Justizministeriums Brandenburgs vom 5. November 1948, in: BArch DP 1 VA 6912, S. 27 v. u. h. (27 v.); siehe hierzu auch *Brintzinger*, ROW 1965, S. 145 (147 f.).

134 Prof. Dr. *Peter-Alfons Steiniger* war seit den fünfziger Jahren einer der maßgeblichen Völkerrechtler der DDR und galt später als "Nestor" dieses Rechtsgebiets. Er lehrte an der Juristischen Fakultät der Humboldt-Universität zu Berlin und war zeitweise auch ihr Dekan.

135 *Steiniger*, NJ 1947, S. 146-150.

136 Siehe hierzu Fn. 104 (oben S. 40).

137 *Steiniger*, NJ 1947, S. 146-150 (149).

138 *Steiniger*, NJ 1947, S. 146-150 (150).

die politische Überwachung durch die Volksvertretung die ultima ratio des Volksstaates."

Den Ausschluss des ordentlichen Rechtsweges hielt *Steiniger* demnach für zulässig, zumal die durch das Kontrollratsgesetz Nr. 36[139] und durch Art. 43 der Brandenburgischen Verfassung angekündigte Verwaltungsgerichtsbarkeit alsbald ein zusätzliches und ausreichendes Mittel individueller Rechtssicherung darstellen würde. Für unzulässig erklärte *Steiniger* aber eine Regelung, die neben dem ordentlichen Rechtsweg auch den möglichen Verwaltungsrechtsweg ausschließen würde.[140]

Die Konstellation eines landesrechtlichen Ausschlusses des ordentlichen Rechtsweges für Staatshaftungsklagen bei gleichzeitiger Weitergeltung des Art. 131 Abs. 1 Satz 3 WRV hatte das Justizministerium Brandenburgs offensichtlich nicht beabsichtigt. Der Brandenburgische Justizminister teilte der Deutschen Justizverwaltung am 5. November 1948 mit, dass auch er mit den Ausführungen *Steinigers* zur Frage der Amtshaftung übereinstimme und ein Bedürfnis zur Neuregelung der Staatshaftung nicht sehe. Er halte den Art. 131 WRV als einfaches Reichsgesetz für weiter anwendbar. Die Verordnung vom 19. Oktober 1946, die im Widerspruch zu Art. 131 Abs. 1 Satz 3 WRV gestanden habe, sei inzwischen durch das Gesetz über die Geltendmachung von Ansprüchen aus öffentlichen Hoheitsmaßnahmen vom 12. September 1948 aufgehoben worden. Damit sei der alte Rechtszustand bezüglich der Verfolgbarkeit der Staatshaftungsansprüche wieder hergestellt.[141]

Nach Eingang aller Stellungnahmen verneinte die Deutsche Justizverwaltung am 6. Januar 1949 gegenüber dem Justizminister Sachsens die Dringlichkeit einer Neuregelung der Staatshaftung. Sie führte sogar ernste Bedenken gegen eine solche Regelung an. Eine zoneneinheitliche Regelung könne derzeit nur durch eine Verordnung der Deutschen Justizverwaltung erfolgen. Dadurch würde aber ein demokratisches Gesetzgebungsverfahren umgangen. Andererseits könne die gesetzliche Regelung einer derart grundlegenden Frage auch nicht im Landesmaßstab erfolgen. Das Schreiben an den sächsischen Justiz-

139 Gesetz Nr. 36 des Kontrollrats vom 10. Oktober 1946, Verwaltungsgerichte, RGBl. III, S. 87; *Schultes*, 1947, A, S. 122; vgl. *Brintzinger*, ROW 1965, S. 145-155 (150) m. w. N.

140 *Steiniger*, NJ 1947, S. 146-150 (150).

141 Schreiben des Ministers der Justiz Brandenburgs vom 5. November 1948, in: BArch DP 1 VA 6912, S. 27 v. u. h. (27 v.). Aus einem späteren Schriftwechsel zwischen der Deutschen Notenbank und unter anderem dem Justizministerium der DDR ergibt sich jedoch, dass der alte Rechtszustand nicht wieder hergestellt wurde, denn nach dem neuen Gesetz sollte ein Landtagsausschuss über mögliche Ansprüche ausschließlich und abschließend entscheiden. Vgl. Schreiben der Deutschen Notenbank vom 17. Januar 1950, in: BArch DP 1 VA 6912, S. 36-40; Schreiben des Justizministeriums der DDR vom 4. Februar 1950, in: BArch DP1 VA 6912, S. 41; sowie ferner hierzu der Vermerk des Justizministeriums der DDR aus Februar 1950, in: BArch DP 1 VA 6912, S. 42.

minister endete mit der Bitte, die gesetzgeberischen Pläne zurückzustellen und dies gegenüber der Deutschen Justizverwaltung zu bestätigen.[142]

Die erbetene Bestätigung der Einstellung der Gesetzgebungsbemühungen übermittelte das sächsische Justizministerium der Deutschen Justizverwaltung Ende März 1949.[143]

III. Zusammenfassung

Die Etappe der antifaschistisch-demokratischen Umwälzung brachte bedeutende politische und ökonomische Veränderungen mit sich. Vordringlich ging es um die Beseitigung der faschistischen Strukturen.

Veränderungen ergaben sich dabei auch in staatshaftungsrechtlich relevanter Hinsicht. Das Ausgleichsgesetz[144] und § 23 Abs. 2 RBG[145] wurden abgeschafft. Bestehen blieb hingegen die zivilrechtliche Amtshaftung des § 839 BGB.

Nach Aussage der Regierungen der Länder und Provinzen der SBZ wurde auch vom Fortbestand der Regelung des Art. 131 WRV als einfaches Gesetzesrecht ausgegangen. Vor dem Hintergrund der in den Ländern der SBZ teilweise erlassenen Verordnungen, die den ordentlichen Rechtsweg für Staatshaftungsfälle ausschlossen, kann diese Aussage uneingeschränkt jedoch nur für das Institut der Staatshaftung an sich, also für die Überleitung der Haftung auf den Staat, anerkannt werden.

Obwohl gerade für die Zeit nach Kriegsende vorstellbar ist, dass sich eine Fülle der durch Kriegshandlungen Geschädigten mit Schadensersatzbegehren an den Staat richteten, schien die Problematik der Staatshaftung in dieser Zeit grundsätzlich noch kein vordringliches Thema der Deutschen Justizverwaltung und der Justizverwaltungen der Länder gewesen zu sein. Die Materialien dokumentieren vielmehr ein weniger euphorisches Herangehen an die Fragen der Staatshaftung. Dabei war die Deutsche Justizverwaltung zunächst um eine Bestandsaufnahme vor dem Hintergrund der Befehle der Sowjetischen Besatzungsmacht bemüht.

Ihre Zurückhaltung ist einerseits sicherlich darauf zurückzuführen, dass die Justizverwaltungen nach Kriegsende erst im personellen und sachlichen Aufbau begriffen waren und eine Vielzahl von Aufgaben zu bewältigen hatten. Andererseits lässt der Hinweis auf die Notwendigkeit eines demokratischen Gesetzgebungsverfahrens, welches noch nicht als möglich angesehen wurde, auch darauf schließen, dass hinsichtlich der weiteren Entwicklungen Deutsch-

142 Schreiben der DJV vom 6. Januar 1949, in: BArch DP 1 VA 6912, S. 31.

143 Schreiben des Justizministeriums Sachsens vom 30. März 1949, in: BArch DP 1 VA 6912, S. 35 v. u. h.

144 Siehe bereits Fn. 81 (oben S. 35).

145 Siehe Fn. 114 (oben S. 42).

lands Unsicherheiten bestanden, die die neuen Verantwortlichen zu vorsichtigerem Handeln bewegten.

Dass Staatshaftungsfälle in dieser Etappe der antifaschistisch-demokratischen Umwälzung geltend gemacht wurden, dokumentiert sich in einer Reihe veröffentlichter Entscheidungen des Obersten Gerichts der später gegründeten DDR, die auf Anspruchsbegehren aus der Zeit kurz nach Kriegsende zurückgehen.[146]

146 In der Entscheidungssammlung des Obersten Gerichts in Zivilsachen von 1951 sind beispielsweise folgende Fälle enthalten: Klage auf Herausgabe von Möbeln, die durch eine städtische Treuhandstelle nach Kriegsende als herrenlos beschlagnahmt und 1947 gegen Zahlung eines Geldbetrages einem Dritten "zum Eigentum überlassen" wurden (Urt. vom 7. Juni 1950 – 1 Zz. 3/50, OGZ 1951, S. 12-14); Klage auf Herausgabe von Wertsachen, die zu einem Gemüse-Großhandelsgeschäft gehört hatten, welches kurz nach Kriegsende vom "Antifablock und der Kreiserfassungsstelle" im Verwaltungswege einem dritten Obst- und Gemüsehändler übergeben wurde (Urt. vom 4. Oktober 1950 – 1 Zz. 26/50, OGZ 1951, S. 43-45); Klage wegen Wegnahme einer Kuh durch den "vom Landrat bestellten Bezirkskontrolleur für die Erfüllung des Ablieferungssolls in landwirtschaftlichen Produkten" und ihrer Verwendung "zur Abdeckung des für den Kläger noch offenen Fleisch- und Milchsolls" im Jahre 1947 (Urt. vom 10. Januar 1951 – 1 Zz. 56/50, OGZ 1951, S. 88-91); Klage auf Herausgabe von Gegenständen, die ein Bürgermeister aus dem durch die Besatzungsmacht beschlagnahmten Eigentum des Klägers nach Kriegsende an einen bombengeschädigten Dritten übergeben hatte (Urt. vom 16. Mai 1951 – 1 Zz. 17/51, OGZ 1951, S. 151-155); Klage auf Schadensersatz wegen Köper- und Sachschäden, die der Klägerin im Sommer 1946 dadurch entstanden, dass der durch Anordnung des Bauaufsichtsamts mit dem Abriss einer einsturzgefährdeten Ruine befasste Bautrupp zum Arbeitsschluss eine Hausfront stehen gelassen hatte und diese später in das Schaufenster des Ladens der Klägerin, in welchem sich diese aufhielt, stürzte (Urt. vom 19. Dezember 1951 – 1 Zz. 61/51, OGZ 1951, S. 257-262).

Zweiter Teil

Die Entwicklung des Staatshaftungsrechts in der DDR bis zum Erlass des Staatshaftungsgesetzes

A. 7. Oktober 1949 bis 12. Juli 1952 – Einreihen ins "sozialistische Lager"

I. Grundlagen für den Aufbau des Sozialismus

Am 7. Oktober 1949 wurde die Deutsche Demokratische Republik gegründet und die Verfassung der DDR in Kraft gesetzt.[147] Art. 1 der Verfassung proklamierte, Deutschland sei eine unteilbare demokratische Republik, und es gäbe nur eine deutsche Staatsangehörigkeit.[148]

Nach Art. 3 sollte alle Staatsgewalt vom Volke ausgehen. Oberstes staatliches Machtorgan sollten die Volksvertretungen sein, womit gleichzeitig dem Prinzip der Gewaltenteilung eine Absage erteilt wurde.[149]

147 Am 7. Oktober 1949 trat der so genannte Deutsche Volksrat, welcher aus den Wahlen zum Dritten Deutschen Volkskongress im Mai 1949 hervorgegangen war, zu seiner 9. Tagung zusammen und erklärte die Gründung der DDR. Die Tagungsabgeordneten beschlossen die Konstituierung des Deutschen Volksrates als Provisorische Volkskammer der DDR, wählten *Johannes Dieckmann*, LDP, zu deren Präsidenten und setzten die in mehrmonatiger Volksdiskussion beratene Verfassung der DDR in Kraft. Am 10. Oktober 1949 bestimmten die fünf Landtage eine Provisorische Länderkammer. Einen Tag darauf wählten Volks- und Länderkammer *Wilhelm Pieck* zum ersten Präsidenten der DDR. Am 12. Oktober 1949 bestätigte die Volkskammer die erste DDR-Regierung unter dem Ministerpräsidenten *Otto Grotewohl*. Vgl. hierzu *Heitzer*, 1979, S. 78-81; *Weber*, Kleine Geschichte, 1988, S. 52 f.
Näheres zu *Wilhelm Pieck* findet sich bei *Voßke/Nitzsche*, 1976, und zu *Otto Grotewohl* bei *Jodl*, 1997.

148 Verfassung der Deutschen Demokratischen Republik vom 7. Oktober 1949, GBl. I, S. 5-16 (6).

149 Im maßgeblichen Staatsrechtslehrbuch der DDR hieß es zur Verfassung der DDR von 1949 unter anderem: "Die Verfassung bestimmte die Volksvertretungen als die obersten staatlichen Machtorgane, die entsprechend der *Lenin*'schen Lehre von den Sowjets die Einheit von Beschlussfassung und Durchführung verwirklichten. Als politisch-staatliche Organisationsformen der Macht der Arbeiterklasse und ihrer Verbündeten bilden die Volksvertretungen seit der Staatsgründung den Kern der staatlichen Organisation und Tätigkeit. Damit grenzte sich die Verfassung zugleich eindeutig von dem fiktiven bürgerlichen Prinzip der Gewaltenteilung ab, das in Wahrheit ausschließlich den Einsatz der Staatsmacht gegen das Volk gewährleisten oder ermöglichen soll." Vgl. dazu *Assmann*, Staatsrecht, 1977, S. 69.

Mit der Gründung der DDR ging die Auflösung der Sowjetischen Militäradministration einher. Diese übertrug ihre Verwaltungsfunktionen am 10. Oktober 1949 auf die damals noch provisorische Regierung der DDR. Gleichzeitig gründete sie als ihre eigene, weitaus schwächere Nachfolgeorganisation die Sowjetische Kontrollkommission, deren Aufgabe es war, die Verwirklichung des Potsdamer Abkommens und der anderen Deutschland betreffenden Viermächtebeschlüsse zu überwachen.[150]

Am 15. Oktober 1950 fanden die ersten Wahlen zur Volkskammer statt. Diese erfolgten nach Einheitslisten. Die Sitzverteilung wurde nach einem bestimmten Schlüssel vorab festgelegt. Dabei war die SED prozentual am stärksten vertreten.[151] Bei einer Wahlbeteiligung von 98,5% stimmten damals 99,7% der aktiven Wähler für die Einheitsliste.[152]

Der Aufbau der Wirtschaft bedurfte in den Jahren nach Gründung der DDR besonderer Anstrengungen. In diesem Zusammenhang hatte sich die DDR um Aufnahme in die Wirtschaftsorganisation der sozialistischen Staaten, den RGW, bemüht. Nach Zustimmung aller Mitgliedstaaten trat sie ihm schließlich am 29. September 1950 bei.[153] Damit wurde die Entwicklung der Wirtschaft eng an die ökonomische Entwicklung in den übrigen sozialistischen Ländern gekoppelt.

Die Bindung an die Sowjetunion wurde immer offener demonstriert. Im Zusammenhang mit dem ersten Fünfjahrplan für den Zeitraum von 1951 bis 1955 verkündete die SED die bekannte Losung "Von der Sowjetunion lernen heißt siegen lernen."[154] Es komme darauf an, den volkseigenen Sektor in Industrie, Landwirtschaft, Verkehr, Handel und Finanzen entscheidend weiterzuentwickeln und die Prinzipien der sowjetischen Wirtschaftsführung und ihre Methoden gründlich zu studieren, um aus ihnen Schlussfolgerungen für die Führung der volkseigenen Wirtschaft in der DDR ziehen zu können.[155] Der Fünfjahrplan sah dabei unter anderem eine Verdoppelung der Industrieproduktion und eine Steigerung der Arbeitsproduktivität und des Volkseinkommens um jeweils 60 Prozent vor.[156]

Der Lebensstandard der Menschen in der DDR war indessen immer noch niedrig. Fett, Fleisch und Zucker blieben rationiert und die Lebensmittelpreise

150 *Heitzer*, 1979, S. 80; *Pollmann*, 1984, S. 52; *Weber*, Kleine Geschichte, 1988, S. 53.

151 Verteilungsschlüssel der Wahllisten: 25% SED, je 15% CDU und LDP, je 7,5% NDPD und DBD, die restlichen Sitze waren für Massenorganisationen reserviert; vgl. *Weber*, Grundriss, 1991, S. 44, 45.

152 *Heitzer*, 1979, S. 89; *Weber*, Grundriss, 1991, S. 45.

153 Vgl. etwa *Pollmann*, 1984, S. 58.

154 Zum ersten Fünfjahrplan *Weber*, Kleine Geschichte, 1988, S. 62.

155 *Weber*, Kleine Geschichte, 1988, S. 62.

156 *Heitzer*, 1979, S. 93.

waren, gemessen am Durchschnittsverdienst der Arbeiter und Angestellten, sehr hoch.[157] Gleichwohl erklärte *Ulbricht*[158] auf der II. Parteikonferenz, die vom 9. bis zum 12. Juli 1952 tagte, dass der Sozialismus in der DDR nunmehr planmäßig aufgebaut werden könne, die Grundlagen dafür seien geschaffen.[159]

II. Abkehr vom alten Staatshaftungsrecht

1. Art. 138 Verfassung der DDR

In die Verfassung der DDR von 1949 war auch eine die Haftung des Staates berührende Bestimmung aufgenommen worden. Art. 138 lautete wie folgt[160]:

„(1)Dem Schutz der Bürger gegen rechtswidrige Maßnahmen der Verwaltung dienen die Kontrolle durch die Volksvertretungen und die Verwaltungsgerichtsbarkeit.
(2) Aufbau und Zuständigkeit der Verwaltungsgerichte werden durch Gesetz geregelt.
(3) Für die Mitglieder der Verwaltungsgerichte gelten die Grundsätze über die Wahl und Abberufung der Richter der ordentlichen Gerichtsbarkeit entsprechend."

Aus dem Wortlaut des Absatz 1 ergibt sich, dass hier nicht der präventive Schutz des Bürgers gemeint war, sondern vielmehr dessen Schutz im Sinne einer nachträglichen Kontrolle der Verwaltungsmaßnahmen. Dabei erscheint eine solche Kontrolle für den Bürger insbesondere dann als sinnvoll, wenn in ihr auch über die Kompensation eventuell zugefügter Schäden befunden wird. Anders als im früheren Art. 131 WRV, der nicht übernommen wurde, fand der Begriff der Haftung in Art. 138 Verfassung der DDR keine Erwähnung. Festgelegt war nur, dass in Fällen rechtswidriger Verwaltungsmaßnahmen, also auch in Haftungsfällen, die Volksvertretungen oder die Verwaltungsgerichte

157 *Weber*, DDR, 2000, S. 37 f.; vgl. auch *Staritz*, 1996, S. 55-58.

158 *Walter Ulbricht*, Jahrgang 1893, ab 1912 Mitglied der SPD, 1919 Mitbegründer der KPD, 1928 bis 1933 Reichstagsabgeordneter, 1933 bis 1945 Exil in Paris, Prag und Moskau, mit Gründung der DDR 1949 Stellvertreter des Vorsitzenden des Ministerrates, ab 1950 Generalsekretärs des ZK der SED und von 1960 bis zum Rücktritt aus "gesundheitlichen Gründen" 1971 Vorsitzender des Staatsrats und damit Staatsoberhaupt der DDR.
Weitere Informationen zu *Ulbricht* finden sich auf den Seiten des Deutschen Historischen Museums über http://www.dhm.de/lemo/html/biografien/UlbrichtWalter oder bei *Frank*, 2001.

159 *Ulbricht*, Parteikonferenz, 1952, S. 58. Das amtliche Protokoll der II. Parteikonferenz vermerkt an dieser Stelle des Referats: "Die Delegierten und Gäste erheben sich von ihren Plätzen, spenden lang anhaltenden Beifall und bringen Hochrufe auf das ZK der SED aus." *Ulbrichts* Feststellung folgt der "Beschluss der II. Parteikonferenz der SED zur gegenwärtigen Lage und zu den Aufgaben im Kampf für Frieden, Einheit, Demokratie und Sozialismus", Parteikonferenz, 1952, S. 489-497.
Vgl. zu dieser Thematik auch *Staritz*, 1996, S. 94 (95); *Mählert*, 2001, S. 62.

160 Verfassung der Deutschen Demokratischen Republik vom 7. Oktober 1949, GBl. I, S. 5-16 (15).

entscheiden sollten, wobei Aufbau und Zuständigkeit Letzterer noch durch Gesetze zu regeln waren.

Mit Art. 138 Verfassung der DDR wurde somit die einst im Art. 131 WRV geregelte Überleitung der zivilrechtlichen Beamtenhaftung auf den Staat, und mangels anderweitiger Regelungen auch die Haftung des Staates insgesamt, in Frage gestellt.

Die Konstruktion des Art. 138 Verfassung der DDR erforderte von den Juristen der DDR ein enormes Umdenken. Dabei ging es insbesondere um die Fragen, ob es das Rechtsinstitut der Staatshaftung in der DDR noch gäbe und ob der Zugang zu den ordentlichen Gerichten nunmehr vollends ausgeschlossen sei. Auch der zumindest vorübergehende Ausschluss jeglichen Rechtsweges wurde befürchtet. Denn obwohl in den Ländern Thüringen, Brandenburg und Mecklenburg noch bis 1952 Verwaltungsgerichte existierten,[161] gab es dort keine rechtlichen Regelungen, die diesen Gerichten die Zuständigkeit für den Schutz der Bürger gegen rechtswidrige Maßnahmen der Verwaltung zuwiesen.[162]

2. Zweifel an der Geltung des Art. 131 WRV

Eine Anfrage aus Mecklenburg

Vor dem Hintergrund der neuen Verfassung wurde die Frage der Geltung des Art. 131 WRV als Staatshaftungsregelung nach der Gründung der DDR erneut diskutiert. Im Juni 1950 wandte sich der mecklenburgische Ministerpräsident mit einem Schreiben an das Justizministerium der DDR.[163] Darin wies er darauf hin, dass weder durch die Verfassung der DDR noch durch jene Mecklenburgs, noch durch ein anderes Gesetz seines Landes oder der DDR die Haftung des Staates für Amtspflichtverletzungen nach 1945 geregelt sei. Es stelle sich demnach erneut die Frage der Weitergeltung entsprechenden Reichsrechts. Bei der Beantwortung dieser Frage, so führte der Ministerpräsident aus, dürfe man aber die mit einer Anerkennung der Staatshaftung zusammenhängende finanzielle Belastung der Staatskasse nicht außer Acht lassen. Im Innenministerium Mecklenburgs würden noch immer Schadensersatzbegehren bearbeitet, die aus

161 Siehe *Brintzinger*, ROW 1965, S. 145-155 (150); *Brunner*, 1979, S. 21; Bundesministerium für gesamtdeutsche Fragen, 1955, Dokument 81, S. 69 f., und Dokument 82, S. 70; *Heller*, 1961, S. 38.

162 Hierauf lässt jedenfalls *Brintzinger*, ROW 1965, S. 145 (151), schließen. *Brintzinger* führt aus, dass die Funktion der Verwaltungsgerichte ohnehin bereits durch ein enges Enumerationsprinzip eingeschränkt gewesen sei. Außerdem sei die Geltendmachung von Schadensersatzansprüchen wegen deliktischer Handlungen von Staatsfunktionären ausweislich der damaligen Judikatur der SBZ nicht zum Bereich des verwaltungsrechtlichen Rechtsschutzes gezählt worden.

163 Schreiben der Landesregierung Mecklenburg vom 2. Juni 1950, in: BArch DP 1 VA 6912, S. 65 v. u. h. (65 v.).

Möbelbeschlagnahmen der Jahre 1945 bis 1947 herrührten. In diesem Zusammenhang sei außerdem grundsätzlich zu klären, ob die DDR Rechtsnachfolgerin des Dritten Reichs geworden sei. Dies sei für Forderungen bedeutsam, die aus der Zeit vor 1945 gegen den heutigen Staat geltend gemacht werden könnten.[164]

Entwurf einer Antwort

In dem Entwurf eines Antwortschreibens,[165] welches später in dieser Form nicht versandt wurde, trug das Ministerium der Justiz im Rahmen umfassender Betrachtungen Zweifel am Bestehen einer Staatshaftungspflicht wie folgt zusammen:

Zunächst müsse die einst vertretene Ansicht der Weitergeltung des Art. 131 WRV bestritten werden, weil die gesamte im alten Verfassungswerk behandelte Materie durch die neue Verfassung der DDR erschöpfend geregelt sei. Damit sei ausgeschlossen, dass Bruchstücke der Weimarer Verfassung, auch solche ohne unmittelbar verfassungsrechtlichen Charakter, weiter gelten könnten. Außerdem enthalte Art. 131 WRV noch den weiteren zivilrechtlichen Grundsatz der Rechtsweggarantie. Dieser Grundsatz sei aber durch eine Reihe von Landesgesetzen zumindest vorübergehend beseitigt worden.[166] Auch könne als sicher angenommen werden, dass die Schöpfer der Verfassung der DDR nicht die Absicht hatten, die Garantie der Eröffnung des ordentlichen Rechtsweges aufrecht zu erhalten. Deshalb sei es außerordentlich zweifelhaft, ob der andere im Art. 131 WRV enthaltene zivilrechtliche Grundsatz der Haftungsüberleitung erhalten bleiben könne.[167]

Auch eine Weitergeltung des Reichsbeamtenhaftpflichtgesetzes von 1910[168] und der Landesbeamtenhaftpflichtgesetze sei in Zweifel zu ziehen. Die maßgeblichen Kommentatoren der Weimarer Verfassung hätten seinerzeit die Ansicht vertreten, dass die Materie der Staatshaftung in Art. 131 WRV erschöpfend geregelt sei und die älteren Gesetze selbst bei inhaltlicher Übereinstimmung als aufgehoben gelten müssten. Man müsse nun an dem Grundsatz festhalten, dass aufgehobene Gesetze durch die Beseitigung des Aufhebungsgesetzes nicht wieder auflebten.

164 Schreiben der Landesregierung Mecklenburg vom 2. Juni 1950, in: BArch DP 1 VA 6912, S. 65 v. u. h.

165 Entwurf eines Schreibens des Justizministeriums vom 20. Juli 1950, in: BArch DP 1 VA 6912, S. 68 v.-69 h.

166 Siehe hierzu bereits Fn. 132 (oben S. 45).

167 Hierzu und zu den im Folgenden aufgeführten Argumenten jeweils der Entwurf eines Schreibens des Justizministeriums vom 20. Juli 1950, in: BArch DP 1 VA 6912, S. 68 v.-69h (68 h. und 69 v.).

168 Vgl. Fn. 63 (oben S. 33).

Des Weiteren müsse auch die teilweise vertretene Ansicht, dass die Staatshaftung eine gemeinsame Errungenschaft aller Kulturstaaten sei, bezweifelt werden. So hätten die österreich-ungarische Monarchie und ihr folgend die Tschechoslowakische Republik bis in die jüngste Zeit hinein keine allgemeine Haftung des Staates für seine Angestellten gekannt und einen solchen Grundsatz nur für die Verfehlungen richterlicher Beamter aufgestellt. Der Hinweis auf die beschränkte Staatshaftung in der Sowjetunion könne nicht überzeugen, da die derzeitigen gesellschaftlichen Verhältnisse der DDR nicht ohne weiteres mit denen der Sowjetunion, wo sich der Sozialismus auf allen Gebieten siegreich durchgesetzt habe, verglichen werden könnten.

Die Staatshaftung könne außerdem kaum als Gewohnheitsrecht angesehen werden. Sie sei in Deutschland über Jahrzehnte gesetzlich geregelt gewesen, sodass für die Entstehung eines Gewohnheitsrechts kein Raum geblieben sei. Für das Entstehen eines Gewohnheitsrechts seit dem In-Kraft-Treten der Verfassung der DDR sei wiederum die Zeit viel zu kurz. Zudem sei die Frage, ob die Staatshaftung weiter bestehe, außerordentlich umstritten, sodass von einer allgemeinen Überzeugung von der Notwendigkeit eines derartigen Rechtssatzes nicht ausgegangen werden könne.

Ganz besonders müsse auch darauf hingewiesen werden, dass sich das Verhältnis zwischen Staat und Bürger anders darstelle als jenes "im so genannten Rechtsstaat formal juristischer Prägung." Der Staat sei nicht mehr der Zwangsapparat, der sich in einem Zustand latenter Feindschaft zu der Mehrzahl seiner Bürger befinde und deshalb per Gesetz gezwungen werden müsse, berechtigte Ansprüche dieser zu erfüllen. Heute könne vielmehr damit gerechnet werden, dass der demokratische Staat solche Ansprüche ohne gesetzlichen Zwang freiwillig erfüllen werde, soweit Gerechtigkeit oder Billigkeit dies erforderten. Einer gesetzlich geregelten Haftpflicht des Staates bedürfe es daher nicht.

Festzuhalten sei abschließend, dass § 89 BGB keine allgemeine Haftpflicht des Staates für seine Angestellten schaffe. Diese Bestimmung gelte nur, wenn der Staat fiskalisch tätig werde und zum Beispiel seiner Streupflicht nicht nachkomme.[169]

Offizielle Antwort an Mecklenburg

Ausweislich einer in den Akten befindlichen Verfügung vom August 1950 verfasste schließlich der damalige Justizminister *Fechner*[170] persönlich das

169 Entwurf eines Schreibens des Justizministeriums vom 20. Juli 1950, in: BArch DP 1 VA 6912, S. 68 v.-69h (69 h.).

170 *Max Fechner*, Jahrgang 1892, bis 1920 als Werkzeugmacher tätig, seit 1911 Mitglied der SPD, 1933/34 und 1944 im KZ, 1946 stellvertretender Parteivorsitzender der SED, 1949-1953 Justizminister der DDR. Weitere Informationen finden sich bei *Weber*, Kleine Geschichte, 1988, S. 214.

Antwortschreiben an den mecklenburgischen Ministerpräsidenten. In dem Schreiben führte er zunächst aus[171]:

"Eine Rechtsnachfolge der Deutschen Demokratischen Republik nach dem Deutschen Reich ist zumindest für das innerstaatliche Recht entschieden abzulehnen, und ich empfehle dringend, etwaige Schadensersatzansprüche aus Handlungen von ehemaligen Beamten aus der Zeit vor dem 8.5.1945 ... abzulehnen, ... wobei natürlich in Härtefällen aus Billigkeitsgründen Ausnahmen, jedoch ohne Anerkennung einer Rechtspflicht, gemacht werden können."

Hinsichtlich der Anwendbarkeit des Art. 131 WRV wies der Minister darauf hin, dass sich die Stimmen mehrten, welche sich gegen die Weitergeltung richteten. Dabei werde auch bestritten,

"dass die einschlägigen Landesgesetze noch angewandt werden können, und zwar mit Rücksicht darauf, dass die Verfassung der Deutschen Demokratischen Republik durch die Nichtaufnahme des Haftungsgrundsatzes die Staatshaftung abgelehnt habe."[172]

Abschließend führte der Justizminister aus[173]:

"Da eine gesetzliche Regelung, die zweifellos über kurz oder lang erforderlich ist, bisher nicht ergangen ist, sehe ich mich also leider nicht in der Lage, Ihnen eine verbindliche Erklärung über die z.Zt. nicht eindeutig bestimmte Rechtslage abzugeben.

Vielmehr empfehle ich Ihnen, die Frage durch diejenige Stelle klären zu lassen, die, solange eine gesetzliche Regelung nicht vorliegt, dazu berufen ist, nämlich das Oberste Gericht der Deutschen Demokratischen Republik[174]. Dies kann am besten in der Weise erfolgen, dass von den vorliegenden Schadensfällen ein geeigneter Fall ausgesondert wird, in dem sich das Land Mecklenburg verklagen lassen müsste und in dem dann gegebenenfalls im Wege der Kassation[175] eine Entscheidung des Obersten Gerichts herbeigeführt werden kann. Daneben käme auch der Weg des § 7 des Gesetzes vom 8.12.1949 (GBl. S. 111)[176] in Frage, wobei sich allerdings die Regierung

171 Verfügung vom 8. August 1950, in: BArch DP 1 VA 6912, S. 66 v. u. h. (66 v.).

172 Verfügung vom 8. August 1950, in: BArch DP 1 VA 6912, S. 66 v. u. h. (66 h.).

173 Verfügung vom 8. August 1950, in: BArch DP 1 VA 6912, S. 66 v. u. h. (66 h.).

174 Das Oberste Gericht war seit Erlass des Gesetzes über die Errichtung des Obersten Gerichtshofes und der Obersten Staatsanwaltschaft der DDR vom 8. Dezember 1949, GBl. I, S. 111-112, höchstes Organ der Rechtsprechung der DDR.

175 Vgl. zur Kassation die Ausführungen bei *Brachmann*, 1988, S. 188: Außerordentlicher Rechtsbehelf zur Prüfung rechtskräftiger Urteile und gerichtlicher Beschlüsse sowie verbindlicher gerichtlicher Einigungen in einem besonders geregelten Verfahren; dient der Sicherung der sozialistischen Gesetzlichkeit und der Wahrung der Rechtssicherheit im Einzelfall, ist aber zugleich eine wichtige Methode zur Leitung der Rechtsprechung und zur Gewährleistung ihrer Einheitlichkeit.

176 Vgl. § 7 des Gesetzes (soeben Fn. 174): "Die Regierung kann vom Obersten Gericht Rechtsgutachten anfordern."

der Deutschen Demokratischen Republik bereit finden müsste, ein Rechtsgutachten des Obersten Gerichts zu erfordern."

Dass Art. 138 Abs. 1 der Verfassung der DDR den Schutz der Bürger gegen rechtswidrige Maßnahmen der Verwaltung ausdrücklich der Kontrolle der Volksvertretungen und der Kontrolle der Verwaltungsgerichte unterstellte, stand nach Ansicht des Justizministers einer Entscheidung durch das Oberste Gericht offenbar nicht entgegen. Vielmehr lässt sein Antwortschreiben vermuten, dass hier ein erhebliches eigenes Interesse an der Entscheidung eines Präzedenzfalles durch das Oberste Gericht bestand, an der man sich künftig orientieren könnte.[177]

3. Rechtslage in anderen sozialistischen Staaten

Neben der Hoffnung auf eine Orientierungshilfe durch das Oberste Gericht der DDR versuchte man die Klärung der Staatshaftungsfrage inzwischen auch durch das Studium einschlägiger Regelungen ausgewählter sozialistischer Staaten voranzutreiben.

Rechtslage in der Sowjetunion

Im Jahre 1950 hatte man sich im Ministerium der Justiz bereits über die Rechtslage in der Sowjetunion informiert. Die Haftung des Staates für Amtspflichtverletzungen öffentlicher Angestellter war dort in den §§ 407 und 407a des Zivilgesetzbuches geregelt. Eine in den Akten befindliche Übersetzung lautete[178]:

"407. Eine Dienststelle haftet für den durch eine unrichtige Amtshandlung eines Amtsträgers zugefügten Schaden nur in den vom Gesetz speziell vorgesehenen Fällen, wenn dabei die Unrichtigkeit der Handlung des Amtsträgers vom zuständigen Gerichts- oder Verwaltungsorgan festgestellt ist. Die Dienststelle ist von der Haftung befreit, wenn der Geschädigte nicht rechtzeitig Beschwerde gegen die unrichtige Handlung eingelegt hat. Die Dienststelle ist ihrerseits zum Rückgriff gegen den Amtsträger im Umfang der dem Geschädigten bezahlten Entschädigung (durch Abzüge von den dem Amtsträger von der Dienststelle zustehenden Zahlungen) berechtigt.

407a. Eine Dienststelle haftet für die Amtshandlungen von Amtsträgern, die von Letzteren im Rahmen ihrer Zuständigkeit vorgenommen worden sind, und für ihre Untätigkeit im Amt, welche von den zuständigen Gerichts- und Verwaltungsorganen als unrichtig, ungesetzlich oder verbrecherisch festgestellt sind, in den Fällen, in

[177] Der Grund, der in dem Schreiben im Vergleich zu seinem Entwurf (oben S. 55 f.) an den Tag gelegten Zurückhaltung könnte in der Biographie des Ministers zu finden sein: Als Nichtjurist war er ganz erheblich auf die Zuarbeiten seiner juristischen Mitarbeiter angewiesen. Offenbar war er aber nicht immer gewillt oder möglicherweise auch nicht in der Lage, deren teils komplizierte Ausführungen als eigene Argumente zu verwenden.

[178] Übersetzung der Staatshaftungsregelungen des sowjetischen Zivilgesetzbuches vom 13. Juli 1950, in: BArch DP 1 VA 6912, S. 43-48 (45 f.).

welchen der Geschädigte Vermögenswerte (insbesondere Geldsummen) der Dienststelle oder dem Amtsträger in Erfüllung gesetzlicher Vorschriften oder eines Zivil- oder Strafurteils, eines Beschlusses oder in Erfüllung einer auf sie oder auf die Vorschriften der inneren Dienstordnung einer Staatsbehörde gestützten Anordnungen eines Amtsträgers übergeben hat.

Auf derselben Grundlage haftet die Dienststelle in den Fällen, in denen Vermögenswerte (insbesondere Geldsummen) zugunsten des Geschädigten übergeben worden waren."

Um zu erfahren, auf welche vom Gesetz speziell vorgesehenen Fälle der Schadenszufügung im Amt der § 407 des Sowjetischen Zivilgesetzbuches verwies, wandte sich das Ministerium der Justiz an die Rechtsabteilung der Sowjetischen Kontrollkommission in Karlshorst. Dort erklärte man, dass eine Staatshaftung aufgrund des § 407 eben immer dann eintrete, wenn durch Gerichtsurteil festgestellt sei, dass eine Amtspflichtverletzung tatsächlich vorliege.[179] Das Ministerium der Justiz stellte daraufhin keine weiteren Fragen.

Rechtslage in Polen und der Tschechoslowakei

Im April 1951 wandte sich das Justizministerium an das Ministerium für Auswärtige Angelegenheiten der DDR und bat, über die Missionen in Prag und Warschau die tschechoslowakischen und polnischen Bestimmungen über die Staatshaftung zu beschaffen. Die darauf folgenden Antworten konnten jedoch kaum Anhaltspunkte für eine zukünftige Staatshaftungsregelung in der DDR geben.

So hatte es seinerzeit in Polen keine einheitlichen Vorschriften über die Staatshaftung gegeben. Lediglich in einigen Wojewodschaften[180] waren noch Paragrafen des deutschen Zivilrechts einschließlich des § 839 BGB angewandt worden.[181]

In der Tschechoslowakei existierten lediglich in der Strafprozessordnung Bestimmungen über die Entschädigung für Haft und Strafe bei späterem Freispruch oder bei späterer Verfolgungseinstellung oder Strafmilderung. Zwar sahen die Verfassung und das neue Bürgerliche Gesetzbuch der Tschechoslowakischen Republik eine allgemeinere Staatshaftung vor, verwiesen dazu aber auf besondere Gesetze, die noch nicht erlassen waren.[182]

179 Aktennotiz des Justizministeriums vom 20. Oktober 1950, in: BArch DP 1 VA 6912, S. 71.

180 Polnische Verwaltungsbezirke; vergleichbar den Bezirken in der DDR.

181 Schreiben des Ministeriums für Auswärtige Angelegenheiten vom 11. Juni 1951, in: BArch DP 1 VA 6912, S. 124.

182 Schreiben des Ministeriums für Auswärtige Angelegenheiten vom 11. Juni 1951, BArch DP 1 VA 6912, S. 124, mit Bezug auf §§ 298-301 der Strafprozessordnung, § 145 der Verfassung der Tschechoslowakischen Republik und § 346 des neuen Bürgerlichen Gesetzbuches; vgl. ferner das Schreiben des Ministeriums für Auswärtige Angelegen-

4. *Einschlägige Rechtsprechung*

Entscheidung des Obersten Gerichts

Eine Entscheidung des Obersten Gerichts der DDR vom 10. Januar 1951[183] wurde in Fachkreisen der DDR sehr kritisch diskutiert. Das Gericht hatte darin erklärt, dass jede Zuweisung des Rechtsschutzes der Bürger gegen rechtswidrige Verwaltungsmaßnahmen an ordentliche Gerichte in Folge des Art. 138 der Verfassung der DDR aufgehoben sei.

Löwenthal[184] wandte sich daraufhin mit einem Aufsatz in der juristischen Fachliteratur gegen die Entscheidung des Obersten Gerichts.[185] Grundsätzlich, so führte *Löwenthal* aus, gehörten vor die ordentlichen Gerichte nach § 13 GVG[186] alle bürgerlichen Rechtsstreitigkeiten und Strafsachen, für welche nicht entweder die Zuständigkeit von Verwaltungsbehörden oder Verwaltungsgerichten begründet sei oder reichsgesetzlich besondere Gerichte bestellt oder zugelassen seien. Bei Amtshaftungsangelegenheiten handele es sich traditionell um bürgerliche Streitigkeiten. Eine Zuweisung von Amtshaftungssachen an die ordentlichen Gerichte könne daher zumindest solange nicht aufgehoben sein, wie nicht eine Zuweisung dieser Streitigkeiten an die Verwaltungsgerichte erfolgt sei. Dem gemäß könne Art. 138 der Verfassung die bestehenden Rechtswegzuweisungen an die ordentlichen Gerichte auch nicht beseitigen. Art. 138

---

heiten vom 12. Juli 1951 nebst Anlage, in: BArch DP 1 VA 6912, S. 125-127. Nach der in der genannten Anlage befindlichen Übersetzung lautete § 145 der Verfassung der Tschechoslowakischen Republik: "Wie der Staat und der Richter für Schadensersatz haften, den der Richter dadurch verursacht, dass er in Ausübung seines Amtes das Recht verletzt, bestimmt das Gesetz." § 346 des neuen tschechoslowakischen Bürgerlichen Gesetzbuches hatte demnach folgenden Wortlaut: "Ob und wer für einen durch unrichtiges Vorgehen bei Amtsausübung verursachten Schaden verantwortlich ist, bestimmen besondere Gesetze."

183 OG, Urt. vom 10. Januar 1951, OGZ 1951, 88 (NJ 1951, S. 188); Zitat sowie kurze Inhaltsangabe zu der Entscheidung des Obersten Gerichts von *Brintzinger*, ROW 1965, S. 145-155 (151); siehe hierzu auch *Löwenthal*, NJ 1952, S. 70 f.

184 Dr. *Heinrich Löwenthal*, damals Potsdamer Oberlandesgerichtspräsident, war einer der ersten Richter des Obersten Gerichts der DDR, der unmittelbar nach der Bildung des Präsidiums des Obersten Gerichts am 9. Februar 1950 durch die damalige Provisorische Volkskammer gewählt wurde; vgl. *Arnold* u. a., 1989, S. 15.

185 *Löwenthal*, NJ 1952, S. 70 f.

186 Gerichtsverfassungsgesetz vom 27. Januar 1877, RGBl. I, S. 41-80. § 13 lautete: "Vor die ordentlichen Gerichte gehören alle bürgerlichen Rechtsstreitigkeiten und Strafsachen, für welche nicht entweder die Zuständigkeit von Verwaltungsbehörden oder Verwaltungsgerichten begründet ist oder reichsgesetzlich besondere Gerichte bestellt oder zugelassen sind."

habe vielmehr nur die Institution der Verwaltungsgerichte in der Verfassung verankern wollen. *Löwenthal* argumentierte weiter[187]:

"Die Auffassung des Obersten Gerichts würde zur Folge haben, dass ... die Betroffenen ohne jeglichen Schutz wären, wenn man ihnen nicht etwa nunmehr aufgrund des Urteils des Obersten Gerichts den Schutz durch die Verwaltungsgerichte zubilligen wollte. Das war aber offenbar nicht der Sinn der Verfassungsgesetzgebung. Denn Art. 138 Abs. 2 sagt ausdrücklich, dass auch die Zuständigkeit der Verwaltungsgerichte durch Gesetze geregelt werden soll. Die Verwaltungsgerichte sind also nur insoweit zuständig, als ihnen Angelegenheiten durch positive Bestimmungen, sei es des gesamtdeutschen Rechts, sei es der Landesgesetzgebung, zugewiesen worden sind."

Wie in *Löwenthals* Ausführungen zum Ausdruck kommt, existierten noch keine Verwaltungsgerichte mit einer ausdrücklich normierten Zuständigkeit für Staatshaftungsangelegenheiten.

Hinweise darauf, dass den damals noch bestehenden Verwaltungsgerichten der Länder Thüringen, Brandenburg und Mecklenburg zukünftig eine entsprechende Zuständigkeit rechtlich zugewiesen werden sollte, waren nicht ersichtlich. Stattdessen wurden diese Gerichte 1952 laut *Brintzinger* "durch interne Anordnungen des MdI beseitigt".[188]

In Reaktion auf den Aufsatz von *Löwenthal* veröffentlichte *Kröger* später ebenfalls einen Aufsatz zur Zulässigkeit des ordentlichen Rechtsweges.[189] In seinen Ausführungen widmete er sich ausführlich der Diskussion des Begriffs des Verwaltungsrechtsverhältnisses und kam zu dem Ergebnis, dass der ordentliche Rechtweg nach § 13 GVG[190] jedenfalls immer dann ausgeschlossen sei, wenn der geltend gemachte Anspruch sich auf ein verwaltungsrechtliches Rechtsverhältnis oder auf die verwaltungsrechtliche Seite eines Rechtsverhältnisses gründe. Hierzu erklärte *Kröger*[191]:

"Dieser Ausschluss des Rechtweges in solchen Fällen ist in der antifaschistisch-demokratischen Ordnung nach dem Vorbild des Obersten Gerichts der Deutschen Demokratischen Republik streng zu beachten, da es im antifaschistisch-demokratischen Staat als einem Staat der Werktätigen mit einheitlicher demokratischer Staats-

187 *Löwenthal*, NJ 1952, S. 70 f. (71).

188 *Brintzinger*, ROW 1965, S. 145-155 (151). Vgl. auch *Brunner*, 1979, S. 21; Bundesministerium für gesamtdeutsche Fragen, 1955, Dokument 81, S. 69 f., und Dokument 82, S. 70; *Heller*, 1961, S. 38. Die Existenz der Verwaltungsgerichtsbarkeit in Ländern der ehemaligen SBZ bis 1952 erwähnt auch *Bernet*, 1983, S. 48-62 (50). Es liegt nahe, dass der Grund für die Abschaffung der Verwaltungsgerichtsbarkeit in der Ablehnung des Prinzips der Gewaltenteilung lag. Siehe hierzu bereits Fn. 149 (oben S. 51).

189 *Kröger*, NJ 1952, S. 255-260.

190 Siehe bereits Fn. 186 (oben S. 60).

191 *Kröger*, NJ 1952, S. 255-260 (260).

gewalt keinerlei Gründe gibt, über konkrete gesetzliche Regelungen hinaus die Zuständigkeit der ordentlichen Zivilgerichte auszudehnen."

Nach *Krögers* Ansicht sollten die ordentlichen Gerichte in Amtshaftungsfällen also nicht mehr zuständig sein. Da eine Verwaltungsgerichtsbarkeit mit entsprechender Zuständigkeit in der DDR jedoch erst eingerichtet werden müsse, könnten Ansprüche wegen rechtswidriger Maßnahmen der Verwaltung seiner Meinung nach zunächst nicht gerichtlich überprüft werden.

Entscheidung des Landgerichts Dresden

Für Aufsehen sorgte bereits seit längerer Zeit ein weiterer Fall. Während eines Schulausflugs in der Nähe der sächsischen Kleinstadt Tharandt war ein 12-jähriger Junge im Herbst 1948 durch ein Loch in einer Aussichtshütte gestürzt und tödlich verunglückt.[192]

Dieser Fall zog weite Kreise, da sich der Vater des Jungen mit Schadensersatzbegehren an alle möglichen Stellen gewandt hatte. So mussten sich die Ministerien für Volksbildung, für Land- und Forstwirtschaft und des Innern, der Präsident der DDR, der Bundesvorstand des Freien Deutschen Gewerkschaftsbundes (FDGB) und das sächsische Justizministerium mit diesem Fall auseinander setzen.[193]

Das Innenministerium und der Präsident der DDR hatten sich wiederum Rat suchend an das Justizministerium gewandt.[194] Von dort aus teilte man mit, dass es mangels gesetzlicher Regelung im Recht der DDR auf eine grundsätzliche Entscheidung des Obersten Gerichts zur Frage der Staatshaftung ankomme, die noch ausstehe.

192 Vgl. hierzu Abschrift des Urteils des Landgerichts Dresden vom 12. Oktober 1951 - 52 O 4/51, in: BArch DP 1 VA 6912, S. 141 v.-143 h.

193 Schreiben des Innenministeriums vom 9. April 1951, in: BArch DP 1 VA 6912, S. 75; Verfügung des Justizministeriums vom 23. April 1951, in: BArch DP 1 VA 6912, S. 76 v.-77 v. (76 h.); Schreiben des Präsidenten der DDR an das Justizministerium vom 16. November 1951, in: BArch DP 1 VA 6912, S. 134.
In welcher Form sich der Vater des verstorbenen Jungen an die verschiedenen Stellen wandte, ist aus den Materialien nicht ersichtlich. Möglicherweise formulierte er seine Begehren als so genannte Eingaben. Nach Art. 3 der Verfassung der DDR von 1949 hatte jeder Bürger das Recht, Eingaben an die Volksvertretungen zu richten. Eingaben an staatliche Stellen insgesamt wurden in der DDR als wichtiges Mittel zur außergerichtlichen Konfliktlösung genutzt; instruktiv hierzu unter anderen *Kästner*, 2000, S. 129-149 (129 f.).

194 Schreiben des Innenministeriums vom 9. April 1951, in: BArch DP 1 VA 6912, S. 74; Schreiben des Präsidenten der DDR vom 16. November 1951, in: BArch DP 1 VA 6912, S. 134. Allerdings ging die Anfrage des Präsidenten der DDR beim Justizministerium erst gut einen Monat nach Verkündung des Urteils des Landgerichts Dresden ein, weshalb vermutet werden kann, dass sich der Präsident der DDR nicht wirklich um diese Angelegenheit gekümmert hat.

Im Übrigen handle es sich im konkreten Fall offenbar um einen Querulanten. Ihm sei Prozesskostenhilfe für seine vor dem Landgericht Dresden erhobene Klage bewilligt worden. Obwohl die Klage noch anhängig sei, habe er sich darüber hinaus an eine Vielzahl von Institutionen gewandt. Es könne ihm daher nur geraten werden, das ausstehende Urteil abzuwarten, um dann möglicherweise weitere rechtliche Schritte einzuleiten.[195]

Das am 12. Oktober 1951 verkündete Urteil des Landgerichts Dresden wies die Klage gegen das Land Sachsen ab und führte dabei zur Frage der Staatshaftung aus[196]:

"Soweit der Kläger aber Schadensersatz wegen Pflichtverletzung des Lehrers fordert, wäre das Land Sachsen nur dann passiv legitimiert, wenn es für das Verschulden von Angestellten des öffentlichen Dienstes haftete aufgrund einer Rechtsnorm, die ihrem Inhalte nach dem Artikel 131 der Weimarer Verfassung entspricht. Die Weimarer Verfassung ist durch die faschistische 'Gesetzgebung' weit gehend beseitigt worden. Ob er über den 8.5.1945 hinaus gilt, ist fraglich. Die sächsische Verfassung vom 24.2.1947 hat keine Staatshaftung für Verschulden von Angestellten des öffentlichen Dienstes in Ausübung öffentlicher Gewalt begründet. Auch die Verfassung der Deutschen Demokratischen Republik vom 7.10.1949 enthält keine Bestimmung über die Haftung des Staates.

Artikel 131 der Weimarer Verfassung hat zweifellos seit dem 7.10.1949 keine Geltung mehr. ...

Da es an einer gesetzlichen Regelung der Frage der Staatshaftung fehlt, aber ein Bedürfnis für die Haftung des Staates für Schaden, der dem Bürger aus Pflichtverletzung von Angestellten des öffentlichen Dienstes zum Schutze der Staatsbürger besteht, wird davon auszugehen sein, dass gewohnheitsrechtlich ein dem Inhalt nach dem Artikel 131 der Weimarer Verfassung gleicher Rechtssatz auch zurzeit noch in Geltung ist."

Nach Ansicht des Gerichts könne eine Schadensersatzpflicht des Landes aber selbst bei Anerkennung eines solchen Rechtssatzes sowohl vor als auch nach In-Kraft-Treten der Verfassung der DDR nur bestehen, wenn der Lehrer bei der Schulwanderung eine Pflichtverletzung verschuldet hätte. Dies müsse verneint werden, da ein zwölfjähriges Kind genug Eigenverantwortung habe, um den Anweisungen des Lehrers, sich in der Hütte von der schadhaften Stelle fernzuhalten, zu folgen. Das Gesetz enthalte als Altersgrenze, mit der ein Mensch die nötige Verstandes- und Willensreife habe, die Vollendung des siebenten Lebensjahres.

195 Vgl. Verfügung des Justizministeriums vom 23. April 1951, in: BArch DP 1 VA 6912, S. 76 v.-77 v. (76 v.-77 v.); Verfügung des Justizministeriums vom 19. Juli 1951, in: BArch DP 1 VA 6912, S. 123.

196 Vgl. Abschrift des Urteils des Landgerichts Dresden vom 12. Oktober 1951 - 52 O 4/51, in: BArch DP 1 VA 6912, S. 141 v.-143h (142 h., 143 v.).

Weil es sich bei der schadhaften Stelle in der Aussichtshütte um ein von jedem normalen Menschen sofort erkennbares Loch von einem Quadratmeter Größe handelte, sei auch die Gemeinde nicht verpflichtet gewesen, das Loch umgehend zu beseitigen. Auch die Klage gegen sie sei demnach unbegründet.[197]

Da sich die Urteilsbegründung darauf beschränkte, lediglich vage auf das Bestehen der Staatshaftung auch nach der Gründung der DDR hinzuweisen, endete der Fall letztlich ohne eine klare Aussage zu deren rechtlichem Charakter.

Fazit für das Justizministerium

Im Ergebnis war dem Justizministerium durch die beiden Gerichtsentscheidungen kaum geholfen.

Nach der Entscheidung des Obersten Gerichts der DDR war kontrovers diskutiert worden, ob der Weg zu den ordentlichen Gerichten in Amtshaftungsfragen noch offen stehe.

Die Aussage des Landgerichts Dresden zu der grundsätzlichen Frage, ob das Institut der Staatshaftung noch bestehe, war sehr zurückhaltend formuliert und konnte die beim Justizministerium bestehende Unsicherheit bei der Beurteilung dieser Frage nicht beseitigen.

Auf Anfragen[198] verwies das Justizministerium daher weiterhin auf die Möglichkeit, eine Grundsatzentscheidung des Obersten Gerichts zur Frage der Staatshaftung herbeizuführen.[199] Eine dauerhafte und klare Lösung des Problems hätte in der Errichtung einer Verwaltungsgerichtsbarkeit und der Zuweisung der Entscheidungskompetenz für Amtshaftungsfragen an die Verwaltungsgerichte bestanden. Hierin sah das Ministerium jedoch offenbar nicht den gebotenen Weg.

[197] Vgl. hierzu Abschrift des Urteils des Landgerichts Dresden vom 12. Oktober 1951 - 52 O 4/51, in: BArch DP 1 VA 6912, S. 141 v.-143 h. (143 v.).

[198] Schreiben eines Rechtsanwalts aus Rostock vom 31. August 1951, in: BArch DP 1 VA 6912, S. 129; Schreiben des Ministeriums für Außenhandel und Innerdeutschen Handel vom 2. November 1951, in: BArch DP 1 VA 6912, S. 133 v. u. h.; Schreiben des Landes Thüringen vom 18. Januar 1952, in: BArch DP 1 VA 6912, S. 164 v. u. h.

[199] Vgl. Verfügung des Justizministeriums vom 22. November 1951, in: BArch DP 1 VA 6912, S. 137 v.-138 v. (137 v.); Verfügung zum Antwortschreiben an das Land Thüringen vom 14. Februar 1952, in: BArch DP 1 VA 6912, S. 160 v. u. h. (160 v.).

5. Umdenken im Justizministerium

Bereits Anfang des Jahres 1952 war dem Justizministerium die Abschrift eines Schreibens des sächsischen Finanzministeriums an das Justizministerium Sachsens zugegangen. Darin war unter anderem Folgendes ausgeführt[200]:

"Die Gerechtigkeit gebietet es, dass der Staat als die Gemeinschaft, in deren Dienst die hoheitliche Gewalt ausgeübt wird, auch für die dabei schuldhaft begangenen schädigenden Amtshandlungen eintreten muss und die von dem Schaden betroffenen Bürger durch einen leistungsfähigen Schuldner sichert. Es wäre unbillig, den Geschädigten an den Schuldigen selbst zu verweisen, der womöglich gar nicht imstande ist, den Schaden zu ersetzen. ...

Wollte man die Staatshaftung mit dem In-Kraft-Treten der Verfassung als aufgehoben betrachten, so würde dies in der Bevölkerung zweifellos als Rückschritt empfunden werden. ... Selbstverständlich würde hierunter das Ansehen des Staates leiden."

Im April 1952 wandte sich das Justizministerium der DDR daraufhin an das Finanzministerium der DDR und betonte, dass die Frage der Staatshaftung noch immer ungeklärt sei. Es führte aus[201]:

"... die Ansichten darüber, ob die Staatshaftung gilt, sind außerordentlich geteilt.

Leider hatte das Oberste Gericht bis jetzt noch keine Gelegenheit, zu dieser Frage Stellung zu nehmen. Das dürfte allerdings auch damit zusammenhängen, dass für die Entscheidung über Ansprüche, die der Natur der Sache nach stets rechtswidrige Maßnahmen der Verwaltung zum Gegenstand haben müssen, im Sinne der Rechtsprechung des Obersten Gerichts der Rechtsweg verschlossen sein dürfte, da gemäß Art. 138 Abs. 1 unserer Verfassung der Schutz der Bürger gegen rechtswidrige Maßnahmen der Verwaltung durch die Volksvertretung und die Verwaltungsgerichtsbarkeit ausgeübt wird.

Jedenfalls erscheint es mir aber unter diesen Umständen nicht richtig, wenn ein Landesfinanzministerium, bevor es zu einer endgültigen Regelung dieser Frage kommt, sich entschieden und eindeutig auf den Standpunkt stellt, die Staatshaftung im Sinne des Art. 131 der Weimarer Verfassung wäre weiterhin geltendes Recht. Ich bitte daher um Überprüfung der Angelegenheit vom Standpunkt der Finanzverwaltung und um Mitteilung, zu welcher Ansicht Sie gelangt sind."

Die erbetene Mitteilung an das Justizministerium der DDR erfolgte im Mai 1952.[202] Darin sprach sich das Finanzministerium der DDR entschieden für die Haftung des Staates für Amtspflichtverletzungen seiner Angestellten aus. Es sei lediglich offen, ob man die Haftung in einem besonderen Gesetz oder in der

200 Abschrift des Schreibens des sächsischen Finanzministers vom 31. Januar 1952, in: BArch DP 1 VA 6912, S. 167 v. u. h. (167 h.).

201 Verfügung des Justizministeriums vom 8. April 1952, in: BArch DP 1 VA 6912, S. 169 v.-170 v. (169 h.).

202 Schreiben des Finanzministeriums vom 20. Mai 1952, in: BArch DP 1 VA 6912, S. 178 v. u. h.

Staatshaushaltsordnung konstituieren solle. Zur Schaffung einer Regelung in der Haushaltsordnung habe sich die Hauptabteilung Staatshaushalt des Finanzministeriums schon bereit erklärt.[203]

Anfang Juli 1952 lenkte dann auch das Justizministerium ein. In seiner Antwort an das Finanzministerium räumte es ein, dass die Beantwortung der Staatshaftungsfrage bisher von politischen Faktoren bestimmt gewesen sei.[204] Insbesondere habe die Gefahr bestanden, dass politische Maßnahmen aus der Zeit nach 1945 über den Weg der Beamtenhaftung der richterlichen Nachprüfung unterstellt worden wären. Nunmehr sei aber eine Entwicklung erreicht, die es ohne Bedenken rechtfertige, eine Regelung im Sinne des Art. 131 WRV wieder einzuführen.

Diese Regelung dürfe freilich keine rückwirkende Kraft haben. Außerdem müsse bestimmt werden, wer künftig über die Haftung entscheiden soll. Sorgfältige Beweiserhebungen erforderten zumindest gerichtsähnliche Einrichtungen. Entsprechende Ermittlungen setzten außerdem ausführliche Verfahrensvorschriften voraus, die zwar für den Zivilprozess, nicht aber für Verwaltungsdienststellen bestünden. Es läge daher nahe, die ordentlichen Gerichte über Staatshaftungsansprüche entscheiden zu lassen.

Der Aufnahme einer entsprechenden Haftungsvorschrift in die Staatshaushaltsordnung werde zugestimmt. Die Fassung des Tatbestandes sei jedoch zum Zwecke der Abstimmung dem Ministerium der Justiz mitzuteilen.[205]

III. Zusammenfassung

Im Mittelpunkt des Zeitabschnitts von 1949 bis Juli 1952 standen zunächst die Gründung der DDR und der Aufbau ihrer Wirtschaft. Dabei wurde verstärkt Anschluss bei anderen sozialistischen Staaten gesucht und die Sowjetunion zunehmend als Vorbild herangezogen.

In staatshaftungsrechtlicher Hinsicht entfachte eine neue Diskussion, die sich auf die Frage des Fortbestehens des Instituts der Staatshaftung überhaupt sowie auf die Frage des Rechtswegs konzentrierte. Dabei schien sich nach und nach herauszustellen, dass der Rechtsweg für die Geltendmachung von Ansprüchen wegen rechtswidriger Maßnahmen der Verwaltung de facto gänzlich ausgeschlossen sei. Auch eine Haftungsüberleitung auf den Staat war vor dem Hintergrund der neuen Verfassungsregelungen stark zu bezweifeln.

203 Schreiben des Finanzministeriums vom 20. Mai 1952, in: BArch DP 1 VA 6912, S. 178 v. u. h.

204 Schreiben des Justizministeriums vom 1. Juli 1952, in: BArch DP 1 VA 6912, S. 179 v.-180 v.

205 Schreiben des Justizministeriums vom 1. Juli 1952, in: BArch DP 1 VA 6912, S. 179 v.-180 v.

Im Justizministerium war man offenbar bemüht, eine Haftung des Staates aus allen nur denkbaren Gründen abzulehnen. Auf diese Intention weist jedenfalls der dargestellte Entwurf des Antwortschreibens auf eine Anfrage zur Staatshaftung hin.[206] Vor dem Hintergrund der wirtschaftlich schwierigen Rahmenbedingungen ist zu vermuten, dass der Staat durch eine rigorose Ablehnung seiner Haftung vor finanziellen Belastungen verschont werden sollte. Allerdings erscheint es auch möglich, dass es dem Justizministerium in dieser Etappe noch vordringlich um den Erhalt und die Unanfechtbarkeit der in der Vergangenheit vorgenommenen politischen Maßnahmen ging. So jedenfalls erklärte sich das Ministerium selbst erstaunlich offen.

Eine wesentlich andere Position zu den Fragen der Staatshaftung nahm das Finanzministerium ein. Auf sein Engagement kann letztlich ein Umdenken im Justizministerium zur grundsätzlichen Befürwortung einer Staatshaftung in der DDR zurückgeführt werden. Dass dieses Umdenken sich ausgerechnet im Sommer 1952 manifestierte, mag rein zufällig sein. Es stellte jedenfalls einen Neuanfang im Hinblick auf die Staatshaftung der DDR dar, welcher zeitlich eng mit dem von *Ulbricht* auf der II. Parteikonferenz verkündeten Beginn des planmäßigen Aufbaus des Sozialismus in der DDR zusammenfiel. Dass die Grundlagen hierfür aus Sicht der SED geschaffen waren, spiegelte sich damit auch in der Rechtsentwicklung der DDR deutlich wider. Die politisch und wirtschaftlich sehr schwierigen Zeiten, während derer auch eine Staatshaftung aus "politischen Gründen" abgelehnt wurde, waren offenbar in einem ersten Schritt überwunden.

B. Juli 1952 bis März 1956 – Stalin-Kult und seine Überwindung

I. Neuer Kurs

Auf die II. Parteikonferenz der SED von Anfang Juli 1952 folgten in der DDR grundsätzliche Veränderungen. So wurde bereits Ende Juli des Jahres eine Verwaltungsreform durchgeführt, welche die bisherigen fünf Länder durch 14 Bezirke ersetzte. Die Zahl der Kreise wurde ebenfalls erhöht.[207] Durch diese Neuordnung sollten die Schwerpunkte der industriellen Entwicklung zusammengefasst werden, um so eine bessere Übereinstimmung von politisch-administrativer und wirtschaftsgeografischer Gliederung zu erreichen.[208]

206 Siehe hierzu oben S. 55 ff.

207 *Heitzer*, 1979, S. 103; *Pollmann*, 1984, S. 69; *Weber*, Kleine Geschichte, 1988, S. 64.

208 *Pollmann*, 1984, S. 69.

Im Herbst 1952 wurde nach dem Vorbild der Sowjetunion damit begonnen, vorrangig die Schwerindustrie zu fördern.[209] Da sich in Folge dessen das Wachstum der Konsumgüterindustrie verringerte, führte die Stärkung der Schwerindustrie automatisch zu einer Verschlechterung der Lebenslage und zu Unzufriedenheit in der Bevölkerung.[210]

Im Geiste *Stalins*, der als "genialer Lehrer und Führer" verehrt wurde,[211] entzog man in der Folgezeit fast allen Selbstständigen und ihren Familienangehörigen die Lebensmittelkarten und erlegte den Mittelschichten rigorose Steuern auf. Fachkräfte aus der Wirtschaft wurden als "Saboteure" denunziert und auf dem Lande begann die Verfolgung der noch nicht im Zuge der Bodenreform enteigneten Großbauern.[212]

Nach dem Tod *Stalins* im März 1953 wurde von der neuen Führung der UdSSR ein gemäßigter Kurs vertreten.[213] Dessen ungeachtet legte das ZK der SED jedoch im Mai 1953 die Erhöhung der Arbeitsnormen um 10%, in einigen Industriezweigen sogar um 30% fest.[214] Eine erste Abkehr von den *Stalin*'schen Herrschaftsmethoden erfolgte schließlich durch die Einleitung des so genannten Neuen Kurses, der im Juni 1953 durch das ZK der SED und den Ministerrat beschlossen wurde. Im Rahmen des Neuen Kurses wurden Preissteigerungen der Vergangenheit ebenso wie die ergriffenen Zwangsmaßnahmen gegen Selbstständige, Bauern und Intelligenz zurückgenommen. Die Ziele des Neuen Kurses bestanden in der Verbesserung der Lebenslage der Bevölkerung, der Förderung von Handwerkern, Gewerbetreibenden und Bauern, der Verbesserung der Rechtssicherheit sowie einer Annäherung beider deutscher Staaten.[215]

Die Lebenssituation der Arbeiterschaft blieb vom Neuen Kurs zunächst weitgehend unberührt. Die am 18. Mai 1953 durch den Ministerrat beschlossene Erhöhung der Arbeitsnormen wurde nicht zurückgenommen,[216] sondern noch am 16. Juni 1953 von der Führung des FDGB als "in vollem Umfang rich-

209 *Heitzer*, 1979, S. 111; vgl. auch *Weber*, Kleine Geschichte, 1988, S. 67.

210 *Heitzer*, 1979, S. 111; *Mählert*, 2001, S. 66; *Weber*, Kleine Geschichte, 1988, S. 67.

211 Vgl. etwa den ND-Artikel vom 22. Oktober 1952, S. 1 ("Das Zentralkomitee der SED zum XIX. Parteitag der KPdSU"), in dem Stalin als "weise[r] Führer der Völker" bezeichnet und die "geniale Führung des großen Stalin ..., der das sowjetische Volk von Sieg zu Sieg führt" gepriesen wurde. Die SED stehe vor der "Aufgabe, Reden und Beschlüsse des XIX. Parteitages der KPdSU, die ein großes Programm des Kampfes und des Sieges darstellen, gründlich zu studieren und unmittelbar daraus Lehren zu ziehen".

212 *Staritz*, 1996, S. 101 f.; *Weber*, Kleine Geschichte, 1988, S. 67.

213 *Staritz*, 1996, S. 108; vgl. auch *Weber*, Kleine Geschichte, 1988, S. 67 f.

214 *Pollmann*, 1984, S. 72; *Weber*, Geschichte, 1986, S. 238.

215 Vgl. *Mählert*, 2001, S. 72; *Staritz*, 1996, S. 115; *Weber*, Geschichte, 1986, S. 235; *Weber*, Kleine Geschichte, 1988, S. 68.

216 Siehe beispielhaft *Lehmann*, Sonderbeilage, 1953.

tig"[217] verteidigt. Dies löste am 17. Juni 1953 den Aufstand der Arbeiter in der gesamten DDR aus, der nur mit Gewalt durch die sowjetischen Truppen und die Kasernierte Volkspolizei niedergeschlagen werden konnte.[218] Während der beiden folgenden Tagungen des ZK der SED im Juni und Juli 1953 sah man sich nunmehr veranlasst, die Löhne und Mindestrenten für Arbeiter zu erhöhen und eine rasche Verbesserung der Lebenslage der Arbeiterklasse über die Förderung der Konsumgüter- und Nahrungsmittelproduktion zu versprechen.[219]

Eine im Herbst 1953 durchgeführte Senkung der Preise für frei verkäufliche Lebens- und Genussmittel um 10 bis 25 Prozent führte die Regierung auf die "großzügige Hilfe der Sowjetunion" zurück. Immerhin hatte sich diese bereit erklärt, ab 1. Januar 1954 auf alle weiteren Reparationen zu verzichten.[220] Die im Rahmen des Neuen Kurses umgesetzten Maßnahmen führten bald zu einer Verbesserung der Lebenslage der DDR-Bevölkerung.[221]

Infolge der Ereignisse des 17. Juni 1953 war damit begonnen worden, als reaktionär angesehene Parteimitglieder aus der SED zu entfernen. Bis zum Frühjahr 1954 mussten unter anderem über die Hälfte der Mitglieder der Bezirksleitungen der SED und weit über die Hälfte der Ersten und Zweiten SED-Kreissekretäre ausscheiden. Auch Justizminister *Fechner* wurde in diesem Zusammenhang aus seinem Amt entfernt. Man hatte ihm vorgeworfen, öffentlich ein Streikrecht der demonstrierenden Arbeiter befürwortet zu haben. Seine Nachfolgerin wurde *Benjamin*.[222]

Auf dem XX. Parteitag der KPdSU im Februar 1956 vollzog die Führung der Sowjetunion eine politische Wende. Sie distanzierte sich nachdrücklich von

217 *Lehmann*, Tribüne vom 16. Juni 1953, S. 1-2 (2).

218 *Weber*, Geschichte, 1986, S. 243; *Weber*, Kleine Geschichte, 1988, S. 70.

219 *Mählert*, 2001, S. 78 f.; *Weber*, Kleine Geschichte, 1988, S. 80.

220 Vgl. hierzu ND vom 1. Januar 1954, B-Ausgabe, S. 1: Unter dem Titel "Ein wichtiger Teil der Moskauer Vereinbarung verwirklicht" wurde von der Beendigung der Entnahme von Reparationen mit Wirkung zum 1. Januar 1954 und der Rückgabe der letzten 33 SAG-Betriebe am 31. Dezember 1953 berichtet. Auch weil die Betriebe während der Zeit des sowjetischen Besitzes modernisiert worden seien, müsse der Sowjetunion Dank ausgesprochen werden. Als Rechtsgrundlage des Verzichts der Sowjetunion auf weitere Reparationen war die "Moskauer Vereinbarung zwischen der Regierung der UdSSR und einer Regierungsdelegation der Deutschen Demokratischen Republik vom 20. bis 22. August 1953" genannt.

221 *Weber*, Kleine Geschichte, 1988, S. 81.

222 Zu den Vorgängen im Einzelnen siehe insbesondere *Brentzel*, 1997, S. 235 ff. Vgl. auch *Mollnau, Karl A.*, Beschlusschronik, 1997, S. 341. Näheres zur so genannten Parteisäuberung allgemein bei *Staritz*, 1996, S. 130; *Weber*, Geschichte, 1986, S. 249 f.; *Weber*, Kleine Geschichte, 1988, S. 81 f., jeweils m. w. N.

Stalin und einigen seiner Herrschaftsmethoden.[223] Um an der Vorbildrolle der Sowjetunion festhalten zu können, musste die "Entstalinisierung" nunmehr auch in der DDR erfolgen. Nachdem man hier die Lehren *Stalins* noch anlässlich der Eröffnung des XX. Parteitages der KPdSU in einem Leitartikel der Tageszeitung Neues Deutschland am 14. Februar 1956 gefeiert und sie mit denen von *Marx*, *Engels* und *Lenin* gleichgesetzt hatte,[224] erfolgte am 4. März 1956 in der gleichen Zeitung eine bemerkenswerte Korrektur. Dabei wurde unter anderem ausgeführt[225]:

"Zweifellos hat Stalin bedeutende Verdienste. ... Als sich Stalin jedoch später über die Partei stellte und den Personenkult pflegte, erwuchsen der KPdSU und dem Sowjetstaat daraus bedeutende Schäden. ... Zu den Klassikern des Marxismus kann man Stalin nicht rechnen."

In den Mittelpunkt der Beratungen der Ende März 1956 anberaumten III. Parteikonferenz der SED wurden indes Wirtschaftsfragen gerückt.[226] Dies half nicht zuletzt, die plötzliche Abkehr von *Stalin* ohne viel Aufsehen zu verwinden. Der offensive Kult um *Stalin* war damit beendet.

II. Erste Entwürfe eines Staatshaftungsgesetzes und Ausbildung einer doppelten Rechtspraxis

1. Neuer Denkansatz des Justizministeriums

Im Sommer 1952 hatte das Justizministerium die Staatshaftungsmaterie an das Finanzministerium übergeben, das eine Staatshaftungsregelung in die Staatshaushaltsordnung einarbeiten wollte.[227]

Auf Grund mehrerer bekannt gewordener Fälle von Unterschlagungen durch Gerichtsvollzieher[228] beschäftigte sich aber auch das Justizministerium mit der Thematik. Im Rahmen eines Rechtsgutachtens gelangte es im Herbst 1952 zu der Einschätzung, dass der Staat in Ermangelung einer positiven Regelung für schuldhafte Amtspflichtverletzungen von Gerichtsvollziehern jedenfalls wegen

223 *Mählert*, 2001, S. 83; vgl. zum Ganzen auch *Schroeder, Klaus*, 2000, S. 132-134; *Staritz*, 1996, S. 144 f.; *Weber*, Kleine Geschichte, 1988, S. 87.

224 ND vom 14. Februar 1956, B-Ausgabe, S. 1: Unter dem Titel "Grußbotschaft des Zentralkomitees der Sozialistischen Einheitspartei Deutschlands" hieß es unter anderem: "Es lebe die unbesiegbare Lehre von Marx, Engels, Lenin und Stalin."

225 ND vom 4. März 1956, B-Ausgabe, S. 3 f. (4).

226 *Weber*, Kleine Geschichte, 1988, S. 88.

227 Siehe hierzu bereits S. 66.

228 Vgl. Vermerk des Justizministeriums vom 6. September 1952, in: BArch DP 1 VA 6912, S. 185; Vorlage Nr. 10 des Justizministeriums vom 30. Oktober 1952, in: BArch DP 1 VA 6912, S. 223. Vgl. zur Personalsituation der Gerichtsvollzieher in der DDR von 1949 bis 1961 *Thaetner*, 2003, S. 29 ff.

der allgemeinen Grundsätze der "demokratischen Gesetzlichkeit" haften müsse.[229] Obgleich bereits in diesem Zusammenhang angeregt wurde, im Falle der Haftung des Staates mit allen Mitteln den Rückgriff gegen den Gerichtsvollzieher durchzuführen und gegen ihn einen Strafantrag zu stellen,[230] hatte das Justizministerium damit erstmals von sich aus die Notwendigkeit einer Staatshaftungsregelung für die DDR anerkannt.

Kurze Zeit später, im Frühjahr 1953, präzisierte das Justizministerium seine Vorstellung. Zum Zwecke der Erhöhung des Verantwortungsbewusstseins der Staatsfunktionäre und der Begrenzung der Verantwortlichkeit des Staates dürfe eine Anerkennung der Staatshaftung in jedem Falle nur subsidiär erfolgen, zunächst müsse der Staatsfunktionär selbst haften. Die Haftung solle für den Staatsfunktionär im Zivilgesetzbuch und für den Staat in einem besonderen Gesetz geregelt werden.[231]

2. *Entwurf des Innenministeriums von 1954*

Während das Justizministerium sich zunächst einen detaillierten Überblick über die Staatshaftungsregelungen der Bundesrepublik Deutschland zu verschaffen versuchte[232] und die Arbeitsergebnisse des Finanzministeriums für eine Regelung in der Haushaltsordnung noch nicht vorlagen, ergriff das Innenministerium im September 1953 die Initiative zur Schaffung neuer Staatshaftungsregelungen.

Dazu lud es eine Reihe staatlicher Stellen, die an der gesetzlichen Regelung mitwirken sollten, zu einer "Koordinierung" der bisherigen Arbeitsergebnisse ein.[233] Hierzu gehörten neben dem Justiz- und dem Finanzministerium die Generalstaatsanwaltschaft und das Oberste Gericht, die Hauptabteilung örtliche Organe des Staates sowie die Deutsche Akademie für Staats- und Rechtswissenschaften.[234] Die Zusammenkunft der Arbeitsgruppe im September 1953[235] führte im Ergebnis zu dem im Februar 1954 verfassten ersten Entwurf eines so

229 Rechtsgutachten des Justizministeriums vom 30. Oktober 1952, in: BArch DP 1 VA 6912, S. 189-191 (191), abgedruckt unten S. 211 ff.

230 Vorlage Nr. 10 des Justizministeriums vom 30. Oktober 1952, in: BArch DP 1 VA 6912, S. 223.

231 Abschrift aus dem Protokoll der Grundsatzkommission vom 23. Februar 1953, in: BArch DP 1 VA 2114; Teil III-3431; S 18 v. u. h. (18 h.).

232 Hausmitteilung des Justizministeriums vom 16. Juli 1953, in: BArch DP 1 VA 6912, S. 212a v.-212b h.

233 Vgl. Schreiben des Innenministeriums vom 5. September 1953, in: BArch DP 1 VA 6912, S. 212c.

234 Diese Liste der Beteiligten lässt sich aus dem späteren Schreiben des Innenministeriums vom 11. Februar 1954, in: BArch DP 1 VA 2114, Teil III-3431, S. 1, rekonstruieren.

235 Vermerk des Justizministeriums vom 21. September 1953 über die Ergebnisse der Besprechung vom 18. September 1953, in: BArch DP 1 VA 6912, S. 213 f.

genannten Gesetzes über die Haftung der Staatsorgane für die durch ihre Staatsangestellten verursachten Schäden. Die wesentlichen Bestimmungen des Entwurfs 1954 lauteten[236]:

"§ 1:

Die Staatsorgane haften für die Schäden, die durch vorsätzliche oder fahrlässige ungesetzliche dienstliche Handlungen ihrer Staatsangestellten einem Dritten zugefügt werden.

§ 2

Die Haftung gem. § 1 tritt ein:

a) wenn in Gesetzen, Verordnungen oder Anordnungen die Haftung festgelegt wurde,
b) wenn den Staatsorganen oder ihren Staatsangestellten Geldbeträge oder andere Vermögenswerte zur Aufbewahrung, Verwertung, Sicherung oder Erfüllung gemäß gesetzlicher Vorschriften, gerichtlicher Beschlüsse, Strafurteile, Verwaltungsverfügungen übergeben worden sind und diese Geldbeträge oder anderen Vermögenswerte in anderer als der vorgesehenen Weise Verwendung finden bzw. in Verlust geraten sind,
c) wenn der Schaden in Folge einer während des Dienstes begangenen vorsätzlichen strafbaren Handlung entstanden ist. Die Feststellung des Schadens dem Grunde und der Höhe nach hat in Fällen der gerichtlichen Verurteilung durch das erkennende Gericht und in anderen Fällen durch das Staatsorgan zu erfolgen, für das der Staatsangestellte tätig war.

§ 3

Die Haftung tritt nicht ein:

a) wenn der Geschädigte es unterlassen hat, durch eine ihm zumutbare Maßnahme oder durch rechtzeitigen Hinweis gegenüber den zuständigen Stellen den Schaden abzuwenden,
b) wenn nach Kenntnis des eingetretenen Schadens ein Jahr verstrichen ist.

§ 4

Das Staatsorgan kann den Verursacher des Schadens regresspflichtig machen."

Die Regelungen des Entwurfs 1954 ähnelten sehr den damaligen sowjetischen Staatshaftungsbestimmungen.[237] Dem Anspruch, die Regelungen an denen der Sowjetunion zu orientieren,[238] wurde man mit dem Entwurf von 1954 also

236 Entwurf eines Gesetzes über die Haftung der Staatsorgane für die durch ihre Staatsangestellten verursachten Schäden vom 8. Februar 1954 (im Folgenden als Entwurf 1954 bezeichnet), in: BArch DP 1 VA 2114, Teil III-3431, S. 2 f. (2).

237 Vgl. §§ 407 und 407a des Sowjetischen Zivilgesetzbuchs, über die man sich bereits im Jahre 1950 informiert hatte; siehe oben S. 58 (dort Fn. 178).

238 Siehe Stellungnahme der Zentralen Kommission für Staatliche Kontrolle vom 16. September 1954, in: BArch DP 1 VA 1432 Bd. 2, S. 103-105 (103).

durchaus gerecht. Nicht umsonst waren dazu abermals Informationen über die dortige Rechtslage in Theorie und Gerichtspraxis eingeholt worden.[239]

Dennoch wurde der Entwurf 1954 durch das Justizministerium insbesondere deshalb scharf kritisiert, weil er neben den Fällen der strafbaren Handlung im Amt und der Schadenszufügung bei der Vermögensverwaltung auf Gesetze, Verordnungen und Anordnungen verwies, die weitere Haftungsgründe festlegen sollten.[240] Dabei wies das Ministerium darauf hin, dass sämtliche früheren Sondergesetze zur Haftung des Staates, etwa solche aus den Bereichen des Eisenbahnwesens und des Post- und Fernmeldewesens, gerade keine Anwendung mehr fänden. Demzufolge, so wurde resümiert, könne der vorliegende Entwurf 1954 "die vorhandenen Fragen der Staatshaftung praktisch überhaupt nicht" lösen.[241]

Trotz dieser geradezu vernichtenden Kritik bestand der Wert des Entwurfs jedenfalls darin, eine Art Startschuss für eine breitere Diskussion der Problematik gewesen zu sein.[242] Beim Ministerium des Innern ging danach eine Reihe von Änderungsvorschlägen ein, die zu mehreren neuen Gesetzesentwürfen in wiederum mehreren Fassungen führten.

3. *Änderungsvorschläge zum Entwurf 1954*

Die Änderungsvorschläge ließen kaum eine Formulierung verschont und setzten bereits an der Überschrift an. So wurde angeregt, das geplante Gesetz mit einem Kurztitel wie "etwa Staatshaftungsgesetz" zu überschreiben.[243]

Zu den einzelnen Paragrafen wurden die im Folgenden dargestellten Änderungsvorschläge vorgetragen.

Vorschläge zu § 1

Bezogen auf § 1 wurde zunächst die Verwendung des Begriffs "Staatsangestellter" bemängelt. Dieser Ausdruck sei sehr vieldeutig und umfasse einen

239 Auszug aus "Bratus" – Sowjetisches Zivilrecht, im zeitlichen Kontext des Jahresanfangs 1954, in: BArch DP 1 VA 2114, Teil III–3431, S. 7-14; sowie "Über die Gerichtspraxis bei Schadensersatzklagen in der UdSSR", in: BArch DP 1 VA 2114, Teil III-3431, S. 15-17.

240 Vermerk des Justizministeriums vom 9. März 1954, in: BArch DP 1 VA 2114, Teil III-3431, S. 19, abgedruckt im Anhang (unten S. 218).

241 Vermerk des Justizministeriums vom 9. März 1954, in: BArch DP 1 VA 2114, Teil III-3431, S. 19; abgedruckt im Anhang (unten S. 218).

242 An dieser Diskussion waren mehr staatliche Stellen beteiligt, als in der Arbeitsgruppe des Innenministeriums vertreten waren. Wahrscheinlich wurde der Entwurf an alle zentralen staatlichen Stellen, insbesondere Ministerien der DDR, die durch dessen Regelungen betroffen sein konnten, verteilt.

243 Schreiben des Ministeriums für Post- und Fernmeldewesen vom 10. Dezember 1954, in: BArch DP 1 VA 1432 Bd. 2, S. 106 v. u. h. (106 h.).

zu weiten Personenkreis. Eine Einengung könnte durch die Formulierung "Staatsangestellte, in unmittelbarer Ausübung staatlicher Tätigkeit" erreicht werden.[244]

Ähnlich wurde der Begriff "Staatsorgane" kritisiert. Dieser werde häufig falsch verwendet, insbesondere bei einigen Anstalten oder Körperschaften des öffentlichen Rechts, zum Beispiel den Banken. Man sollte deshalb im Gesetz klarstellen, dass "nur die vollziehend-verfügenden Organe des Staates gemeint" seien.[245]

Der Minister für Post- und Fernmeldewesen plädierte dafür, dass neben den staatlichen Organen auch die staatlichen Einrichtungen mit einbezogen werden müssten, da zum Beispiel bei der Post vielfach Tätigkeiten ausgeführt würden, die als Amtshandlungen staatlicher Verwaltungsorgane zu werten seien.[246] Die nötige Eingrenzung könnte dann wiederum über die Formulierung "in Ausübung der ihnen übertragenen vollziehenden oder verfügenden Verwaltungstätigkeit" erreicht werden. Diesem Vorschlag stimmte unter anderem die Zentrale Kommission für staatliche Kontrolle mit Hinweis auf Banken und Reichsbahn zu, da diese ebenfalls vollziehend-verfügende Tätigkeiten auszuüben hätten.[247]

Dem Präsidium des Ministerrates und dem Obersten Gericht ging die Einbeziehung staatlicher Einrichtungen wiederum zu weit, weil darunter auch volkseigene Betriebe und dergleichen verstanden werden könnten, die jedoch nicht in das Staatshaftungsgesetz einbezogen werden sollten.[248]

Schließlich wurde vorgeschlagen, die Worte "vorsätzlich" und "fahrlässig" durch das Wort "schuldhaft" zu ersetzen, weil Letzteres den Oberbegriff für

244 Schreiben der Deutschen Akademie für Staats- und Rechtswissenschaften vom 2. März 1954, in: BArch DP 1 VA 1432 Bd. 2, S. 124 v. u. h. (124 v.).

245 Schreiben der Zentralen Kommission für Staatliche Kontrolle vom 16. September 1954, in: BArch DP 1 VA 1432 Bd. 2, S. 103-105 (103).

246 Laut Schreiben des Ministers für Post- und Fernmeldewesen vom 10. Dezember 1954, in: BArch DP 1 VA 1432 Bd. 2, S. 106 v. u. h., etwa: "Tätigkeit der Vollstreckungsangestellten der Deutschen Post bei Vollstreckungshandlungen im Verwaltungszwangsverfahren wegen Gebührenforderungen; Erteilung von Genehmigungen zur Herstellung und Instandhaltung privater Nebenstellenanlagen; Zulassung von Presseerzeugnissen zum Zeitungsvertrieb; Erteilung von Rundfunkgebührenbefreiungen".

247 Schreiben der Zentralen Kommission für staatliche Kontrolle vom 21. Februar 1955, in: BArch DP 1 VA 1432 Bd. 2, S. 133; ebenfalls zustimmend äußerte sich das Finanzministerium in seinem Schreiben vom 4. März 1955, in: BArch DP 1 VA 1432 Bd. 2, S. 108.

248 Schreiben des Präsidiums des Ministerrates vom 11. März 1955, in: BArch DP 1 VA 1432 Bd. 2, S. 109 f. (109); Schreiben des Präsidenten des Obersten Gerichts vom 21. April 1955, in: BArch DP 1 VA 1432 Bd. 2, S. 111 v. u. h. (111 v.).

Vorsatz und Fahrlässigkeit darstelle.[249] Statt "ungesetzliche Handlungen" sollte es auch besser "rechtswidrige Handlungen" heißen.[250] Außerdem müsse bereits in § 1 des künftigen Gesetzes darauf hingewiesen werden, dass die Staatsorgane nur "nach Maßgabe dieses Gesetzes haften".[251]

Vorschläge zu § 2

Die Überlegungen zu § 2 knüpften zunächst an dessen Unterpunkt a) an. So, wie die Bestimmung gefasst sei, lasse sie die Regelung der Staatshaftung auch durch Anordnungen eines einzelnen Ministers zu. Damit könnten aber Haftungen ohne vorherige Abstimmung mit dem Ministerium der Finanzen begründet werden. Um dies auszuschließen, sollte man besser vorsehen, dass die Staatshaftung nur durch Gesetze der Volkskammer oder Verordnungen des Ministerrates begründet werde. Wenn man jedoch den Ministerrat damit nicht belasten und Rechtsakte einzelner Minister zulassen wolle, so solle man wenigstens die Mitzeichnung des Finanzministeriums verlangen.[252]

An § 2 Unterpunkt c) wurde bemängelt, dass die haftungsbegründende strafbare Handlung Vorsatz voraussetze. Dies würde zu einer unzumutbaren Schlechterstellung der Bürger führen, die durch eine bloß fahrlässige strafbare Handlung geschädigt würden.[253] Da Letztere ihre Ersatzansprüche direkt gegen den Schädiger geltend machen müssten, könnte dadurch außerdem die Entschlussfreudigkeit der Staatsfunktionäre gehemmt werden.[254]

Der § 2 Unterpunkt c) enthalte im Übrigen einen redaktionellen Fehler. Sein letzter Satz müsse herausgenommen werden und als besonderer Absatz erscheinen, sodass er sich auf die Unterpunkte a), b) und c) beziehe.[255] Im Falle der strafrechtlichen Verurteilung könne auch nicht einfach festgelegt werden, dass das erkennende Gericht den Schaden dem Grunde und der Höhe nach

249 Schreiben des Finanzministeriums vom 2. März 1954, in: BArch DP 1 VA 1432 Bd. 2, S. 123 v. u. h. (123 v.).

250 Schreiben der Deutschen Akademie für Staats- und Rechtswissenschaften vom 2. März 1954, in: BArch DP 1 VA 1432 Bd. 2, S. 124 v. u. h. (124 v.).

251 Schreiben des Finanzministeriums vom 2. März 1954, in: BArch DP 1 VA 1432 Bd. 2, S. 123 v. u. h. (123 v.).

252 Schreiben der Deutschen Akademie für Staats- und Rechtswissenschaften vom 2. März 1954, in: BArch DP 1 VA 1432 Bd. 2, S. 124 v. u. h. (124 v.).

253 Schreiben des Ministers für Eisenbahnwesen vom 26. August 1954, in: BArch DP 1 VA 1432 Bd. 2, S. 128 v. u. h. (128 v.); Schreiben des Generalstaatsanwalts vom 18. September 1954, in: BArch DP 1 VA 2114 Teil III-3431, S. 51 f. (51).

254 Schreiben des Generalstaatsanwalts vom 18. September 1954, in: BArch DP 1 VA 2114 Teil III-3431, S. 51 f. (52).

255 Schreiben der Deutschen Akademie für Staats- und Rechtswissenschaften vom 2. März 1954, in: BArch DP 1 VA 1432 Bd. 2, S. 124 v. u. h. (124 v.).

festzustellen habe. Zumindest die Verhandlung der Höhe sollte den Zivilgerichten überlassen werden.[256]

Ein späterer Formulierungsvorschlag, nach dem das rechtskräftige Strafurteil für die Feststellung der Haftung dem Grunde nach bindend sein sollte[257], wurde ebenfalls angegriffen. Aus dem Vorliegen einer strafbaren Handlung könne nicht zwingend auf das Vorliegen einer Haftung dem Grunde nach geschlossen werden, da dazu noch geklärt werden müsse, ob die Handlung auch kausal für den Schadenseintritt gewesen sei.[258]

Soweit die Verwaltungsdienststellen zu entscheiden hätten, müsse ein entsprechendes Verfahren normiert werden.[259] Es gehe nicht an, den ordentlichen "Rechtsweg auszuschließen und nicht ausdrücklich die Garantie für einen ausreichenden Rechtsschutz des Geschädigten festzulegen".[260]

Bezüglich des Verwaltungsweges wurde angeregt, schon mit der ersten Entscheidung in der Sache das nächstübergeordnete Staatsorgan zu betrauen, um Interessenkollisionen zu vermeiden.[261]

Vorschlag zu § 3

Zur Haftungseinschränkung gemäß § 3 wurde bemerkt, dass auch eine Haftungsminderung vorgesehen werden könnte, wenn der Geschädigte den Schaden hätte verringern können.[262]

256 Vgl. Vermerk des Justizministeriums vom 15. Februar 1954, in: BArch DP 1 VA 2114, Teil III-3431, S. 5 v. u. h. (5 v.).

257 Vgl. § 4 Abs. 3 des Entwurfs vom 13. August 1954, in: BArch DP 1 VA 2114, Teil III-3431, S. 47 f. (48).

258 Verfügung der Justizministerin vom 4. September 1954, in: BArch DP 1 VA 2114, Teil III-3431, S. 49; Stellungnahme der Zentralen Kommission für Staatliche Kontrolle vom 16. September 1954, in: BArch DP 1 VA 1432 Bd. 2, S. 103-105 (104); Schreiben des Justizministeriums vom 22. Februar 1955, in: BArch DP 1 VA 2114, Teil III-3431, S. 68 v. u. h.

259 Vermerk des Justizministeriums vom 15. Februar 1954, in: BArch DP 1 VA 2114, Teil III-3431, S. 5 v. u. h. (5 v.); siehe auch Schreiben des Finanzministeriums vom 2. März 1954, in: BArch DP 1 VA 1432 Bd. 2, S. 123 v. u. h. (123 h.); Schreiben des Ministers für Post- und Fernmeldewesen vom 10. Dezember 1954, in: BArch DP 1 VA 1432 Bd. 2, S. 106 v. u. h. (106 h.).

260 So insbesondere im Vermerk des Justizministeriums vom 15. Februar 1954, in: BArch DP 1 VA 2114, Teil III-3431, S. 5 v. u. h. (5 v.).

261 Schreiben des Innenministeriums vom 18. Januar 1955, in: BArch DP 1 VA 2114, Teil III-3431, S. 62-67 (66).

262 Schreiben des Ministers für Eisenbahnwesen vom 26. August 1954, in: BArch DP 1 VA 1432 Bd. 2, S. 128 v. u. h. (128 v.).

Vorschläge zu § 4

Letztlich wurde auch eine Änderung der Regressvorschrift des § 4 vorgeschlagen. Zum einen sollten "die sprachlich unmöglichen Worte ... 'Verursacher' und 'regresspflichtig' durch geeignete, der deutschen Sprache entsprechende Worte" ersetzt werden.

Zum anderen sei auch eine Beschränkung der Rückerstattungspflicht auf Vorsatz und grobe Fahrlässigkeit anzuraten, um die Entscheidungsfreudigkeit der Staatsangestellten nicht nachhaltig zu hemmen.[263]

4. Umsetzung der Vorschläge im Entwurf 1955

Die Umsetzung der eingegangenen Vorschläge führte über mehrere Zwischenentwürfe und nach einer scheinbaren Arbeitspause von Mai bis Juli 1955 schließlich zum Entwurf eines Staatshaftungsgesetzes vom August desselben Jahres.[264]

Dieser neue Entwurf enthielt neben anderen kleineren Änderungen vor allem eine differenziertere Regelung des Verfahrensweges. Danach sollte zunächst dasjenige staatliche Organ über das Bestehen der Haftung dem Grunde und der Höhe nach entscheiden, für welches die schädigende Person tätig war. Die Beschwerde hiergegen sollte, sofern nicht die Entscheidung bereits von einem zentralen Organ getroffen wurde, an das nächstübergeordnete Organ zu leiten sein, welches endgültig zu entscheiden hatte. Im Falle einer strafgerichtlichen Verurteilung sollte das rechtskräftige Strafurteil für die weitere Behandlung des Haftungsvorganges bindend sein.[265]

5. "Heimlicher" Versicherungsvertrag

Ebenfalls im Sommer 1955 hatte die Nachricht über einen heimlichen Versicherungsvertrag für Aufsehen gesorgt. Der Justizministerin war Anfang Juni 1955 die Information zugespielt worden, dass das Finanzministerium mit der Deutschen Versicherungsanstalt schon seit etwa zwei Jahren einen Versicherungsvertrag unterhalte, dessen Gegenstand die Regulierung von möglichen Schadensersatzansprüchen aus der Staatshaftung sei.[266] Unter Schilderung der bisherigen Bemühungen beim bereits langwierigen Ringen um eine Staatshaftungsregelung für die DDR informierte die Justizministerin umgehend die

263 Schreiben der Deutschen Akademie für Staats- und Rechtswissenschaften vom 2. März 1954, in: BArch DP 1 VA 1432 Bd. 2, S. 124 v. u. h. (124 h.).

264 Entwurf eines Gesetzes über die Haftung des Staates für die durch seine Angestellten verursachten Schäden (Staatshaftungsgesetz) vom 24. August 1955, in: BArch DP 1 VA 1431, S. 7-8; abgedruckt im Anhang (unten S. 192 f.).

265 Vgl. § 4 des Entwurfs vom 24. August 1955, in: BArch DP 1 VA 1431, S. 7-8 (8).

266 Schreiben der Justizministerin von Anfang Juni 1955, in: BArch DP 1 VA 2114, Teil III-3431, S. 85 v.-86 v. (85 h.).

Zentrale Kommission für Staatliche Kontrolle über diese "unbegreifliche Tatsache". Sie bezeichnete die Situation als sehr alarmierend, weil angeblich trotz fehlender gesetzlicher Haftungsregelung aufgrund des Versicherungsvertrages schon erhebliche Summen bezahlt worden seien.[267]

Um weitere Informationen über den Vertrag zu erhalten, wandte sich die Ministerin in einem zweiten, wesentlich zurückhaltender formulierten Schreiben an das Finanzministerium selbst.[268] Abschließend bekundete sie darin, dass das Justizministerium, nicht zuletzt weil es auch selbst in einigen Fällen unter dem Gesichtspunkt der Staatshaftung in Anspruch genommen werde, an der Angelegenheit des Versicherungsvertrages sehr interessiert sei.

Im Antwortschreiben erklärte der Stellvertreter des Finanzministers, dass es keine Verträge gäbe, "die die Staatshaftung aufgrund von Verwaltungsakten zum Inhalt" hätten.[269] Ein seit Anfang 1954 mit der Deutschen Versicherungsanstalt bestehender Vertrag beschäftige sich vielmehr mit der Allgemeinen Kraftfahrversicherung und der Allgemeinen Haftpflichtversicherung. Zur Information über den Inhalt der Versicherung war dem Schreiben folgende Anlage beigefügt[270]:

"*Auszug*
aus dem Versicherungsvertrag Nr. 20/00/001/24
über die Versicherung der staatlichen Verwaltungen
und Einrichtungen

§ 4
Allgemeine Haftpflichtversicherung

1. Es besteht Versicherungsschutz für den Fall, dass die Haushaltsorganisationen aufgrund gesetzlicher Haftpflichtbestimmungen privatrechtlichen Inhalts[271] von

267 Schreiben der Justizministerin von Anfang Juni 1955, in: BArch DP 1 VA 2114, Teil III-3431, S. 85 v.-86 v. (85 h.).

268 Schreiben der Justizministerin vom 20. Juni 1955, in: BArch DP 1 VA 2114, Teil III-3431, S. 87.

269 Schreiben des Finanzministeriums mit Auszug aus dem Versicherungsvertrag vom 4. Juli 1955, in: BArch DP 1 VA 2114, Teil III-3431, S. 88 v.-89 h. (88 v.).

270 Schreiben des Finanzministeriums mit Auszug aus dem Versicherungsvertrag vom 4. Juli 1955, in: BArch DP 1 VA 2114, Teil III-3431, S. 88 v.-89 h. (89 v.); Hervorhebungen im Original.

271 Mit den gesetzlichen Haftpflichtbestimmungen waren hier offenbar vor allem die §§ 89 i. V. m. 31 BGB zur Haftung des Fiskus für im privaten Rechtsverkehr zugefügte Schäden gemeint, die damals auch in der DDR noch galten. Weitere vereinzelte Haftungsbestimmungen gab es lediglich noch in Verordnungs- oder in Anordnungsform, wie zum Beispiel betreffend Impfschäden, Schäden infolge von Militärübungen und

einem Dritten auf Schadensersatz in Anspruch genommen werden wegen eines Ereignisses, das den Tod, die Verletzung oder Gesundheitsschädigung von Menschen (Personenschaden) oder die Beschädigung, Vernichtung oder das Abhandenkommen von Sachen (Sachschaden) zur Folge hat. Der Versicherungsschutz bezieht sich außerdem auf die gesetzliche Haftpflicht der Beschäftigten der Haushaltsorganisationen und der im Auftrage der Haushaltsorganisationen ehrenamtlich tätigen Personen aus Ansprüchen, welche gegen sie aus Anlass der Ausführung ihrer dienstlichen Verrichtungen erhoben werden[272].

2. Der Versicherungsschutz bezieht sich nicht auf
   a) Ansprüche auf Gehalt, Ruhegehalt, Lohn oder sonstige festgesetzte Bezüge, Verpflegung, ärztliche Behandlung im Falle der Dienstbehinderung sowie Fürsorgeansprüche;
   b) Haftpflichtansprüche aus Schäden aus dem Halten, Führen oder Verwenden von Kraft-, Luft- oder Wasserfahrzeugen (vgl. aber § 3);
   c) Ansprüche aus Sachschäden, welche durch Senkung von Grundstücken, durch Erdrutsch oder durch Überschwemmung stehender oder fließender Gewässer entstehen;
   d) reine Vermögensschäden."

Auf dem Schreiben des Stellvertretenden Finanzministers befand sich ein nachträglich beigefügter handschriftlicher Vermerk des Justizministeriums, der offenbar auf eine telefonische Mitteilung des Innenministeriums an das Justizministerium zurückging.[273] Demnach habe der Vertreter des Finanzministeriums die Bitte geäußert, sich über die mit dem Versicherungsvertrag zusammenhängenden Probleme noch einmal "zu unterhalten". Diese Unterhaltung solle jedoch zunächst nur mit dem Vertreter des Innenministeriums erfolgen, da im Finanzministerium "offenbar durch die letzten Ereignisse" Unsicherheit bestehe.[274]

Das Innenministerium berichtete später, in der Besprechung sei zum Ausdruck gekommen, dass mit dem Versicherungsvertrag die Frage der Staatshaftung quasi geklärt sei. In § 4 des Vertrages hätten deutlich erkennbar "alle vom Staatshaftungsgesetz erfassten Fälle ihre praktisch-finanzielle Lösung" gefunden.[275] Eine Bestätigung der Besprechung erfolgte auch durch das

---

Wildschäden; siehe hierzu bereits Fn. 24 (oben S. 21). Gesetzliche Haftpflichtbestimmungen für durch hoheitliches Handeln zugefügte Schäden gab es hingegen noch nicht.

272 Betreffend das hoheitliche Handeln der "Beschäftigten" war damals der zu diesem Zeitpunkt noch geltende § 839 BGB gemeint, der die Haftung der Beamten regelte.

273 Vermerk des Justizministeriums vom 11. Juli 1955, in: BArch DP 1 VA 2114, Teil III-3431, S. 89 h.

274 Gemeint war möglicherweise die so genannte Parteisäuberung infolge der Ereignisse des 17. Juni 1953; siehe hierzu oben S. 69 (dort Fn. 222).

275 Schreiben des Innenministeriums vom 24. August 1955, in: BArch DP 1 VA 2114, Teil III-3431, S. 109.

Finanzministerium. Darin wurde unter anderem erklärt, dass eine Haftung in all den Fällen für richtig erachtet werde, in denen dem Bürger ein Schaden durch ein Versäumnis bei der Durchführung von gesetzlich geregelten Maßnahmen und Aufgaben entstehe.[276]

Die Auseinandersetzung um den "Versicherungsvertrag" hatte damit einstweilen ihren Höhepunkt erreicht. Vorwurfsvoll wandte sich das Justizministerium Ende August 1955 nochmals an das Finanzministerium.[277] Es stellte klar, dass die bisherigen Grundsätze zur Staatshaftungsfrage auch unter Beteiligung des Finanzministeriums erarbeitet worden seien. Dabei sei entgegen der offenbar seit 1954 beim Finanzministerium herrschenden Praxis übereinstimmend festgelegt worden, dass eine Haftung des Staates nur in den Fällen eintreten solle, in denen sie durch Gesetz bestimmt sei. Dies sei seinerzeit für Fälle der Schadenszufügung durch eine vorsätzliche strafbare Handlung und der Schadenszufügung während der staatlichen Verwaltung von Vermögensgegenständen eines Bürgers vorgeschlagen worden.

Die Behauptung des Finanzministeriums, es unterhalte keine Verträge, die die Staatshaftung zum Inhalt hätten, sei bereits durch den anbei übersandten Auszug aus dem Versicherungsvertrag 20/00/001/24 widerlegt. Infolge dieses Vertrages habe der Staat praktisch ohne Einschränkung für alle erhobenen Ansprüche[278] gehaftet, die durch das schuldhafte Verhalten eines Staatsfunktionärs verursacht worden seien. Der Staat habe keinerlei Regressansprüche geltend gemacht und durch die Schadensregulierung im Versicherungswege sei jede sorgfältige Untersuchung von Dienstpflichtverletzungen verhindert worden. Man habe nun offenbar in dieser "politisch bedeutsamen Frage eine doppelte Praxis". Während das Justizministerium und andere Organe die Staatshaftung nach der festgelegten Grundlinie konsequent abgelehnt hätten, sei offenbar entschädigt worden, wer sich an das Finanzministerium gewandt habe.[279]

Zur schnellen Klärung des Sachverhalts wurde die Übersendung des gesamten Vertrages erbeten. Diese erfolgte jedoch zunächst nicht.

276 Schreiben des Finanzministeriums vom 25. August 1955, in: BArch DP 1 VA 1432 Bd. 2, S. 112 v. u. h. (112 h.).

277 Schreiben des Justizministeriums vom 29. August 1955, in: BArch DP 1 VA 2114, Teil III-3431, S. 108 v. u. h.

278 Gemeint waren hier insbesondere Ansprüche, die sich auf Grund des § 839 BGB eigentlich nur gegen den "Staatsfunktionär" richteten und für die eine Haftungsüberleitung auf den Staat oder eine sonstige Zurechnung der unerlaubten hoheitlichen Handlung zum Staat gesetzlich nicht geregelt war.

279 Schreiben des Justizministeriums vom 29. August 1955, in: BArch DP 1 VA 2114, Teil III-3431, S. 108 v. u. h. (108 h).

6. *Staatshaftung aus Billigkeitserwägungen*

Auf unterdessen eingegangene Anfragen zu konkreten Fällen hatte das Justizministerium tatsächlich, von einer Zusage der Haftung aus Billigkeit abgesehen,[280] stets erwidert, dass eine Staatshaftung mangels gesetzlicher Regelung abzulehnen sei.[281]

Bei dieser Gelegenheit nahm das Ministerium auch wiederholt zum Problem der Unterschlagung durch Gerichtsvollzieher Stellung. Die im Rechtsgutachten vom Herbst 1952 festgehaltene Ansicht, dass der Staat aufgrund der "allgemeinen Grundsätze der demokratischen Gesetzlichkeit" für schuldhafte Amtspflichtverletzungen der Gerichtsvollzieher haften müsse,[282] dürfe nicht als Gesetzesgrundlage der Staatshaftung angesehen werden. Grundsätzlich könne eine Entschädigung allenfalls aus Billigkeitsgründen gewährt werden. Hierzu führte das Justizministerium näher aus[283]:

"Eine Billigkeitsentschädigung wird nur zu gewähren sein, wenn
1. der Betroffene nicht anderweitig Ersatz erlangen kann,
2. der Betroffene den Schaden nicht von den Staatsangestellten erlangen kann,
3. die wirtschaftliche Lage des Betroffenen eine Billigkeitsleistung erforderlich macht.
Sofern bisher eine andere Auffassung und Praxis in dieser Frage vertreten worden ist, wird es notwendig sein, diese zu verändern. Sollte unserer Ansicht nicht beigetreten werden, schlagen wir vor, die Angelegenheit dem Minister zur Entscheidung vorzutragen."

280 "Einfache Siedler" erhielten aus Billigkeitsgründen Ersatz für von einem Gerichtsvollzieher unterschlagenes Geld; vgl. Hausmitteilung des Justizministeriums vom 23. Februar 1955, in: BArch DP 1 VA 2114, Teil III-3431, S. 73 v. u. h. (73 v.), sowie Hausmitteilung des Justizministeriums vom 24. März 1955, in: BArch DP 1 VA 2114, Teil III-3431, S. 75 v. u. h. (75 v.).

281 Fall Z., siehe Vermerk des Justizministeriums vom 29. Dezember 1954, in: BArch DP 1 VA 2114, Teil III-3431, S. 57 v. u. h.; Fall der Schädigung durch republikflüchtigen Notar, vgl. Hausmitteilung des Justizministeriums vom 23. Februar 1955, in: BArch DP 1 VA 2114, Teil III-3431, S. 73 v. u. h., und Hausmitteilung des Justizministeriums vom 24. März 1955, in: BArch DP 1 VA 2114, Teil III-3431, S. 75 v. u. h.; Fall F., vgl. Verfügung des Justizministeriums vom 1. April 1955 in: BArch DP 1 VA 2114, Teil III-3431, S. 78 v. u. h. (78 v.), und Verfügung des Justizministeriums vom 13. Juni 1955, in: BArch DP 1 VA 2114, Teil III-3431, S. 80 v. u. h.; Fall K., Schreiben des Justizministeriums vom 23. Juli 1955, in: BArch DP 1 VA 2114, Teil III-3431, S. 101; TBC-Fall S., Verfügung des Justizministeriums vom 28. Juli 1955, in: BArch DP 1 VA 2114, Teil III-3431, S. 94 v. u. h.

282 Zum Rechtsgutachten siehe bereits Fn. 229 (oben S. 71).

283 Hausmitteilung des Justizministeriums vom 13. Juni 1955, in: BArch DP 1 VA 2114, Teil III-3431, S. 83 v. u. h.; vgl. hierzu auch Abschrift eines Vermerks des Justizministeriums vom 7. September 1955 und Erinnerung der Justizministerin vom 26. September 1955, jeweils in: BArch DP 1 VA 1431, S. 5.

Neben den Anfragen in konkreten Haftungsfällen hatte das Justizministerium auch eine Anfrage aus der Volksrepublik Polen[284] erreicht. Darin bat der polnische Justizminister anlässlich aktueller Gesetzgebungsarbeiten um Auskunft über die Staatshaftungsrechtslage in der DDR. Mit erheblicher zeitlicher Verzögerung antwortete das Justizministerium schließlich gemäß dem aktuellen Stand der Arbeiten. Gleichzeitig nutzte es die Gelegenheit, am Schluss des Schreibens um Mitteilung der Rechtslage in der Volksrepublik Polen zu bitten.[285]

7. Scheitern des förmlichen Gesetzgebungsverfahren

Die Arbeiten am Staatshaftungsgesetz wurden inzwischen unabhängig von den Auseinandersetzungen um den "Versicherungsvertrag" fortgeführt. So blieben auch nach dem Entwurf 1955[286] Änderungsvorschläge nicht aus.[287]

Sollte bisher die Entscheidung über das Bestehen der Haftung stets von dem Organ getroffen werden, für welches der Schädiger tätig wurde,[288] war nun vorgesehen, sogleich die übergeordnete Stelle entscheiden zu lassen, falls ein Leiter eines staatlichen Organs das Schadensereignis herbeigeführt hatte.[289] Außerdem war nicht mehr von Angestellten, sondern von Mitarbeitern der staatlichen Organe oder staatlichen Einrichtungen die Rede. Die "allgemeinen zivilrechtlichen Haftungsbestimmungen" sollten durch das Gesetz unberührt bleiben.[290]

Der im Innenministerium entsprechend den vorgeschlagenen Änderungen überarbeitete Entwurf wurde im Januar 1956 dem Politbüro des ZK der SED als Gesetzesvorlage unterbreitet. Nach einer einführenden Begründung der Notwendigkeit eines Staatshaftungsgesetzes folgten ausführliche Erläuterungen zu

284 Schreiben des polnischen Justizministeriums vom 14. Mai 1955, in: BArch DP 1 VA 2114, Teil III-3431, S. 96.

285 Vermerk des Justizministeriums vom 5. Oktober 1955, in: BArch DP 1 VA 1431, S. 1 v.-2 v.

286 Vgl. Fn. 264 (oben S. 77).

287 Vgl. etwa Verfügung des Justizministeriums vom 14. Oktober 1955, in: BArch DP 1 VA 1431, S. 9 v. u. h.

288 § 4 Abs. 1 des Entwurfs vom 24. August 1955, in: BArch DP 1 VA 1431, S. 7-8 (8); abgedruckt im Anhang (unten S. 192).

289 § 4 Abs. 1 Satz 2 des Entwurfs vom 1. November 1955, in: BArch DP 1 VA 1432 Bd. 2, S. 134 f. (135).

290 §§ 1 und 6 des Entwurfs vom 1. November 1955, in: BArch DP 1 VA 1432 Bd. 2, S. 134 f.

den einzelnen Regelungen des Entwurfs. Abschließend wurde dem Politbüro durch das Innenministerium folgender Beschluss vorgeschlagen[291]:

"Das Politbüro beschließt:
1. Dem Entwurf des Gesetzes über die Haftung des Staates für die durch seine Mitarbeiter verursachten Schäden (StHG) wird zugestimmt.
2. Der Entwurf ist nach Einholung der Mitzeichnung aller zuständigen Minister und Leiter der zentralen staatlichen Organe vom Genossen ... dem Ministerrat vorzulegen.
3. Dem Ministerrat wird empfohlen, den Gesetzesentwurf der Volkskammer zur Beschlussfassung zu unterbreiten.
4. Der Genosse ... ist für die Durchführung aller sich aus dem Erlass dieses Gesetzes ergebenden Maßnahmen verantwortlich und hat dafür Sorge zu tragen, dass die für die Bevölkerung wichtigsten Bestimmungen dieses Gesetzes in der Presse popularisiert und in der staatspolitischen Schulung eingehend behandelt werden."

Bevor das Politbüro einen formalen Beschluss fasste, räumte es den am Entwurf beteiligten Stellen nochmals die Möglichkeit zur Stellungnahme ein.

Daraufhin meldeten sich das Finanzministerium und die Deutsche Akademie für Staats- und Rechtswissenschaften zu Wort. Von Letzterer wurde unter anderem empfohlen, in allen Fällen "die Erstentscheidung bereits dem übergeordneten Organ zu übertragen". Anders könne nicht sichergestellt werden, "dass keine Fehler in der Verwaltungsarbeit zulasten der Bürger abgestritten oder vertuscht" würden.[292]

Die Stellungnahme des Finanzministeriums fiel erheblich kritischer aus. Ohne Umschweife stellte man gleich eingangs klar, den vorliegenden Gesetzentwurf "keineswegs" als geeignet anzusehen, "die bisher ungeregelte Frage, wann und in welchem Umfang der Staat für Schäden haftet, die durch Mitarbeiter des Staatsapparates entstehen, zu regeln."[293]

Als Erstes wurde dabei die Regelung bezüglich der staatlichen Verwaltung von Vermögenswerten oder Geldbeträgen der Bürger bemängelt. Da diese Werte den staatlichen Organen oder Einrichtungen eben aufgrund gesetzlicher Vorschriften, gerichtlicher Entscheidungen oder Verwaltungsverfügungen übergeben würden, müsse bei Verlust, Beschädigung oder falscher Verwendung eine Haftung der staatlichen Stelle eintreten, "ohne dass der Nachweis schuldhaften Verhaltens ... gelungen sein muss".[294] In der Praxis stellten diese Fälle

291 Vorlage des Innenministeriums vom 16. Januar 1956, in: BArch DY 30/IV 2/13/98, S. 1-4 (4).

292 Schreiben der Deutschen Akademie für Staats- und Rechtswissenschaften vom 13. Februar 1956, in: BArch DP 1 VA 1432 Bd. 2, S. 116 f. (117).

293 Schreiben des Finanzministeriums vom 2. März 1956, in: BArch DY 30/IV 2/13/98, S. 10-12 (10).

294 Schreiben des Finanzministeriums vom 2. März 1956, in: BArch DY 30/IV 2/13/98, S. 10-12 (11).

den überwiegenden Anteil aller Ansprüche dar. Würde man entsprechend dem letzten Entwurf in diesen Fällen erst den Nachweis schuldhaften Verhaltens verlangen, verlören die Bürger das Vertrauen in die staatlichen Stellen.

Des Weiteren sei zu bemängeln, dass der Entwurf solche Fälle nicht regele, in denen Mitarbeiter des Staatsapparates zwar rechtswidrig, aber nicht schuldhaft handelten und dem Bürger dadurch Schaden zufügten. Wenn zum Beispiel ein Mitarbeiter des Staatsapparates Gesetze oder Verordnungen falsch anwende, handle er zwar rechtswidrig, ein schuldhaftes Verhalten könne ihm jedoch nicht vorgeworfen werden. Der Entwurf schränke diesbezüglich sogar die kommende Gesetzgebung ein, da er festlege, dass die Haftung in Spezialgesetzen und Verordnungen nur bei schuldhaftem Verhalten eintreten dürfe. Es müsse untersucht werden, ob wirklich alle derartigen Fälle von der Staatshaftung ausgenommen bleiben sollten.

Ein weiteres Problem sei die Haftung des Staates, wenn zum Beispiel bei der Bekämpfung von Bränden oder der Abwehr von Hochwasser einem Dritten ein Schaden zugefügt werde. Diese im Entwurf nicht geregelten Fälle seien bisher grundsätzlich im Billigkeitswege behandelt worden. Die Möglichkeit einer Billigkeitsentschädigung für im Gesetz nicht behandelte Fälle habe der Entwurf aber durch die Fassung des § 2, der eine Haftung ausschließlich in den drei aufgeführten Fällen zulasse, ausgeschlossen.

Um Verwirrungen vorzubeugen wurde abschließend empfohlen, die zivilrechtlichen Haftungsbestimmungen, die vom Gesetz unberührt bleiben sollten, ausdrücklich zu benennen.[295]

Nach alledem war erneut eine Vielfalt von Mängeln aufgezeigt worden, die eine Verabschiedung des Entwurfs durch das Politbüro des ZK der SED unmöglich machte. Die Weiterreichung des Entwurfs an den Ministerrat und die damit verbundene Überleitung in das förmliche Gesetzgebungsverfahren waren damit zunächst gescheitert. Laut einer Aktennotiz des ZK der SED vom 17. März 1956 zur Vorlage des Staatshaftungsgesetzes sollte zur endgültigen Formulierung des Entwurfs eine weitere Beratung stattfinden. Dabei müssten zwar die Vorschläge der Deutschen Akademie für Staats- und Rechtswissenschaften berücksichtigt werden. Die Stellungnahme des Ministeriums der Finanzen enthalte jedoch eine überspitzte Erweiterung der Haftung des Staates, der nicht zugestimmt werden könne.[296]

III. Zusammenfassung

Nachdem der Stalin-Kult in der DDR zum Ende des Jahres 1952 seinen Höhepunkt erreicht hatte, setzte in den Jahren danach allmählich eine politische

295 Schreiben des Finanzministeriums vom 2. März 1956, in: BArch DY 30/IV 2/13/98, S. 10-12 (11 f.).

296 Aktennotiz des ZK der SED vom 17. März 1956, in: BArch DY 30/IV 2/13/98, S. 9.

und wirtschaftliche Entspannung ein. Der durch die DDR-Führung verabschiedete Neue Kurs und die später in Folge des Arbeiteraufstandes vom 17. Juni 1953 gemachten Zugeständnisse betreffend die Arbeitszeit und eine Reihe von Preisen für Konsumgüter führten zur Verbesserung der Lebenslage der Bevölkerung. Die Sowjetunion wurde immer noch als Vorbild herangezogen. Auf Druck der neuen Moskauer Führung erfolgte im Frühjahr 1956 schließlich auch in der DDR eine völlige Abkehr von *Stalin* und seinen Herrschaftsmethoden. Die DDR-Führung wandte sich danach verstärkt Wirtschaftsfragen zu.

Auch in staatshaftungsrechtlicher Hinsicht war in diesem Zeitabschnitt zunächst noch eine starke Orientierung am Vorbild der Sowjetunion zu erkennen. Der im Frühjahr 1954 fertig gestellte erste Entwurf eines Gesetzes über die Haftung des Staates ähnelte den im Sowjetischen Zivilgesetzbuch enthaltenen Regelungen sehr. Im Rahmen seiner Diskussion wurde der Gesetzesentwurf jedoch als unbrauchbar für die Lösung der offenen Fragen angesehen. Die sich anschließenden Erörterungen der einzelnen Haftungsregelungen, bei denen eine Reihe von Ministerien aber auch Vertreter der Rechtswissenschaft beteiligt waren, erfolgten auf Initiative des Innenministeriums. Dass sich auch das Justizministerium in diesem Zeitabschnitt für die Erarbeitung von Haftungsregelungen eingesetzt hätte, ist nicht ersichtlich. Vielmehr lehnte man dort, zumindest nach Neubesetzung des Ministerpostens mit *Benjamin*, eine Haftung des Staates eher ab. Dies dokumentiert sich zum einen in der sehr restriktiven Haltung zu Billigkeitsentschädigungen, die nämlich nur subsidiär und in besonderen Härtefällen zugelassen werden sollten. Zum anderen zeigte sich dies in der empörten und ablehnenden Haltung des Justizministeriums zum Versicherungsvertrag des Finanzministeriums, nach dem bereits eine Reihe von Schäden, die als Staatshaftungsfälle angesehen wurden, ersetzt worden waren.

Mit der fortschreitenden Diskussion neuer Staatshaftungsregelungen, die sich immer mehr von den einst als Vorbild herangezogenen Bestimmungen der Sowjetunion entfernten, hatte man offenbar die Orientierung verloren. Es tauchten immer mehr scheinbar unlösbare Meinungsverschiedenheiten der Ministerien untereinander auf, die eine Einigung auf einen abschließenden Entwurf eines Staatshaftungsgesetzes der DDR zu dieser Zeit unmöglich machten.

Die Fragen, ob es ein Staatshaftungsgesetz in der DDR geben sollte und welche Bestimmungen ein solches haben dürfte, standen damit zum Ende der "*Stalin*-Ära" in der DDR weiterhin zur Diskussion. In politischer Hinsicht war ebenso offen, in welche Richtung beziehungsweise in welcher Weise sich die DDR künftig entwickeln würde. Insofern können auch in diesem Zeitabschnitt Parallelen zwischen den politisch-ökonomischen Rahmenbedingungen und der Entwicklung der Staatshaftung aufgezeigt werden.

C. Die fünf Jahre vor dem Mauerbau

I. Konsolidierung und Krise

In den Mittelpunkt ihrer III. Parteikonferenz Ende März 1956 hatte die SED Wirtschaftsfragen gestellt. Das war nicht zuletzt auch deshalb angezeigt, weil zu Beginn des Jahres 1956 der 1. Fünfjahrplan abgelaufen war. Der auf der Parteikonferenz beschlossene 2. Fünfjahrplan sollte nun den "Beginn einer neuen industriellen Umwälzung auf der Basis der Ausnutzung der Kernenergie, des weiteren Ausbaus der Schwerindustrie und der ununterbrochenen Entwicklung des technischen Fortschritts" darstellen.[297] Dabei wurde vorausgesagt, dass bis zum Jahre 1960 eine Steigerung der Industrieproduktion von 1955 auf 155% sowie eine Steigerung des Volkseinkommens von 1955 auf 145% erreicht werde. Die Arbeitsproduktivität sollte auf 150% anwachsen und den Arbeitern und Angestellten wurde eine Reallohnerhöhung um 30% versprochen.[298] Ebenso wurde eine Verkürzung der wöchentlichen Arbeitszeit in der Industrie in Aussicht gestellt.[299] Daraufhin wurde im Januar 1957 die 45-Stunden-Woche in der volkseigenen Industrie und im Verkehrs- und Nachrichtenwesen eingeführt.[300]

Neben den Maßnahmen zur Verbesserung des Lebensstandards der Bevölkerung beschloss die Konferenz auch "Maßnahmen zur breiteren Entfaltung der Demokratie in der DDR".[301] In diesem Sinne verabschiedete die Volkskammer im Januar 1957 ein "Gesetz über die örtlichen Organe der Staatsmacht", welches den Gemeinden, Kreisen und Bezirken größere Selbstverwaltungsrechte geben sollte.[302]

297 Vgl. *Weber*, Kleine Geschichte, 1988, S. 89 mit Verweis auf das Protokoll der Verhandlungen der III. Parteikonferenz der SED, 24. März bis 30. März 1956, Berlin (Ost) 1956, Bd. 1, S. 311 f., 315, und das ND vom 26. März 1956.

298 ND vom 26. März 1956, B-Ausgabe, S. 1: "Begeisternde Perspektiven im zweiten Planjahrfünft".

299 ND vom 25. März 1956, B-Ausgabe, S. 1, "Der zweite Fünfjahrplan – das große Wirtschafts- und Sozialprogramm": "Das ZK der SED schlägt der Regierung und der Volkskammer der DDR vor, die Voraussetzungen zu schaffen, ... damit in der Zeit des zweiten Fünfjahrplans in der Industrie der Siebenstunden-Arbeitstag und in bestimmten Industriezweigen die Vierzigstundenwoche ohne Lohneinbuße eingeführt werden können".

300 *Pollmann*, 1984, S. 103.

301 Vgl. *Weber*, Kleine Geschichte, 1988, S. 89, mit Verweis auf das Protokoll der Verhandlungen der III. Parteikonferenz der SED, 24. März bis 30. März 1956, Berlin (Ost) 1956, Bd. 2, S. 1017.

302 Gesetz über die örtlichen Organe der Staatsmacht vom 18. Januar 1957, GBl. I, S. 65-72; siehe hierzu *Weber*, Kleine Geschichte, 1988, S. 89; *Pollmann*, 1984, S. 103.

In den Jahren 1957/1958 hatte sich der Lebensstandard der Bevölkerung merklich verbessert. Einige Preise, unter anderem die für Textilien, waren gesenkt und im staatlichen Handel war das Teilzahlungssystem eingeführt worden. Auch hatte man alle Renten erhöht. Die letzten Lebensmittelrationierungen für Fleisch, Zucker und Fett verschwanden im Mai 1958. Später folgte noch eine Preissenkung für verschiedene Konsumgüter wie Schuhe, Seife und Lebensmittel.[303]

Unter der Losung "Der Sozialismus siegt!" fand im Juli 1958 in Berlin der V. Parteitag der SED statt.[304] Im Mittelpunkt der Beratungen stand der vom ZK der SED vorgeschlagene Kurs, während der nächsten Jahre die sozialistischen Produktionsverhältnisse in der DDR zum Siege zu führen und die Übergangsperiode vom Kapitalismus zum Sozialismus im Wesentlichen abzuschließen. Es wurde zur ökonomischen Hauptaufgabe erklärt, die Volkswirtschaft in den nächsten Jahren so weit zu entwickeln, dass die Überlegenheit der sozialistischen über die kapitalistische Wirtschaftsordnung bewiesen würde. Bis 1961 sollte die DDR den Pro-Kopf-Verbrauch der Bundesrepublik bei den Nahrungsmitteln und den wichtigsten industriellen Konsumgütern erreichen und übertreffen.[305]

In der Wirtschaft der DDR begannen sich jedoch im Jahre 1959 entgegen allen Erwartungen Komplikationen zu zeigen. Man hatte insbesondere Schwierigkeiten, den Anforderungen der so genannten technischen Revolution[306] gerecht zu werden.[307] Daraufhin beschloss die Volkskammer im Herbst 1959, den 2. Fünfjahrplan vorzeitig abzubrechen und ihn durch einen neuen Siebenjahrplan 1959-1965 zu ersetzen.[308] Mit diesem glaubte man, die wirtschaftlichen Schwierigkeiten überwinden und den Sozialismus erreichen zu können.

Die Kollektivierungen in Landwirtschaft und Handwerk führten zu keiner Besserung der wirtschaftlichen Lage.[309] Inzwischen auftretende Versorgungs-

303 Vgl. hierzu *Pollmann*, 1984, S. 108; *Staritz*, 1996, S. 170; Weber, Grundriss, 1991, S. 298, 301; *Weber*, Kleine Geschichte, 1988, S. 94.

304 Siehe *Pollmann*, 1984, S. 109.

305 Vgl. hierzu *Pollmann*, 1984, S. 109 f.; *Staritz*, 1996, S. 174; *Weber*, Kleine Geschichte, 1988, S. 93, mit Verweis auf das Protokoll der Verhandlungen des V. Parteitages der SED, 10. bis 16. Juli 1958, Berlin (Ost) 1959. Bd. 1, S. 70.

306 Für die Epoche, die mit dem erfolgreichen Start des ersten sowjetischen Satelliten Sputnik eingeleitet wurde, prägte man im sozialistischen Lager den Begriff "wissenschaftlich-technische Revolution". Dabei handelte es sich im Ergebnis um die Vision, dass der Sozialismus durch Forschung, Entwicklung und Rationalisierung den Westen auf dem Gebiet der Technik überholen werde.

307 *Weber*, Kleine Geschichte, 1988, S. 95.

308 *Schroeder, Klaus*, 2000, S. 145; *Weber*, Kleine Geschichte, 1988, S. 95.

309 Bis Ende 1960 waren fast 85% der landwirtschaftlichen Nutzfläche von den Landwirtschaftlichen Produktionsgenossenschaften (LPG) übernommen worden. Der Anteil

engpässe, insbesondere bei Grundnahrungsmitteln wie Fleisch, Wurst und Brot, schürten die Unzufriedenheit der Bevölkerung.[310] Einem direkten Vergleich mit der Bundesrepublik, deren neuer Wohlstand sich für viele DDR-Bürger auch in den dortigen Massenmedien präsentierte, konnte die DDR nicht standhalten.

Die Zahl der Flüchtlinge in die Bundesrepublik stieg 1961 rapide an. Da viele davon Arbeiter und Jugendliche im arbeitsfähigen Alter sowie Angehörige der Intelligenz waren, hatte der Flüchtlingsstrom verheerende Auswirkungen auf die Wirtschaft der DDR.[311] Am 14. Juni 1961 gestand *Stoph* offiziell Schwierigkeiten bei der Versorgung mit Grundnahrungsmitteln ein.[312]

Um der anhaltenden Massenflucht und einem "Ausbluten" ihres Staates entgegenzuwirken, plante die DDR-Führung im Sommer 1961 die Schließung der Grenzen. Dazu berieten sich die Staaten des 1955 unterzeichneten Warschauer Vertrages, zu denen auch die DDR gehörte,[313] vom 3. bis 5. August 1961 in Moskau.[314] Im Ergebnis dieser Beratungen ließ die DDR schließlich ab dem 13. August 1961 "Kontroll- und Sicherungsmaßnahmen an der Grenze zu Westberlin" durchführen sowie an der Grenze zur Bundesrepublik und an der Küste der DDR Grenzsicherungsmaßnahmen einleiten.[315] In den folgenden Tagen wurde entlang der Sektorengrenze Berlins eine Mauer errichtet. Die DDR war damit praktisch abgeriegelt und die Massenflucht beendet.

II. Auf und Ab der Beratungen zur Staatshaftung

Zum Thema Staatshaftung setzte zu Beginn der "fünf Jahre vor dem Mauerbau" ein regelrechter Beratungsboom ein, der jedoch zum Ende dieser Etappe hin allmählich wieder nachließ.

---

des privaten Handwerks am erwirtschafteten Gesamtprodukt sank von 93% im Jahr 1958 auf 65% im Jahr 1961, während der Rest von Produktionsgenossenschaften des Handwerks (PGH) erbracht wurde. Siehe *Weber*, Kleine Geschichte, 1988, S. 100; vgl. auch *Schroeder, Klaus*, 2000, S. 145 f.

310 *Mählert*, 2001, S. 95 f.

311 Hierzu *Mählert*, 2001, S. 95-97; *Schroeder, Klaus*, 2000, S. 166; *Weber*, DDR, 2000, S. 57 f.

312 ND vom 14. Juni 1961, B-Ausgabe, S. 2: Unter dem Titel "Bürgermeisterseminar in Markkleeberg, Willi Stoph über den Nutzen der neuen Ordnungen für die gute genossenschaftliche Arbeit" hieß es unter anderem: "Jedem ist bekannt, dass es zurzeit bei der Versorgung mit Fleisch, Milch und Butter eine Reihe Schwierigkeiten gibt." Hauptursache hierfür sei eine "nicht kontinuierliche Planerfüllung". Dabei hätten die staatlichen Organe die "Pflicht, um die Erfüllung des Plans zu kämpfen".

313 *Heitzer*, 1979, S. 117; *Pollmann*, 1984, S. 84.

314 *Heitzer*, 1979, S. 146; *Weber*, Kleine Geschichte, 1988, S. 103.

315 *Pollmann*, 1984, S. 128-131 (128); vgl. auch *Weber*, Kleine Geschichte, 1988, S. 103.

1. Entwurf 1957 – letzter Gesetzesentwurf des Innenministeriums

Nachdem die Vorlage eines Staatshaftungsgesetzes der Prüfung durch das Politbüro des ZK der SED im Frühjahr 1956 nicht standgehalten hatte,[316] wurden die Arbeiten am Entwurf unter der Leitung des Innenministeriums fortgeführt. In den erneuten Beratungen sprachen sich nunmehr vor allem das Oberste Gericht, das Innenministerium und die Generalstaatsanwaltschaft für eine Ausdehnung der Haftung des Staates und für Rechtsgarantien für das Verwaltungs- und für das Rückgriffsverfahren aus.[317] Inhaltliche und redaktionelle Änderungen führten über eine Zwischenversion[318] schließlich zu dem völlig neu gefassten Gesetzesentwurf vom Januar 1957[319].

Im Entwurf 1957 war erstmals keine enumerative, sondern eine allgemeine Staatshaftung vorgesehen.[320] Ein Ausschluss der generellen Verantwortlichkeit des Staates für bestimmte Fälle sollte nur "durch Gesetz der Volkskammer oder Verordnung des Ministerrates" möglich sein.[321] Für diesen Fall und für den Fall eines zwar rechtswidrig, aber nicht schuldhaft verursachten Schadens wurde eine Billigkeitsentschädigung vorgesehen.[322]

Auch sprach man in der Verjährungsregel nicht mehr vom Ausschluss der Haftung, sondern lediglich vom Wegfall der Verpflichtung zur Entschädigung.[323] Eine Entschädigung aus Kulanz war damit auch nach Fristablauf noch möglich.

Eine Erstentscheidung über Grund und Höhe eines Schadensersatzanspruches sollte durch die nächstübergeordneten Stelle erfolgen. Die Beschwerde dagegen sollte innerhalb von vier Wochen möglich sein und an die dieser Stelle wiederum übergeordnete Stelle gerichtet werden.[324] Näheres über Art und Weise des Verfahrensweges sollte einer Durchführungsbestimmung überlassen bleiben.[325] Die Art und Weise des Regressverfahrens sollte sich nach den allgemeinen Be-

316 Siehe oben S. 84.

317 Vermerk des Justizministeriums vom 19. April 1956, in: BArch DP 1 VA 1431, S. 42 v.-43 v. (42 v.); Schreiben des Generalstaatsanwalts vom 7. September 1956, in: BArch DP 1 VA 1432 Bd. 2, S. 121-122.

318 Entwurf vom 17. Juli 1956, in: BArch DP 1 VA 1431, S. 56-58.

319 Entwurf eines Gesetzes über die Staatshaftung vom 30. Januar 1957 (im Folgenden in Verbindung mit einem Paragrafen als E 57 bezeichnet), in: BArch DP 1 VA 1431 Teil I, S. 84-87; abgedruckt im Anhang (unten S. 194 ff.).

320 § 1 Abs. 1 E 57.

321 § 1 Abs. 3 E 57.

322 § 2 Abs. 1 und 2 E 57.

323 § 3 E 57.

324 § 4 Abs. 1 und 2 E 57.

325 § 4 Abs. 3 E 57.

stimmungen über die Wiedergutmachung der dem Staatshaushalt durch schuldhafte Handlungen zugefügten Schäden richten.[326]

Insgesamt stellte der Entwurf 1957 den bis dahin bürgerfreundlichsten und gleichzeitig auch letzten Entwurf unter Federführung des Innenministeriums dar. Mit Schreiben vom 12./15. Februar 1957 wandte sich der Innenminister an das Justiz- und an das Finanzministerium und bat darum, die Federführung für die abschließenden Arbeiten am Staatshaftungsgesetz zu übernehmen.[327] Nachdem das Finanzministerium wegen Unzuständigkeit abgelehnt hatte,[328] erklärte sich Anfang April 1957 das Justizministerium zur Übernahme der Leitung der Gesetzgebungsarbeiten bereit.[329]

2. *Billigung des Versicherungsvertrages*

Bevor mit den eigentlichen Gesetzgebungsarbeiten fortgefahren wurde, stand noch einmal der durch das Finanzministerium abgeschlossene Versicherungsvertrag zur Diskussion. Inzwischen war nämlich der vollständige Text dieses so genannten Staatsvertrages nebst drei Nachträgen eingetroffen.[330] Während die Deutsche Versicherungsanstalt die angebliche Mitregelung von Staatshaftungsfällen wiederholt verneinte,[331] gelangten das Justizministerium und die Generalstaatsanwaltschaft jeweils zur gegenteiligen Überzeugung.[332]

Nach erneuter Prüfung sah das Justizministerium die fragliche Regelung des Vertrages aber nicht mehr als gefährlich an. Diese könne sich ohnehin nur auf den noch geltenden § 839 BGB stützen. Der Geschädigte könne über den Versicherungsvertrag demnach zwar zu Schadensersatz, mangels einer gesetzlich normierten Haftung des Staates aber nicht zu einem vollstreckbaren Titel gegen

326 § 5 Abs. 2 E 57.

327 Schreiben des Innenministeriums vom 12. Februar 1957 und 15. Februar 1957, in: BArch DP 1 VA 1431 Teil I, S. 76-78.

328 Schreiben des Finanzministers vom 16. März 1957, in: BArch DP 1 VA 1431 Teil I, S. 89.

329 Verfügung des Justizministeriums vom 8. April 1957, in: BArch DP 1 VA 1431 Teil I, S. 91 h.

330 Schreiben des Generalstaatsanwaltes vom 16. Juli 1956 nebst beigelegter Fotokopie des Versicherungsvertrages Nr. 20/00/001/24 über die Versicherung staatlicher Verwaltungen und Einrichtungen, in: BArch DP 1 VA 1431, S. 46-54 (47-50); Abdruck des Versicherungsvertrages ("Staatsvertrag") im Anhang (unten S. 214 ff.).

331 Vermerk der Generalstaatsanwaltschaft vom 5. Dezember 1956, in: BArch DP 1 VA 1431, S. 74.

332 Verfügung des Justizministeriums vom 2. Januar 1957, in: BArch DP 1 VA 1431, S. 75; Schreiben des Generalstaatsanwalts vom 1. März 1957, in: BArch DP 1 VA 1431 Teil I, S. 93.

den Staat gelangen.[333] Das Justizministerium hatte damit wohl erkannt, dass der Versicherungsvertrag keine Haftungsüberleitung auf den Staat manifestierte, sondern dass er lediglich die Schadensersatzleistungen des aus § 839 in Anspruch genommenen Staatsangestellten der Versicherung übertrug.

Offensichtlich hatte die Angst vor einer Vollstreckung von Ansprüchen der Bürger gegen den Staat einen erheblichen Einfluss auf die Überlegungen des Ministeriums. Bei der Versicherungskonstruktion waren die finanziellen Belastungen allerdings kalkulierbar, denn sie beschränkten sich auf die Prämienzahlungen.

Im Ergebnis einer Zusammenkunft von Vertretern des Justizministeriums, der Generalstaatsanwaltschaft, des Obersten Gerichts, der Deutschen Versicherungsanstalt sowie des Innenministeriums wurde später beschlossen, die fragliche Regelung des so genannten Staatsvertrages bis zur positiven Regelung der Staatshaftung bestehen zu lassen.[334]

3. Gründung der Kommission Staatshaftung im Justizministerium

Nachdem das Justizministerium im Sommer 1957 die Gesetzesmaterialien vom Innenministerium erhalten hatte,[335] begann es seine Arbeiten zunächst mit einer Grundsatzstudie.[336] Darin wurde ein umfangreicher Vergleich der Rechtslage zur Staatshaftung der Sowjetunion, Polens, der Tschechoslowakei, der USA, Englands, Frankreichs, der Schweiz sowie der Bundesrepublik Deutschland und der DDR erarbeitet. Hiernach verfügten außer der DDR, für die lediglich eine Einzelfallregelung festgestellt wurde,[337] alle anderen Länder über mehr oder weniger weit gehende gesetzliche Regelungen zur Haftung des Staates für

333 Vermerk des Justizministeriums vom 24. April 1957, in: BArch DP 1 VA 1431 Teil I, S. 114 v.-115 v. (114 h.).

334 Vermerk des Justizministeriums vom 13. Mai 1957, in: BArch DP 1 VA 1431 Teil I, S. 118 v. u. h. (118 h.).

335 Schreiben des Innenministeriums vom 16. Mai 1957, in: BArch DP 1 VA 1431 Teil I, S. 119.

336 Ausarbeitung vom 5. Juli 1957, in: BArch DP 1 VA 1432 Bd. I, S. 6 v.-18 v.

337 In der Ausarbeitung vom 5. Juli 1957, in: BArch DP 1 VA 1432 Bd. I, S. 6 v.-18 v. (15 h.) wurden hierzu folgende Regelungen genannt:
"a) § 8 der 2. DB zu der AO zur Durchführung von Schutzimpfungen vom 20. Februar 1951 (GBl. II, S. 133);
b) § 5 der Anordnung über Maßnahmen zur Verhinderung von Hautschäden durch tierische Schmarotzer vom 12. September 1955 (GBl. II, S. 341);
c) Gesetz über die Entschädigung über unschuldig erlittene Untersuchungshaft vom 14. Juli 1904;
d) Gesetz über die Entschädigung der im Wiederaufnahmeverfahren freigesprochenen Personen vom 20.5.1898;
e) §§ 734 ff. HGB in Verbindung mit Art. 7 EG HGB."

Amtspflichtverletzungen.[338] In der Tschechoslowakei war der entsprechende Gesetzentwurf allerdings noch nicht in Kraft gesetzt worden.[339]

Dem Rechtsvergleich waren im Rahmen der Studie eine zusammenfassende Darstellung der bisherigen gesetzgeberischen Vorarbeiten und die so genannten Thesen zum Staatshaftungsgesetz beigefügt. Die als Arbeitsgrundlage erstellten Thesen für das künftige Gesetz entsprachen im Wesentlichen den Regelungen des Entwurfs 1957.[340] Die eher geringfügigen Abweichungen bestanden in einer Verfeinerung des Verwaltungsweges sowie im Rahmen des Rückgriffs in der Beschränkung der Ersatzpflicht des nur grob fahrlässig handelnden Mitarbeiters auf einen Betrag von einem bis maximal drei Monatsgehältern.[341]

Die an den Ausarbeitungen offenbar unbeteiligte Justizministerin stimmte jedoch nur wenigen Regelungsvorschlägen zu. Die entscheidenden Thesen billigte sie nicht.

So lehnte sie als Erstes die Einführung der allgemeinen Staatshaftung ab und erklärte, dass von einem "strengen Enumerationsprinzip" ausgegangen werden müsse. Dabei seien nur solche "Schadensfälle in das Gesetz aufzunehmen, für die die Haftung des Staates unumgänglich" sei. Zu solchen zählte sie neben den früher benannten Fällen[342] der strafbaren Handlung und der Schadenszufügung bei der staatlichen Vermögensverwaltung nun auch die Schadensverursachung durch fehlerhafte Grundbucheintragung. Auf diese Weise würden "einerseits alle in der Praxis vorkommenden typischen Fälle, für die eine Haftung des Staates notwendig ist, erfasst" und andererseits werde "vermieden, dass für alle möglichen weiteren unüberschaubaren Fälle von vornherein allgemein gehaftet wird". Im Übrigen könne der Staat "in besonderen Fällen unbilliger Härte ... die Haftung aus Billigkeit übernehmen".[343]

Aus den Ausführungen der Justizministerin wird deutlich, dass sie eine Staatshaftung für ausgewählte Fälle vor allem deshalb bevorzugte, weil sie den Staat vor einer unüberschaubaren und auch unkalkulierbaren Fülle von Haftungsbegehren bewahren wollte, die eine allgemeine Staatshaftung befürchten ließ. Die sich inzwischen deutlich verbessernde wirtschaftliche Lage der DDR, die es ihr auch ermöglichte, sich gegenüber der Bundesrepublik Deutschland zu

338 Vgl. Ausarbeitung vom 5. Juli 1957, in: BArch DP 1 VA 1432 Bd. I, S. 6 v.-18 v. (11 v.-15v).

339 Ausarbeitung vom 5. Juli 1957, in: BArch DP 1 VA 1432 Bd. I, S. 6 v.-18 v. (12 h.).

340 Siehe bereits Fn. 319 (oben S. 89).

341 Ausarbeitung vom 5. Juli 1957, in: BArch DP 1 VA 1432 Bd. I, S. 6 v.-18 v. (8 v., 9 v. f.).

342 Siehe oben S. 72 (dort Fn. 236).

343 Vermerk des Justizministeriums vom 18. Juli 1957 über die Ergebnisse des Ministervortrags, in: BArch DP 1 VA 1432 Bd. I, S. 47 v.-48 v. (47 v. u. h.).

behaupten, sollte ihrer Meinung nach offenbar nicht durch eine allzu großzügige Konstruktion der Staatshaftung gefährdet werden.

Ein weiterer Beweggrund für die restriktive Haltung der Justizministerin könnte auch im Festhalten an der Vorbildrolle der Sowjetunion bestanden haben.[344] Aus früheren Ausarbeitungen war bekannt, dass in der Sowjetunion eine Haftung des Staates nur für speziell vorgesehene Fälle normiert war.[345]

Da die Staatshaftung dort im Zivilgesetzbuch geregelt war und somit zur Entscheidung vor die Zivilgerichte gehörte, könnte auch die durch die Ministerin vorgetragene Ansicht zum Verfahrensweg vom Festhalten an der Vorbildrolle der Sowjetunion beeinflusst gewesen sein. Sie lehnte die vorgeschlagene Regelung des Verwaltungsweges ab,

"weil es nicht zur Übersichtlichkeit und allgemeinen Verständlichkeit unserer Gesetze beiträgt, wenn auch jetzt noch für die Fälle der Staatshaftung ein kompliziertes Zuständigkeitsverfahren innerhalb der staatlichen Verwaltung eingeführt"

würde. Zudem gebe es im Verwaltungsverfahren nicht die Möglichkeit einer Beweisaufnahme. "Für die abschließend im Gesetz aufgeführten Fälle" sollte deshalb "der Rechtsweg sowohl über den Grund als auch über die Höhe des Schadensersatzanspruches zulässig sein". Dabei werde die Staatsanwaltschaft "ausnahmslos mitzuwirken haben", um hierdurch "zugleich wichtiges Material für ihre Aufsichtstätigkeit" zu erhalten. Billigkeitsentscheidungen seien hingegen ausschließlich in der Verwaltung zu treffen.[346]

Abschließend sprach sich die Ministerin auch gegen die im Entwurf 1957 vorgesehene Aufhebung des § 839 BGB aus und schlug vor, vielmehr eine Bestimmung etwa folgenden Inhalts zu schaffen[347]:

"Soweit der Staat für Schäden, die von Mitarbeitern der Organe der staatlichen Verwaltung oder staatlicher Einrichtungen bei Ausübung der ihnen übertragenen vollziehend-verfügenden Tätigkeit rechtswidrig und schuldhaft verursacht wurden, nicht haftet, kann der Geschädigte unmittelbar den betreffenden Mitarbeiter gem. § 839 BGB in Anspruch nehmen. Der Rechtsweg ist für solche Streitigkeiten zugelassen."

Diese Regelung sei empfehlenswert, weil sie ein sorgfältigeres und überlegteres Arbeiten der Mitarbeiter bewirke, wobei sich jeder Einzelne von ihnen bei der Deutschen Versicherungsanstalt versichern könne.[348]

344 Nach *Brentzel* war *Benjamin* ihr Leben lang von der Vorbildrolle der Sowjetunion überzeugt. Einen konkreten Bezug zu den Gesetzgebungsarbeiten *Benjamins* am Staatshaftungsgesetz der DDR stellt die Autorin nicht her. *Brentzel*, 1997.

345 Siehe bereits die Übersetzung der Staatshaftungsregelungen des sowjetischen Zivilgesetzbuches, oben S. 58 (dort Fn. 178).

346 Vermerk des Justizministeriums vom 18. Juli 1957 über die Ergebnisse des Ministervortrags, in: BArch DP 1 VA 1432 Bd. I, S. 47 v.-48 v. (47 h.).

347 Vermerk des Justizministeriums vom 18. Juli 1957 über die Ergebnisse des Ministervortrags, in: BArch DP 1 VA 1432 Bd. I, S. 47 v.- 48 v. (48 v.).

Ein den Vorstellungen der Justizministerin entsprechendes Thesenpapier, welches offenbar schon im Januar 1957 erarbeitet worden war,[349] sollte nun Grundlage der weiteren Gesetzgebungsarbeiten sein.[350] Um "alle politischen und ökonomischen Gesichtspunkte berücksichtigen" zu können, sollten die Arbeiten von nun an durch eine so genannte Kommission Staatshaftung fortgeführt werden. In dieser Kommission sollten die Ministerien für Justiz, des Innern, für Finanzen, für Arbeit und Berufsausbildung, das Staatssekretariat für Angelegenheiten der örtlichen Räte beim Ministerium des Innern, die Generalstaatsanwaltschaft, das Oberste Gericht und die Deutsche Akademie für Staats- und Rechtswissenschaften vertreten sein.[351]

Die erste Sitzung der Kommission fand bereits im Juli 1957 statt. Nachdem in dieser ein Überblick über die Staatshaftungsregelungen einiger sozialistischer und kapitalistischer Länder sowie über den Stand der gesetzgeberischen Vorarbeiten gegeben worden war, begann eine rege Diskussion zu den Thesen der Justizministerin.[352] Neben der Frage, ob man nun das Enumerationsprinzip oder die allgemeine Haftung einführen sollte, war vor allem die Zulassung des Rechtsweges sehr umstritten. Die Diskussion der einzelnen Thesen, welche zur Ausarbeitung des Gesetzesentwurfs 1958 führte, wird im Zusammenhang mit der Erörterung des Entwurfs 1958 dargestellt.[353]

Im Ergebnis der ersten Kommissionssitzung hatte sich die Notwendigkeit von Einzeluntersuchungen zu den Thesen der Ministerin herausgestellt. In einem Arbeitsplan wurden neben den Terminen für die folgenden Sitzungen auch die Kommissionsmitglieder benannt, die jeweils vor den Sitzungen zu bestimmten Thesen Gutachten anfertigen und verteilen sollten. Das Ziel der Kommissionsarbeit sollte darin bestehen, "bis zum Ende des Jahres 1957 einen brauchbaren Entwurf des Staatshaftungsgesetzes auszuarbeiten".[354]

---

348 Vermerk des Justizministeriums vom 18. Juli 1957 über die Ergebnisse des Ministervortrags, in: BArch DP 1 VA 1432 Bd. I, S. 47 v.- 48 v. (48 v.).

349 Thesen vom 18. Juli 1957, in: BArch DY 30/IV 2/13/98, S. 49-54; abgedruckt im Anhang (unten S. 223 ff.). Die gleichen Thesen fanden sich, jedoch ohne Datumsangabe, bereits innerhalb der Januarmaterialien des Jahres 1957, in: BArch DY 30/IV 2/13/98, S. 29-34.

350 Vgl. Protokoll des Justizministeriums vom 8. August 1957 zur ersten Sitzung der Kommission Staatshaftung, in: BArch DY 30 2/13/98, S. 18 v.-21 h. (18 v. u. h.); abgedruckt im Anhang (unten S. 229 ff.).

351 Schreiben der Regierung vom 19. Juli 1957, in: BArch DY 30/IV 2/13/98, S. 48 v. u. h. (48 v.).

352 Protokoll des Justizministeriums vom 8. August 1957, in: BArch DY 30 2/13/98, S. 18 v.-21 h; abgedruckt im Anhang (unten S. 229 ff.).

353 Siehe die Darstellungen unten S. 98 ff.

354 Protokoll des Justizministeriums vom 8. August 1957, in: BArch DY 30 2/13/98, S. 18 v.-21 h. (21 h.); abgedruckt im Anhang (unten S. 229 ff.).

4. Anfragen an das Justizministerium

Zwischenzeitlich trafen erneut Anfragen im Justizministerium ein.[355] Unter anderem erkundigte sich das Ministerium für Verkehrswesen über die Haftungslage in Fällen, in denen ein in- oder ausländisches Binnenschiff durch Einsturz eines staatlichen Bauwerkes oder durch Hindernisse in der Wasserstraße Schaden erleide.[356] Vorgetragener Anlass der Anfrage war die geplante Teilnahme an einer Tagung der Europäischen Wirtschaftskommission in Genf, auf der eine "Konvention zur einheitlichen Festlegung von Regeln über die Folgen von Schiffszusammenstößen in der Binnenschifffahrt" erörtert werden sollte.

Das Justizministerium sah durch eine mangelnde Gewährleistung der Sicherheit auf den Wasserstraßen zwar die Frage der Staatshaftung berührt, konnte ansonsten jedoch nicht weiterhelfen, da eben diese Frage gesetzlich noch nicht geklärt sei.[357]

Eine Anfrage der Redaktion der Zeitschrift Neue Justiz vom September 1957 enthielt die Bitte um Mitteilung, ob und gegebenenfalls wann ein Artikel über die Fragen der Staatshaftung publiziert werden dürfe. Weil "zwischen den beteiligten staatlichen Organen jetzt Einigkeit über die Grundsätze für eine gesetzliche Regelung der Staatshaftung erzielt worden sei", bestünden nach Meinung des Redaktionskollegiums "keine Bedenken dagegen, ... in der nächsten Zeit in der 'Neuen Justiz' ein Beitrag über die Probleme der Staatshaftung" zu veröffentlichen.[358]

355 Vermerk des Justizministeriums vom 21. August 1957 zur Anfrage des Ministeriums für Verkehrswesen vom 20. August 1957, in: BArch DP 1 VA 1432 Bd. I, S. 79 v.; Schreiben des Vorsitzenden der LDP-Fraktion der Volkskammer vom 19. September 1957, in: BArch DP 1 VA 1431 Teil I, S. 123-126; Hausmitteilung des Justizministeriums vom 19. September 1957, in: BArch DP 1 VA 1432 Bd. I, S. 99.

356 Vermerk des Justizministeriums vom 21. August 1957 zur Anfrage des Ministeriums für Verkehrswesen vom 20. August 1957, in: BArch DP 1 VA 1432 Bd. I, S. 79 v.
In der DDR hatten sich bei Weitergeltung der Gefährdungshaftungstatbestände des Bürgerlichen Gesetzbuchs bis zum Jahr 1957 offenbar keine allgemeinen Grundsätze einer davon abweichenden besonderen Haftung für Verkehrssicherungspflichten herausgebildet. Hierauf lassen die Ausführungen von *Neubauer* zur Entwicklung der Gefährdungshaftung in der DDR schließen, welche lediglich von der Diskussion entsprechender Grundsätze ausgehen, wobei die dabei diskutierten Ansätze einer generellen verschuldensunabhängigen Gefährdungshaftung in den Regelungen des neuen Zivilgesetzbuchs der DDR keinen Niederschlag gefunden hätten. *Neubauer*, 1989, S. 14-22. Vgl. hierzu auch *Westen*, Zivilrecht, 1977, S. 255-257.

357 Vermerk des Justizministeriums vom 28. August 1957, in: BArch DP 1 VA 1432 Bd. I, S. 79 h.

358 Hausmitteilung des Justizministeriums von der Redaktion "Neue Justiz" vom 19. September 1957, in: BArch DP 1 VA 1432 Bd. I, S. 99.

Da in der Zeitschrift Neue Justiz von 1958 ein Artikel *Schreiers* zum Thema "Gedanken zu einer gesetzlichen Regelung der Staatshaftung" erschien,[359] wird die Antwort an die Redaktion positiv ausgefallen sein.

Schreiers Überlegungen sowie ein Beitrag *Assmanns* in der Zeitschrift Staat und Recht, der 1958 unter dem Titel "Zur Neuregelung der 'Staatshaftung' in der Deutschen Demokratischen Republik" veröffentlicht wurde,[360] waren vorerst die letzten Publikationen zum Thema Staatshaftung in der DDR. Zwar fanden in der Kommission Staatshaftung unter der Leitung des Justizministeriums umfangreiche Diskussionen über mögliche Staatshaftungsregelungen statt. Jedoch wurde die öffentliche Diskussion schlagartig abgebrochen. Ob dies eine Folge der im April 1958 abgehaltenen so genannten Babelsberger Konferenz war,[361] kann anhand der Akten nicht nachvollzogen werden. Das Justizministerium weigerte sich offenbar fortan, Auskunft über die im Ergebnis noch offene Diskussion möglicher Staatshaftungsregelungen zu erteilen.

Die Arbeiten am Gesetzesentwurf wurden in der Kommission gemäß dem gesetzten Plan inzwischen thesenweise fortgeführt. In den Sitzungen[362] fanden

359 *Schreier*, NJ 1958, S. 195-198. *Schreier*, damals Hauptreferent im Justizministerium, stellte in seinem Aufsatz zunächst fest, dass die DDR über keine allgemeine Staatshaftungsregelung verfüge. Er ging auf die einschlägigen Regelungen der Sowjetunion und anderer sozialistischer Staaten ein und schlug dann vor, in der DDR eine enumerative Staatshaftung und die Eröffnung des ordentlichen Rechtsweges für entsprechende Ansprüche einzuführen.

360 *Assmann*, StuR 1958, S. 265-278. *Assmann* erklärte zunächst den Begriff der Staatshaftung und die Bedeutung des Instituts der Staatshaftung im Sozialismus. Sodann schlug er für die DDR die Einführung einer enumerativen Haftung vor. Dabei sollten über etwaige Staatshaftungsansprüche zunächst die Verwaltungsorgane und bei Streit sodann die Gerichte entscheiden dürfen.

361 Dies vermutet jedenfalls *Ossenbühl* vor dem Hintergrund der während der Konferenz an einigen bedeutenden Juristen der DDR geübten scharfen Kritik. Siehe *Ossenbühl*, 1991, S. 382.
Vgl. zur Babelsberger Konferenz auch *Mollnau, Karl A.*, Vorbereitungen, 1993, S. 15-52. Nach *Mollnau,* a. a. O., S. 31, war die Suche nach "Überbleibseln der bürgerlichen Staatslehre sowie revisionistischen Erscheinungen in der DDR-Rechtswissenschaft" die zentrale Fragestellung bei der Vorbereitung der Konferenz. Siehe zur geschichtlichen Bedeutung der Babelsberger Konferenz von 1958 *Güpping*, 1997.

362 Zu nennen sind hier: die 2. Sitzung der Kommission Staatshaftung vom 18. September 1957 mit Protokoll vom 2. Oktober 1957, in: BArch DY 30/IV 2/13/98, S. 37 v.-39 h.; die 3. Sitzung der Kommission Staatshaftung vom 16. Oktober 1957 mit Protokoll vom 30. Oktober 1957, in: BArch DY 30/IV 2/13/98, S. 41 v.-43 h.; die 4. Sitzung der Kommission Staatshaftung vom 13. November 1957 mit Protokoll vom 25. November 1957, in: BArch DY 30/IV 2/13/98, S. 56 v.-60 v; die 5. Sitzung der Kommission Staatshaftung vom 11. Dezember 1957 mit Protokoll vom 19. Dezember 1957, in: BArch DY 30/IV 2/13/98, S. 64 v.-67 v.

aufgrund der jeweils vorbereiteten sehr umfangreichen Gutachten[363] wiederum ebenso umfangreiche Diskussionen zu den einzelnen Regelungen statt. Zusätzlich wurde Rücksprache[364] mit weiteren durch das Staatshaftungsgesetz potenziell betroffenen Stellen gehalten und die Ergebnisse in den Beratungen ausgewertet. Insgesamt handelte es sich dabei um ein immens zeit-, personen- und arbeitsaufwendiges Verfahren. Wenngleich unter den Beteiligten bis zum Jahresende 1957 nicht zu allen Fragen völlige Einigkeit erzielt wurde, verabschiedete die Kommission im Dezember 1957 bereits eine neue Entwurfsfassung.[365]

Die Entwurfsfassung der Kommission wurde sodann durch das so genannte Kollegium des Justizministeriums geprüft[366] und mit neuen Ergänzungsvorschlägen an die eigene Hauptabteilung Gesetzgebung weitergeleitet. Diese sollte den Entwurf nach Prüfung der Vorschläge überarbeiten und der Justizministerin vorlegen.[367]

Die Ministerin ordnete schließlich im Februar 1958 an, den nach ihren Vorstellungen überarbeiteten Entwurf auszufertigen und an die zuständigen zentralen Stellen zur Mitzeichnung zu übersenden.[368]

363 Hier sind insbesondere zu nennen: Stellungnahme der Deutschen Akademie für Staats- und Rechtswissenschaften von Ende August 1957 zu Thesen 1 bis 4 und 9, in: BArch DY 30/IV 2/13/98, S. 22-28; Stellungnahme des Obersten Gerichts von September/Oktober 1957 zu den Thesen 5, 6, 7 und 1, in: BArch DY 30/IV 2/13/98, S. 35 f.; Stellungnahme des Innenministeriums vom 9. November 1957 zu These 7, in: BArch DY 30/IV 2/13/98, S. 44-46; Stellungnahme des Finanzministeriums von November 1957 zu These 8, in: BArch DY 30/IV 2/13/98, S. 47.

364 Zu nennen sind: die Kollegiumssitzung des Generalstaatsanwalts vom 2. September 1957, siehe Vermerk des Justizministeriums vom September 1957, in: BArch DP 1 VA 1432 Bd. 1, S. 82 v. u. h.; die "Aussprache" des Justizministeriums mit der Rechtsabteilung des Ministeriums für Nationale Verteidigung vom 10. Oktober 1957, siehe Vermerk des Justizministeriums vom 15. Oktober 1957, in: BArch DP 1 VA 1432 Bd. 1, S. 112 v. u. h.; die Besprechung zur Vorbereitung der 4. Kommissionssitzung, siehe Vermerk des Justizministeriums vom 22. November 1957, in: BArch DP 1 VA Bd. 1, S. 157.

365 Thesen für ein Staatshaftungsgesetz vom 13. Dezember 1957, in: BArch DY 30/IV 2/13/98, S. 68 v.-69 h.

366 Protokoll der 22. Kollegiumssitzung des Justizministeriums vom 19. Dezember 1957, in: BArch DY 30/IV 2/13/98, S. 70-87.

367 Vermerk des Justizministeriums vom 27. Januar 1958, in: BArch DP 1 VA 1432 Beiakte 2, S. 35 v.-39 h. (35 v.).

368 Vermerk über den Ministervortrag vom 18. Februar 1958, in: BArch DP 1 VA 1432 Beiakte 2, S. 47 v.-48 v. (48 v.).

5. Entwurf 1958

Die Hauptabteilung Gesetzgebung des Justizministeriums hatte den Entwurf nach Berücksichtigung der vorgetragenen Anregungen auftragsgemäß im Februar 1958 ausgefertigt.[369] Im Folgenden werden die zentralen Regelungen des Entwurfs 1958 angesprochen und die Beweggründe aufgezeigt, welche zu den gewählten Formulierungen führten.

§ 1 E 58

Der Entwurf 1958 begründete nicht mehr die allgemeine, sondern eine enumerative Haftung des Staates.[370] Die Argumente, dass Amtspflichtverletzungen im Zuge der Verbesserung der Arbeitsweise der staatlichen Organe abnehmen würden und dass die allgemeine Haftung eher den Interessen der betroffenen Bürger entspräche, weil eine enumerative Erfassung der in der Praxis vorkommenden typischen Fälle sehr schwierig sei,[371] setzten sich damit nicht durch.

Entsprochen wurde vielmehr dem Interesse des Staates, nicht "von vornherein für alle auch noch unübersehbaren Fälle zur Schadensersatzleistung" verpflichtet zu sein.[372] Dazu wurde hervorgehoben, dass weder seitens der Praxis noch seitens der Wissenschaft exakte Erfahrungen und Verallgemeinerungen zur Staatshaftung vorlägen. Außerdem müssten die aktuellen Veränderungen aufgrund des neu erlassenen Gesetzes über die örtlichen Organe der Staatsmacht berücksichtigt werden. "Entscheidungen und Anweisungen, die bislang von einer beziehungsweise relativ wenigen Stellen getroffen wurden", oblägen "nun einer Vielzahl von Organen". Damit hätte sich auch der Umfang möglicher Fehlerquellen vergrößert. Nicht zuletzt auch wegen der angespannten Lage des Staatshaushalts sei die Einführung einer allgemeinen Haftung abzulehnen.[373]

Der Hauptmangel des Enumerationsprinzips hatte sich jedoch bereits während der Arbeiten darin gezeigt, dass zu den bisherigen Fallgruppen der strafbaren Handlung, der Schadenszufügung bei der staatlichen Vermögensverwaltung und durch fehlerhafte Grundbucheintragungen noch drei weitere

369 Entwurf eines Gesetzes über die Haftung des Staates vom 27. Februar 1958 (im Folgenden in Verbindung mit einem Paragrafen als E 58 bezeichnet), in: BArch DY 30/IV 2/13/98, S. 117 v.-118 v.; abgedruckt im Anhang (unten S. 197 ff.).

370 § 1 E 58.

371 Stellungnahme der Deutschen Akademie für Staats- und Rechtswissenschaften von Ende August 1957, in: BArch DY 30/IV 2/13/98, S. 22-28 (24).

372 Stellungnahme der Deutschen Akademie für Staats- und Rechtswissenschaften von Ende August 1957, in: BArch DY 30/IV 2/13/98, S. 22-28 (22).

373 Stellungnahme der Deutschen Akademie für Staats- und Rechtswissenschaften von Ende August 1957, in: BArch DY 30/IV 2/13/98, S. 22-28 (26).

hinzugefügt wurden. Dabei handelte es sich um die Fälle fehlerhafter Handlungen staatlicher Notare, fehlerhafter Durchführungen von Konkurs- oder Zwangsvollstreckungsverfahren sowie der Verletzung der Aufsichtspflicht über einen Vormund oder Pfleger.[374]

Des Weiteren hatte man sich entschlossen, die ausdrückliche Einbeziehung der staatlichen Einrichtungen aus dem Tatbestand zu streichen.[375] Zuvor war jedoch überprüft worden, ob es ihrer Einbeziehung, insbesondere der Einbeziehung der Deutschen Post, bedürfe oder nicht.[376]

In einer Rücksprache mit dem Leiter der Rechtsabteilung des Ministeriums für Post- und Fernmeldewesen hatte dieser erklärt, dass der überwiegende Teil der Tätigkeit der Deutschen Post zivilrechtlicher und nicht verwaltungsrechtlicher Natur sei.[377] Im Vermerk des Justizministeriums über das Gespräch war unter Anderem folgende Aussage des Abteilungsleiters notiert[378]:

"Fälle, die jetzt mangels einer gesetzlichen allgemeinen Staatshaftung aus Billigkeitsgründen geregelt werden, sind nicht bekannt. Schäden, die Bürgern im Zivilrechtsverkehr entstünden, würden nach den allgemeinen zivilrechtlichen Bestimmungen ersetzt (so sei beispielsweise vor kurzem ein Telegramm aus Halle 'Vater eben abgefahren' in Berlin mit 'Vater Bein abgefahren' angekommen)."

Die Entscheidung für eine Nichteinbeziehung der staatlichen Einrichtungen in den Entwurf 1958 wurde durch diese Besprechung sicherlich befördert.

Unabhängig hiervon wurde bei der Erarbeitung des Entwurfs in § 1 ein Vorschlag des Finanzministeriums berücksichtigt. Demnach sollte im Falle einer Schadenszufügung während der staatlichen Verwaltung von Vermögen der Bür-

374 Zur Aufnahme fehlerhafter Handlungen durch Staatliche Notare siehe Protokoll zur 3. Kommissionssitzung vom 30. Oktober 1957, in: BArch DY 30/IV 2/13/98, S. 41 v.-43 h. (41 h.). Zur Aufnahme fehlerhafter Durchführungen von Konkurs- oder Zwangsvollstreckungsverfahren und der Verletzung der Aufsichtspflicht über einen Vormund oder Pfleger siehe Vermerk des Justizministeriums vom 27. Januar 1958, in: BArch DP 1 VA 1432 Beiakte 2, S. 35 v.-39 h. (35 h.-37 v.).

375 Protokoll zur 2. Kommissionssitzung vom 2. Oktober 1957, in: BArch DY 30/IV 2/13/98, S. 37 v.-39 h. (38 v.).

376 Vgl. Stellungnahme der Deutschen Akademie für Staats- und Rechtswissenschaften von Ende August 1957, in: BArch DY 30/IV 2/13/98, S. 22-28 (23 f.).

377 Vermerk des Justizministeriums vom 15. Oktober 1957, in: BArch DP 1 VA 1432 Bd. 1, S. 113 v. u. h. Dabei soll sich der Leiter der Rechtsabteilung des Ministeriums für Post- und Fernmeldewesen "auf Karl Marx' 'Theorien über den Mehrwert' Teil I, Dietzverlag 1956, S. 375" berufen haben.

378 Vermerk des Justizministeriums vom 15. Oktober 1957, in: BArch DP 1 VA 1432 Bd. 1, S. 113 v. u. h. (113 h.)

ger auf den Nachweis eines Verschuldens verzichtet werden.[379] Während dies für den Fall der Verwaltung von Geld umgesetzt wurde,[380] sollte der Staat jedoch bei allen übrigen Vermögensgegenständen nicht haften, "wenn nachgewiesen wird, dass weder den zuständigen noch einen anderen Mitarbeiter des staatlichen Organs ein Verschulden an der Entstehung des Schadens trifft".[381]

§ 2 E 58

Auf eine Billigkeitsregelung hatte man auch im Entwurf 1958 nicht verzichtet.[382] Zwar war argumentiert worden, dass in einer solchen Regelung "keine die Gesetzlichkeit fördernde Lösung" gesehen werden könne, da der Hinweis "wenn der Schaden eine besondere Härte darstellt", nicht verhindere, dass bei gleichen Bedingungen unterschiedliche Ergebnisse herauskämen.[383] Jedoch war die Notwendigkeit einer Billigkeitshaftung bei Geltung des Enumerationsprinzips allgemein anerkannt.

Vor allem der Vertreter der Generalstaatsanwaltschaft hatte bereits mehrfach darauf hingewiesen, dass bei allen ihm bekannten einschlägigen Fällen aus seinem Bereich keine strafbare Handlung vorgelegen habe, eine Haftung also nur aus Billigkeit in Betracht gekommen wäre. In einer Kollegiumssitzung des Generalstaatsanwalts hatte er erklärt, er

> "denke nicht daran, einen Staatsanwalt, der eine dreimonatige Ausbildung habe, wegen eines von diesem begangenen Fehlers lediglich deshalb bestrafen zu lassen, um dem durch diesen Fehler Geschädigten Schadensersatz leisten zu können."[384]

Aufgrund der Argumente gegen die Billigkeitsregelung hatte man im Entwurf 1958 als Haftungsvoraussetzung statt der "besonderen Härte" neu auf die Art und Weise der Schadensentstehung und die wirtschaftliche Lage des Geschädigten abgestellt. Möglicherweise wollte man somit eine flexiblere Handhabung der Bestimmung in der Praxis ermöglichen.

379 Protokoll zur 2. Kommissionssitzung vom 2. Oktober 1957, in: BArch DY 30/IV 2/13/98, S. 37 v.-39 h. (37 h. u. 39 v.); Vermerk des Justizministeriums vom 2. Oktober 1957, in: BArch DP 1 VA 1432 Bd. 1, S. 111 v. u. h. (111 v.).

380 § 1 Abs. 3 Satz 1 E 58.

381 § 1 Abs. 3 Satz 2 E 58.

382 § 2 E 58.

383 Stellungnahme der Deutschen Akademie für Staats- und Rechtswissenschaften von Ende August 1957, in: BArch DY 30/IV 2/13/98, S. 22-28 (28).

384 Siehe Vermerk des Justizministeriums vom September 1957 über die Kollegiumssitzung des Generalstaatsanwalts vom 2. September 1957, in: BArch DP 1 VA 1432 Bd. 1, S. 82 v. u. h. (82 h.).

§ 5 E 58

Verändert wurde außerdem die Verjährungsfrist, die ohne Rücksicht auf die Kenntnis von der Entstehung des Schadens gelten sollte. Während durch die Kommission noch eine Verkürzung der zuvor festgelegten Frist von fünf Jahren auf drei Jahre vorgeschlagen wurde,[385] hatte man diese stattdessen grundsätzlich auf die Dauer von zehn Jahren verlängert.[386]

Begründet wurde dies zum einen damit, dass auch die Strafverfolgung der meisten in der DDR begangenen Verbrechen in zehn Jahren verjähre. Solange ein Staatsfunktionär noch strafrechtlich verfolgbar sei, müsse auch ein entsprechender Schadensersatzanspruch gegen den Staat geltend gemacht werden können.

Zum anderen könne es bei Haftungsfällen in Grundbuchsachen und in Konkurs- und Zwangsvollstreckungsverfahren häufig vorkommen, dass der Geschädigte erst nach Jahren von dem Schaden Kenntnis erlange. Die Zehnjahresfrist erscheine deshalb angemessen. Eine Verlängerung der Frist auf mehr als zehn Jahre sei allerdings weniger ratsam, da es dem Geschädigten im Laufe der Zeit ohnehin immer schwerer werde, die Voraussetzungen für die Schadensersatzleistungen des Staates nachzuweisen.[387]

§ 6 E 58

Die neue Regelung des Verfahrensweges war bis zuletzt umstritten. Insbesondere die Vertreter des Innenministeriums und des Staatssekretariats für Angelegenheiten der örtlichen Räte beim Innenministerium waren der Überzeugung geblieben, dass die Eröffnung des ordentlichen Rechtsweges wegen Art. 138 Verfassung der DDR abzulehnen sei. Sie meinten, die Verwaltungsorgane könnten selbst am besten entscheiden, ob fehlerhaft gearbeitet worden sei und ob die Voraussetzungen für die Haftung des Staates vorlägen.[388]

Die Mehrheit der an den Arbeiten Beteiligten hatte sich hingegen für die Eröffnung des Rechtsweges ausgesprochen. Den betroffenen Bürgern sollte so "der erforderliche Rechtsschutz" gewährt werden, "damit sie auf unkomplizierte Art und Weise zu dem ihnen gesetzlich zuerkannten Schadensersatz kommen"

385 Protokoll zur 2. Kommissionssitzung vom 2. Oktober 1957, in: BArch DY 30/IV 2/13/98, S. 37 v.-39 h. (39 h.).

386 § 5 Abs. 2 Satz 1 E 58. Nach Satz 2 und 3 dieser Regelung sollte für die Fälle des § 1 Abs. 2 lit. b) und c) jedoch eine wesentlich kürzere Frist gelten.

387 Vermerk des Justizministeriums vom 27. Januar 1958, in: BArch DP 1 VA 1432 Beiakte 2, S. 35 v.-39 h. (37 h.).

388 Protokoll zur 3. Kommissionssitzung vom 30. Oktober 1957, in: BArch DY 30/IV 2/13/98, S. 41 v.-43 h. (41 h.); vgl. hierzu auch die Darlegungen in der Verfügung des Justizministeriums vom 12. März 1958, in: BArch DP 1 VA 1432 Beiakte 2, S. 57 v.-58 v. (57 v.).

könnten. Die Bevölkerung habe nun einmal "zum Rechtsweg ein größeres Vertrauen als zum Verwaltungsweg".[389] Außerdem sei festzuhalten, "dass man heute unter Berücksichtigung der Einheitlichkeit unserer Staatsgewalt keine prinzipiellen Bedenken" dagegen erheben könne, "wenn unsere Gerichte Verwaltungsakte nachprüfen".[390] Hierzu müsse auch § 9 GVG herangezogen werden, nach dem durch Gesetz bestimmt werden dürfe, dass auch andere Angelegenheiten als Straf- und Zivilsachen von den Gerichten entschieden werden dürften.[391] Im Übrigen fehle in der DDR jegliche Grundlage für eine Gewaltenteilung. Man müsse aber "von einer Gewaltenteilung sprechen, wenn die Rechtsprechung mit der Verwaltung und diese mit der Rechtsprechung absolut nichts zu tun hätte".[392]

Im Ergebnis sollte nach § 6 E 58 auf eine Klage des Geschädigten das Bezirksgericht über den Staatshaftungsanspruch entscheiden dürfen. Die Zulässigkeit der Klage sollte jedoch davon abhängen, dass der Anspruch zuvor ganz oder teilweise erfolglos bei dem staatlichen Organ geltend gemacht wurde, dessen Mitarbeiter den Schaden herbeigeführt hatte.[393]

Für Billigkeitsentscheidungen sollten die für die Eröffnung des ordentlichen Rechtsweges aufgeführten Argumente nicht gelten. Die Staatshaftung aus Billigkeit könne nur auf einer Ermessensentscheidung der Verwaltung beruhen und dürfe nach einhelliger Ansicht der Beteiligten nicht der gerichtlichen Kontrolle unterliegen.[394] Dazu wurde unter anderem vorgetragen: "Würde man den Rechtsweg auch für die Billigkeitsfälle eröffnen, dann käme man einer un-

389 Protokoll zur 3. Kommissionssitzung vom 30. Oktober 1957, in: BArch DY 30/IV 2/13/98, S. 41 v.-43 h. (41-Nr.2- v.-42 h.).

390 Protokoll des Justizministeriums vom 8. August 1957, in: BArch DY 30 2/13/98, S. 18 v.-21 h. (19 h.); abgedruckt im Anhang (unten S. 229 ff.).

391 Gesetz über die Verfassung der Gerichte der DDR vom 2. Oktober 1952, GBl. I, S. 983-988. § 9 besagte zur Zulässigkeit des Rechtsweges: "Vor die Gerichte der Deutschen Demokratischen Republik gehören alle Straf- und Zivilsachen, für die nicht durch Gesetz die Zuständigkeit von Gerichten für bestimmte Sachgebiete oder von Verwaltungsbehörden begründet ist. Andere Angelegenheiten gehören vor die Gerichte nur, soweit es durch besonderes Gesetz bestimmt wird."

392 Protokoll zur 3. Kommissionssitzung vom 30. Oktober 1957, in: BArch DY 30/IV 2/13/98, S. 41 v.-43 h. (42 v.).

393 § 6 Abs. 1 E 58. Laut Protokoll der 5. Kommissionssitzung vom 19. Dezember 1957, in: BArch DY 30/IV 2/13/98, S. 64 v.-67 v. (66 v.), sollte die vorherige erfolglose Anrufung des staatlichen Organs "eine von Amts wegen zu beachtende Prozessvoraussetzung" sein.

394 Stellungnahme des Obersten Gerichts von September/Oktober 1957, in: BArch DY 30/IV 2/13/98, S. 35 f. (35), sowie Protokoll der 22. Kollegiumssitzung des Justizministeriums vom 19. Dezember 1957, in: BArch DY 30/IV 2/13/98, S. 70-87 (79 f.).

begrenzten Staatshaftung nahe"[395]. Der Zugang zu den ordentlichen Gerichten blieb daher gemäß § 6 Abs. 3 E 58 für diese Fälle verschlossen.[396]

§§ 8 bis 10 E 58

Auch beim Rückgriffsanspruch des Staates gegen den schadensverursachenden Mitarbeiter hatte man hinsichtlich des Verfahrensweges keine Einigkeit erzielen können. In diesem Falle wurde die Regelung des Verfahrens jedoch gemäß § 10 E 58 einer Durchführungsbestimmung überlassen.[397]

Hinsichtlich des Regresses bestand Streit unter anderem noch darüber, ob dem Staat auch in den Fällen der Billigkeitsentschädigung ein Erstattungsanspruch gegen den Mitarbeiter zustehen solle. Zum Teil war dies befürwortet und argumentiert worden, "wenn der Staat für rechtswidriges und schuldhaftes Handeln eines Mitarbeiters Schadensersatz leiste, dann müsse er auch das Recht des Rückgriffs haben".[398] Als Gegenargument war wiederum vorgetragen worden, dass Billigkeitsleistungen im Ermessen der Verwaltung lägen und somit "die Haftung des Mitarbeiters von vielen Zufälligkeiten abhänge".[399]

Dessen ungeachtet hatte der Staat den Mitarbeiter nach § 8 Abs. 1 E 58 auch bei Billigkeitsleistungen zum Ersatz heranzuziehen. Entschärft wurde die Bestimmung lediglich dadurch, dass "in leichten Fällen" vom Rückgriff abgesehen werden könne.[400]

§ 11 E 58

Die einst durch die Ministerin der Justiz vorgeschlagene Bestimmung, nach der über § 839 BGB unmittelbar gegen den Mitarbeiter vorgegangen werden sollte,[401] wurde nicht in den Entwurf 1958 aufgenommen. Vielmehr war in § 11 E 58 ausdrücklich festgelegt, dass der Geschädigte gegen den Mitarbeiter selbst keinen Ersatzanspruch geltend machen könne.

Bereits in dem die Arbeiten an dieser Regelung einleitenden Gutachten des Finanzministeriums war ausgeführt worden, dass das Enumerationsprinzip für

395 Protokoll der 22. Kollegiumssitzung des Justizministeriums vom 19. Dezember 1957, in: BArch DY 30/IV 2/13/98, S. 70-87 (80).

396 § 6 Abs. 3 E 58.

397 Zum Streit siehe Protokoll vom 25. November 1957 zur 4. Kommissionssitzung vom 13. November 1957, in: BArch DY 30/IV 2/13/98, S. 56 v.-60 v. (56 v.-58 h.); zur Regelung siehe § 10 E 58.

398 Protokoll vom 25. November 1957 zur 4. Kommissionssitzung vom 13. November 1957, in: BArch DY 30/IV 2/13/98, S. 56 v.-60 v. (56 h. f.).

399 Protokoll vom 25. November 1957 zur 4. Kommissionssitzung vom 13. November 1957, in: BArch DY 30/IV 2/13/98, S. 56 v.-60 v. (57 v.).

400 § 8 Abs. 1 E 58.

401 Siehe oben S. 93 (dort Fn. 347).

den Staat auf der einen Seite und die allgemeine Haftung für den Mitarbeiter auf der anderen Seite einen rechtspolitischen Widerspruch darstelle.[402] Dieser Widerspruch werde vor dem Hintergrund des Rückgriffs, der bis dato auf grobe Fahrlässigkeit beschränkt sei, noch verschärft. Denn die für die Rückgriffsbeschränkung angeführte Begründung, dass es "sonst zu einer Überängstlichkeit der Verwaltungsfunktionäre und zu einer bürokratischen Arbeitsweise führen würde", gelte "in noch viel stärkerem Maße dann, wenn ... eine persönliche Haftung des Staatsfunktionärs in uneingeschränkter Weise für alle Fälle eintritt, bei denen nach dem Enumerationsprinzip eine Staatshaftung nicht in Frage kommt".[403]

Eben wegen des Enumerationsprinzips würden aber die meisten Fälle der Praxis unmittelbar gegen den Mitarbeiter geltend gemacht werden müssen. Dies stelle "für die Staatsfunktionäre eine völlig unzumutbare Härte" dar und sei bisher nur deshalb unbemerkt geblieben, weil der Rechtsweg für Ansprüche aus § 839 BGB bisher als ausgeschlossen gegolten habe. Wenn nun der Rechtsweg für diese Norm eröffnet sein solle, müsse untersucht werden, "wie viele Verwaltungsmaßnahmen der örtliche Verwaltungsfunktionär zurückstellen beziehungsweise sich um eine endgültige Entscheidung in wichtigen Fragen herumdrücken" werde, "um ja nicht etwa in die für ihn finanziell schwer belastende Situation einer persönlichen Haftung" zu geraten.[404] Abschließend wurde in dem Gutachten daher gefordert, gleich zu Beginn eines neuen Entwurfs klarzustellen, dass der Staat anstelle der Mitarbeiter hafte.

Während der Beratungen zu dieser Frage kehrte die Kommission schließlich zu ihrer ursprünglichen Idee zurück, den § 839 BGB mit In-Kraft-Treten des Staatshaftungsgesetzes aufzuheben.[405] "Dass der Staat auch in den Fällen leichter Fahrlässigkeit gegen den betreffenden Mitarbeiter einen Rückgriffsanspruch geltend machen kann" sah man dabei als notwendige Folge der ausschließlichen Haftung des Staates an.[406]

402 Stellungnahme des Finanzministeriums von November 1957, in: BArch DY 30/IV 2/13/98, S. 47. Die Stellungnahme bezog sich zwar auf These 8. Deren Regelungsinhalt entsprach in bearbeiteter Form aber dem des § 11 E 58.

403 Stellungnahme des Finanzministeriums von November 1957, in: BArch DY 30/IV 2/13/98, S. 47.

404 Stellungnahme des Finanzministeriums von November 1957, in: BArch DY 30/IV 2/13/98, S. 47.

405 Protokoll vom 25. November 1957 zur 4. Kommissionssitzung vom 13. November 1957, in: BArch DY 30/IV 2/13/98, S. 56 v.-60 v. (59 h.); siehe auch § 11 Abs. 2 E 58.

406 Protokoll vom 25. November 1957 zur 4. Kommissionssitzung vom 13. November 1957, in: BArch DY 30/IV 2/13/98, S. 56 v.-60 v. (59 h.); siehe auch § 8 Abs. 1 und 2 E 58 sowie bereits den Vermerk des Justizministeriums vom 22. November 1957, in: BArch DP 1 VA Bd. 1, S. 157.

Zum damit zugleich aufgehobenen § 839 Abs. 2 BGB war im Verlauf der Kommissionsberatungen bemerkt worden, dass Fälle der Rechtsbeugung ohnehin kaum noch vorkämen. Entstehe einem Dritten ein Schaden durch Rechtsbeugung, dann bleibe anstelle des § 839 Abs. 2 BGB immer noch die Möglichkeit der Billigkeitshaftung des Staates.[407]

Mitzeichnungsverfahren

Der mit den genannten und einigen weniger grundsätzlichen Änderungen ausgestattete Entwurf 1958[408] wurde durch das Justizministerium ab März 1958 zur Mitzeichnung versandt.[409] Einbezogen wurden dabei der Minister und der Staatssekretär des Innenministeriums, der Finanzminister, der Vorsitzende des Komitees für Arbeit und Löhne beim Ministerrat, der Vorsitzende der Staatlichen Plankommission und die Minister für Nationale Verteidigung, für Staatssicherheit, für Volksbildung sowie für Außenhandel und Innerdeutschen Handel. Außerdem wurde der Entwurf mit der Bitte um Zustimmung an den Generalstaatsanwalt und den Präsidenten des Obersten Gerichts gesandt.[410]

6. *Entwurf einer Durchführungsbestimmung*

Für den Monat März 1958 hatte das Justizministerium noch die Erarbeitung der Durchführungsbestimmung zum Staatshaftungsgesetz, die das Verfahren des Rückgriffs regeln sollte, ins Auge gefasst.[411] Die in den Akten befindliche Textfassung einer Durchführungsbestimmung datiert jedoch erst auf den 20. Mai 1958.[412] Auch die dazu geplante Beratung der Kommission Staatshaftung fand erst Ende Mai 1958 statt.[413]

[407] Protokoll vom 25. November 1957 zur 4. Kommissionssitzung vom 13. November 1957, in: BArch DY 30/IV 2/13/98, S. 56 v.-60 v. (59 h.).

[408] Siehe bereits Fn. 369 (oben S. 98); abgedruckt im Anhang (unten S. 197 ff.).

[409] Siehe etwa Verfügung des Justizministeriums vom 12. März 1958, in: BArch DP 1 VA 1432 Beiakte 2, S. 57 v.-58 v.

[410] Vermerk des Justizministeriums vom 28. Februar 1958, in: BArch DP 1 VA 1432 Beiakte 2, S. 50 v. u. h. (50 v.); Schreiben des Finanzministeriums vom 2. April 1958, in: BArch DP 1 VA 1432 Beiakte 2, S. 72.

[411] Vermerk des Justizministeriums vom 28. Februar 1958, in: BArch DP 1 VA 1432 Beiakte 2, S. 50 v. u. h. (50 h.).

[412] Entwurf einer Ersten Durchführungsbestimmung zum Gesetz über die Haftung des Staates vom 20. Mai 1958, in: BArch DY 30/IV 2/13/98, S. 99 f.; abgedruckt im Anhang (unten S. 201 ff.).

[413] Vermerk des Justizministeriums vom 2. Juni 1958 über die Kommissionssitzung vom 27. Mai 1958, in: BArch DY 30/IV 2/13/ 98, S. 102-108.

In Abweichung von einer weit früheren Konzeption[414] sah der Entwurf kein reines Verwaltungsverfahren mehr vor. Vielmehr sollte auch für den Rückgriff eine Mischform zwischen Verwaltungs- und Rechtsweg geschaffen werden. Als Grundsatz war die freiwillige Ersatzleistung des Mitarbeiters in Abstimmung mit dem für ihn zuständigen staatlichen Organ vorgesehen.[415] Nur wenn der beanspruchte Mitarbeiter die freiwillige Ersatzleistung verweigern würde, müsste das Gericht über das Rückgriffsrecht des Staates entscheiden.[416]

Anstelle der gerichtlichen Entscheidung sollte eine Regressverfügung der Verwaltung möglich sein. Dies aber nur dann, wenn die Schadensersatzpflicht des Staates nach § 1 StHG und die Schuld des Mitarbeiters durch eine rechtskräftige Entscheidung festgestellt und wenn das Dienstverhältnis des Mitarbeiters noch nicht beendet worden sei.[417] Das Verfahren für den Erlass der Regressverfügung war im Entwurf genauer ausgestaltet.[418] Für den Fall des noch bestehenden Dienstverhältnisses war vorgesehen, dass sowohl die vereinbarte freiwillige Ersatzleistung als auch die Regressverfügung im Verwaltungswege vollstreckt werden dürften.[419]

Die vermutlich für die Mehrheit der Fälle vorgesehene Zulassung des Rechtsweges war auch im Rahmen der Arbeiten an der Durchführungsbestimmung umstritten. Vor allem das Innenministerium hatte erneut gegen die Rechtswegeröffnung argumentiert. Hierbei wurde vorgetragen, dass es bei Eröffnung des Rechtsweges so aussehe, "als würde den staatlichen Organen ... die Fähigkeit abgesprochen, die Fälle der Ersatzpflicht richtig zu entscheiden".[420]

Dem wurde wiederum entgegnet, dass der Rückgriffsanspruch des Staates gegen den Mitarbeiter "juristisch gesehen ein Fall der materiellen Verantwortlichkeit" sei. Weil dabei Entscheidungen zu den Fragen des Schadens, des Verschuldens, der Kausalität oder auch des Mitverschuldens dritter Personen zu

414 Thesen über das Verfahren für die Regressnahme von Mitarbeitern der Organe der staatlichen Verwaltung für die von ihnen schuldhaft verursachten Schäden von Oktober/November 1957, in: BArch DP 1 VA 1432 Bd. 1, S. 130-134.

415 § 1 des Entwurfs der 1. Durchführungsbestimmung vom 20. Mai 1958, in: BArch DY 30/IV 2/13/98, S. 99 f. (99).

416 § 2 Abs. 1 des Entwurfs der 1. Durchführungsbestimmung vom 20. Mai 1958, in: BArch DY 30/IV 2/13/98, S. 99 f. (99).

417 § 2 Abs. 1 des Entwurfs der 1. Durchführungsbestimmung vom 20. Mai 1958, in: BArch DY 30/IV 2/13/98, S. 99 f. (99).

418 §§ 3 und 4 des Entwurfs der 1. Durchführungsbestimmung vom 20. Mai 1958, in: BArch DY 30/IV 2/13/98, S. 99 f. (99 f.).

419 § 4 Abs. 1 des Entwurfs der 1. Durchführungsbestimmung vom 20. Mai 1958, in: BArch DY 30/IV 2/13/98, S. 99 f. (99).

420 Vermerk des Justizministeriums vom 2. Juni 1958 über die Kommissionssitzung vom 27. Mai 1958, in: BArch DY 30/IV 2/13/ 98, S. 102-108 (103 f.).

treffen seien, bedürfe es eines gesetzlich ausgestalteten Beweisverfahrens, welches den Gerichten bereits zur Verfügung stehe.

"Es dürfe auch nicht übersehen werden, dass bei Ablehnung des Rechtsweges der rechtlich seltsame Zustand eintrete, dass ... das staatliche Organ als Gläubiger selbst über seinen Anspruch entscheiden und diesen auch selbst vollstrecken würde."[421]

Unbefriedigend sei dies vor allem in den Fällen, "in denen die Regressverfügung sofort endgültig sei, also dort, wo ein Mitarbeiter des Rates des Bezirkes oder eines zentralen Organs davon betroffen" sei.[422]

Für eine grundsätzlich andere Lösung der Rückgriffsfrage hatte sich indessen der Vertreter des Ministeriums für Arbeit und Berufsausbildung ausgesprochen. Er hatte berichtet, dass in seinem Ministerium derzeit an einer generellen Verordnung über die materielle Verantwortlichkeit gearbeitet werde. Die in den §§ 8 bis 10 E 58 enthaltenen Fragen seien dabei anders behandelt worden. Seiner Meinung nach sollte die materielle Verantwortlichkeit für alle Werktätigen gleich geregelt werden, weshalb die Regressfrage von der Staatshaftung zu trennen sei. Für entsprechende Entscheidungen müssten bei allen Werktätigen die Arbeitsgerichte unter Vorschaltung der Konfliktkommissionen zuständig sein.[423]

Im Ergebnis hatte die Sitzung der Kommission Staatshaftung ohne die Vornahme grundsätzlicher Änderungen am Entwurf der Durchführungsbestimmung geendet. Den bis dahin entwickelten Entwurf hatte das Justizministerium wiederum an alle beteiligten zentralen Dienststellen, die auch den Entwurf 1958 erhalten hatten, zur offiziellen Stellungnahme übersandt.[424]

7. Anfrage des ZK der SED

Nachdem die ersten Rückmeldungen zum Gesetzesentwurf 1958 eingetroffen waren,[425] erreichte das Justizministerium Ende April 1958 eine telefonische

421 Vermerk des Justizministeriums vom 2. Juni 1958 über die Kommissionssitzung vom 27. Mai 1958, in: BArch DY 30/IV 2/13/ 98, S. 102-108 (103 f.).

422 Vermerk des Justizministeriums vom 2. Juni 1958 über die Kommissionssitzung vom 27. Mai 1958, in: BArch DY 30/IV 2/13/ 98, S. 102-108 (103 f.).

423 Vermerk des Justizministeriums vom 2. Juni 1958 über die Kommissionssitzung vom 27. Mai 1958, in: BArch DY 30/IV 2/13/ 98, S. 102-108 (106).

424 Siehe Schreiben des Justizministeriums vom 14. Juni 1958, in: BArch DY 30/IV 2/13/98, S. 109 v. u. h. (109 h.).

425 Schreiben des Ministers für Staatssicherheit vom 28. März 1958, in: BArch DP 1 VA 1432 Beiakte 2, S. 71; Schreiben des Finanzministers vom 2. April 1958, in: BArch DP 1 VA 1432 Beiakte 2, S. 72; Schreiben des Obersten Gerichts vom 21. April 1958, in: BArch DP 1 VA 1432 Beiakte 2, S. 75 v. u. h.

Ermahnung des ZK der SED.[426] Da im Arbeitsplan des Politbüros des ZK der SED für den Monat April 1958 die Vorlage des Entwurfs eines Staatshaftungsgesetzes vermerkt sei, solle das Justizministerium diesen nunmehr bis spätestens Ende Mai einreichen.

Bis Ende Mai 1958 war entgegen der Aufforderung des ZK der SED noch kein Entwurf eines Staatshaftungsgesetzes übersandt worden. Selbst nachdem bis Mitte Juni 1958 großenteils die Rückmeldungen zum Entwurf 1958 beim Justizministerium eingegangen waren,[427] wurde die Antwort an das Zentralkomitee noch zurückgehalten.

Auf Anweisung der Justizministerin sollte zunächst der Eingang sämtlicher Mitzeichnungen abgewartet werden, um den Entwurf 1958 entsprechend der darin enthaltenen Anregungen und Hinweise zu überarbeiten. Die Einwendungen zur Zulässigkeit des Rechtsweges sollten dabei jedoch unbeachtet bleiben.[428] In der Vorlage des Entwurfs an das ZK müsse zu gegebener Zeit lediglich darauf "hingewiesen werden, dass entsprechende Bedenken geltend gemacht wurden". Sodann seien alle Gesichtspunkte darzulegen, die für die im Entwurf getroffenen Regelungen, insbesondere die Zulässigkeit des Rechtsweges, sprächen. Auch solle dabei "auf ähnliche Regelungen in der SU und in anderen Ländern der Volksdemokratie eingegangen werden".[429] Die Ministerin mutmaßte abschließend, dass die Vorlage sowohl des Gesetzesentwurfs als auch des Entwurfs der Durchführungsbestimmung voraussichtlich Ende August erfolgen könne.

Bis Anfang August 1958 lagen jedoch trotz wiederholter Ermahnung weder zum Entwurf 1958 noch zu dem der Durchführungsbestimmung alle Stellungnahmen vor.[430] Als säumig war unter anderem das Ministerium für Volksbil-

426 Vermerk des Justizministeriums vom 29. April 1958, in: BArch DP 1 VA 1432 Beiakte 2, S. 76.

427 Schreiben der Generalstaatsanwaltschaft vom 6. Mai 1958, in: BArch DP 1 VA 1432 Beiakte 2, S. 81; Schreiben des Ministeriums für Nationale Verteidigung vom 7. Mai 1958, in: BArch DP 1 VA 1432 Beiakte 2, S. 79 f.; Schreiben des Innenministeriums vom 16. Mai 1958, in: BArch DP 1 VA Beiakte 2, S. 87 f.; Schreiben des Ministeriums für Arbeit und Berufsausbildung vom 3. Juni 1958, in: BArch DP 1 VA 1432 Beiakte 2, S. 112 f.

428 Vermerk des Justizministeriums vom 21. Juni 1958, in: BArch DP 1 VA 1432 Beiakte 2, S. 126 v. u. h. (126 v.).

429 Vermerk des Justizministeriums vom 21. Juni 1958, in: BArch DP 1 VA 1432 Beiakte 2, S. 126 v. u. h. (126 v.).

430 Es fehlten die Stellungnahmen des Ministers für Volksbildung und der Staatlichen Plankommission sowohl zum Gesetz selbst als auch zur Durchführungsbestimmung. Das Komitee für Arbeit und Löhne und der Minister für Nationale Verteidigung hatten lediglich zu Letzterem keine Stellungnahmen übermittelt; siehe Vermerk des Justizministeriums vom 7. August 1958, in: BArch DP 1 VA 1432 Beiakte 2, S. 128a v.-128c h. (128c v. u. h.).

dung vermerkt. Dieses hatte sich inzwischen zwar mehrfach an das Justizministerium gewandt, seine Zustimmung zum Entwurf 1958 aber davon abhängig gemacht, dass Schadenszufügungen durch Lehrer und Erzieher während ihres Dienstes vom Staatshaftungsgesetz mit erfasst würden.[431] Eine eindeutige Auskunft hatte man dem Ministerium für Volksbildung dazu offenbar nicht erteilen wollen. Die Justizministerin hatte sich nach Abstimmung mit dem Obersten Gericht aber notiert, dass entsprechende Amtspflichtverletzungen, die Lehrern und Erziehern in Ausübung ihrer vollziehend-verfügenden Tätigkeit unterliefen, unter die Billigkeitshaftung des § 2 E 58, oder als strafbare Handlungen unter § 1 Abs. 1 E 58 fallen könnten.[432]

8. Auswertung des Mitzeichnungsverfahrens

Da die letzten Stellungnahmen erst Mitte September 1958 eintrafen, konnte das Mitzeichnungsverfahren auch erst zu dieser Zeit ausgewertet werden.[433]

Stellungnahmen zum Gesetzesentwurf

Die Ministerien für Außenhandel und Innerdeutschen Handel, für Staatssicherheit und für Finanzen sowie die Staatliche Plankommission, das Oberste Gericht und die Generalstaatsanwaltschaft hatten dem Entwurf 1958, teilweise mit Anregungen "nicht so prinzipieller Natur", zugestimmt. Der Minister für Nationale Verteidigung hatte mit der Maßgabe zugestimmt, dass die Angehörigen der bewaffneten Kräfte ausdrücklich in den Entwurf, insbesondere in die §§ 1 und 2 E 58, einbezogen würden.[434]

Dem Entwurf nicht zugestimmt hatten der Innenminister und der Staatssekretär für Angelegenheiten der örtlichen Räte beim Innenministerium, weil sie mit der Zulassung des Rechtsweges nicht einverstanden waren.[435]

Die Ministerin für Arbeit und Berufsausbildung verweigerte die Zustimmung wegen der Aufnahme der Rückgriffsregelungen in das Gesetz. Sie wies in ihrem Schreiben darauf hin, dass die Werktätigen nach den Regelungen des Bürgerlichen Gesetzbuchs noch in voller Höhe hafteten und eine gesetzliche Be-

431 Vermerk des Justizministeriums vom 21. Juni 1958, in: BArch DP 1 VA 1432 Beiakte 2, S. 128; Vermerk des Justizministeriums vom 19. Mai 1958, in: BArch DP 1 VA 1432 Beiakte 2, S. 84; Schreiben des Ministeriums für Volksbildung vom 19. Mai 1958, in: BArch DP 1 VA 1432 Beiakte 2, S. 85.

432 Vermerk des Justizministeriums vom 21. Juni 1958, in: BArch DP 1 VA 1432 Beiakte 2, S. 128.

433 Vgl. dazu die Übersicht des Justizministeriums vom 27. September 1958, in: BArch DP 1 VA 1432 Bd. 2, S. 5-18.

434 Übersicht des Justizministeriums vom 27. September 1958, in: BArch DP 1 VA 1432 Bd. 2, S. 5-18 (7 f., 10).

435 Übersicht des Justizministeriums vom 27. September 1958, in: BArch DP 1 VA 1432 Bd. 2, S. 5-18 (8 f.).

schränkung dieser Haftung erst mit der in Arbeit befindlichen Verordnung über die materielle Verantwortlichkeit der Werktätigen bevorstehe[436]. Sie führte weiter aus[437]:

"Würde demnach im gegenwärtigen Zeitpunkt noch vor der allgemeinen Regelung des Rückgriffsrechts das Gesetz über die Haftung des Staates unter Einbeziehung der §§ 8 ff. des Entwurfs in Kraft treten, dann würde der weder politisch noch rechtlich zu billigende und für die Werktätigen unverständliche Zustand zu verzeichnen sein, dass bei gleichartigem Grad des Verschuldens die Staatsfunktionäre bereits in beschränkter Höhe, die übrigen Werktätigen noch in unbeschränkter Höhe für einen schuldhaft verursachten Schaden haften würden. ... In diesem Zusammenhang darf ich in Übereinstimmung mit der von Ihnen geäußerten Auffassung feststellen, dass trotz der sich aus der Tätigkeit von Staatsfunktionären ergebenden Besonderheiten keine Privilegierung der Staatsfunktionäre bei der Regelung des Rückgriffsrechts erfolgen darf."

Aus diesem Grund schlug die Ministerin für Arbeit und Berufsausbildung vor, dass die Regelung der materiellen Verantwortlichkeit für alle Werktätigen einschließlich der Staatsfunktionäre gleichzeitig erfolgen müsse und in das Gesetz anstelle der §§ 8 bis 10 ein Hinweis auf die allgemeinen arbeitsrechtlichen Bestimmungen aufgenommen werden solle.

Stellungnahmen zum Entwurf der Durchführungsbestimmung

In Bezug auf die Durchführungsbestimmung waren laut Auswertung des Justizministeriums die gleichen Einwendungen vorgetragen worden wie zum Gesetzesentwurf.

Zu den Gegnern des Rechtsweges gehörte in diesem Bereich noch der Minister für Staatssicherheit. Er wollte die Gerichte nur dann entscheiden lassen, wenn der Mitarbeiter vor Erlass einer Regressverfügung entlassen wor-

436 Arbeitsthesen des Ministeriums für Arbeit und Berufsausbildung für eine gesetzliche Regelung über die materielle Verantwortlichkeit der Werktätigen lagen im Sommer 1957 bereits vor. Siehe dazu die Thesen nebst Begründung in: BArch DP 1 VA 1432, Bd. I, S. 60-64; abgedruckt im Anhang (unten S. 219 ff.).
Eine Verordnung über die materielle Verantwortlichkeit der Werktätigen wurde in der DDR jedoch letztlich nicht verabschiedet. Vielmehr fanden die in den Thesen enthaltenen Grundgedanken, wenn auch in nicht unerheblich überarbeiteter Form, in den Regelungen der §§ 112 bis 115 des späteren Gesetzbuchs der Arbeit der DDR vom 12. April 1961, GBl. I, S. 27-49 (44), ihren Niederschlag. Siehe hierzu auch *Rosenkötter*, 1973, S. 4 f.
In der Bundesrepublik wurden im Jahre 1959 die so genannten Grundsätze der gefahrgeneigten Arbeit, welche den Umfang der Haftung des Arbeitnehmers ebenfalls einschränken, entwickelt. Vgl. hierzu *Schaub*, 1996, S. 356 f.

437 Schreiben des Ministeriums für Arbeit und Berufsausbildung vom 3. Juni 1958, in: BArch DP 1 VA 1432 Beiakte 2, S. 112 f.

den sei, oder wenn er sich nach seiner Entlassung weigere, seiner Erstattungspflicht nachzukommen.[438]

Einigungsversuche

Zur Behebung der Meinungsverschiedenheiten über die Rückgriffsregelungen hatte sich das Justizministerium zunächst Rat suchend an den Bundesvorstand des FDGB gewandt.

Von dort aus wurden erhebliche Bedenken gegen die vorgesehene Regressmöglichkeit des Staates angemeldet. Da es um einen Fall der materiellen Verantwortlichkeit aus dem Arbeitsrechtsverhältnis gehe, müssten für den Regressanspruch auch die arbeitsrechtlichen Bestimmungen angewendet werden. Es sei bekannt, dass im Komitee für Arbeit und Löhne ein Entwurf einer Verordnung über die materielle Verantwortlichkeit ausgearbeitet worden sei, dessen Grundsätze auch für die Mitarbeiter des Staatsapparates gelten dürften. Der Bundesvorstand des FDGB schlug deshalb vor, lediglich § 8 Abs. 1 E 58 als Grundsatz bestehen zu lassen und im Übrigen auf die arbeitsrechtlichen Bestimmungen zu verweisen, mit deren Erlass in kurzer Frist gerechnet werden könne.[439]

Um in den beiden offen gebliebenen Fragen des Rechtsweges und des Rückgriffs doch noch ein Einvernehmen zu erzielen und den Gesetzesentwurf fertig stellen zu können, hielt die Justizministerin nunmehr persönliche Aussprachen mit den Vertretern des Innenministeriums und des Ministeriums für Arbeit und Berufsausbildung für zweckmäßig. Anfang Februar 1959 sandte sie deshalb Einladungen an die betreffenden Stellen.[440]

Zur Frage des Rückgriffs erfolgte eine Einigung dahingehend, die Verfahrensfrage zurückzustellen und im Staatshaftungsgesetz nur den Grundsatz über die Zulässigkeit des Rückgriffs aufzunehmen. Damit entfalle die Notwendigkeit des Erlasses einer Durchführungsbestimmung.[441]

Hinsichtlich des Rechtsweges war dagegen keine Einigung zu erzielen. Vielmehr hatte der Staatssekretär für Angelegenheiten der örtlichen Räte beim Innenministerium eine Aussprache ausdrücklich auch in seiner Funktion als Stellvertretender Innenminister abgelehnt. Da seine prinzipiellen Bedenken

438 Übersicht des Justizministeriums vom 27. September 1958, in: BArch DP 1 VA 1432 Bd. 2, S. 5-18 (18).

439 Mit den arbeitsrechtlichen Bestimmungen war die damals geplante Verordnung über die materielle Verantwortlichkeit der Werktätigen gemeint, für die das Ministerium für Arbeit und Berufsausbildung bereits Thesen, abgedruckt im Anhang (unten S. 219 ff.), erarbeitet hatte. Siehe hierzu das Schreiben des Bundesvorstandes des FDGB aus dem Kontext von Ende 1958, in: BArch DP 1 VA 1432 Beiakte 2, S. 152 f.

440 Schreiben des Justizministeriums vom 6. Februar 1959, in: BArch DP 1 VA 1432 Bd. 2, S. 35 und 36.

441 Schreiben des Justizministeriums vom 28. Februar 1959, in: BArch DY 30/IV 2/13/98, S. 115 v. u. h. (115 v.).

gegen die Eröffnung des Rechtsweges nach wie vor bestünden und die Vertreter des Justizministeriums von ihrem entgegengesetzten Standpunkt nicht abgewichen seien, könne nach seiner Meinung "diese Aussprache keine Lösung der strittigen Fragen bringen". Wenn die staatlichen Organe eine Haftung abgelehnt hätten, dürfe eben gerade keine gerichtliche Entscheidung mehr über den Anspruch erfolgen. Dieser Meinung, so führte der Staatssekretär aus, seien im Übrigen auch "die Genossen der Abteilung Staats- und Rechtsfragen des ZK der SED".[442]

Bericht an das ZK der SED

Einen Bericht zu den letzten Einigungsversuchen reichte das Justizministerium beim ZK der SED Ende Februar 1959 ein. Neben dem Verzicht auf die Durchführungsbestimmung wurde darin der Entschluss des Justizministeriums kundgetan, den vorgetragenen Einwendungen gegen die Zulassung des Rechtsweges Rechnung zu tragen. Der Entwurf 1958 müsse daher "unter Berücksichtigung der Bedenken ... nochmals überarbeitet werden".[443]

9. Entwurf 1959-I und Überarbeitung zum Entwurf 1959-II

Der bereits Anfang März 1959 herausgegebene Entwurf 1959-I[444] sah eine enumerative Haftung des Staates und einen reinen Verwaltungsweg für die Durchsetzung von Staatshaftungsansprüchen vor. Bei Ablehnung der Schadensersatzleistung durch das staatliche Organ, dessen Mitarbeiter den Schaden herbeigeführt hatte, sollte nun "auf Antrag des Geschädigten der nächsthöhere Rat beziehungsweise die unmittelbar übergeordnete Dienststelle des zentral geleiteten staatlichen Organs" entscheiden. Den örtlichen Räten wurde auferlegt, entsprechende Entscheidungen durch Beschluss zu treffen.[445]

Hinsichtlich des Rückgriffs enthielt der Entwurf 1959-I nur noch den Grundsatz, dass der Staat "den Mitarbeiter, der den Schaden schuldhaft herbeigeführt hat (§§ 1 und 2), zum Ersatz heranzuziehen" habe. Für den Umfang der Ersatzpflicht des Mitarbeiters und das Rückgriffsverfahren wurde auf die arbeitsrechtlichen Bestimmungen verwiesen.[446]

442 Schreiben des Staatssekretärs für Angelegenheiten der örtlichen Räte beim Innenministerium vom 9. Februar 1959, in: BArch DY 30/IV 2/13/98, S. 113 f. (113).

443 Schreiben des Justizministeriums vom 28. Februar 1959, in: BArch DY 30/IV 2/13/98, S. 115 v. u. h. (115 h.).

444 Entwurf eines Gesetzes über die Haftung des Staates vom 9. März 1959 (im Folgenden in Verbindung mit einem Paragrafen als E 59-I bezeichnet), in: BArch DY 30/IV 2/13/98, S. 119-123.

445 § 6 Abs. 1 und 3 E 59-I.

446 § 8 E 59-I.

Neben diesen Änderungen war auch daran gedacht worden, Schadenszufügungen durch Angehörige der bewaffneten Kräfte ausdrücklich in die §§ 1 und 2 E 59-I aufzunehmen. In Ergänzung der Regelung, nach welcher der Geschädigte nicht gegen den staatlichen Mitarbeiter persönlich vorgehen durfte, wurde festgelegt, dass dieser Grundsatz ebenso in einem Strafverfahren gegen den Mitarbeiter zu gelten habe.[447]

Ähnlich wie die letzten Entwürfe, wurde auch dieser zur Abstimmung an die bisher beteiligten Stellen gesandt.

Als Erstes reagierte das Oberste Gericht und protestierte gegen den Ausschluss des ordentlichen Rechtsweges im neu formulierten § 6 E 59-I. Dazu führte es unter anderem aus[448]:

"Wenn aber schon für die Geltendmachung des Schadensersatzanspruches der ordentliche Rechtsweg nicht gegeben sein soll, dann müsste das dafür vorgesehene Verfahren vor den Dienststellen der staatlichen Verwaltung nach unserer Auffassung doch eine Gestaltung erfahren, die die Grundprinzipien der sozialistischen Gesetzlichkeit im Verfahrensrecht in stärkerem Maße widerspiegelt, als dies im Entwurf des § 6 der Fall ist. Die Bestimmung ... muss ... den Eindruck erwecken, dass bewusst auf die im Interesse des betroffenen Bürgers notwendigen Rechtsgarantien verzichtet wird. Vor allem aber wird dieser Eindruck noch dadurch verstärkt, dass in erster Linie die Entscheidungsbefugnis der Stelle übertragen wird, in deren Bereich der Schaden verursacht worden ist. Da der geschädigte Bürger in vielen Fällen mangelnde Dienstaufsicht des Leiters des staatlichen Organs ... vermuten wird, erscheint diese Regelung ebenso wie die weitgehende Delegierungsbefugnis aus rechtspolitischen Gründen nicht vertretbar."

Bedenken gegen den Ausschluss des ordentlichen Rechtsweges erhob auch der Finanzminister. Gehe man davon aus, dass jedenfalls die Voraussetzung des § 1 Abs. 1 E 59-I, "Begehung einer Straftat", von den Gerichten festgestellt werden müsse, so seien zwangsläufig die Einwände gegen die sonstige Zulassung des Rechtsweges hinfällig.[449]

Das Justizministerium vertrat jedoch die Auffassung, dass die Frage des Verfahrensweges ausdiskutiert sei, zumal sich alle anderen Stellen mit dem Ausschluss des Rechtsweges einverstanden erklärt hätten. Auch sei eine besondere Verfahrensregelung noch nicht vorgesehen, weil erst die Erfahrungen der Praxis abgewartet werden müssten. Die Schlussfolgerung, dass dies den

447 § 9 Abs. 2 E 59-I.

448 Schreiben des Obersten Gerichts vom 24. März 1959, in: BArch DP 1 VA 1432 Bd. 2, S. 9 v. u. h.

449 Schreiben des Finanzministers vom 17. April 1959, in: BArch DP 1 VA 1431 Bd. 2, S. 15.

vom Obersten Gericht erwähnten Eindruck entstehen ließe, sei übertrieben und falsch.[450]

Nicht zurückgewiesen hatte das Justizministerium hingegen einen Änderungsvorschlag des Staatssekretariats für Angelegenheiten der örtlichen Räte beim Innenministerium bezüglich des Verwaltungsverfahrens.[451] Demnach sollte in § 6 E 59-I der Hinweis aufgenommen werden, dass die Entscheidungen der Räte der Bezirke endgültig seien. Dem Staatssekretär war nämlich aufgefallen, dass bei einer erstinstanzlichen Entscheidung eines Rates des Bezirkes nächsthöherer Rat der Ministerrat wäre. Dieser habe aber grundsätzlich keine Einzelfragen zu entscheiden.[452]

Ebenfalls zugestimmt wurde der Anregung der Staatlichen Plankommission, eine Regelung zur bedingten Geltung des Gesetzes für Ausländer in den Entwurf 1959-I aufzunehmen, die auf die Verbürgung der Gegenseitigkeit abstellen sollte.[453]

Auch dem Vorschlag des Ministers für Nationale Verteidigung, für den Rückgriff auf Angehörige der bewaffneten Organe auf deren gesonderte Wiedergutmachungsbestimmungen hinzuweisen,[454] wurde zugestimmt.

Der wiederholt vorgetragenen Bitte des Ministers für Volksbildung um ausdrückliche Einbeziehung von Schadensfällen aufgrund von Aufsichtspflichtverletzungen durch Lehrer und Erzieher[455] wollte das Justizministerium jedoch nicht nachkommen. Andernfalls, so wurde ausgeführt, würde gegen den Grundsatz verstoßen, nur typische Fälle im Gesetz zu regeln. Notfalls gäbe es außerdem die Möglichkeit der Billigkeitsentschädigung nach § 2 E 59-I.[456]

450 Vermerk des Justizministeriums vom 2. Juli 1959, in: BArch DP 1 VA 1431 Bd. 2, S. 20 v.-23 h. (21 v.).

451 Vermerk des Justizministeriums vom 2. Juli 1959, in: BArch DP 1 VA 1431 Bd. 2, S. 20 v.-23 h. (22 v.).

452 Schreiben des Innenministeriums vom 28. März 1959, in: BArch DP 1 VA 1431 Bd. 2, S. 12.

453 Schreiben der Staatlichen Plankommission vom 24. April 1959, in: BArch DP 1 VA 1431 Bd. 2, S. 16 f. (16); Vermerk des Justizministeriums vom 2. Juli 1959, in: BArch DP 1 VA 1431 Bd. 2, S. 20 v.-23 h. (22 h.).

454 Schreiben des Ministers für Nationale Verteidigung vom 28. März 1959, in: BArch DP 1 VA 1431 Bd. 2, S. 13; Vermerk des Justizministeriums vom 2. Juli 1959, in: BArch DP 1 VA 1431 Bd. 2, S. 20 v.-23 h. (23 v.).

455 Schreiben des Ministers für Volksbildung vom 26. März 1959, in: BArch DP 1 VA 1431 Bd. 2, S. 11.

456 Vermerk des Justizministeriums vom 2. Juli 1959, in: BArch DP 1 VA 1431 Bd. 2, S. 20 v.-23 h. (22 v.); sowie Verfügung des Justizministeriums vom 6. Juli 1959, in: BArch DP 1 VA 1431 Bd. 2, S. 29 v.-32 h. (29 v.).

Unter Berücksichtigung der durch das Justizministerium akzeptierten Änderungsvorschläge wurde Anfang Juli 1959 ein neuer Entwurf des Staatshaftungsgesetzes, der Entwurf 1959-II[457], fertig gestellt.

10. Assmanns Dissertation

Während an einer ausführlichen Begründung des Entwurfs 1959-II für die Vorlage an das ZK der SED noch gearbeitet wurde, gab die Deutsche Akademie für Staats- und Rechtswissenschaften den Termin für die öffentliche Verteidigung der Dissertation ihres Mitarbeiters *Assmann* bekannt.[458]

Assmann hatte man anlässlich seiner Mitarbeit in der Kommission Staatshaftung im Jahre 1957 beauftragt, eine entsprechende Arbeit zu den Problemen des geplanten Gesetzes anzufertigen. Diese Arbeit sollte am 30. Juli 1959 vorgestellt werden.

Der Einladung zur öffentlichen Verteidigung der Dissertation waren ihre Thesen beigefügt.[459] Der Gliederung der Dissertation entsprechend wurden auch in den Thesen mehr als zwei Drittel der Ausführungen darauf verwendet, politische Begründungen für die anschließend vorgeschlagenen Gesetzesregelungen aufzuzeigen.[460]

Zunächst stellte *Assmann* fest, dass das Rechtsinstitut der Staatshaftung "als ein Problem des Rechtsschutzes der Bürger eng mit der generellen Frage des Verhältnisses Staat – Bürger verknüpft" sei.[461] Im kapitalistischen Staat, so führte er aus, diene die Staatshaftung "vor allem dazu, das kapitalistische Eigentum und damit die Interessen der Bourgeoisie zu schützen. Für die unterdrückten Klassen" sei das Rechtsinstitut hingegen "nicht mehr als ein formales Recht, das geltend zu machen durch sie, wenn in manchen Einzelfällen auch nicht unmöglich, so aber doch in der Regel sehr schwer" sei.[462] Dies beweise, so der

457 Entwurf eines Gesetzes über die Haftung des Staates vom 9. Juli 1959 (im Folgenden als Entwurf 1959-II bezeichnet), in: BArch DP 1 VA 1431 Bd. 2, S. 38-42, abgedruckt im Anhang (unten S. 203 ff.).

458 Schreiben der Deutschen Akademie für Staats- und Rechtswissenschaften vom 18. Juli 1959, in: BArch DP 1 VA 1431 Bd. 2, S. 43-47 v.

459 Thesen zur Dissertation *Assmann*, in: Schreiben der Deutschen Akademie für Staats- und Rechtswissenschaften vom 18. Juli 1959, in: BArch DP 1 VA 1431 Bd. 2, S. 43-47 v. (44 v.-47 v.).

460 Vgl. *Assmann*, Dissertation, 1959; von insgesamt 211 Seiten Text wurden allein 145 Seiten für politische Ausführungen verwandt.

461 Thesen zur Dissertation *Assmann*, in: Schreiben der Deutschen Akademie für Staats- und Rechtswissenschaften vom 18. Juli 1959, in: BArch DP 1 VA 1431 Bd. 2, S. 43-47 v. (44 v.); sowie *Assmann*, Dissertation, 1959, S. 5.

462 Thesen zur Dissertation *Assmann*, in: Schreiben der Deutschen Akademie für Staats- und Rechtswissenschaften vom 18. Juli 1959, in: BArch DP 1 VA 1431 Bd. 2, S. 43-47 v. (44 h.); vgl. ebenso *Assmann*, Dissertation, 1959, S. 88, 99.

Autor, "dass die angebliche Sicherstellung der Werktätigen im bürgerlichen Staat durch juristische 'Garantien' nichts anderes als bloße Heuchelei" sei. Die Staatshaftung werde dort "von der herrschenden Klasse und ihren Ideologen benutzt, um den wahren Charakter der Ausbeuterordnung ... unter dem Deckmantel der bürgerlichen 'Rechtsstaatlichkeit' zu verhüllen".[463] "Indem der bürgerliche Staat anstelle der Beamten" hafte, trete "er schützend vor diese", binde "sie dadurch noch stärker an sich" und räume "ihnen faktisch jede Freiheit zur Unterdrückung der Werktätigen ein".[464]

Im sozialistischen Staat seien hingegen "Rechtsverletzungen durch einzelne Staatsfunktionäre niemals Ausdruck antagonistischer Gegensätze zwischen Staat und Bürger". Vielmehr sei "die Einheit der gesellschaftlichen und persönlichen Interessen hergestellt" und man habe bereits "ein umfassendes System des Rechtsschutzes der Werktätigen entwickelt".[465] Allerdings, so stellte *Assmann* weiter fest, bestehe "in diesem System ... derzeit noch eine spürbare Lücke, und zwar dort, wo Bürgern durch schuldhafte Handlungen von Mitarbeitern staatlicher Verwaltungsorgane ein Schaden zugefügt" werde.[466] Diese Lücke würde zwar vor allem durch bürgerliche Rechtswissenschaftler oft hervorgehoben. Bei Analyse "der wirklichen Lage", fuhr der Autor fort, hätten diese aber "womöglich bemerkt, dass die Rechte der Bürger unter den Bedingungen der Arbeiter-und-Bauern-Macht ... zum ersten Male wirklich reale, für jeden Bürger wahrnehmbare Rechte" seien und dass "der Rechtsschutz der Bürger nicht daran gemessen werden" könne, "ob eine Haftpflicht des Staates" bestehe oder nicht.[467] Im Übrigen seien die Staatsorgane inzwischen "von sich aus dazu übergegangen, Schadensersatz aus Billigkeitsgründen zu leisten" .[468]

In der volksdemokratischen Ordnung, so führte *Assmann* weiter aus, seien "schuldhafte schadensverursachende Handlungen einzelner Mitarbeiter"

463 Thesen zur Dissertation *Assmann,* in: Schreiben der Deutschen Akademie für Staats- und Rechtswissenschaften vom 18. Juli 1959, in: BArch DP 1 VA 1431 Bd. 2, S. 43-47 v. (44 h.); und *Assmann*, Dissertation, 1959, S. 90, 95.

464 Thesen zur Dissertation *Assmann,* in: Schreiben der Deutschen Akademie für Staats- und Rechtswissenschaften vom 18. Juli 1959, in: BArch DP 1 VA 1431 Bd. 2, S. 43-47 v. (45 v.); *Assmann*, Dissertation, 1959, S. 87.

465 Thesen zur Dissertation *Assmann,* in: Schreiben der Deutschen Akademie für Staats- und Rechtswissenschaften vom 18. Juli 1959, in: BArch DP 1 VA 1431 Bd. 2, S. 43-47 v. (44 h. f.).

466 Thesen zur Dissertation *Assmann,* in: Schreiben der Deutschen Akademie für Staats- und Rechtswissenschaften vom 18. Juli 1959, in: BArch DP 1 VA 1431 Bd. 2, S. 43-47 v. (45 v.).

467 *Assmann*, Dissertation, 1959, S. 98.

468 Thesen zur Dissertation *Assmann,* in: Schreiben der Deutschen Akademie für Staats- und Rechtswissenschaften vom 18. Juli 1959, in: BArch DP 1 VA 1431 Bd. 2, S. 43-47 v. (45 v.).

lediglich "eine Erscheinungsform der 'Widersprüche im Volke' (Mao Tse-Tung) und zwar der 'Widersprüche zwischen dem bürokratischen Arbeitsstil einiger Staatsfunktionäre und den Massen'". Zur Überwindung der Widersprüche im Volke sei neben der "Verbesserung der Arbeitsweise des Staatsapparates durch Erhöhung des sozialistischen Staats- und Rechtsbewusstseins der Mitarbeiter" eben auch die normative Regelung der Staatshaftung notwendig.[469]

Vor diesem Hintergrund müsse die vorzunehmende Regelung vor allem darauf gerichtet sein, die Beziehungen zwischen Staat und Bürger zu vertiefen. Dazu bedürfe es wiederum "einer großzügigen, der Praxis wirklich entsprechenden Vorschrift", die aber nicht so weit gehen dürfe, "dass sie die Initiative der Mitarbeiter lähmt und zum Hindernis bei der Lösung staatlicher Aufgaben" werde. Außerdem müsse die Regelung "darauf gerichtet sein, die Einheit der sozialistischen Staatsmacht zu stärken und deshalb dem der gesamten Staatstätigkeit zugrunde liegenden Prinzip des demokratischen Zentralismus entsprechen".[470] Um "vorbeugend und erzieherisch auf die Kader des Staatsapparates selbst" zu wirken, müsse "die materielle Verantwortlichkeit des Staates konsequent mit der Heranziehung des Mitarbeiters zum Schadensersatz gegenüber dem Staat" verbunden werden.[471]

Nach seinen langen politischen Ausführungen setzte sich *Assmann* letztlich entgegen fast allen bisherigen Entwurfsfassungen[472] für die Einführung der allgemeinen Haftung des Staates ein. In der Begründung hierfür führte er aus, dass nur die Generalklausel "wirklich alle nach den Erfahrungen der Staatspraxis auftretenden Fälle" erfassen könne, "was bei der enumerativen Methode nicht möglich" sei.[473] Über die Generalklausel würden die Interessen der Bürger am besten gewährleistet. Dies festige wiederum deren Vertrauen zum Staat.[474] Der abgegrenzte Rahmen der staatlichen Tätigkeit und die weiteren Voraussetzungen des rechtswidrigen und schuldhaften Handelns würden zudem

469 Thesen zur Dissertation *Assmann,* in: Schreiben der Deutschen Akademie für Staats- und Rechtswissenschaften vom 18. Juli 1959, in: BArch DP 1 VA 1431 Bd. 2, S. 43-47 v. (46 v.).

470 Thesen zur Dissertation *Assmann,* in: Schreiben der Deutschen Akademie für Staats- und Rechtswissenschaften vom 18. Juli 1959, in: BArch DP 1 VA 1431 Bd. 2, S. 43-47 v. (46 v.).

471 Thesen zur Dissertation *Assmann,* in: Schreiben der Deutschen Akademie für Staats- und Rechtswissenschaften vom 18. Juli 1959, in: BArch DP 1 VA 1431 Bd. 2, S. 43-47 v. (46 h.).

472 Seit der ersten Entwurfsfassung von Februar 1954 statuierten alle Fassungen, außer die des Innenministeriums vom 30. Januar 1957, eine enumerative Haftung.

473 *Assmann*, Dissertation, 1959, S. 179; vgl. auch Thesen zur Dissertation *Assmann,* in: Schreiben der Deutschen Akademie für Staats- und Rechtswissenschaften vom 18. Juli 1959, in: BArch DP 1 VA 1431 Bd. 2, S. 43-47 v. (46 h.).

474 *Assmann*, Dissertation, 1959, S. 179.

eine ausreichende Gewähr dafür bieten, dass der Staat nicht grenzenlos materiell verantwortlich gemacht werden könne.[475]

Bei Einführung der generellen Haftung entfalle außerdem die Notwendigkeit einer Billigkeitsregelung zur Vermeidung auftretender Härten. Da der Bürger aus einem Billigkeitsgrundsatz keinen gesetzlichen Anspruch herleiten und die Behandlung identischer Sachverhalte unterschiedlich ausfallen könnte, dürfe in einer solchen Regelung auch "keine die sozialistische Gesetzlichkeit fördernde Lösung" gesehen werden.[476] Nicht zuletzt müsse daran erinnert werden, dass die Regelung der Staatshaftung "nicht zu einer Bevorzugung kleinbürgerlicher Schichten führen" dürfe. Eine solche Tendenz würden jedoch die vorgeschlagenen Fallgruppen zeigen, "wenn sie wie bisher zum Beispiel überwiegend auf fehlerhafte Eintragungen in das Grundbuch, fehlerhafte Notariatshandlungen, fehlerhaft durchgeführte Konkurs- oder Zwangsvollstreckungsverfahren usw." abstellten. Mit der Einführung der Generalklausel sei dagegen allen Bevölkerungsschichten in der DDR gedient.[477] Die dargelegte Auffassung stehe auch nicht im Widerspruch zu seinem früher vertretenen Standpunkt, die Staatshaftung nur in besonderen Fällen vorzusehen.[478] Vielmehr sei sie "Ausdruck der schnellen und erfolgreichen Entwicklung, die unsere volksdemokratische Ordnung seitdem genommen" habe.[479]

Für das Verfahren der Geltendmachung von Staatshaftungsansprüchen schlug *Assmann* entsprechend dem letzten Stand der Gesetzgebungsarbeiten die Zuständigkeit der Verwaltungsorgane vor.[480] Dass die Justizministerin der DDR sich von dieser Verfahrensart nicht mehr abbringen lassen würde, war zumindest für Eingeweihte, zu denen auch *Assmann* zählte,[481] seit dem Früh-

475 *Assmann*, Dissertation, 1959, S. 179; Thesen zur Dissertation *Assmann*, in: Schreiben der Deutschen Akademie für Staats- und Rechtswissenschaften vom 18. Juli 1959, in: BArch DP 1 VA 1431 Bd. 2, S. 43-47 v. (46 h.).

476 *Assmann*, Dissertation, 1959, S. 181.

477 *Assmann*, Dissertation, 1959, S. 182.

478 Für eine enumerative Haftung hatte sich *Assmann* insbesondere in StuR 1958, S. 265-278 (272) ausgesprochen.

479 *Assmann*, Dissertation, 1959, S. 178.

480 *Assmann*, Dissertation, 1959, S. 185; Thesen zur Dissertation *Assmann*, in: Schreiben der Deutschen Akademie für Staats- und Rechtswissenschaften vom 18. Juli 1959, in: BArch DP 1 VA 1431 Bd. 2, S. 43-47 v. (47 v.).

481 *Assmann* gehörte jeweils von Anfang an sowohl der 1953 durch das Innenministerium einberufenen "Arbeitsgruppe Staathaftung" als auch der durch das Justizministerium im Jahre 1957 einberufenen "Kommission Staatshaftung" an. Die Liste der Beteiligten der "Arbeitsgruppe Staatshaftung" lässt sich aus dem späteren Schreiben des Innenministeriums vom 11. Februar 1954, in: BArch DP 1 VA 2114, Teil III-3431, S. 1, rekonstruieren. *Assmanns* Beteiligung in der "Kommission Staatshaftung" ergibt sich aus dem

jahr 1959 bekannt. Zur Begründung des Verwaltungsweges führte *Assmann* aus, dass gerade dieser "die unmittelbare Verständigung zwischen dem Geschädigten und dem jeweiligen Staatsorgan, dessen Mitarbeiter den Schaden verursacht hat, fördern" könne, "was sich wiederum positiv auf die Vertiefung der Beziehungen Staat – Bürger" auswirke. Die Organe der staatlichen Verwaltung könnten außerdem "ohne Zweifel besser als die Gerichte den in ihrem Bereich liegenden Tatbestand übersehen und beurteilen". Anders herum müsste außerdem

"der Bürger seinen eigenen Staat, in dem er selbst die Macht mit ausübt, bei Gericht verklagen, um sein von ihm mitgeschaffenes Recht wahrzunehmen. Staat und Bürger ständen sich dort also als Prozessparteien gegenüber."[482]

Damit könnte die Neuregelung insgesamt "nicht Hebel zur Entwicklung des sozialistischen Bewusstseins der Bürger, sondern eher ein diesen Prozess hemmender Faktor werden".[483]

Die gerichtliche Kontrolle von Maßnahmen der Verwaltung müsse nicht zuletzt auch deshalb abgelehnt werden, weil sie die Einheit der Staatsmacht nicht stärken, sondern nur stören und verletzen könne[484]. Ein Vorschlag für die Ausgestaltung des Verfahrensgangs bei den Organen der staatlichen Verwaltung war beigefügt.[485]

Bezüglich des Rückgriffs gegen den Mitarbeiter empfahl *Assmann* einen Verweis auf die in Kürze zu erwartenden allgemeinen arbeitsrechtlichen Bestimmungen der materiellen Verantwortlichkeit.[486] Auch dieser Vorschlag entsprach dem Anfang Juli fertig gestellten Gesetzentwurf 1959-II.[487]

11. Mangelnde "mobilisierende Wirkung" des Entwurfs 59-II

Wie bereits dargelegt, war der Entwurf 1959-II Anfang Juli 1959 fertig gestellt worden. In der Ende Juli 1959 erarbeiteten Begründung für diesen Entwurf hatte man vor allem zur Rechtfertigung des nunmehr reinen Verwaltungsweges deutlich erkennbar auf *Assmanns* Argumentation aus dessen Dissertation zu-

---

Protokoll des Justizministeriums vom 8. August 1957 zur ersten Kommissionssitzung, in: BArch DY 30 2/13/98, S. 18 v.-21 h; abgedruckt im Anhang (unten S. 229).

482 *Assmann*, Dissertation, 1959, S. 192.

483 *Assmann*, Dissertation, 1959, S. 192.

484 *Assmann*, Dissertation, 1959, S. 196.

485 *Assmann*, Dissertation, 1959, S. 198-199a.

486 *Assmann*, Dissertation, 1959, S. 204, 208; Thesen zur Dissertation *Assmann*, in: Schreiben der Deutschen Akademie für Staats- und Rechtswissenschaften vom 18. Juli 1959, in: BArch DP 1 VA 1431 Bd. 2, S. 43-47 v. (47 v.).

487 Entwurf vom 9. Juli 1959, siehe hierzu bereits Fn. 457 (oben S. 115); abgedruckt im Anhang (unten S. 203 ff.).

rückgegriffen.[488] Nicht berücksichtigt wurde jedoch *Assmanns* neuer Vorschlag, statt der aufzählenden eine allgemeine Haftung des Staates einzuführen. Das Justizministerium stand unter Zeitdruck und der Entwurf 1959-II sollte ohne weitere Verzögerungen dem ZK der SED vorgelegt werden.

Kurze Zeit später stellte sich die Lage jedoch etwas anders dar. Im Rahmen einer "Überprüfung der Grundkonzeption des Staatshaftungsgesetzes" hatte man im Justizministerium bemerkenswerter Weise Folgendes festgestellt[489]:

"Der jetzige Entwurf des Gesetzes über die Haftung des Staates lässt jede mobilisierende Wirkung vermissen, die von einem sozialistischen Gesetz ausgehen muss. Es wirkt formal und orientiert den Leser außerdem noch unrichtig, in dem durch die jetzige Fassung des § 1 Abs. 1 und 2 der irrige Eindruck entsteht, als sei es für die Verhaltensweise unserer staatlichen Mitarbeiter typisch, dass er strafbare Handlungen begeht oder bestimmte Eintragungen bzw. Handlungen fehlerhaft durchführt. So ist es doch aber nicht, und dieser Ausnahmecharakter müsste im Gesetz klar ausgedrückt werden.

Vorgeschlagen wird ein entsprechender einleitender Text, der auf das Positive orientiert, was durch dieses Gesetz erreicht werden soll."

Um "die Überlegenheit unseres sozialistischen Rechtssystems sichtbar" zu machen, sei "unter Anlegung neuer Maßstäbe ... zu prüfen, ob das dem bisherigen Entwurf zugrunde liegende Enumerationsprinzip durch die allgemeine Staatshaftung ersetzt werden" könne.[490]

Als grundsätzliche Alternativlösung zum Erlass eines Staatshaftungsgesetzes wurde erwogen, die gesamte Materie im Rahmen des geplanten Zivilgesetzbuches zu regeln.[491]

Der Entwurf 1959-II in der vorliegenden Fassung entspreche jedenfalls "nicht den Forderungen des V. Parteitages und der Babelsberger Konferenz". Es sei daher erforderlich, "erst einmal neues Material für die in der Praxis vorkommenden Anwendungsfälle zu bekommen".[492] Nähere Ausführungen zu den konkreten Forderungen des V. Parteitages oder der Babelsberger Konferenz enthält der Vermerk des Justizministeriums nicht.

488 So ausdrücklich im Vermerk des Justizministeriums vom 27. Oktober 1959, in: BArch DP 1 VA 1431 Bd. 2, S. 89 v.-91 v. (89 v.).

489 Vermerk des Justizministeriums vom 31. August 1959, in: BArch DP 1 VA 1431 Bd. 2, S. 57-60 (59).

490 Vermerk des Justizministeriums vom 27. Oktober 1959, in: BArch DP 1 VA 1431 Bd. 2, S. 89 v.-91 v. (89 v. f.).

491 Vermerk des Justizministeriums vom 31. August 1959, in: BArch DP 1 VA 1431 Bd. 2, S. 57-60 (58).

492 Vermerk des Justizministeriums vom 3. September 1959, in: BArch DP 1 VA 1431 Bd. 2, S. 61. Mit der "Babelsberger Konferenz" war hier die Konferenz von Februar 1959 gemeint, vgl. hierzu Fn. 361 (oben S. 96).

12. Ermittlung des Bedarfs für eine Staatshaftungsregelung

Noch im September 1959 wurden die zentralen staatlichen Stellen aufgefordert, eine Sammlung der für ihren Bereich jeweils typischen Staatshaftungsfälle an das Justizministerium zu übermitteln.[493]

Hierauf war bereits bis Ende November desselben Jahres eine Reihe von Antworten eingetroffen.[494] Diese enthielten fast einheitlich die Aussage, dass im betreffenden Bereich keine Staatshaftungsfälle bekannt seien. Lediglich der Minister für Nationale Verteidigung hatte seinem Schreiben eine umfangreiche Auflistung möglicher Schadensfälle beigefügt.[495]

Als *Assmann* das Justizministerium Ende November 1959 ersuchte, seine Dissertation durch den Zentralverlag im ersten Quartal des Jahres 1960 zu veröffentlichen,[496] antwortete man ihm wie folgt[497]:

"... Die bisherigen Stellungnahmen der Ministerien lassen die Schlussfolgerung zu, dass – abgesehen von den bewaffneten Organen – nur ein geringes praktisches Bedürfnis zur Regelung dieser Fragen besteht. Es wird deshalb noch einmal grundsätzlich beraten werden müssen, ob es überhaupt notwendig ist, ein Staatshaftungsgesetz zu erlassen. Bevor diese Frage nicht entschieden ist, halte ich es nicht für richtig, Deine Dissertation zu veröffentlichen. Durch die Veröffentlichung würde die Aufmerksamkeit auf Probleme gelenkt werden, deren gesetzliche Regelung unter Umständen nicht zu erwarten ist. ..."

Bis Anfang Januar 1960 hatten sich schließlich fast alle beteiligten staatlichen Organe zu möglichen Staatshaftungsfällen geäußert.[498] Nach Auswertung

493 Verfügung des Justizministeriums vom 3. September 1959, in: BArch DP 1 VA 1431 Bd. II, S. 61 h.-62 v.

494 Schreiben des Komitees für Arbeit und Löhne, in: BArch DP 1 VA 1431 Bd. 2, S. 93; Schreiben der Deutschen Notenbank, in: BArch DP 1 VA 1431 Bd. 2, S. 94; Schreiben des Ministeriums für Außenhandel und Innerdeutschen Handel, in: BArch DP 1 VA 1431 Bd. 2, S. 95; Schreiben des Finanzministeriums, in: BArch DP 1 VA 1431 Bd. 2, S. 96; Schreiben des Bundesvorstandes des FDGB, in: BArch DP 1 VA 1431 Bd. 2, S. 100; Schreiben der Staatlichen Plankommission, in: BArch DP 1 VA 1431 Bd. 2, S. 103; Schreiben des Innenministeriums, in: BArch DP 1 VA 1431 Bd. 2, S. 107.

495 Schreiben des Ministeriums für Nationale Verteidigung vom 4. November 1959, in: BArch DP 1 VA 1431 Bd. 2, S. 97-99.

496 Schreiben *Assmanns* vom 25. November 1959, in: BArch DP 1 VA 1431 Bd. 2, S. 105.

497 Schreiben des Justizministeriums vom 5. Dezember 1959, in: BArch DP 1 VA 1431 Bd. 2, S. 106.

498 Schreiben des Obersten Gerichts vom 13. November 1959, in: BArch DP 1 VA 1431 Bd. 2, S. 101 v.-102 v.; Schreiben der Staatlichen Plankommission vom 5. Januar 1960, in: BArch DP 1 VA 1431 Bd. 2, S. 108-111; Schreiben des Innenministeriums vom 7. Januar 1960, in: BArch DP 1 VA 1431 Bd. 2, S. 112-114; Schreiben der Generalstaatsanwaltschaft vom 8. Januar 1960, in: BArch DP 1 VA 1431 Bd. 2, S. 115-121.

durch das Justizministerium war dabei "überwiegend zum Ausdruck gebracht worden, dass in den letzten Jahren keine Staatshaftungsfälle aufgetreten" seien.[499] Tatsächlich hatte neben dem Ministerium für Nationale Verteidigung nur noch das Innenministerium eine umfangreiche Fallsammlung eingereicht. Die Generalstaatsanwaltschaft hatte verallgemeinerte Fallbeispiele aufgeführt.[500] Vom Minister für Staatssicherheit war eine Übersendung denkbarer Fälle seines Bereiches abgelehnt worden.[501]

Die sich aus den Schreiben grundsätzlich aufdrängende Schlussfolgerung, dass eine Staatshaftung in den meisten Bereichen nicht notwendig sei, wurde durch das Justizministerium jedoch angezweifelt. Aufgrund der Mitteilung der Generalstaatsanwaltschaft war dem Ministerium eine Reihe von Staatshaftungsfällen bekannt geworden, die in die Bereiche der verschiedensten Organe fielen.[502] Im Justizministerium wurde daraufhin festgestellt[503]:

"Die eingegangenen Stellungnahmen vermitteln somit kein reales Bild und es wird vorgeschlagen, in einer Zusammenkunft der beteiligten Dienststellen über die Notwendigkeit des Erlasses eines Staatshaftungsgesetzes zu beraten."

Zur Orientierung hatte das Justizministerium bereits eine Zusammenstellung der sich aus den Schreiben ergebenden Staatshaftungsfälle erarbeitet.[504]

Über den aktuellen Stand der Gesetzgebungsarbeiten informierte die Justizministerin den Ministerrat Ende Januar 1960.[505] Trotz der dargestellten Zweifel an dem Ergebnis ihrer Anfrage zog sie in dem Schreiben den Schluss, dass abgesehen von den bewaffneten Kräften "kein praktisches Bedürfnis für eine sofortige Regelung der Staatshaftung" bestehe. Sie halte sogar "die Schaffung eines solchen besonderen Gesetzes, das einseitig die Haftung des Staates ... regeln würde, ... im jetzigen Zeitpunkt für politisch falsch". Ihr Vorschlag gehe vielmehr dahin, die vorliegenden Materialien bei der Schaffung des neuen Zivilgesetzbuches zu berücksichtigen, und entweder in dieses eine

499 Vermerk des Justizministeriums vom 15. Januar 1960, in: BArch DP 1 VA 1431 Bd. 2, S. 122 v.-124 v. (122 v.).

500 Schreiben der Generalstaatsanwaltschaft vom 8. Januar 1960, in: BArch DP 1 VA 1431 Bd. 2, S. 115-121 (117-121).

501 Vermerk des Justizministeriums vom 15. Januar 1960, in: BArch DP 1 VA 1431 Bd. 2, S. 122 v.-124 v. (122 v.).

502 Schreiben der Generalstaatsanwaltschaft vom 8. Januar 1960, in: BArch DP 1 VA 1431 Bd. 2, S. 115-121 (117-121).

503 Vermerk des Justizministeriums vom 15. Januar 1960, in: BArch DP 1 VA 1431 Bd. 2, S. 122 v.-124 v. (122 h.).

504 Vermerk des Justizministeriums vom 15. Januar 1960, in: BArch DP 1 VA 1431 Bd. 2, S. 122 v.-124v (122 h.-124 v.); abgedruckt im Anhang (unten Seite 242 ff.).

505 Schreiben der Justizministerin vom 25. Januar 1960, in: BArch DP 1 VA 1431 Bd. 2, S. 126 v. u. h.

entsprechende Regelung aufzunehmen, oder aber ein entsprechendes besonderes Gesetz zeitgleich mit dem Zivilgesetzbuch in Kraft zu setzen. Die Fälle der bewaffneten Kräfte könnten indessen weiterhin über die bereits bestehenden Versicherungsverträge geregelt werden.[506]

Inhaltlich gleiche Briefe sandte das Justizministerium im Februar 1960 an die bislang beteiligten staatlichen Organe.[507] Nur die Minister des Innern und für Nationale Verteidigung wurden dabei aufgefordert, ihre Zustimmung zur vorläufigen Zurückstellung des Staatshaftungsgesetzes zu erteilen.[508] Kurz darauf trafen die erbetenen Zustimmungen ein.[509]

13. Vorläufige Einstellung der Gesetzgebungsarbeiten

In Verwirklichung ihres Vorschlags, die Materie im neuen Zivilgesetzbuch zu regeln, ließ die Justizministerin im September 1960 den zuletzt ausgefertigten Entwurf 1959-II an den Vorsitzenden der so genannten Unterkommission Zivilrechtliche Verantwortlichkeit beim Justizministerium übergeben.[510] Das anliegende Schreiben enthielt den Hinweis, dass der Entwurf nicht den Forderungen des V. Parteitages der SED und der Babelsberger Konferenz entspreche und deshalb grundsätzlich überarbeitet werden sollte. Dies sei bisher unterblieben, da nach Aussage der zentralen staatlichen Organe derzeit überwiegend kein Bedürfnis für den Erlass eines besonderen Staatshaftungsgesetzes bestehe. Stattdessen könnte die Regelung der Staatshaftung im Rahmen des Abschnitts Zivilrechtliche Verantwortlichkeit im neuen Zivilgesetzbuch erfolgen. Für die Bearbeitung der Materie wurde empfohlen, eine Fachgruppe zu bilden, in der seitens der Wissenschaft *Assmann* von der Deutschen Akademie für Staats- und Rechtswissenschaften und seitens der zentralen Organe die Vertreter des Innen- und des Finanzministeriums sowie des Ministeriums für Nationale Verteidigung beteiligt werden sollten.[511]

Die Gesetzgebungsarbeiten auf dem Gebiet der Haftung des Staates für Amtspflichtverletzungen seiner Angestellten waren damit vorerst beendet. Eine

506 Schreiben der Justizministerin vom 25. Januar 1960, in: BArch DP 1 VA 1431 Bd. 2, S. 126 v. u. h.

507 Verfügung des Justizministeriums vom 4. Februar 1960, in: BArch DP 1 VA 1431 Bd. 2, S. 127.

508 Schreiben des Justizministeriums vom 11. Februar 1960, in: BArch DP 1 VA 1431 Bd. 2, S. 128 v. u. h. (128 h.).

509 Schreiben des Innenministeriums vom 1. März 1960, in: BArch DP 1 VA 1431 Bd. 2, S. 130; Schreiben Ministeriums für Nationale Verteidigung vom 2. März 1960, in: BArch DP 1 VA 1431 Bd. 2, S. 129.

510 Verfügung des Justizministeriums vom 15. September 1960, in: BArch DP 1 VA 1431 Bd. 3, S. 66 v. u. h.

511 Verfügung des Justizministeriums vom 15. September 1960, in: BArch DP 1 VA 1431 Bd. 3, S. 66 v. u. h.

Weiterbehandlung in der Unterkommission Zivilrechtliche Verantwortlichkeit erfolgte zumindest in der Zeit vor der Schließung der Grenzen am 13. August 1961 nicht mehr.

14. Abschluss eines neuen Versicherungsvertrages

Am 17. August 1961 wurde per Anweisung des Finanzministers, mit Rückwirkung zum 1. Juli 1961, ein neuer Staatsversicherungsvertrag geschlossen.[512] Dessen § 2 Buchstabe A lautete[513]:

"Die 'DVA' hat finanziellen Ersatz zu leisten:

...

(3) *bei berechtigten Schadensersatzansprüchen,*
die von Dritten aufgrund gesetzlicher Haftpflichtbestimmungen gegen die 'Dienststellen' oder die 'Personen' in Ausübung ihrer dienstlichen, ehrenamtlichen oder gesellschaftlichen Tätigkeit beziehungsweise in Erfüllung ihrer schulischen Aufgaben wegen
Tötung, Verletzung oder Gesundheitsschädigung von Menschen, Vernichtung, Beschädigung oder Abhandenkommens von Sachen
gestellt werden. ..."

Nach § 1 des Vertrages waren zu den "Dienststellen" unter anderem "sämtliche Organe der staatlichen Verwaltung und staatlichen Einrichtungen" und zu den "Personen" "die in einem Arbeitsrechts- bzw. Dienstverhältnis zu den Dienststellen" Stehenden zu zählen.[514] Haftungsfälle aus unerlaubter hoheitlicher Handlung wurden demnach erneut durch den Vertrag abgedeckt. Die Absicherung solcher Haftungsansprüche der Bürger hatte im Verhältnis zur gesetzlichen Regelung der Staatshaftung mehrere Vorteile. Zum einen standen sich Staat und Bürger im Rahmen der Versicherungslösung nicht mit entgegengesetzten Interessen gegenüber, was mit der Ansicht der DDR-Führung viel besser zusammen passte, dass in der DDR eine Übereinstimmung der Interessen von Staat und Bürgern bestehe. Zudem bedurfte es bei dieser Lösung keiner gesonderten Rechtswegregelungen. Nach den in der DDR zu dieser Zeit noch geltenden §§ 149 ff. VVG und der hierzu ergangenen früheren Rechtsprechung[515] war die Haftpflichtversicherung auf Verlangen des Versicherungs-

512 Anweisung Nr. 30/61 des Ministers der Finanzen vom 17. August 1961, in: BArch DC 20 I/4-1261, S. 42 v.-46 h. Die Vermutung von *Ossenbühl*, 1991, S. 381, dass die staatliche Haftpflichtversicherung durch diese Anweisung aufgehoben worden sei, trifft demnach nicht zu.

513 Anweisung Nr. 30/61 des Ministers der Finanzen vom 17. August 1961, in: BArch DC 20 I/4-1261, S. 42 v.-46 h. (46 h.); Hervorhebung im Original.

514 Anweisung Nr. 30/61 des Ministers der Finanzen vom 17. August 1961, in: BArch DC 20 I/4-1261, S. 42 v.-46 h (42 v.).

515 Gesetz über den Versicherungsvertrag vom 30. Mai 1908, RGBl. I, S. 263 ff., mit seinen späteren Änderungen; RG, Urt. vom 27. Mai 1938, RGZ 158, S. 6-16.

nehmers, aber auch ohne dieses Verlangen[516] zur Befriedigung des Geschädigten verpflichtet. Der Staat konnte die Geschädigten daher relativ neutral an die Versicherung verweisen, ohne hierzu erst verklagt werden zu müssen. Eines Rechtsweges gegen den Staat bedurfte es in dieser Konstellation daher de facto nicht.

Ein wesentlicher Vorteil der Versicherungslösung dürfte auch darin gesehen worden sein, dass die auf den Staat lediglich in Form der zu leistenden Prämien zukommenden Kosten überschaubarer und im Rahmen der Haushaltsplanungen kalkulierbarer wurden. Die Möglichkeit einer Schadensersatzleistung des Staates aus Billigkeitsgründen blieb von der Versicherungslösung zudem unberührt.[517]

Es gab damit also einerseits weiterhin kein verbindliches Gesetz, welches die Haftpflicht des Staates gegenüber dem Bürger eindeutig festlegte. Andererseits war die Leistung von Schadensersatz durch einen liquiden Schuldner abgesichert, ohne dass dies für die im Dienste des Staates handelnden Personen den wirtschaftlichen Ruin hätte bedeuten können. Der Schutz dieser Personen, auf deren Handlungs- und Entschlussfreudigkeit man zur Zeit der Schließung der Grenzen besonders angewiesen war, mag im Ergebnis auch ein Beweggrund für die Erneuerung des Staatsvertrages gewesen sein.

III. Zusammenfassung

Die fünf Jahre vor dem Mauerbau waren zunächst durch einen spürbaren wirtschaftlichen Aufschwung gekennzeichnet. Vor diesem Hintergrund steckte sich die Führung der DDR das Ziel, in den folgenden Jahren die Bundesrepublik Deutschland in der wirtschaftlichen Entwicklung zu überholen. Da die DDR jedoch mit der rasanten technischen Entwicklung nicht mithalten konnte, geriet sie spätestens ab 1959 in ernste wirtschaftliche Schwierigkeiten. Der dann einsetzenden Flucht der arbeitsfähigen Bevölkerung in den Westteil Deutschlands konnte die DDR-Führung nichts entgegensetzen. Der nicht abreißende Flüchtlingsstrom veranlasste sie vielmehr, das Land im Sommer 1961 abzuriegeln.

Das Versicherungsvertragsgesetz wurde in der DDR erst mit dem Inkrafttreten des Zivilgesetzbuches durch § 15 Abschnitt I Ziffer 7 EGZGB aufgehoben.

516 Vgl. dazu *Prölß*, 1948, § 156 Ziffer 5 lit. B; siehe auch RG, Urt. vom 27. Mai 1938, RGZ 158, S. 6-16 (8-10).
Eine inhaltsgleiche Regelung findet sich später in § 264 Abs. 2 ZGB. Siehe hierzu auch *Lübchen*, Kommentar, § 264 Ziffer 2.1.

517 Aus den gesichteten Materialien ergeben sich keine Anhaltspunkte dafür, dass auch Billigkeitszahlungen durch die Versicherung geleistet wurden. Diese müssten den Staatshaushalt somit direkt belastet haben.

Ebenso wechselhaft, wie sich die politisch-ökonomischen Rahmenbedingungen gestalteten, verliefen auch die Diskussionen zur Regelung der Staatshaftung in der DDR. Dabei erfuhr das Gesetzgebungsvorhaben zu Beginn der fünf Jahre vor dem Mauerbau zunächst einen Aufschwung. Unter der Leitung des Innenministeriums war ein Gesetzesentwurf[518] erarbeitet worden, der erstmals eine allgemeine Haftung des Staates vorsah. Zur Durchsetzung des Staatshaftungsanspruchs war ein abgestuftes Verwaltungsverfahren vorgesehen. Nachdem das ZK der SED diesen Entwurf jedoch scheitern ließ, gab das Innenministerium die Federführung in Sachen Staatshaftungsgesetz an das Justizministerium ab.

Dort setzte im Jahre 1957 ein regelrechter Beratungsboom ein. Nach ausgiebiger Diskussion des Für und Wider der einzelnen Regelungen verabschiedete die inzwischen gegründete Kommission Staatshaftung im Februar 1958 einen neuen Entwurf,[519] der zwar wieder eine enumerative Haftung des Staates jedoch unter Eröffnung des ordentlichen Rechtsweges regelte. Beide Entwürfe enthielten mit dem Vorschlag der allgemeinen Haftung einerseits und mit dem Vorschlag der Eröffnung des Rechtsweges andererseits Zugeständnisse des Staates, zu denen man sich sicherlich auf Grund des noch anhaltenden wirtschaftlichen Aufschwungs in der DDR hatte durchringen können. Dass der 58-er Entwurf nicht neben der Eröffnung des Rechtweges auch die allgemeine Haftung des Staates vorsah, liegt an dem maßgebenden Einfluss der Justizministerin, die sich für ein strenges Enumerationsprinzip aussprach. Ihr Beweggrund bestand unter anderem darin, den Staat vor einer unüberschaubaren Vielzahl von Haftungsfällen zu schützen.

Mit dem zum 58-er Entwurf eingeleiteten Mitzeichnungsverfahren geriet das Gesetzesvorhaben ins Stocken. Von den vorgetragenen Bedenken gegen einzelne Regelungen des Entwurfs konnten insbesondere jene gegen die Eröffnung des Rechtsweges nicht ausgeräumt werden.

Auf Grund des durch das ZK der SED aufgebauten Zeitdrucks wurde der Entwurf im Jahre 1959 schließlich dahingehend abgeändert, dass eine enumerative Haftung des Staates vorgesehen wurde, die in einem reinen Verwaltungsverfahren durchsetzbar sein sollte.[520] Damit war im Hinblick auf die Rechtsgarantien für die Bürger ein deutlicher Rückschritt im Verhältnis zu den beiden vorhergehenden Entwürfen zu verzeichnen.

Wahrscheinlich auch vor dem Hintergrund der einschlägigen Dissertation *Assmanns*, in der er sich mit umfangreichen politischen Begründungen für eine allgemeine Staatshaftung aussprach, stellte die Justizministerin im Sommer

518 Entwurf vom 30. Januar 1957; siehe Fn. 319 (oben S. 89); abgedruckt im Anhang (unten S. 194 ff.).

519 Entwurf vom 27. Februar 1958; siehe Fn. 369 (oben S. 98); abgedruckt im Anhang (unten S. 197 ff.).

520 Entwurf vom 9. Juli 1959, siehe hierzu bereits die Fn. 457 (oben S. 115), abgedruckt im Anhang (unten S. 203 ff.).

1959 fest, dass die Entwurfskonstellation "jede mobilisierende Wirkung vermissen lasse" und noch einmal neu durchdacht werden müsse. Eine sachliche Lösung des Problems erschien zum damaligen Zeitpunkt, zu dem die DDR-Führung gerade wegen erheblicher wirtschaftlicher Schwierigkeiten die Umsetzung des zweiten Fünfjahrplans abgebrochen hatte, unmöglich. Vielmehr wurde der Weg gewählt, die Arbeiten am Entwurf eines Staatshaftungsgesetzes vorerst einzustellen und die Regelung der Materie in das neu zu schaffende Zivilgesetzbuch zu verlagern.

Im Ergebnis sind in diesem Zeitabschnitt besonders deutliche Parallelen zwischen der politisch-ökonomischen Situation der DDR und dem Fortgang der Gesetzgebungsarbeiten erkennbar. Nach einem starken Auftakt gerieten die Arbeiten ins Stocken und wurden am Ende praktisch eingestellt.

D. Vom Mauerbau zur neuen Verfassung der DDR

I. Reform der Wirtschaft und Notwendigkeit einer neuen Verfassung

Die Zeit direkt nach dem 13. August 1961 war noch durch Repressalien gegen zahlreiche Menschen der DDR gekennzeichnet, die sich öffentlich gegen die Schließung der Grenzen aussprachen oder die durch ihr Verhalten Widerstand gegen das System zu demonstrieren schienen. Diese staatlichen Ausschreitungen nahmen jedoch allmählich bis zum Ende des Jahres 1961 ab.[521] Einer der Gründe hierfür kann darin gesehen werden, dass *Chruschtschow* auf dem XXII. Parteitag der KPdSU im Oktober 1961 eine neue Phase der Entstalinisierung einleitete, in deren Zusammenhang er harte Kritik an den Terror-Methoden *Stalins* übte.[522]

Die Führung der DDR sah sich nunmehr veranlasst, diesen Kurs auch in ihrem Land nachzuvollziehen. Es wurde erkannt, dass das Vertrauen der Bevölkerung nicht nur durch ideologische Überzeugungsarbeit, sondern vor allem durch eine Erhöhung des Lebensstandards gewonnen werden konnte. Deshalb begann die SED, ihre Kraft der Entwicklung der Wirtschaft zu widmen.[523]

Zum Ende des Jahres 1961 wurde durch das Politbüro des ZK der SED eine Kampagne zur besseren Einbeziehung der "Frau beim Aufbau des Sozialismus" ins Leben gerufen.[524] Die Partei ging davon aus, dass die Wirtschaftsprobleme

521 *Mählert*, 2001, S. 103; *Weber*, Geschichte, 1986, S. 329-331 m. w. N.

522 *Schroeder, Klaus*, 2000, S. 173; *Staritz*, 1996, S. 203; *Weber*, Geschichte, 1986, S. 332 (dort Fn. 12).

523 *Mählert*, 2001, S. 103 f.; *Schroeder, Klaus*, 2000, S. 174 f.; *Weber*, Geschichte, 1986, S. 337 f.

524 Vgl. hierzu ND vom 23. Dezember 1961, B-Ausgabe, S. 1 f. (2): Unter dem Titel "Die Frauen – der Frieden und der Sozialismus, Kommuniqué des Politbüros des Zentralkomitees der SED" hieß es unter anderem: "Die Gleichberechtigung der Frau, ihre

nur bewältigt werden könnten, wenn auch so viele Frauen und Mädchen wie möglich zur Arbeit herangezogen würden. Knapp 65 Prozent der arbeitsfähigen Frauen zwischen sechzehn und sechzig Jahren waren damals bereits berufstätig. Es galt nun, auch die restlichen gut 30 Prozent nicht berufstätiger Frauen mit einzubeziehen.[525]

Dass der wirtschaftliche Aufschwung als neuralgischer Punkt der weiteren Entwicklung angesehen wurde, spiegelte sich auch auf dem VI. Parteitag der SED wider, der im Januar 1963 in Berlin tagte.[526] So war dort unter anderem von grundsätzlichen Reformen des bisherigen Wirtschaftssystems die Rede. Dabei wurde die Vorstellung geäußert, die Arbeitsproduktivität durch stärkere "materielle Interessiertheit" zu erhöhen.[527] Die Konzentration auf ökonomische Probleme manifestierte sich auch darin, dass während des VI. Parteitages Wirtschaftsfachleute[528] in das Politbüro des ZK der SED gewählt wurden.[529]

Mit der anschließenden Einführung des so genannten Neuen Ökonomischen Systems der Planung und Leitung (NÖSPL) sollte sodann das Wirtschaftssystem modernisiert und dessen Effizienz erhöht werden. Dabei sollten die Betriebe auf der Grundlage der von der Staatlichen Plankommission vorgegebenen Rahmenpläne größere Spielräume und mehr Eigenverantwortlichkeit erhalten. Der Kern des NÖSPL wurde im "System der ökonomischen Hebel" gesehen. Selbstkosten, Preis, Gewinn, Kredit, Löhne und Prämien waren systematisch aufeinander abzustimmen. Die "materielle Interessiertheit" des einzel-

---

Förderung im beruflichen und gesellschaftlichen Leben heißt die Republik stärken, dem Frieden und dem Sozialismus neue große Kräfte zuführen und eine glückliche, helle Zukunft der Frauen und Mütter sichern." Siehe hierzu auch *Weber*, Geschichte, 1986, S. 339.

525 *Weber*, Geschichte, 1986, S. 339 f.; *Weber*, Kleine Geschichte, 1988, S. 111.

526 Siehe zum Beispiel *Heitzer*, 1979, S. 159.

527 *Heitzer*, 1979, S. 160; *Weber*, Geschichte, 1986, S. 350.

528 Zu diesen Experten zählte u. a. *Günter Mittag*, Jahrgang 1926, Ausbildung bei der Reichsbahn, Wirtschaftsstudium, Promotion 1958, Sekretär der Wirtschaftskommission beim Politbüro des ZK der SED, ab 1962 Mitglied des ZK der SED und Sekretär für Wirtschaft sowie ab 1966 Mitglied des Politbüros, von 1973 bis 1976 Erster stellvertretender Vorsitzender des Ministerrates. Weitere Informationen zu *Mittag* finden sich auf den Seiten des Deutschen Historischen Museums unter http://www.dhm.de/lemo/html/biografien/MittagGuenter/.
Ein weiteres Beispiels ist *Erich Apel*, Jahrgang 1917, Ausbildung als Werkzeugmacher und Maschinenbauingenieur, Minister für Schwermaschinenbau, Leiter der Wirtschaftskommission beim Politbüro des ZK der SED, Promotion, Sekretär des ZK der SED für Wirtschaft; vgl. *Staritz*, 1996, S. 212; *Weber*, Kleine Geschichte, 1988, S. 213.

529 *Schroeder, Klaus*, 2000, S. 175; *Staritz*, 1996, S. 211 f.; siehe auch *Weber*, Geschichte, 1986, S. 348.

nen Arbeiters und der "Gewinn" des Betriebes sollten zu höheren Leistungen anspornen.[530]

Das NÖSPL führte tatsächlich zu einer merklichen Verbesserung der wirtschaftlichen Lage der DDR.[531] Der Lebensstandard der Bevölkerung stieg.[532] Auch der Stellenwert der DDR als "Industriemacht" sowohl im Maßstab des RGW als auch im Weltmaßstab wuchs.[533]

Da die SED jedoch ihre eigene Rolle durch das auf Dezentralisierung bauende NÖSPL gefährdet sah, leitete sie Ende 1965 eine "zweite Etappe" der Wirtschaftsreform, das so genannte Neue Ökonomische System ein.[534] Dieses sollte unter anderem die zentrale Rolle der Parteiführung in der Wirtschaft unterstreichen helfen.[535] Ebenfalls Ende 1965 schloss die DDR ein langfristiges Handelsabkommen mit der UdSSR ab. Nicht zuletzt durch die daraus resultierende enge Bindung an das Wirtschaftssystem der UdSSR wurden die "Befreiungen", die das NÖSPL gebracht hatte, in Frage gestellt.[536]

Dennoch hatte das Neue Ökonomische System zu einer weiteren spürbaren Erholung der Wirtschaft beigetragen.[537] Der Lebensstandard war fortwährend gestiegen. Während des VII. Parteitages der SED, der vom 17. bis 22. April 1967 tagte, wurde daher auch die Erwartung eines noch weiteren Wachstums der Industrieproduktion und des Nationaleinkommens ausgesprochen.[538]

Vor dem Hintergrund der grundlegenden gesellschaftlichen Veränderungen, die sich nach der Schließung der Grenzen der DDR ergaben, wurde auch die

530 *Mählert*, S. 103 f.; *Schroeder, Klaus,* 2000, S. 179; *Weber*, Geschichte, 1986, S. 351.

531 1964 stieg die Arbeitsproduktivität um 7%, 1965 um 6%. Das Nationaleinkommen wuchs 1964 und 1965 um 4,8% und 4,4%; *Heitzer*, 1979, S. 168; vgl. auch *Weber*, Geschichte, 1986, S. 352.

532 Dies lässt sich unter anderem an der Ausstattung der Bevölkerung mit langlebigen Gebrauchsgütern ablesen: Im Jahre 1966 besaßen von 100 Haushalten in der DDR neun einen PKW (1955 = 0,2); 54 ein Fernsehgerät (1955 = 1); 32 eine Waschmaschine (1955 = 0,5); 31 einen Kühlschrank (1955 = 0,4). Vgl. *Weber*, Geschichte, 1986, S. 352; ähnliche Auflistungen bei *Staritz*, 1996, S. 230.

533 *Weber*, Geschichte, 1986, S. 352.

534 *Ulbricht* proklamierte die "zweite Etappe" des Neuen Ökonomischen Systems auf dem XI. Plenum des ZK der SED, das vom 15. bis 18. Dezember 1965 tagte. Vgl. *Weber*, Geschichte, 1986, S. 367; hierzu auch *Schroeder, Klaus*, 2000, S. 180 f.

535 *Schroeder, Klaus,* 2000, S. 180; *Weber*, Geschichte, 1986, S. 367.

536 *Weber*, Geschichte, 1986, S. 352, 367.

537 Vgl. ND vom 19. Januar 1967, B-Ausgabe, S. 1: Unter der Überschrift "1966 – ein Jahr, das uns alle reicher machte. Gesundes und beständiges Wachstum unserer Volkswirtschaft" wurde berichtet, dass das Nationaleinkommen gegenüber 1965 um 4,5%, die Industrieproduktion um 6,5%, die Arbeitsproduktivität um 6%, die Investitionen um 7% und die Geldeinnahmen der Bevölkerung um 3,7% gestiegen seien.

538 *Heitzer*, 1979, S. 170; *Weber*, Geschichte, 1986, S. 376 m. w. N.

weitere Gestaltung der rechtlichen Rahmenbedingungen in Angriff genommen. So hatte man insbesondere mit der Erarbeitung einer neuen Verfassung für die DDR begonnen. Ihre Verabschiedung sollte im Frühjahr 1968 erfolgen.

II. Weitere Diskussion der Staatshaftung

1. Neuer Anfang

Nach dem vorliegenden Aktenmaterial wurden die Arbeiten an einer Staatshaftungsregelung im Rahmen des künftigen Zivilgesetzbuchs erst im Jahre 1964 wieder aufgenommen. Am 10. Juni 1964 hatte die Ministerratskommission zur Schaffung eines neuen Zivilgesetzbuchs und einer neuen Zivilprozessordnung dem Staatsrat einen ersten allgemeinen Bericht über die bisherige Arbeit an beiden Gesetzeswerken vorgelegt.[539] Der Staatsrat erteilte daraufhin der Justizministerin durch Beschluss vom 18. August 1964 den Auftrag, die Ausarbeitung von Zivilgesetzbuch und Zivilprozessordnung durch umfassende und gründliche Untersuchungen der konkreten gesellschaftlichen Verhältnisse vorzubereiten und im zweiten Quartal des Jahres 1965 einen Bericht über den Stand der Arbeiten anzufertigen.[540]

2. "Fragenspiegel" zur Staatshaftung

Etwa im September/Oktober 1964 wandte sich sodann die "Unterkommission Außervertragliche Verantwortlichkeit" des Ministerrates, welche auch für die Neuregelung des Staatshaftungsrechts verantwortlich war, mit einem so ge-

539 Bericht des Justizministeriums über den Stand, die bisherigen Arbeitsergebnisse sowie die nächsten Aufgaben in der Arbeit am Entwurf eines ZGB und einer ZPO vom Mai 1965, in: BArch DC 20 I/4-1134, S. 125-150 (125).
Nach *Eckert* wurden die Arbeiten an einem Zivilgesetzbuch Anfang Mai 1963 zunächst ergebnislos eingestellt und erst wieder im Januar 1964 auf Grund eines Ministerratsbeschlusses mit der Konstituierung der "Kommission zur Ausarbeitung eines neuen ZGB und einer neuen ZPO" wieder aufgenommen. Die Arbeiten dieser Kommission führten im Oktober 1965 zur Vorlage eines ZGB-Entwurfs, der die "Verantwortlichkeit der staatlichen Organe" zumindest erwähnte. Für die Annahme, dass die Arbeiten an einer Staatshaftungsregelung tatsächlich erst im Jahre 1964 aufgenommen wurden, spricht jedenfalls der in etwa zeitgleiche Beginn der Arbeit der neuen ZGB-Kommission. Siehe *Eckert*, 1995, S. 231-242 (236 f.), und *Eckert/Hattenhauer*, S. 276-817 (502, 772 f.). Dass eine Aufnahme der Arbeiten an einer Staatshaftungsregelung nicht vor Mitte 1964 erfolgte, kann aber auch aus *Flinders* Ausführungen gefolgert werden, nach denen die Regelung der Staatshaftung zeitlich eher zum Ende des Jahres 1964 diskutiert wurde. *Flinder*, 1999, S. 120-134 (121, 133).

540 Bericht des Justizministeriums über den Stand, die bisherigen Arbeitsergebnisse sowie die nächsten Aufgaben in der Arbeit am Entwurf eines ZGB und einer ZPO vom Mai 1965, in: BArch DC 20 I/4-1134, S. 125-150 (125). Siehe auch Geheime Ministerrats-Sache Nr. 356/65 vom 7. Mai 1965, in: BArch DC 20 I/4-1134, S. 122.

nannten Fragenspiegel zur Staatshaftung an die einzelnen Ministerien der DDR. Dabei wurde um Beantwortung folgender Fragen gebeten[541]:

"1. In welcher Höhe sind bisher Entschädigungszahlungen geleistet worden?
2. Welches waren die wichtigsten Gründe für die Entschädigungsleistungen?
3. In welchem Umfange wurden Entschädigungen gezahlt, ohne dass eine rechtswidrige oder schuldhafte Handlung eines Mitarbeiters vorlag?
4. Welche Schlussfolgerungen für die Zulässigkeit des Rechtsweges in diesen Fällen ergeben sich aus den vorliegenden Erfahrungen, insbesondere darüber, inwieweit die Gerichte über Grund und Höhe des Anspruchs entscheiden sollen?"

Der Inhalt der in Umlauf gebrachten Fragen macht deutlich, dass die finanzielle Belastung des Staatshaushaltes offenbar nach wie vor Einfluss auf das Ob und Wie der Staatshaftung haben sollte und dass man bisher noch immer keinen Aufschluss über das Ausmaß dieser Belastung des Staatshaushaltes hatte.[542]

3. Pläne zur Regelung der Staatshaftung im Zivilgesetzbuch

Bericht für den Staatsrat

Den vom Staatsrat angeforderten Bericht über die bisherigen Arbeiten an Zivilgesetzbuch und Zivilprozessordnung legte das Justizministerium im Mai 1965 zunächst dem Vorsitzenden des Ministerrates, *Stoph*, vor. In dem Bericht wurde unter anderem ausgeführt[543]:

"Eine weitere prinzipielle Feststellung der durchgeführten Untersuchungen besteht darin, dass auf verschiedenen gesellschaftlichen Gebieten der Stand der Entwicklung gegenwärtig eine einheitliche zivilrechtliche Regelung noch nicht ermöglicht. Zu einem wesentlichen Teil hängt die endgültige Ausarbeitung bestimmter Teile des ZGB sowohl inhaltlich als auch terminmäßig von dem Abschluss anderer grundlegender Gesetzgebungsarbeiten ab und wird von deren Ergebnissen bestimmt. ...

Das führt zu der Schlussfolgerung, im ZGB nur die Verhältnisse zu regeln, die nach dem derzeitigen Stand der gesellschaftlichen Entwicklung dafür reif sind, während Verhältnisse, deren rechtliche Ausgestaltung von der weiteren Entwicklung abhängig sind, einer Spezial- bzw. Nachfolgegesetzgebung überlassen bleiben müssen."

541 "Fragenspiegel" des Justizministeriums, in: BArch DP 1 VA 1431 Bd. 3, S. 79; das Schriftstück ist mit keinem genauen Datum versehen. Aus einem nachträglich hinzugefügten handschriftlichen Vermerk, der unter anderem eine Wiedervorlage des "Fragenspiegels" zum 1. November 1964 anordnet, ergibt sich jedoch die ungefähre Einordnung in den Zeitraum September/Oktober 1964.

542 Dem entsprechend lässt auch die Versendung des Fragebogens auf den Neubeginn der Arbeiten an einer Staatshaftungsregelung im Jahre 1964 schließen.

543 Bericht des Justizministeriums über den Stand, die bisherigen Arbeitsergebnisse sowie die nächsten Aufgaben in der Arbeit am Entwurf eines ZGB und einer ZPO vom Mai 1965, in: BArch DC 20 I/4-1134, S. 125-150 (131 f.).

Eine Konkretisierung, welche Verhältnisse noch nicht reif genug seien, erfolgte an dieser Stelle nicht. Insbesondere wurde die Staatshaftung nicht in diesem Zusammenhang genannt. Vielmehr lässt eine spätere Passage des Berichts vermuten, dass die Staatshaftung im Mai 1965 noch zu den "reifen Verhältnissen" gezählt wurde.

"Mit dem Zivilgesetzbuch", so wurde ausgeführt, "soll auch die auf dem Gebiet der so genannten Staatshaftung bisher bestehende Lücke in der gesetzlichen Regelung geschlossen werden". Dazu sei beabsichtigt, "im Zivilgesetzbuch eine materielle Verantwortlichkeit der staatlichen Organe für bestimmte tatbestandsmäßig genau beschriebene schadensverursachende Handlungen ihrer Mitarbeiter einzuführen", woraufhin eine Aufzählung jener Fallgruppen folgte, die bereits im zuletzt erarbeiteten Entwurf 1959-II[544] festgehalten waren. Für sonstige Fälle, so hieß es weiter, sollte das Gesetz eine Entschädigungsmöglichkeit im Billigkeitswege als Kannbestimmung vorsehen, wobei die jeweiligen Verhältnisse, insbesondere auch die wirtschaftliche Lage des Geschädigten berücksichtigt werden sollten.[545]

Die für das künftige Zivilgesetzbuch vorgesehene Regelung sollte damit materiellrechtlich dem Entwurf 1959-II ähneln. Die für jenen Entwurf mangels "mobilisierender Wirkung" damals vorgetragene Anregung, statt der enumerativen die allgemeine Haftung einzuführen,[546] hatte man entweder nicht vor Augen oder zumindest nicht ohne weiteres umsetzen wollen.

Unabhängig hiervon lässt die im Zivilgesetzbuch geplante Regelung der Staatshaftung darauf schließen, dass für entsprechende Ansprüche statt des im Entwurf 1959-II geplanten Verwaltungsweges der ordentliche Rechtsweg eröffnet werden sollte. Dieses Problem hatte auch die Rechtsabteilung des Ministerrates erkannt, die offenbar im Auftrag von *Stoph* eine Stellungnahme zum Bericht erarbeitet hatte.

544 Bericht des Justizministeriums über den Stand, die bisherigen Arbeitsergebnisse sowie die nächsten Aufgaben in der Arbeit am Entwurf eines ZGB und einer ZPO vom Mai 1965, in: BArch DC 20 I/4-1134, S. 125-150 (146); vgl. auch den Entwurf eines Gesetzes über die Haftung des Staates vom 9. Juli 1959, Fn. 457 (oben S. 115); abgedruckt im Anhang (unten S. 203 ff.).

545 Bericht des Justizministeriums über den Stand, die bisherigen Arbeitsergebnisse sowie die nächsten Aufgaben in der Arbeit am Entwurf eines ZGB und einer ZPO vom Mai 1965, in: BArch DC 20 I/4-1134, S. 125-150 (147).

546 Vgl. hierzu schon oben S. 120 (dort Fn. 489).

Stellungnahme der Rechtsabteilung des Ministerrates

In der als Zuarbeit für den Vorsitzenden des Ministerrates erarbeiteten Stellungnahme zum Bericht des Justizministeriums wurde unter anderem Folgendes ausgeführt[547]:

"Abgesehen davon, dass nicht übersehen werden kann, welche finanziellen Forderungen sich daraus an den Staatshaushalt ergeben werden ..., ist die Problematik auch insofern bedeutsam, in welcher Weise solche Schadensersatzansprüche durchgesetzt werden können.

Bisher gab es eine solche zivilrechtliche Regelung nicht, lediglich in Einzelfällen ... haftete in genau bestimmten Fällen bei Schadenseintritt der Staat für die aufgetretenen Schäden. Die Entscheidung über hieraus entstehende Schadensersatzansprüche erfolgt im Verwaltungswege. Mit der Aufnahme von Tatbeständen im ZGB, bei deren Eintreten die Staatsorgane für schadensverursachende Handlungen ihrer Mitarbeiter haften, wird nunmehr der Rechtsweg durch das Gericht eröffnet."

Zwar gingen diejenigen, welche die Eröffnung des Rechtsweges befürworteten, davon aus, dass die von der Staatshaftung erfassten Fälle Zivilrechtsverhältnisse und damit Vermögensverhältnisse im Rahmen der außervertraglichen Haftung seien, die eine gerichtliche Durchsetzung erforderten. Jedoch könne dem

"entgegengehalten werden, dass sich die Ausübung staatlicher Tätigkeit wesentlich von den zivilrechtlichen Verhältnissen unterscheidet, kein Verhältnis von gleichberechtigten Parteien ... darstellt und damit ein möglicher eintretender Schaden kein Zivilrechtsverhältnis zwischen Geschädigtem und Staat hervorruft."[548]

Dem würde jedoch die Entscheidung im Verwaltungswege entsprechen.

Die Stellungnahme der Rechtsabteilung endete schließlich mit der Feststellung, dass es sich bei diesem Problem offensichtlich um eine prinzipielle Frage handele, die nicht einfach nebenbei bestätigt werden könne. Damit wurde angedeutet, dass die Staatshaftung eher zu den "unreifen Verhältnissen" zu zählen sei und möglicherweise in einem Spezial- oder Nachfolgegesetz geregelt werden müsste.

547 Stellungnahme des Justizministeriums vom 18. Mai 1965, in: BArch DC 20 I/4-1134, S. 178-180 (179).

548 Stellungnahme des Justizministeriums vom 18. Mai 1965, in: BArch DC 20 I/4-1134, S. 178-180 (180).

Bisherige rechtliche Grundlagen

Etwa im zeitlichen Kontext mit der Diskussion des Berichts im Ministerrat befand sich in den Akten folgende Aufstellung von für die Staatshaftung einschlägigen Verfahrensregelungen der DDR[549]:

"1. Art. 138 der Verfassung der DDR:
Dem Schutz der Bürger gegen rechtswidrige Maßnahmen der Verwaltung dienen die Kontrolle durch die Volksvertretungen und die Verwaltungsgerichtsbarkeit. Aufbau und Zuständigkeit der Verwaltungsgerichte werden durch Gesetz geregelt. Für die Mitglieder der Verwaltungsgerichte gelten die Grundsätze über die Wahl und Abberufung der Richter der ordentlichen Gerichtsbarkeit entsprechend.

2. § 3 des GVG vom 17.04.1963 (GBl. I S. 45):
(1) Die Gerichte verhandeln und entscheiden alle Straf-, Zivil-, Familien- und Arbeitsrechtssachen, soweit nicht durch Gesetz die Zuständigkeit anderer Staatsorgane begründet ist. Andere Angelegenheiten verhandeln und entscheiden die Gerichte, wenn es das Gesetz bestimmt.
(2) Über die Zulässigkeit des Rechtsweges entscheiden die Gerichte.
(3) Ausnahmegerichte sind unstatthaft.

3. OG-Urteil vom 9. Juli 1954 – 1 Zz 185/53 – NJ 1954, S. 573
Rechtssatz: Für die Geltendmachung von Schadensersatzansprüchen aus schuldhafter Verletzung der einem Staatsorgan obliegenden Amtspflicht ist der ordentliche Rechtsweg nicht gegeben. Art. 131 der Weimarer Verfassung ist nicht mehr anwendbar."

Auf weitere Entscheidungen des Obersten Gerichts in Zivilsachen wurde hingewiesen.[550] Bei diesen in den Jahren 1950 und 1951 getroffenen Entscheidungen gelangte das Oberste Gericht jeweils zu einem Ergebnis, welches im Leitsatz des Urteils vom 4. Oktober 1950 wie folgt auf den Punkt gebracht wird[551]:

"1. Richtet sich eine Klage gegen den Bestand eines Verwaltungsaktes, so ist der Rechtsweg unzulässig, auch wenn sie mit privatrechtlicher Begründung erhoben wird. Das gilt sowohl für den Hauptantrag wie für einen etwaigen auf Wertersatz gerichteten Hilfsantrag.

2. Bei der Aufhebung von Verwaltungsakten ist es nicht Aufgabe der Gerichte, sondern obliegt es den Verwaltungsbehörden, erforderlichenfalls die durch den Akt hervorgerufenen tatsächlichen Veränderungen rückgängig zu machen."

549 Rechtsvergleichende Übersicht des Justizministeriums, in: BArch DP 1 VA 1431 Bd. 3, S. 139 v.-144 h. (144 h.).

550 OGZ 1951, S. 12-14, S. 43-45, S. 88-91, S. 104-106, S. 151-155 und S. 257-262. Vgl. Rechtsvergleichende Übersicht des Justizministeriums, in: BArch DP 1 VA 1431 Bd. 3, S. 139 v.-144 h. (144 h.).

551 OGZ 1951, S. 43-45 (43).

Auf Grund der genannten Bestimmungen und der höchstrichterlichen Entscheidungen schien für die DDR festzustehen, dass für Staatshaftungsansprüche der Zugang zu den Zivilgerichten verschlossen sei. Dies erst recht, wenn man davon ausging, dass die Schädigung eines Bürgers durch Mitarbeiter des Staates kein Zivilrechtsverhältnis zwischen Geschädigtem und Staat hervorrufen könne. Der damit erforderliche Ausschluss des Zivilrechtsweges harmonierte jedoch nicht mit der geplanten Regelung von Staatshaftungsansprüchen im Zivilgesetzbuch. Es lag demnach vielmehr die Schaffung eines eigenständigen Staatshaftungsgesetzes nahe.

4. Ausgliederung der Staatshaftung aus dem Zivilgesetzbuch

Die sich bereits in der Stellungnahme zum Bericht des Justizministeriums[552] ankündigende Ausgliederung der Staatshaftungsproblematik aus dem künftigen Zivilgesetzbuch nahm schließlich durch den zum Bericht des Justizministeriums gefassten Beschluss des Präsidiums des Ministerrates vom 20. Mai 1965 Gestalt an. Der Beschluss lautete[553]:

"Der Einführung des Rechtsinstituts der Staatshaftung wird prinzipiell zugestimmt.

Festlegungen über Ansprüche gegen die staatlichen Organe können mit aufgenommen werden. Die Erfüllung der Ansprüche ist jedoch in einer Kannbestimmung beweglich zu gestalten, insbesondere hinsichtlich der Zeit, zu der die Ansprüche befriedigt werden. Die Entscheidung soll im Verwaltungsverfahren mit Beschwerdemöglichkeit erfolgen."

Mit der Vorgabe des Verwaltungsverfahrens war die Ausgliederung der Staatshaftung aus dem künftigen Zivilgesetzbuch zumindest mittelbar beschlossene Sache.

Dabei musste sich die Vorgabe des Verwaltungsweges durch die damaligen rechtlichen und tatsächlichen Umstände geradezu aufgedrängt haben. Zwar sollte dem Schutz der Bürger gegen rechtswidrige Maßnahmen der Verwaltung nach Art. 138 der Verfassung die Verwaltungsgerichtsbarkeit dienen. Da es aber in der DDR damals an einer Verwaltungsgerichtsbarkeit fehlte,[554] schien der Rechtsweg zumindest de facto insgesamt ausgeschlossen. Eine Garantie hinsichtlich des Verwaltungsgerichtsweges ließ sich aus dem Wortlaut des Art. 138 der Verfassung zudem nicht ableiten. Es verblieb danach die Möglichkeit, eine Entscheidung über eventuelle Staatshaftungsansprüche im Verwaltungswege zu treffen.

Wie sich aus einem späteren Bericht der Ministerratskommission zur Ausarbeitung des neuen Zivilgesetzbuchs und der Zivilprozessordnung ergibt, hatte der Ministerrat mit Erlass seines Beschlusses vom 20. Mai 1965 "gleichzeitig"

552 Siehe oben S. 133.

553 Beschluss des Ministerrates vom 20. Mai 1965, in: BArch DC 20 I/4-1134, S. 186.

554 Vgl. bereits Fn. 37 (oben S. 25).

das Justizministerium "beauftragt, den Entwurf eines Gesetzes über die Haftung des Staates für Schäden, die durch rechtswidrige Handlungen von Mitarbeitern staatlicher Organe verursacht werden, auszuarbeiten".[555] Nach entsprechender Information des Staatsrates hatte dessen Vorsitzender Anfang Juli 1965 dem geplanten Vorgehen gegenüber der Justizministerin zugestimmt und sie beauftragt, mit der Ausarbeitung des Gesetzesentwurfs zu beginnen.[556] Ein im Oktober 1965 fertig gestellter Entwurf des Zivilgesetzbuches enthielt in seinem § 465 noch folgende Bestimmung zur Verantwortlichkeit staatlicher Organe[557]:

"Für einen Schaden, den ein Mitarbeiter eines staatlichen Organs in Ausübung seiner dienstlichen Obliegenheiten einem Bürger rechtswidrig zufügt, ist das staatliche Organ verantwortlich. Die Voraussetzungen, der Umfang und die Art und Weise der Ersatzleistungen werden in besonderen gesetzlichen Bestimmungen geregelt."

Das Zivilgesetzbuch der DDR, welches erst am 1. Januar 1976 in Kraft trat, enthielt eine solche Bestimmung nicht mehr.[558]

5. Auswertung der Antworten zum Fragenspiegel

Im weiteren Fortgang der Arbeiten wertete die unter der Verantwortung des Justizministeriums nunmehr zuständige Arbeitsgruppe Konzeption eines Gesetzes über die Staatshaftung[559] die auf den Fragebogen von 1964[560] inzwischen eingegangenen Stellungnahmen aus.

555 Bericht über die Arbeit und die Arbeitsergebnisse der Ministerratskommission zur Ausarbeitung des neuen Zivilgesetzbuches und der Zivilprozessordnung vom 30. Januar 1967, in: BArch DC 20-I/4 -581, S. 75 v.-89 v. (76 v.); vgl. auch Problemzusammenstellung des Justizministeriums vom 30. August 1965, in: BArch DP 1 VA 1431 Bd. 3, S. 156-161 (156).

556 Bericht über die Arbeit und die Arbeitsergebnisse der Ministerratskommission zur Ausarbeitung des neuen Zivilgesetzbuches und der Zivilprozessordnung vom 30. Januar 1967, in: BArch DC 20-I/4 -581, S. 75 v.-89 v. (76 v., 78 v.).

557 *Eckert/Hattenhauer*, 1995, Anhang 4, S. 276-817 (502).

558 Vgl. Zivilgesetzbuch der Deutschen Demokratischen Republik vom 19. Juni 1975, GBl. I, S.465-516; siehe zum Inkrafttreten § 1 des Einführungsgesetzes zum Zivilgesetzbuch der Deutschen Demokratischen Republik vom 19. Juni 1975, GBl. I, S. 517-520 (517).

559 Diese Bezeichnung taucht ab Sommer 1965 in den Akten auf; vgl. Materialzusammenstellung des Justizministeriums vom 26. August 1965, in: BArch DP 1 VA 1431 Bd. 3, S. 147-155 (147). Nach dem Bericht über die Arbeit und die Arbeitsergebnisse der Ministerratskommission zur Ausarbeitung des neuen Zivilgesetzbuches und der Zivilprozessordnung vom 30. Januar 1967, in: BArch DC 20-I/4 -581, S. 75 v.-89 v. (78 v.), bestand die Arbeitsgemeinschaft aus Vertretern des Obersten Gerichts, der Rechtsabteilung des Ministerrates, des Finanz- und des Innenministeriums, des Ministeriums für Gesundheitswesen und des Zentralen Vertragsgerichts der DDR.

560 Siehe oben S. 130.

Obgleich in diesen auf vereinzelt bestehende gesetzliche Staatshaftungsregelungen[561] hingewiesen wurde, stellte die Arbeitsgruppe fest, dass Schadensersatzleistungen bisher zum größten Teil aufgrund des Staatsversicherungsvertrages, welchen das Finanzministerium mit der Deutschen Versicherungsanstalt abgeschlossen hatte, sowie aus reinen Billigkeitserwägungen erbracht worden seien.[562]

Zur Veranschaulichung wurden aus den Bereichen, deren Stellungnahmen konkretere Angaben enthielten, folgende Fallbeispiele stichpunktartig zusammengestellt[563].

"1. Im Bereich der örtlichen Organe der Staatsmacht:

Beispiel:	Schadensersatzleistung
- unsachgemäße Durchführung einer Zwangsräumung	150,00 MDN
- mangelhafte Unterhaltung der Kanalisation	400,00 MDN
- Verstopfung der Kanalisation bzw. schadhafte Abdeckung je	200,00 MDN
- mangelhafte Straßenbeleuchtung	150,00 MDN
- mangelhafte Baustellenbeleuchtung	150,00 MDN
- ungesicherte Gruben im Gehsteig	446,00 MDN
- mangelhafte Sicherung eines Badestrandes	1.000,00 MDN

- durch mangelhafte Sorgfalt bei der Einstellung eines Grundstückverwalters durch den Rat der Stadt Hainichen wurde eine Unterschlagung begünstigt und es entstanden Schadensersatzansprüche des Grundstückseigentümers, der den Rat der Stadt auf die Ungeeignetheit des Verwalters ausdrücklich hingewiesen hatte.

2. Im Bereich des Ministeriums des Innern:

- Schäden, die Bürgern durch Ausstellung falscher Reisedokumente bzw. Erteilung falscher Visa oder mangelhaft ausgefüllter Reisedokumente entstehen, z. B. wenn ihnen deswegen die Ausreise aus der DDR bzw. die Einreise in andere Staaten verweigert wird. So wurden zwei Bürgern von einer Abteilung Pass- und Meldewesen falsche Reisedokumente ausgefüllt. Dies führte dazu, dass ihnen die rumänischen Grenzkontrollorgane die Einreise verweigerten und die Bürger die Rückreise in die DDR antreten mussten. Die Forderungen der Bürger beliefen sich auf ca. 900,00 MDN.

561 Zu der Aufstellung von Spezialregelungen siehe bereits Fn. 24 (oben S. 21).

562 Materialzusammenstellung des Justizministeriums vom 26. August 1965, in: BArch DP 1 VA 1431 Bd. 3, S. 147-155 (148); Begründung der Konzeption des Justizministeriums, abgelegt unter dem 20. Januar 1966, in: BArch DC 20 I/4-1261, S. 1-60 (17).

563 Beispielhafte Zusammenstellung von Fällen der Staatshaftung aus verschiedenen Bereichen, abgelegt unter dem 20. Januar 1966, in: BArch DC 20 I/4-1261, S. 1-60 (18-22).

- Schäden durch Maßnahmen der Volkspolizei:
  a) unsachgemäßes Abtransportieren eines PKW, Beschädigung der Ölwanne (300,00 MDN),
  b) falsches Handregeln des Straßenverkehrs, Gesundheitsschaden wegen Unfalls (Rente),
  c) mangelhafte Vermögensaufbewahrung für einen Inhaftierten.

- Schädigungen im Strafvollzug,
- Schäden durch Schusswaffengebrauch,
- Schäden durch Liegenlassen von Munition und chemischen Mitteln nach Übungen,
- Schäden, die durch ungerechtfertigte Erteilung bzw. Entziehung von Erlaubnissen und Genehmigungen verursacht werden (z. B. Fahrerlaubnisentzug).

Insgesamt wurden vom Ministerium des Innern 1964 ca. 89.000,00 MDN Schadensersatz gezahlt (ca. 25,0 TMDN wg. fehlerhafter Entscheidungen, ca. 64,0 TMDN wegen sonstiger schadensverursachender Handlungen).

3. Im Bereich des Ministeriums für Verkehrswesen, Hauptverwaltung Straßenwesen:

1963/64 Schadensersatz im Rahmen der Anweisung 30/61:

1963	69 Fälle der Staatshaftung 50 Schadensersatzleistungen davon aus dem Bereich der Straßenunterhaltung
1964	72 Fälle der Staatshaftung 65 aus dem Bereich der Straßenunterhaltung

(diese Zahlen basieren auf einer Auswertung von 9 Kreisen der DDR – sie sind aber repräsentativ für die gesamte Republik).

4. Im Bereich des Ministeriums der Justiz:

für Staatshaftung wurde bisher jährlich ca. 5.000,00 MDN geleistet (ohne Anerkennung eines Rechtsanspruchs aus Billigkeitsgründen)

Gründe:
- falsche gerichtliche Entscheidungen,
- falsche prozessuale Behandlung von Verfahren durch Sekretär bzw. Geschäftsstelle,
- falsche Sachbehandlung durch Gerichtsvollzieher (z. B. Zahlung durch Schuldner mit ungedecktem Scheck und vorzeitige Auszahlung an Gläubiger),
- falsche Beurkundung eines staatlichen Notars,
- Unterschlagung von Gläubigergeldern durch Gerichtsvollzieher bzw. durch staatliche Notare.
- Zahlungen bei Freispruch wegen erwiesener Unschuld gemäß § 355 Abs. 2 StPO werden jährlich in Höhe von ca. 40.000,00 MDN geleistet.

5. Im Bereich des Ministeriums für Volksbildung:

- Vernachlässigung der Aufsichtspflicht durch Lehrkräfte z. B. beim Sportunterricht (Anträge zwischen 100,00 und 500,00 MDN).

6. Im Bereich des Ministeriums für Nationale Verteidigung:

- Schäden infolge militärischer Übungen wurden aufgrund der Entschädigungs-VO zum Verteidigungsgesetz vom 16.8.63 (GBl. II Nr. 85, S. 674) durch die NVA kurzfristig wieder behoben, wobei nur in Ausnahmen ein finanzieller Ausgleich gezahlt wird,
- in einem Fall wurde ein Staatenloser zu Unrecht zu 18 Monaten zur Ableistung des Wehrdienstes herangezogen; in einem Vergleich erhielt er für die erlittene Einkommensminderung 3.000,00 MDN.

7. Im Bereich des Ministeriums für Gesundheitswesen:

- 1964 ereigneten sich allein bei Pockenschutzimpfungen 17 Zwischenfälle, was in zwei Fällen zum Tod führte (bei anderen Pflichtimpfungen sei die Lage ähnlich),
- aus einer Mitteilung des Ministeriums für Gesundheitswesen ergibt sich, dass jährlich
  a) 5 bis 10 Impfschäden die Erwerbsunfähigkeit zur Folge haben; dies entspreche derzeit jährlich einer Rentenzahlung in Höhe von 264.000,00 MDN, wird sich jedoch pro Jahr um weitere 25.000,00-50.000,00 MDN erhöhen,
  b) 30-50 Schädigungen vorübergehender Art entstehen, die jährlich Aufwendungen in Höhe von 20.000,00 MDN verursachen.
- zu Staatshaftungsfällen an sich besteht hier kein Überblick."

Aus der Aufstellung ist ersichtlich, dass es eine Reihe von Fällen gab, die in den verschiedenen Bereichen als Staatshaftungsfälle angesehen wurden. Dabei handelte es sich zum einen um Fälle, die auf Amtspflichtverletzungen im Sinne des § 839 BGB zurückgeführt werden können. Genannt wurden zum anderen aber auch Fälle, wie etwa die Impfschadensfälle, die lediglich an hoheitliches Handeln anknüpfen, ohne dass eine Amtspflichtverletzung gegeben sein musste. Hier zeigt sich, dass man unter der Staatshaftung mehr als die Amtshaftung in Form der auf den Staat übergeleiteten Beamtenhaftung verstand. Das Verständnis von der Staatshaftung ging bei den beteiligten Personen offenbar eher in die Richtung einer unmittelbaren Staatshaftung, bei welcher der Staat direktes Zurechnungssubjekt ist, ohne dass die Voraussetzungen für eine persönliche Haftung des Beamten beziehungsweise Staatsangestellten gegeben sein müssten. Offensichtlich wurden die Ersatzleistungen bewirkt, ohne etwa zuvor zu prüfen, ob eine Amtspflichtverletzung des im Dienste des Staates Handelnden gegeben war oder nicht.

In Auswertung aller Stellungnahmen hielt die insbesondere an den finanziellen Auswirkungen der Staatshaftung interessierte Arbeitsgruppe zur Konzeption des Staatshaftungsgesetzes fest, dass im Jahre 1964 Schadensersatz in Höhe von insgesamt ca. 1,5 Millionen MDN gezahlt worden sei. Unter Berücksichtigung des im Billigkeitswege geleisteten Schadensersatzes in anderen Bereichen und der Tatsache, dass nach dem In-Kraft-Treten des Gesetzes mit der Geltendmachung von Ansprüchen gerechnet werden müsse, die bisher wegen Fehlens einer klaren gesetzlichen Regelung nicht erhoben worden seien, schätzte die Arbeitsgruppe den durch das Gesetz eintretenden finanziellen Aufwand auf ca. 3 bis 4 Millionen MDN jährlich.[564]

6. Neue Konzeption

Basierend auf den genannten Schätzungen wurde bis Ende September 1965 eine Konzeption zur Regelung der Staatshaftung in der DDR erarbeitet.[565]

a) Generalklausel und ihre Rechtfertigung

Die wichtigste Neuerung der Konzeption bestand darin, dass nicht mehr die Haftung für genau bezeichnete Einzelfälle in Verbindung mit einer Billigkeitshaftung für alle übrigen Fälle statuiert wurde. Vielmehr schlug man in der Konzeption die Einführung einer generellen Staatshaftung vor. Diese war durch das Justizministerium im Jahre 1958 wegen Unüberschaubarkeit der Fälle und der auf den Staatshaushalt zukommenden Kosten abgelehnt worden.[566]

Um die Neuerung auch im Hinblick auf den hierzu eher zurückhaltenden Beschluss des Präsidiums des Ministerrates vom 20. Mai 1965[567] zu rechtfertigen, enthielt die Begründung der Konzeption in diesem Punkt besonders umfangreiche Ausführungen. Darin hieß es unter anderem[568]:

"Dem Wesen des sozialistischen Staates entspricht es, dass von ihm rechtswidrig zugefügte Schäden wieder gutgemacht werden. Jeder Bürger muss sich darauf verlassen können, dass er im Falle eines ihm durch einen Mitarbeiter des Staates in Ausübung dienstlicher Obliegenheiten zugefügten Schadens Schadensersatz kraft Gesetzes gewährt bekommt. ... Ein sozialistisches Staatshaftungsgesetz verlangt eine exakte, verbindliche Regelung der Voraussetzungen der Staatshaftung und der Verfahrens-

564 Begründung der Konzeption des Justizministeriums, abgelegt unter dem 20. Januar 1966, in: BArch DC 20 I/4-1261, S. 1-60 (17); vgl. auch Stellungnahme der Rechtsabteilung des Ministerrates vom 22. November 1965, in: BArch DC 20 I/4-1261, S. 32-39 (32).

565 Konzeption des Justizministeriums, abgelegt unter dem 20. Januar 1966, in: BArch DC 20 I/4-1261, S. 3-7. Die neue Konzeption wurde bereits erwähnt im Vermerk des Justizministeriums vom 30. September 1965, in: BArch DP 1 VA 1431 Bd. 3, S. 179 f. (179).

566 Siehe oben S. 98.

567 Siehe oben S. 135.

568 Begründung der Konzeption des Justizministeriums, abgelegt unter dem 20. Januar 1966, in: BArch DC 20 I/4-1261, S. 1-60 (9).

weise bei der Geltendmachung von Ansprüchen im Interesse der sozialistischen Gesetzlichkeit und der notwendigen politischen Wirksamkeit."

In diesem Zusammenhang wurde darauf hingewiesen, dass von "westlicher Seite" das Fehlen einer gesetzlichen Regelung der Staatshaftung in der DDR bereits zur Hetze ausgenutzt werde.

Das Staatshaftungsgesetz, das primär der Erhöhung der Rechtssicherheit und der weiteren Festigung der Beziehung zwischen Staat und Bürger dienen solle, habe vor allem die Schadensfälle zu erfassen, die den Bürger unmittelbar beträfen. Die Verursachung von Schäden durch wirtschaftsleitende staatliche Tätigkeit sei dabei auszuklammern. Diese Schäden, die zum Beispiel infolge eines falschen Planungsaktes entstehen könnten, seien zwar die umfangreichsten, könnten den Bürger aber meist nicht unmittelbar treffen.[569]

Nicht zur Staatshaftung sollten außerdem Fälle gehören, in denen es sich um zivilrechtliche, vertragliche und außervertragliche Beziehungen zwischen Staat und Bürger handele. Damit sei verbunden, dass Immissionen, zum Beispiel auf Grund von Abgasen, nicht unter das Gesetz fielen. Auch sollten Schadensfälle im Bereich des staatlichen Gesundheitswesens nur dann unter die Staatshaftung fallen, wenn es um administrativ durchsetzbare Maßnahmen, wie Pflichtimpfungen oder Seuchenbekämpfungsmaßnahmen, ginge.[570]

Zu guter Letzt sollten auch die Fälle rechtmäßiger Eingriffe in die Rechte der Bürger, wie etwa die Inanspruchnahme eines Grundstücks zu Aufbauzwecken, nicht zum Komplex der Staatshaftung zählen. Diese aufwendigen Fälle der Ersatzleistung seien entweder bereits geregelt oder bedürften einer Neuregelung. So könnte in das Gesetz zur Regelung der Aufgaben der Deutschen Volkspolizei eine Bestimmung über die Entschädigung bei der Inanspruchnahme von Eigentum der Bürger durch die Polizei sowie bei Schäden, die Bürgern bei der Unterstützung der Polizei entstünden, aufgenommen werden.[571]

Zusammenfassend wurde festgestellt, dass die beschriebene Eingrenzung der Staatshaftung die Schaffung klarer Rechtsansprüche gestatte und zugleich auch verlange. Sie werde die Belastung des Staatshaushaltes ebenso in engen Grenzen halten wie eine enumerative Haftung in Verbindung mit einer Billigkeitsregelung. Nicht zuletzt im Interesse der Autorität und des Ansehens der

569 Begründung der Konzeption des Justizministeriums, abgelegt unter dem 20. Januar 1966, in: BArch DC 20 I/4-1261, S. 1-60 (9 f.).

570 Begründung der Konzeption des Justizministeriums, abgelegt unter dem 20. Januar 1966, in: BArch DC 20 I/4-1261, S. 1-60 (10).

571 Begründung der Konzeption des Justizministeriums, abgelegt unter dem 20. Januar 1966, in: BArch DC 20 I/4-1261, S. 1-60 (10).

DDR müsse außerdem eine bloße Billigkeitsregelung für die nicht explizit aufgezählten Haftungsfälle als unzureichend angesehen werden.[572]

Ob die hier anklingenden Gesichtspunkte die wirklichen Gründe für das Umschwenken zur generellen Haftung waren, oder ob es noch andere Hintergründe hierfür gab, lässt sich aus dem Aktenmaterial nicht sicher entnehmen. Möglicherweise war man im Studium der bisherigen Gesetzesmaterialien inzwischen auf die entsprechende Anregung aus dem Jahre 1959 gestoßen und hatte sich der Meinung angeschlossen, dass eine bloß enumerative Haftung "jegliche mobilisierende Wirkung"[573] vermissen lasse. Möglich ist aber auch, dass der jetzige Vorschlag der generellen Haftung auf rein praktischen Erwägungen beruhte. Der Staatsrat hatte das Justizministerium im Mai 1965 beauftragt, einen Gesetzesentwurf zu erarbeiten. Um dem möglichst kurzfristig entsprechen zu können, war es sicherlich einfacher, eine Generalklausel zu schaffen, als sämtliche Fälle zu ermitteln, die in eine möglichst abschließende enumerative Regelung hineingehörten.

b) Verschuldensunabhängige Haftung

Als weitere Neuerung enthielt die Konzeption den Vorschlag, die Haftung unabhängig von einem Verschulden eintreten zu lassen. Dies wurde unter anderem damit begründet, dass andernfalls das schädigende staatliche Organ selbst über seine Schuld entscheiden müsste.[574]

Als "Eventualvorschlag" war hinzugefügt, das Verschulden jedenfalls solange anzunehmen, bis das staatliche Organ den Gegenbeweis erbracht habe.[575]

c) Verfahrensweg

Die Vorgabe des Verwaltungsweges, die in dem Beschluss des Präsidiums des Ministerrates vom 20. Mai 1965[576] enthalten war, wurde in der Konzeption nur zum Teil umgesetzt. Hinsichtlich der Entscheidung über die Höhe des Schadensersatzes war vorgesehen, im Streitfalle die ordentlichen Gerichte entscheiden zu lassen.[577]

572 Begründung der Konzeption des Justizministeriums, abgelegt unter dem 20. Januar 1966, in: BArch DC 20 I/4-1261, S. 1-60 (11).

573 Siehe hierzu S. 120.

574 Begründung der Konzeption des Justizministeriums, abgelegt unter dem 20. Januar 1966, in: BArch DC 20 I/4-1261, S. 1-60 (12).

575 Konzeption des Justizministeriums, abgelegt unter dem 20. Januar 1966, in: BArch DC 20 I/4-1261, S. 3-7 (4).

576 Siehe oben S. 135.

577 Konzeption des Justizministeriums, abgelegt unter dem 20. Januar 1966, in: BArch DC 20 I/4-1261, S. 3-7 (6).

Diese Aufspaltung des Verfahrensweges begründete man damit, dass insbesondere die Gerichte über die nötigen Möglichkeiten und Erfahrungen verfügten, um unter Wahrung sowohl der staatlichen als auch der Bürgerinteressen eine gerechte Entscheidung über die Höhe des Schadensersatzes zu treffen. Die in der Konzeption vorgesehene Anwendung der zivilrechtlichen Vorschriften hinsichtlich der Höhe des Schadensersatzes spreche außerdem dafür, in diesem Punkt den Zivilrechtsweg zu eröffnen. Im Übrigen erscheine die geplante Zuständigkeit der Gerichte auch in ihrer politischen Wirkung sehr günstig, da somit nicht ein unmittelbar von dem Konflikt betroffenes Organ selbst entscheiden müsse. Vorteilhaft sei zudem, dass gerichtliche Entscheidungen im Gegensatz zu Verwaltungsentscheidungen rechtskräftig würden, was wiederum zu einem rechtsverbindlichen Abschluss des Streits führe.[578]

Als Alternative enthielt die Konzeption die Regelung, dass bei Meinungsverschiedenheiten über die Höhe des Schadensersatzes das dem schadensverursachenden Organ übergeordnete Organ entscheiden solle.[579]

d) Sonderregelungen

Als wesentlich neu erscheint in der Konzeption der Vorschlag, "Sonderregelungen" zuzulassen. Danach sollten durch den Ministerrat für besondere gesellschaftliche Bereiche Bestimmungen erlassen werden dürfen, die von denen des geplanten Staatshaftungsgesetzes abwichen.[580]

Dies wurde damit begründet, dass entsprechende Sonderregelungen für einzelne Bereiche ein schnelleres Reagieren auf neue Probleme ermöglichten und die Regelung über die Staatshaftung auf der Grundlage eines einheitlichen Gesetzes im notwendigen Maße beweglich gestalteten. Sie könnten außerdem dazu dienen, "die finanzielle Belastung des Staatshaushaltes in den notwendigen Grenzen zu halten".[581]

e) Zeitvorstellungen

Abschließend wurde ein Vorschlag für den weiteren zeitlichen Ablauf unterbreitet. Danach sollte das Gesetz

"bei seiner politischen Bedeutung und bei seiner Selbständigkeit im Verhältnis zum neuen Zivilrecht vor dem Erlass eines neuen Zivilgesetzbuchs, das heißt noch im Jahre

578 Begründung der Konzeption des Justizministeriums vom 20. Januar 1966, in: BArch DC 20 I/4-1261, S. 1-60 (14).

579 Konzeption des Justizministeriums, abgelegt unter dem 20. Januar 1966, in: BArch DC 20 I/4-1261, S. 3-7 (7).

580 Konzeption des Justizministeriums, abgelegt unter dem 20. Januar 1966, in: BArch DC 20 I/4-1261, S. 3-7 (7).

581 Begründung der Konzeption des Justizministeriums, abgelegt unter dem 20. Januar 1966, in: BArch DC 20 I/4-1261, S. 1-60 (16).

1966 verabschiedet werden. Es sollte ferner im Jahre 1967 in Kraft treten und keine Rückwirkung besitzen."[582]

So sei einerseits eine rechtzeitige Planung der notwendigen Mittel möglich und andererseits blieben Ansprüche aus der Vergangenheit ausgeschlossen.

7. Bestätigung der neuen Konzeption

Mit Schreiben vom 5. November 1965 übersandte die Justizministerin die Konzeption des Gesetzes über die Staatshaftung nebst Begründung an das Präsidium des Ministerrates. Sie wies darauf hin, dass die darin enthaltenen Regelungen von dem Ministerratsbeschluss vom 20. Mai 1965[583] abwichen, indem unter anderem eine exakte Anspruchsgrundlage und keine Kannbestimmung sowie im Streitfalle über die Höhe des Schadensersatzes die Anrufung des Gerichtes vorgeschlagen werde.[584]

Das Präsidium des Ministerrates stellte die Behandlung der vorgelegten Konzeption im November 1965 vorerst noch zurück.[585] Während seiner nächsten Sitzung am 20. Januar 1966 bestätigte der Ministerrat die vorgelegte Konzeption und erteilte dem Justizministerium den Auftrag, die Erarbeitung des Entwurfs eines Staatshaftungsgesetzes terminlich so zu sichern, dass Letzterer dem Staatsrat zumindest zeitgleich mit dem alsbald einzureichenden Entwurf eines Zivilgesetzbuches vorgelegt werden könne.[586]

8. 1. Entwurf eines Staatshaftungsgesetzes – Entwurf 1966

Der "1. Entwurf" eines Staatshaftungsgesetzes (Entwurf 1966) wurde daraufhin bereits zum 20. April 1966 erarbeitet.[587] Ihm war eine umfangreiche Präambel vorangestellt, in der als Ziele des Gesetzes unter anderem die Erhöhung der Rechtssicherheit, die Vertiefung des Vertrauens zwischen Bürgern und sozialis-

582 Konzeption des Justizministeriums, abgelegt unter dem 20. Januar 1966, in: BArch DC 20 I/4-1261, S. 3-7 (7); Begründung der Konzeption des Justizministeriums, abgelegt unter dem 20. Januar 1966, in: BArch DC 20 I/4-1261, S. 1-60 (17).

583 Siehe oben S. 135.

584 Schreiben der Justizministerin vom 5. November 1965, in: BArch DC 20 I/4-1261, S. 47 f. (47).

585 Protokoll des Präsidiums des Ministerrates vom 25. November 1965, in: BArch DC 20 I/4-1261, S. 49.

586 Beschluss des Ministerrates vom 20. Januar 1966, in: BArch DC 20 I/4-1257, S. 185; siehe auch Vermerk des Justizministeriums vom 21. Januar 1966, in: BArch DP 1 VA 1431 Bd. 3, S. 189-191 (189).

587 1. Entwurf – Gesetz zur Regelung der Staatshaftung in der Deutschen Demokratischen Republik vom 20. April 1966 (im Folgenden in Verbindung mit einem Paragrafen als E 66 bezeichnet), in: BArch DP 1 VA 1431 Bd. 3, S. 192 v.-194 h.; abgedruckt im Anhang (unten S. 207 ff.).

tischem Staat sowie die Festigung des Verantwortungsbewusstseins der staatlichen Mitarbeiter genannt wurden.

Der Entwurf 1966 war sodann in drei Abschnitte, nämlich Voraussetzungen und Umfang der Haftung, Verfahrensbestimmungen und Schlussbestimmungen gegliedert.

a) Voraussetzungen und Umfang der Haftung

Im ersten Abschnitt wurde entsprechend der zugrunde liegenden Konzeption zunächst die generelle Haftung für Schäden statuiert, die einem Bürger durch Mitarbeiter oder Beauftragte staatlicher Organe oder staatlicher Einrichtungen in Ausübung staatlicher Tätigkeit rechtswidrig zugefügt wurden. Die Ersatzpflicht für Schäden im Rahmen des Zivilrechtsverkehrs sowie aufgrund rechtlich zulässiger Eingriffe wurde aus dem Anwendungsbereich des Staatshaftungsgesetzes ausdrücklich ausgeschlossen.[588]

Neu war die Aufnahme einer Haftungsregelung für "fehlerhafte gerichtliche Entscheidungen". Diese sollte dann greifen, wenn eine Entscheidung im Kassations- oder Wiederaufnahmeverfahren abgeändert würde und Schadensersatz nicht auf andere Weise zu erlangen sei.[589]

Dem Bürger übertrug der Entwurf die Pflicht, alle möglichen Maßnahmen zu ergreifen, um Schäden zu verhindern oder einzugrenzen. Bei Verletzung dieser Pflicht sollte die Haftung des Staates entsprechend gemindert oder sogar ausgeschlossen sein.[590]

Der Umfang des Schadens sollte sich nach den zivilrechtlichen Vorschriften bestimmen. Dabei sollte Schadensersatz grundsätzlich in einer Geldleistung, unter Umständen auch in der Wiederherstellung des ursprünglichen Zustandes bestehen.[591]

Auch Ausländern sollte ein Schadensersatzanspruch zustehen, jedenfalls dann, wenn sie ihren ständigen Wohnsitz in der DDR hätten. Sei dies nicht der Fall, so würde der Staat nur haften, wenn die Gegenseitigkeit gewährleistet sei oder besondere Umstände eine Haftung erforderten.[592]

Die Verjährung des Schadensersatzanspruchs sollte innerhalb eines Jahres von dem Tage an eintreten, an dem der Geschädigte von dem Schaden und dem Schadensverursacher Kenntnis erlangt habe.[593]

Den Abschluss des ersten Abschnitts bildete die Bestimmung, nach welcher der Ministerrat ausnahmsweise für einzelne gesellschaftliche Bereiche beson-

588 § 1 E 66.

589 § 2 E 66.

590 § 3 E 66.

591 § 4 E 66.

592 § 5 E 66.

593 § 6 E 66.

dere Regelungen in Abweichung zu den Bestimmungen des Staatshaftungsgesetzes erlassen dürfe.[594]

b) Verfahrensbestimmungen

Im Abschnitt Verfahrensbestimmungen wurde zunächst festgelegt, dass Schadensersatz bei demjenigen staatlichen Organ oder derjenigen staatlichen Einrichtung beantragt werden solle, durch dessen Mitarbeiter oder Beauftragten der Schaden verursacht worden sei. Gehe ein Antrag bei einer unzuständigen Stelle ein, müsse diese ihn an die zuständige Stellc weiterleiten. Letztere solle über den Schadensersatzantrag entscheiden und dem Antragsteller die Entscheidung nebst Begründung zustellen.[595]

Bei Ablehnung des Schadensersatzantrages war die Beschwerde "zum nächst übergeordneten Organ" vorgesehen. Die Beschwerde sollte innerhalb eines Monats nach Zustellung zunächst bei dem Organ eingelegt werden, welches die Entscheidung getroffen hatte. Nur bei Nichtabhilfe sollte dann binnen einer Woche die Weiterleitung an das übergeordnete Organ erfolgen. Schließlich wurde festgehalten, dass die Entscheidung über die Beschwerde, soweit sie den Grund betreffe, endgültig sei.[596]

Bei einem Streit über die Höhe des Schadensersatzes sollte der Geschädigte, wie bereits in der Konzeption vorgeschlagen, die Entscheidung des Gerichts beantragen dürfen, wenn die Berechtigung seines Schadensersatzanspruches zuvor endgültig festgestellt worden sei. Der Antrag sollte binnen drei Monaten nach Zustellung der endgültigen Entscheidung bei dem für den Wohnsitz des Bürgers zuständigen Kreisgericht gestellt werden. Das Gericht sollte durch Beschluss entscheiden, das Verfahren kostenfrei sein. Auf die Bestimmungen der Zivilprozessordnung wurde verwiesen.[597]

c) Schlussbestimmungen

Im Rahmen der Schlussbestimmungen war zunächst das In-Kraft-Treten des Gesetzes mit dessen Verkündung vorgesehen. Dem folgte der ausdrückliche Zusatz, dass das Gesetz auf zurückliegende Fälle keine Anwendung finden solle.[598]

Zwei bisher noch inhaltsleere Bestimmungen sollten die Möglichkeit bieten, zum einen die gesetzlichen Regelungen aufzulisten, die in unveränderter oder veränderter Form weiter bestehen sollten, und zum anderen Regelungen aufzu-

594 § 7 E 66.

595 § 8 E 66.

596 § 9 E 66.

597 § 10 E 66.

598 § 11 E 66.

führen, die mit dem In-Kraft-Treten des Staatshaftungsgesetzes aufzuheben wären.[599]

Den Abschluss des Entwurfs 1966 bildete die Vorschrift, dass der Ministerrat berechtigt sei, Durchführungsverordnungen zu dem Gesetz zu erlassen.[600]

9. Stellungnahmen zum Entwurf 1966

Wie schon mehrfach praktiziert, wurde auch der Entwurf 1966 an die Leiter der im Ministerrat vertretenen zentralen Organe mit der Bitte um Stellungnahme übermittelt.[601]

Ein großer Teil der Reaktionen ging bereits im Mai 1966 beim Justizministerium ein.[602] Die letzte in den Akten enthaltene Antwort datiert auf den 16. August 1966.[603]

599 §§ 12, 13 E 66.

600 § 14 E 66.

601 Vgl. Bericht über die Arbeit und die Arbeitsergebnisse der Ministerratskommission zur Ausarbeitung des neuen Zivilgesetzbuches und der Zivilprozessordnung vom 30. Januar 1967, in: BArch DC 20-I/4 -581, S. 75 v.-89 v. (78 v.).

602 Schreiben des Ministeriums für Kultur vom 7. Mai 1966, in: BArch DP 1 VA 2504 Bd. 1, S. 168 f.; Schreiben des Staatssekretariats für das Hoch- und Fachschulwesen vom 12. Mai 1966, in: BArch DP 1 VA 2504 Bd. 1, S. 172 f.; Schreiben des Landwirtschaftsrates beim Ministerrat vom 13. Mai 1966, in: BArch DP 1 VA 2504 Bd. 1, S. 170; Schreiben des Ministeriums für Handel und Versorgung vom 14. Mai 1966, in: BArch DP 1 VA 2504 Bd. 1, S. 174; Schreiben des Amtes für Wasserwirtschaft beim Ministerrat vom 17. Mai 1966, in: BArch DP 1 VA 2504 Bd. 1, S. 181-184; Schreiben des Staatlichen Amtes für Arbeit und Löhne beim Ministerrat vom 18. Mai 1966, in: BArch DP 1 VA 2504 Bd. 1, S. 177; Schreiben des Ministeriums für Auswärtige Angelegenheiten vom 18. Mai 1966, in: BArch DP 1 VA 2504 Bd. 1, S. 180; Schreiben des Ministeriums für Bauwesen vom 18. Mai 1966, in: BArch DP 1 VA 2504 Bd. 1, S. 175 f.; Schreiben der Generalstaatsanwaltschaft vom 18. Mai 1966, in: BArch DP 1 VA 2504 Bd. 1, S. 179; Schreiben des Ministeriums für Nationale Verteidigung vom 20. Mai 1966, in: BArch DP 1 VA 2504 Bd. 1, S. 178; Schreiben des Ministeriums für Erzbergbau, Metallurgie und Kali vom 20. Mai 1966, in: BArch DP 1 VA 2504 Bd. 1, S. 185 f.; Schreiben des Ministers für Anleitung und Kontrolle der Bezirks- und Kreisräte vom 20. Mai 1966, in: BArch DP 1 VA 2504 Bd. 1, S. 187; Schreiben des Ministeriums für Gesundheitswesen vom 21. Mai 1966, in: BArch DP 1 VA 2504 Bd. 1, S. 188 f.; Schreiben des Amts für Erfindungs- und Patentwesen der DDR vom 24. Mai 1966, in: BArch DP 1 VA 2504 Bd. 1, S. 191; Schreiben des Staatlichen Komitees für Erfassung und Aufkauf von landwirtschaftlichen Erzeugnissen vom 24. Mai 1966, in: BArch DP 1 VA 2504 Bd. 1, S. 226; Schreiben des Ministeriums für Volksbildung, das am 25. Mai 1966 im Justizministerium einging, in: BArch DP 1 VA 2504 Bd. 1, S. 190; Schreiben des Amtes für Preise beim Ministerrat vom 27. Mai 1966, in: BArch DP 1 VA 2504 Bd. 1, S. 207 f.; Schreiben des Ministeriums für Verkehrswesen vom 27. Mai 1966, in: BArch DP 1 VA 2504 Bd. 1, S. 192-196.

In etwa einem Drittel der eingegangenen Stellungnahmen wurde dem Entwurf vollumfänglich zugestimmt und erklärt, dass es einer Sonderregelung für den eigenen Bereich nicht bedürfe.[604]

Im überwiegenden Teil der Antworten wurden jedoch Änderungsvorschläge unterbreitet.

a) Haftungstatbestand

Im Haftungstatbestand gab bereits der Begriff "Bürger" Anlass zur Kritik. Zwar werde der Überlegung zugestimmt, dass die Regelung des Gesetzes auf die Fälle beschränkt sein soll, in denen Bürgern ein Schaden zugefügt worden sei. Dies dürfe sich jedoch hinsichtlich des Eigentums nur auf das persönliche[605], nicht aber auch auf das private Eigentum an Produktionsmitteln beziehen. In der jetzigen Fassung erscheine eine klare Abgrenzung kaum möglich, denn auch der Inhaber eines Privatbetriebes sei Bürger und der seinem Betriebsvermögen

---

603 Schreiben der Arbeiter- und Bauern-Inspektion vom 16. August 1966, in: BArch DP 1 VA 2504 Bd. 1, S. 229.

604 Schreiben des Staatssekretariats für das Hoch- und Fachschulwesen vom 12. Mai 1966, in: BArch DP 1 VA 2504 Bd. 1, S. 172 f.; Schreiben des Landwirtschaftsrates beim Ministerrat vom 13. Mai 1966, in: BArch DP 1 VA 2504 Bd. 1, S. 170; Schreiben des Ministeriums für Handel und Versorgung vom 14. Mai 1966, in: BArch DP 1 VA 2504 Bd. 1, S. 174; Schreiben des Staatlichen Amtes für Arbeit und Löhne beim Ministerrat vom 18. Mai 1966, in: BArch DP 1 VA 2504 Bd. 1, S. 177; Schreiben des Ministeriums für Auswärtige Angelegenheiten vom 18. Mai 1966, in: BArch DP 1 VA 2504 Bd. 1, S. 180; Schreiben des Ministers für Anleitung und Kontrolle der Bezirks- und Kreisräte vom 20. Mai 1966, in: BArch DP 1 VA 2504 Bd. 1, S. 187; Schreiben des Amts für Erfindungs- und Patentwesen der DDR vom 24. Mai 1966, in: BArch DP 1 VA 2504 Bd. 1, S. 191; Schreiben des Staatlichen Komitees für Erfassung und Aufkauf von landwirtschaftlichen Erzeugnissen vom 24. Mai 1966, in: BArch DP 1 VA 2504 Bd. 1, S. 226; Schreiben des Staatlichen Komitees für Körperkultur und Sport vom 1. Juni 1966, in: BArch DP 1 VA 2504 Bd. 1, S. 209.

605 Das "persönliche Eigentum" war später im Zivilgesetzbuch der DDR vom 19. Juni 1975, GBl. 465-517, wie folgt geregelt:
§ 22 Abs. 2: "Das persönliche Eigentum dient der Befriedigung der materiellen und kulturellen Bedürfnisse der Bürger und ihrer Entwicklung zu sozialistischen Persönlichkeiten."
§ 23 Abs. 1: "Zum persönlichen Eigentum gehören insbesondere die Arbeitseinkünfte und Ersparnisse, die Ausstattung der Wohnung und des Haushalts, Gegenstände des persönlichen Bedarfs, die für die Berufsausbildung, Weiterbildung und Freizeitgestaltung erworbenen Sachen sowie Grundstücke und Gebäude zur Befriedigung der Wohn- und Erholungsbedürfnisse des Bürgers und seiner Familie. ..."
Das so genannte private Eigentum an Produktionsmitteln wurde in der DDR nicht geschützt. Es stellte vielmehr einen offiziell unerwünschten Ausnahmefall vom angestrebten Volkseigentum an den Produktionsmitteln dar. Vgl. auch die §§ 17-21 ZGB, sowie ferner die Ausführungen in ***Brachmann***, 1988, S. 267.

zugefügte Schaden sei an sich ein ihm entstandener Schaden. Das gelte ebenso für private Gesellschafter halbstaatlicher Betriebe. Um Schädigungen des Vermögens privater oder halbstaatlicher Betriebe aus dem Schutzbereich des Gesetzes herauszunehmen, sollte eine entsprechende Klarstellung in das geplante Gesetz aufgenommen werden.[606]

Hinsichtlich der privaten Handwerker wurde hingegen vorgeschlagen, sowohl die am "persönlichen Vermögen" als auch die am "Vermögen des Handwerksbetriebes" entstandenen Schäden zu ersetzen. Als Grund hierfür wurde angegeben, dass sich das persönliche und das betriebliche Vermögen von Handwerkern nur schwer voneinander abgrenzen ließen und eine unterschiedliche rechtliche Behandlung in diesen Fällen auf wenig Verständnis stoßen würde.[607]

Ein weiterer Kritikpunkt war die geplante Verschuldensunabhängigkeit der Haftung. Die sich hierzu äußernden Ministerien für Gesundheitswesen und für Verkehrswesen sowie das Amt für Wasserwirtschaft beschränkten sich in ihrer Kritik jedoch jeweils darauf, für ihren eigenen Bereich als Sonderregelung eine verschuldensabhängige Haftung zu erbitten.[608]

Das Amt für Wasserwirtschaft führte hierzu zum Beispiel aus, dass es seine Pflichten zur Instandhaltung und zum Ausbau der Gewässer sowie zum allgemeinen Hochwasserschutz häufig wegen fehlender finanzieller Mittel oder ungenügender Bereitstellung von Tiefbaukapazitäten gar nicht erfüllen könne. Eine Haftung ohne Verschulden wäre dann schon aus volkswirtschaftlichen Gründen unvertretbar, weil der Staat nur im Rahmen seiner Einnahmen auch wieder Ausgaben für Instandhaltungs- und andere notwendige Maßnahmen tätigen könne. Es wurde zusammengefasst, dass die Einführung einer verschuldensunabhängigen Haftung für die Wasserwirtschaft zu unzumutbaren Nach-

606 Schreiben des Obersten Gerichts vom 2. Juni 1966, in: BArch DP 1 VA 2504 Bd. 1, S. 212-217 (213 f.). Vgl. auch Schreiben des Amtes für Preise beim Ministerrat der DDR vom 27. Mai 1966, in: BArch DP 1 VA 2504 Bd. 1, S. 207 f.; Schreiben des Ministeriums für Verkehrswesen vom 27. Mai 1966, in: BArch DP 1 VA 2504 Bd. 1, S. 192-196 (192); Schreiben der Staatlichen Plankommission vom 20. Juni 1966, in: BArch DP 1 VA 2504 Bd. 1, S. 224 f. (225); Schreiben des Finanzministeriums vom 15. Juli 1966, in: BArch DP 1 VA 2504 Bd. 1, S. 227 f. (227); Schreiben der Arbeiter- und Bauerninspektion der DDR vom 16. August 1966, in: BArch DP 1 VA 2504 Bd. 1, S. 229.

607 Schreiben des Obersten Gerichts vom 2. Juni 1966, in: BArch DP 1 VA 2504 Bd. 1, S. 212-217 (214).

608 Schreiben des Amtes für Wasserwirtschaft beim Ministerrat vom 17. Mai 1966, in: BArch DP 1 VA 2504 Bd. 1, S. 181-184 (182); Schreiben des Ministeriums für Gesundheitswesen vom 21. Mai 1966, in: BArch DP 1 VA 2504 Bd. 1, S. 188 f. (188); Schreiben des Ministeriums für Verkehrswesen vom 27. Mai 1966, in: BArch DP 1 VA 2504 Bd. 1, S. 192-196 (194).

teilen führen würde und nach den Grundsätzen des Neuen Ökonomischen Systems[609] nicht vertretbar wäre.[610]

b) Schadensabwendungspflicht

Hinsichtlich der Schadensabwendung wurde darauf hingewiesen, dass der Bürger nur zu solchen Maßnahmen verpflicht werden könne, die für ihn zumutbar seien.[611] Außerdem dürfe die Schadensersatzleistung nur dann gemindert oder ausgeschlossen werden, wenn der Bürger seine Pflicht zur Schadensabwendung oder Schadensminderung schuldhaft verletzt habe.[612]

c) Verjährung

Im Rahmen der Verjährung wurde mehrfach eine von der Kenntnis des Geschädigten unabhängige absolute Ausschlussfrist für die Geltendmachung von Staatshaftungsansprüchen vorgeschlagen.[613] Nach Ansicht des Amtes für Wasserwirtschaft könne diese drei Jahre betragen und sei im Interesse der Rechtssicherheit unabdingbar.[614]

Wenn schon nicht die allgemeine zivilrechtliche Verjährung von vier Jahren gelten solle, so wurde von anderer Seite vorgetragen, müssten doch zumindest die allgemeinen Vorschriften über die Hemmung und die Unterbrechung der Verjährung ausdrücklich Anwendung finden.[615]

Nach den Vorstellungen des Obersten Gerichts sollte die Verjährung nicht wie vorgesehen an dem Tag beginnen, an dem der Geschädigte von dem konkreten Mitarbeiter als Schadensverursacher wisse. Entscheidend sei vielmehr, wann der Geschädigte Kenntnis davon erlange, dass irgendein Mitarbeiter oder Beauftragter eines staatlichen Organs oder einer staatlichen Einrich-

609 Siehe Fn. 534 (oben S. 129).

610 Schreiben des Amtes für Wasserwirtschaft beim Ministerrat vom 17. Mai 1966, in: BArch DP 1 VA 2504 Bd. 1, S. 181-184 (182).

611 Schreiben des Ministeriums für Bauwesen vom 18. Mai 1966, in: BArch DP 1 VA 2504 Bd. 1, S. 175 f.

612 Schreiben des Ministeriums für Erzbergbau, Metallurgie und Kali vom 20. Mai 1966, in: BArch DP 1 VA 2504 Bd. 1, S. 185 f. (186).

613 Schreiben des Ministeriums für Kultur vom 7. Mai 1966, in: BArch DP 1 VA 2504 Bd. 1, S. 168 f. (168); Schreiben des Amtes für Wasserwirtschaft beim Ministerrat vom 17. Mai 1966, in: BArch DP 1 VA 2504 Bd. 1, S. 181-184 (183); Schreiben des Ministeriums für Bauwesen vom 18. Mai 1966, in: BArch DP 1 VA 2504 Bd. 1, S. 175 f. (176); Schreiben der Generalstaatsanwaltschaft der DDR vom 18. Mai 1966, in: BArch DP 1 VA 2504 Bd. 1, S. 179.

614 Schreiben des Amtes für Wasserwirtschaft beim Ministerrat vom 17. Mai 1966, in: BArch DP 1 VA 2504 Bd. 1, S. 181-184 (183).

615 Schreiben des Ministeriums für Verkehrswesen vom 27. Mai 1966, in: BArch DP 1 VA 2504 Bd. 1, S. 192-196 (194).

tung den Schaden verursacht habe. Zudem solle die Verjährungsfrist auch dann gewahrt sein, wenn der Geschädigte seinen Anspruch zunächst bei einer unzuständigen staatlichen Stelle geltend gemacht habe.[616]

d) Sonderregelungserlaubnis

Gegen die Möglichkeit, Sonderreglungen zu erlassen, hatte lediglich das Ministerium für Bauwesen Bedenken geäußert. Allerdings enthielt die Stellungnahme hierzu anstelle einer Begründung lediglich die Anregung, sich an dieser Stelle auf die sonst übliche Ermächtigung des Ministerrates zum Erlass von Verordnungen oder Durchführungsbestimmungen zu beschränken.[617]

Neben den oben schon erwähnten Sonderreglungswünschen hinsichtlich der Verschuldensunabhängigkeit hatte das Ministerium für Staatssicherheit für seinen Bereich erklärt, dass es eventuell einer Sonderbestimmung bedürfe, nach der "im Interesse der Sicherheit des Staates bestimmte Tatsachen geheim gehalten werden" könnten.[618]

e) Verwaltungszuständigkeit

Zur Verwaltungszuständigkeit wurde unter anderem vorgeschlagen, der staatlichen Stelle eine Frist für die Entscheidung über den geltend gemachten Anspruch zu setzen.[619] Außerdem sei zu erwägen, die zuzustellende Entscheidung nebst Begründung mit einer Rechtsmittelbelehrung zu versehen.[620]

Im Zusammenhang mit der Verwaltungszuständigkeit wurde durch das Finanzministerium vorgeschlagen, dass Schadensersatz jeweils aus dem Fonds des Organs zu leisten sei, dessen Mitarbeiter oder Beauftragter den Schaden verursacht habe.[621]

Mehrfach wurde zudem das bereits in vergangenen Jahren diskutierte Problem vorgetragen, wer über an ein zentrales staatliches Organ gerichtete Beschwerden entscheiden dürfe. Vorgeschlagen wurde hier zum einen die Be-

616 Schreiben des Obersten Gerichts vom 2. Juni 1966, in: BArch DP 1 VA 2504 Bd. 1, S. 212-217 (215 f.).

617 Schreiben des Ministeriums für Bauwesen vom 18. Mai 1966, in: BArch DP 1 VA 2504 Bd. 1, S. 175 f. (176).

618 Schreiben des Ministeriums für Staatssicherheit vom 10. Juni 1966, in: BArch DP 1 VA 2504 Bd. 1, S. 221.

619 Schreiben des Ministeriums für Bauwesen vom 18. Mai 1966, in: BArch DP 1 VA 2504 Bd. 1, S. 175 f. (176); Schreiben des Ministeriums für Außenhandel und Innerdeutschen Handel vom 1. Juni 1966, in: BArch DP 1 VA 2504 Bd. 1, S. 210 f. (210).

620 Schreiben der Generalstaatsanwaltschaft vom 18. Mai 1966, in: BArch DP 1 VA 2504 Bd. 1, S. 179; Schreiben des Obersten Gerichts vom 2. Juni 1966, in: BArch DP 1 VA 2504 Bd. 1, S. 212-217 (216).

621 Schreiben des Finanzministeriums vom 15. Juli 1966, in: BArch DP 1 VA 2504 Bd. 1, S. 227 f. (228).

schwerde an den Ministerrat und zum anderen die Regelung, dass die Entscheidung eines zentralen staatlichen Organs in jedem Fall endgültig sei.[622]

f) Teilweise Eröffnung des ordentlichen Rechtsweges

Die vorgesehene Regelung, dass der Geschädigte bei einem Streit über die Höhe des Schadensersatzes die Entscheidung des Gerichts beantragen könne, wurde als inkonsequent und sehr problematisch bezeichnet.[623] Unter anderem wurde ausgeführt[624]:

"Mit der jetzt vorgeschlagenen Regelung wird ja faktisch vom staatlichen Organ gefordert, in Kenntnis darüber, dass seine Entscheidung nicht qualifiziert ist, den Schadensersatzbetrag festzulegen, damit der Geschädigte die Entscheidung des Gerichts herbeiführen kann."

"Wir weisen außerdem darauf hin", hieß es an anderer Stelle, "dass ... im Verfahren vor Gericht über die Höhe des Schadensersatzes dasjenige staatliche Organ, das zunächst selbst über die Höhe entschieden hat, plötzlich zur Prozesspartei wird".[625]

Das Oberste Gericht merkte an, dass die Entscheidung des Gerichtes notfalls auch gegen das staatliche Organ vollstreckbar sei und ergänzte hierzu, dass in der künftigen Zivilprozessordnung eine entsprechende besondere Verfahrensregel erst eingeführt werden müsse.[626]

Nicht zuletzt wurde auch die geplante Kostenfreiheit des Verfahrens bemängelt und prophezeit, dass hierdurch die Prozesse erheblich zunehmen würden und die staatlichen Institutionen zusätzlich mit Anwaltskosten belastet würden.[627]

622 Vgl. etwa das Schreiben des Ministeriums für Erzbergbau, Metallurgie und Kali vom 20. Mai 1966, in: BArch DP 1 VA 2504 Bd. 1, S. 185 f. (186), sowie das Schreiben des Ministeriums für Anleitung und Kontrolle der Bezirks- und Kreisräte vom 20. Mai 1966, in: BArch DP 1 VA 2540 Bd. 1, S. 187.

623 Schreiben des Amtes für Wasserwirtschaft beim Ministerrat vom 17. Mai 1966, in: BArch DP 1 VA 2504 Bd. 1, S. 181-184 (183 f.); vgl. auch Schreiben des Staatlichen Komitees für Erfassung und Aufkauf von landwirtschaftlichen Erzeugnissen beim Ministerrat vom 24. Mai 1966, in: BArch DP 1 VA 2504 Bd. 1, S. 226.

624 Schreiben des Innenministeriums vom 14. Juni 1966, in: BArch DP 1 VA 2504 Bd. 1, S. 222 f. (223).

625 Schreiben des Amtes für Wasserwirtschaft beim Ministerrat vom 17. Mai 1966, in: BArch DP 1 VA 2504 Bd. 1, S. 181-184 (184).

626 Schreiben des Obersten Gerichts vom 2. Juni 1966, in: BArch DP 1 VA 2504 Bd. 1, S. 212-217 (217).

627 Schreiben des Ministeriums für Verkehrswesen vom 27. Mai 1966, in: BArch DP 1 VA 2504 Bd. 1, S. 192-196 (195).

g) Bisherige gesetzliche Bestimmungen

Die Methode, die zu ändernden, zu beseitigenden oder fortgeltenden bisherigen Regelungen zur Staatshaftung katalogmäßig zu bestimmen, wurde bemängelt. Diese Vorgehensweise berge die Gefahr der Unvollständigkeit und habe sich deshalb in der Praxis nicht bewährt.[628] Als Verbesserung wurde vorgeschlagen, ausschließlich diejenigen Bestimmungen aufzuzählen, die geändert oder aufgehoben werden sollten, beziehungsweise sich auf die Benennung der unverändert oder verändert fortgeltenden Normen zu beschränken.[629]

h) Sonstige Anregungen

Ohne konkreten Bezug auf eine der Regelungen des Entwurfs schlug das Finanzministerium vor, in das Gesetz aufzunehmen, dass der Finanzminister auf Antrag der Leiter zentraler staatlicher Organe oder örtlicher Räte die Regulierung von Schadensfällen der Deutschen Versicherungsanstalt übertragen können soll. Außerdem müsse im Gesetz festgehalten sein, dass die Deutsche Versicherungsanstalt verpflichtet sei, die Staatsorgane auf Verlangen bei der Abwicklung von Schadensfällen zu beraten.[630]

Abschließend wies das Finanzministerium darauf hin, dass das geplante Gesetz Auswirkungen auf die so genannte Anweisung 30/61, also den Staatsversicherungsvertrag,[631] haben werde. Auf der Grundlage dieser Anweisung würden durch die Deutsche Versicherungsanstalt noch immer Schäden ausgeglichen, die zum Teil unter die Staatshaftung fielen. Es sei daher vorgesehen, die Anweisung 30/61 mit In-Kraft-Treten des Gesetzes zu ändern.[632]

10. Bericht an den Ministerrat

Eine offizielle Auswertung fanden die Stellungnahmen im Bericht des Justizministeriums über die Arbeiten an Zivilgesetzbuch und Zivilprozessordnung

628 Schreiben des Ministeriums für Nationale Verteidigung vom 20. Mai 1966, in: BArch DP 1 VA 2504 Bd. 1, S. 178; Schreiben des Obersten Gerichts vom 2. Juni 1966, in: BArch DP 1 VA 2504 Bd. 1, S. 212-217 (217).

629 Schreiben des Obersten Gerichts vom 2. Juni 1966, in: BArch DP 1 VA 2504 Bd. 1, S. 212-217 (217).

630 Schreiben des Finanzministeriums vom 15. Juli 1966, in: BArch DP 1 VA 2504 Bd. 1, S. 227 f. (228).

631 Siehe bereits oben S. 124 (Fn. 512).

632 Schreiben des Finanzministeriums vom 15. Juli 1966, in: BArch DP 1 VA 2504 Bd. 1, S. 227 f. (228).

vom 30. Januar 1967, in dem auch über die Arbeiten am Entwurf 1966 vorgetragen wurde.[633]

a) Zum Entwurf 1966

Aufgrund der eingegangenen Stellungnahmen wurde im Bericht des Justizministeriums festgestellt, dass die beteiligten zentralen Organe dem Entwurf 1966 im Prinzip zugestimmt hätten. Die Zustimmung betreffe dabei sowohl die Grundsätze der Haftung als auch den vorgeschlagenen Verfahrensweg. Zwar seien gleichzeitig auch Änderungen und Ergänzungen vorgeschlagen worden. Diese lägen jedoch alle im Rahmen der bestätigten Konzeption. Auf Vorschläge, die im künftigen Gesetz keine Berücksichtigung finden sollten, wurde sodann kurz eingegangen.

Begonnen wurde dabei mit dem Begriff des Bürgers. Da das geplante Gesetz zur Gewährleistung der verfassungsmäßigen Grundrechte der Bürger beitragen solle, sei vorgesehen, die Regelung auf solche Schäden zu beschränken, die das Leben, die Gesundheit und das persönliche Eigentum des Bürgers betreffen. Nicht geregelt werden solle jedoch die Haftung des Staates für Schäden, die staatlichen juristischen Personen, sozialistischen Genossenschaften, Betrieben mit staatlicher Beteiligung, privaten Betrieben, Handwerksbetrieben und freiberuflichen Gewerbetreibenden zugefügt würden. Um diese notwendige Konkretisierung und auch Einschränkung des allgemeinen Haftungsgrundsatzes zu erreichen, wurde die Absicht bekundet, in einer der Schlussbestimmungen die von dem Gesetz erfassten Bereiche ausdrücklich zu benennen.[634]

In dem dargelegten Rahmen solle der Staat dann aber wegen jedes Schadens haften, der dem Bürger in Ausübung staatlicher Tätigkeit durch staatliche Stellen rechtswidrig zugefügt werde. Von wenigen gesetzlich genau zu regelnden Ausnahmen abgesehen solle die Haftung wie geplant nicht vom Verschulden abhängig sein.[635]

Der Vorschlag des Finanzministeriums, den Schaden jeweils aus Mitteln oder Fonds des Organs zu zahlen, dessen Mitarbeiter den Schaden verursacht habe, werde nicht berücksichtigt. Eine solche Bestimmung könnte leicht als Beschränkung der Staatshaftung dahingehend missdeutet werden, dass eine Haftung ausgeschlossen sei, wenn die Mittel der betreffenden staatlichen Stelle

633 Bericht der Ministerratskommission zur Ausarbeitung des neuen Zivilgesetzbuches und der Zivilprozessordnung vom 30. Januar 1967, in: BArch DC 20-I/4-581, S. 69-139 (87 v.-89 v.).

634 Bericht der Ministerratskommission zur Ausarbeitung des neuen Zivilgesetzbuches und der Zivilprozessordnung vom 30. Januar 1967, in: BArch DC 20-I/4-581, S. 69-139 (87 h.).

635 Bericht der Ministerratskommission zur Ausarbeitung des neuen Zivilgesetzbuches und der Zivilprozessordnung vom 30. Januar 1967, in: BArch DC 20-I/4-581, S. 69-139 (88 v.).

erschöpft wären. Diese Schlussfolgerung würde jedoch dem Anliegen des Gesetzes zuwiderlaufen. Dem Vorschlag des Finanzministeriums könne daher allenfalls durch eine interne Regelung Rechnung getragen werden.[636]

Hinsichtlich des Verfahrens könne bei ablehnenden Entscheidungen über den Grund des Anspruchs die Beschwerde an das übergeordnete Organ nur zulässig sein, soweit es sich nicht um eine Entscheidung eines "zentralen staatlichen Organs" oder einer "zentralen staatlichen Einrichtung" handele. Deren Entscheidungen sollten nicht anfechtbar sein.[637]

Ergehe eine ablehnende Entscheidung zur Höhe des Schadensersatzes, könne diese wie vorgeschlagen sofort gerichtlich überprüft werden. Hierfür sprächen sachliche Gründe, wie etwa die erforderlichen Erfahrungen und Möglichkeiten der Zivilgerichte sowie der Verweis auf die zivilrechtlichen Bestimmungen hinsichtlich der Schadensberechnung.[638] Auch solle das Verfahren weiterhin kostenfrei bleiben.[639]

Um die Gesamtregelung auf der Grundlage des geplanten einheitlichen Gesetzes beweglich zu halten, sei die Befugnis des Ministerrates zum Erlass von Sonderregelungen beizubehalten.[640] Da das geplante Staatshaftungsgesetz eine in sich geschlossene Regelung enthalten werde, könne es im Ergebnis unabhängig vom Zivilgesetzbuch erlassen werden.

Insgesamt dokumentierte der Bericht des Justizministeriums, dass dort inzwischen ein sehr genaues Bild vom künftigen Staatshaftungsgesetz bestand. Lediglich die gesetzgeberische Umsetzung stand noch aus.

b) Zur Konzeption des Zivilgesetzbuches

Alles andere als optimistisch fiel der gleichzeitig erstattete Bericht zur Konzeption des Zivilgesetzbuches aus.

636 Bericht der Ministerratskommission zur Ausarbeitung des neuen Zivilgesetzbuches und der Zivilprozessordnung vom 30. Januar 1967, in: BArch DC 20-I/4-581, S. 69-139 (88 v.).

637 Bericht der Ministerratskommission zur Ausarbeitung des neuen Zivilgesetzbuches und der Zivilprozessordnung vom 30. Januar 1967, in: BArch DC 20-I/4-581, S. 69-139 (88 h.).

638 Bericht der Ministerratskommission zur Ausarbeitung des neuen Zivilgesetzbuches und der Zivilprozessordnung vom 30. Januar 1967, in: BArch DC 20-I/4-581, S. 69-139 (88 h.).

639 Bericht der Ministerratskommission zur Ausarbeitung des neuen Zivilgesetzbuches und der Zivilprozessordnung vom 30. Januar 1967, in: BArch DC 20-I/4-581, S. 69-139 (88 h.).

640 Bericht der Ministerratskommission zur Ausarbeitung des neuen Zivilgesetzbuches und der Zivilprozessordnung vom 30. Januar 1967, in: BArch DC 20-I/4-581, S. 69-139 (88 h. f.).

Aufgrund der Vorgaben des Ministerrats, so wurde ausgeführt, enthalte der Entwurf des Zivilgesetzbuches auch solche Regelungen, die nicht nur für die Beziehungen zwischen Bürgern, sondern auch für die Vertragsbeziehungen innerhalb der sozialistischen Wirtschaft Anwendung finden könnten. "Nachdem aufgrund der durch die zweite Etappe des Neuen Ökonomischen Systems gekennzeichneten Entwicklungen der Auftrag erteilt worden" sei, "eine komplexe Wirtschaftsgesetzgebung der DDR zu entwickeln", sei "die dem Entwurf des Zivilgesetzbuches zugrunde liegende Konzeption überholt und damit gegenstandslos geworden".[641]

11. Beschluss des Ministerrates

Der Ministerrat behandelte den Bericht des Justizministeriums zum Stand der Gesetzgebungsarbeiten in seiner Sitzung vom 23. Februar 1967. Allerdings enthält der in dieser Sitzung gefasste Beschluss des Ministerrates keinerlei positive Würdigung der inzwischen weit fortgeschrittenen Entwicklung der Staatshaftungsregelung. Der Beschluss lautete wie folgt[642]:

"1.Der Bericht des Ministeriums der Justiz über die bisherigen Ergebnisse der Arbeit an den Entwürfen des Zivilgesetzbuchs und der Zivilprozessordnung und des Gesetzes zur Regelung der Staatshaftung wird zur Kenntnis genommen.
2. Die vom Präsidenten des Ministerrats am 20.05.1965 bestätigte Konzeption zur Ausarbeitung des Entwurfs eines neuen Zivilgesetzbuches wird aufgehoben.
3. Der Minister der Justiz wird mit der Ausarbeitung einer neuen Konzeption des Zivilgesetzbuchs beauftragt, das unter Ausschluss der dem Wirtschaftsrecht zuzuordnenden Beziehungen die zivilrechtlichen Beziehungen der Bürger in der sozialistischen Gesellschaft regelt."

In dem Beschluss kommt deutlich zum Ausdruck, dass der Schwerpunkt in Zukunft insbesondere in der Erarbeitung einer neuen Konzeption des Zivilgesetzbuchs gesehen werden sollte. Dies würde erklären, warum das Aktenmaterial nach diesem Beschluss über längere Zeit hinweg keine Nachweise mehr zum Staatshaftungsgesetz enthält. Hinzu kommt, dass nicht nur die Arbeiten am neuen Zivilgesetzbuch, sondern unter anderem auch die Erarbeitung einer neuen Verfassung und eines neuen Strafgesetzbuches für Beschäftigung des Justizministeriums sorgten.

Ein ganz anders gelagerter Grund für das Stocken des Gesetzgebungsverfahrens zur Regelung der Staatshaftung kann aber auch darin gelegen haben,

[641] Bericht der Ministerratskommission zur Ausarbeitung des neuen Zivilgesetzbuches und der Zivilprozessordnung vom 30. Januar 1967, in: BArch DC 20-I/4-581, S. 69-139 (77 h.).

[642] Beschluss des Ministerrates vom 23. Februar 1967, in: BArch DC 20-I/4-581, S. 74.

dass *Benjamin* im Jahre 1967 von ihrem Amt als Ministerin der Justiz zurücktrat.[643]

III. Zusammenfassung

Nachdem die DDR-Führung durch den Mauerbau schlagartig neue politische Verhältnisse geschaffen hatte, widmete sie sich in den Jahren danach zunächst verstärkt dem Wiederaufbau der Wirtschaft. Dies zeigte sich unter anderem in der Einbeziehung von Wirtschaftsfachleuten in die politischen Entscheidungsgremien und in der Erarbeitung neuer Wirtschaftsstrategien, die im so genannten NÖSPL ihre Verankerung fanden. Die Grenzschließung und die Umsetzung des NÖSPL führten allmählich zu einer deutlichen Entspannung der wirtschaftlichen und politischen Lage in der DDR. Es wurde ein gesellschaftliches Entwicklungsniveau erreicht, welches nach Einschätzung der DDR-Führung die Anpassung der Verfassung an die neuen Verhältnisse erforderte.

Die Arbeiten an einer Staatshaftungsregelung wurden nach der Schließung der Grenzen erst im Jahre 1964 wieder aufgenommen. Dabei wurde die Festigung des Verhältnisses zwischen Staat und Bürger zu einem der Hauptziele einer Staatshaftungsregelung erklärt. Der frühere Vorschlag, die Staatshaftung im Zivilgesetzbuch der DDR zu regeln, wurde wieder verworfen, weil die damit verbundene gerichtliche Durchsetzbarkeit von Staatshaftungsansprüchen insbesondere im Ministerrat auf Ablehnung gestoßen war. Begründet wurde dies unter anderem damit, dass sich Staat und Bürger nicht als Prozessparteien eines möglichen Staatshaftungsrechtsstreits gegenüber stehen sollten. Die Staatshaftung sollte wieder in einem besonderen Gesetz geregelt werden, wobei für die Durchsetzbarkeit der Ansprüche die Einführung eines Verwaltungsverfahrens angeregt wurde. Einer Bindung des Staates an Haftungszusagen sollte offensichtlich entgegengewirkt werden. Eine solche Intention manifestierte sich recht deutlich im Beschluss des Ministerrates vom 20. Mai 1965, der besagte, dass die Erfüllung der Ansprüche gegen den Staat in einer Kannbestimmung beweglich zu gestalten sei.

Der im Jahre 1966 erarbeitete Entwurf eines Staatshaftungsgesetzes sah schließlich eine verschuldensunabhängige allgemeine Haftung des Staates vor. Außerdem wurde statt des angeregten reinen Verwaltungsverfahrens vorgeschlagen, zumindest bei Streit über die Höhe des Ersatzanspruchs den Weg zu den Zivilgerichten zu eröffnen. Gemessen an den beiden durch *Stern* genannten Grundsätzen der Rechtsstaatlichkeit: Gewähr einer Verantwortlichkeit staatlicher Organe im Falle eines Fehlverhaltens einschließlich der Haftung für

643 *Hilde Benjamin* trat 1967 vermutlich auf Wunsch *Walter Ulbricht*s aus "gesundheitlichen Gründen" zurück; siehe schon Fn. 48 (oben S. 28). Ihr Nachfolger im Amt des Justizministers wurde *Kurt Wünsche*. Vgl. hierzu *Brentzel*, 1997, S. 330-334; *Feth*, 1997, S. 224 f.

Schadenszufügungen und Rechtsbeeinträchtigungen der Bürger, sowie Gewähr umfassenden Rechtsschutzes auch gegen Maßnahmen der Staatsgewalt,[644] stellte der Entwurf von 1966 mit seiner Kombination von allgemeiner, sogar verschuldensunabhängiger Haftung und teilweiser Eröffnung des Rechtsweges die bis dahin fortschrittlichste Konzeption eines Staatshaftungsgesetzes dar. Eine nicht zu übersehende "Hintertür" war durch die in den Entwurf aufgenommene Sonderregelungserlaubnis gegeben. Der Vorschlag einer allgemeinen Staatshaftung und der teilweisen Eröffnung des Rechtsweges war in der Gesetzgebungsgeschichte zum Staatshaftungsgesetz der DDR völlig neu. Er hing sicherlich mit der beachtlichen politischen und wirtschaftlichen Konsolidierung zusammen, die die DDR zu dieser Zeit erreicht hatte.

E. 1968/69: Die neue Verfassung und ihre Umsetzung

I. Rahmenbedingungen

1. Annahme der neuen Verfassung

Zur Anpassung der rechtlichen Rahmenbedingungen an die infolge des Mauerbaus inzwischen deutlich veränderten gesellschaftlichen Gegebenheiten wurde die Änderung der Verfassung der DDR in Angriff genommen.

Bis zum Jahresende 1967 hatte die von der Volkskammer gewählte und vom Vorsitzenden des Staatsrates geleitete "Verfassungskommission"[645] einen Entwurf der neuen Verfassung der DDR erarbeitet. Dieser Entwurf wurde Ende Januar/Anfang Februar 1968 veröffentlicht und zum Gegenstand umfangreicher Volksaussprachen gemacht.[646] Es fanden Großveranstaltungen statt, in denen Mitglieder des Politbüros des ZK der SED und Vertreter der in der Nationalen Front vereinigten Parteien und Massenorganisationen die Grundsätze des Verfassungsentwurfs erläuterten. Die breite Diskussion der vorgesehenen Bestimmungen fand in Konferenzen von Bürgervertretern, in vielfältigen Veranstaltungen und Aussprachen in Betrieben und Produktionsgenossenschaften sowie in Wohngebieten und Hausgemeinschaften statt.[647] Die Bürger sollten so

644 Von *Stern* aufgestellter sechster und siebenter Grundsatz der Rechtsstaatlichkeit; siehe bereits Fn. 6 (oben S. 18).

645 Siehe hierzu das Gesetz zur Durchführung eines Volksentscheides über die Verfassung der Deutschen Demokratischen Republik vom 26. März 1968, GBl. I, S. 195-196 (195).

646 Bericht der Kommission zur Ausarbeitung einer sozialistischen Verfassung der DDR vom 11. März 1968, in: BArch DA 1-4208, S. 118 ff. (118); vgl. hierzu auch *Weber*, Geschichte, 1986, S. 386.

647 Bericht der Kommission zur Ausarbeitung einer sozialistischen Verfassung der DDR vom 11. März 1968, in: BArch DA 1-4208, S. 118 ff. (118).

die Möglichkeit erhalten, an der endgültigen Gestaltung des Verfassungstextes mitzuwirken.

Vom Beginn der Verfassungsdiskussion bis zum 7. März 1968 gingen bei der Verfassungskommission insgesamt 6.143 Zuschriften ein, von denen 4.808 Vorschläge zum Verfassungsentwurf enthielten.[648] Ende März 1968 rief die Volkskammer die Bevölkerung auf, am 6. April des Jahres in einem Volksentscheid die Annahme des Verfassungsentwurfs zu erklären. Dem Aufruf folgend stimmten 94,5 Prozent der wahlberechtigten Bevölkerung der DDR für die Annahme der Verfassung, die daraufhin am 9. April 1968 in Kraft trat.[649]

2. *Kritik am Prager Weg*

Obwohl die neue Verfassung der DDR den gesellschaftlichen Fortschritt widerspiegeln sollte, waren in ihr andererseits Grenzen dieses Fortschritts angelegt. So lautete Art. 1 Abs. 1 der neuen Verfassung beispielsweise[650]:

> "Die Deutsche Demokratische Republik ist ein sozialistischer Staat deutscher Nation. Sie ist die politische Organisation der Werktätigen in Stadt und Land, die gemeinsam unter Führung der Arbeiterklasse und ihrer marxistisch-leninistischen Partei den Sozialismus verwirklichen."

Bemerkenswert erscheint vor allem die Anordnung der Führungsrolle der SED. Dass dem Fortschritt hierdurch Grenzen gesetzt waren, zeigte sich 1968 im offiziellen Verhalten der Parteiführung anlässlich der Geschehnisse des so genannten Prager Frühlings. An den damaligen Versuchen, in der CSSR einen demokratischen Weg des Kommunismus zu gehen, übte die SED scharfe Kritik.[651] Jede gesellschaftliche Entwicklung sollte offenbar nur so lange möglich sein, wie sie in das Vorstellungsbild der SED passte.

Jedoch gab es auch in der DDR Stimmen, die sich anders als die offizielle SED für den Prager Weg einsetzten. So schrieb beispielsweise *Havemann*[652] im Mai 1968 in einer Prager Zeitschrift[653]:

648 Bericht der Kommission zur Ausarbeitung einer sozialistischen Verfassung der DDR vom 11. März 1968, in: BArch DA 1-4208, S. 118 ff. (123). Abweichend vom Entwurf wies der endgültige Text dann tatsächlich einige Änderungen, zum Beispiel hinsichtlich der Glaubens- und Gewissensfreiheit und des religiösen Bekenntnisses sowie der Immunität der Volkskammerabgeordneten, auf. Siehe *Weber*, Geschichte, 1986, S. 386.

649 *Weber*, Kleine Geschichte, 1988, S. 132; Verfassung der Deutschen Demokratischen Republik vom 6. April 1968, GBl. I, S. 199-222.

650 Verfassung der Deutschen Demokratischen Republik vom 6. April 1968, GBl. I, S. 199-222 (205).

651 *Schroeder, Klaus,* 2000, S. 184 f.; *Weber*, Geschichte, 1986, S. 388 f.

652 Näheres zu *Robert Havemann* findet sich auf den Seiten des Deutschen Historischen Museums unter http://www.dhm.de/lemo/html/biografien/HavemannRobert.

653 Zitiert nach *Weber*, Geschichte, 1986, S. 389.

"Entscheidend für die Demokratie ist die demokratische Kontrolle der Regierung von unten. ... Dies bedeutet auch die Unabhängigkeit der Richter und die Einrichtung von Verwaltungsgerichten, vor denen der Bürger gegen behördliche Willkür Klage erheben kann. Demokratie bedeutet eben, dass das Regieren schwerer und das Regiertwerden leichter gemacht wird."

Zwischen diesem Verständnis von Demokratie und dem Demokratieverständnis der SED lagen offenbar Welten. Für die SED stellte der Prager Weg eine "Preisgabe der Positionen des Sozialismus zugunsten der Konterrevolution" dar.[654] Die neue Verfassung der DDR stärkte ihr hierbei den Rücken. In dieser wurde "die führende Rolle der Arbeiterklasse und der SED", nicht aber die des Volkes fixiert.

II. Regelung der Staatshaftung auf Verfassungs- und einfacher Gesetzesebene

1. Verankerung des Rechtsinstituts der Staatshaftung in der Verfassung

Der Anfang Februar 1968 zur Diskussion gestellte Verfassungsentwurf enthielt in Art. 107 auch einen Vorschlag zum Institut der Staatshaftung. Dieser hatte folgenden Wortlaut[655]:

"(1) Für Schäden, die einem Bürger oder seinem persönlichen Eigentum durch ungesetzliche Maßnahmen von Mitarbeitern der Staatsorgane zugefügt werden, haftet das staatliche Organ, dessen Mitarbeiter den Schaden verursacht hat.
(2) Voraussetzungen und Verfahren der Staatshaftung werden durch Gesetz geregelt."

Von den bei der Verfassungskommission bis zum 7. März 1968 eingegangenen Zuschriften von DDR-Bürgern betrafen insgesamt neun den Art. 107. In drei Zuschriften wurde angeregt, dass die materielle Verantwortlichkeit des konkreten Schadensverursachers in die Regelung mit aufzunehmen sei. In den sechs übrigen Zuschriften wurde empfohlen, die Staatshaftung auch auf Unterlassungen auszudehnen.[656]

Beide Vorschläge fanden jedoch bei der Überarbeitung des Entwurfs keine Berücksichtigung. Gegen die Aufnahme der materiellen Verantwortlichkeit des konkreten Verursachers wurde eingewandt, dass diese in speziellen Gesetzen geregelt werden müsse. Im Übrigen wurde vor einer Erweiterung der Regelung

654 *Weber*, Geschichte, 1986, S. 388 f. m. w. N.

655 Auszug aus dem Verfassungsentwurf von 1967/1968, in: BArch DA 1-4208, S. 15 h.-16 v.(16 v.).

656 Siehe dazu den Bericht der Kommission zur Ausarbeitung einer sozialistischen Verfassung der DDR vom 11. März 1968, in: BArch DA 1-4208, S. 118 ff. (447); Vermerk der Kommission zur Ausarbeitung einer sozialistischen Verfassung der DDR vom 15. März 1968, in: BArch DA 1-4208, S. 85.

auf Unterlassungen "dringend gewarnt", da dies zu einer uferlosen Ausweitung der Staatshaftung führen würde.[657]

Die zur Diskussion gestellte Regelung der Staatshaftung wurde daraufhin mit unverändertem Wortlaut als Art. 106 in die Verfassung der DDR aufgenommen.[658] Dabei ließ die Regelung Parallelen zum Grundtatbestand des Entwurfs eines Staatshaftungsgesetzes von 1966 erkennen. In beiden wurde zum Beispiel kein schuldhaftes Verhalten vorausgesetzt.

Jedoch blieb die Verfassungsregelung hinter dem im Entwurf 1966 geplanten Haftungsrahmen zurück. Dies zeigt sich zum einen darin, dass der Staat nach der Verfassung nur für Schadenszufügungen durch Mitarbeiter staatlicher Organe haften sollte, während er nach dem Gesetzesentwurf daneben auch für Schadenszufügungen durch Beauftragte der staatlichen Organe sowie durch Mitarbeiter und Beauftragte staatlicher Einrichtungen einzustehen hatte.[659]

Außerdem war in der Verfassung eine Haftung nur für Schäden aufgrund "ungesetzlicher Maßnahmen" vorgesehen. Die Regelung im Entwurf 1966 ging hingegen vom Erfordernis einer rechtswidrigen Schadenzufügung aus. Die Rechtswidrigkeit der Schadenszufügung setzt jedoch nicht notwendig eine ungesetzliche Maßnahme voraus. Vielmehr ist eine Vielzahl von Fällen denkbar, in denen jemandem trotz Durchführung einer an sich rechtmäßigen Maßnahme rechtswidrig ein Schaden zugefügt wird.[660]

Vor dem Hintergrund der Einschränkung auf Schadenszufügungen durch ungesetzliche staatliche Maßnahmen erscheint die neu in die Verfassung aufgenommene Regelung eher zurückhaltend. Dennoch war die Staatshaftung ab sofort ein in der Verfassung verankertes Rechtsinstitut und ihre Notwendigkeit damit offiziell anerkannt. Die Ausgestaltung dieser Materie in einem speziellen Gesetz sollte nun nicht mehr lange auf sich warten lassen.

657 Bericht der Kommission zur Ausarbeitung einer sozialistischen Verfassung der DDR vom 11. März 1968, in: BArch DA 1-4208, S. 118 ff. (447).

658 Verfassung der Deutschen Demokratischen Republik vom 6. April 1968, GBl. I, S. 199-222.

659 Mit "Beauftragten" waren ehrenamtlich tätige Mitarbeiter gemeint. Siehe Stellungnahme der Rechtsabteilung des Ministerrates vom 13. Januar 1969, in: BArch DC 20 I/3-714, S. 195-200 (197).

660 Ein Beispiel: Die Verfolgung eines Verbrechers im Straßenverkehr führt zur Verletzung eines Passanten. Vgl. zu dieser allgemeinen Problematik auch die Ausführungen *Lübchens* in der Stellungnahme der Rechtsabteilung des Ministerrates vom 13. Januar 1969, in: BArch DC 20 I/3-714, S. 195-200 (195 f.).

2. *Erfüllung des Verfassungsauftrages*

a) *Neuer Entwurf*

Um den Verfassungsauftrag des Art. 106 Abs. 2 zur Schaffung eines eigenständigen Staatshaftungsgesetzes möglichst bald umsetzen zu können, sandte der neue Minister der Justiz *Wünsche*[661] mit Schreiben vom 23. Oktober 1968 einen inzwischen neu überarbeiteten Gesetzesentwurf an eine Reihe von Ministerien sowie die Generalstaatsanwaltschaft und das Oberste Gericht.[662] In diesen Entwurf war ein Großteil der in den Jahren 1966/1967 durch die Ministerien vorgetragenen Anregungen eingearbeitet worden. Zusätzlich enthielt er erneut eine Bestimmung, wonach der Staat den konkreten Schadensverursacher in Regress nehmen konnte.[663]

Wie der vorhergehende Entwurf 1966 enthielt auch der neue Entwurf einen Haftungsgrundtatbestand ohne Verschuldenserfordernis und einen Spezialhaftungstatbestand für fehlerhafte gerichtliche Entscheidungen.[664] Für ausgewählte Bereiche wurde die Haftung auf Schadenszufügungen aufgrund schuldhaften Verhaltens beschränkt.[665] Bei Streit über den Haftungsgrund sollte die Verwaltung abschließend entscheiden, bei Streit über die Höhe des Schadensersatzes sofort das Gericht.[666] Im Bedarfsfalle sollte die Deutsche Versicherungsanstalt verpflichtet werden können, die staatlichen Organe zu beraten oder gegebenenfalls sogar deren Rechte wahrzunehmen.[667] Zum Abschluss war bestimmt, dass eine Haftpflicht des Staates erst mit Erlass des Gesetzes einsetzen sollte.[668]

661 Zu *Kurt Wünsche* siehe bereits Fn. 22 (oben S. 20).

662 Hinweis hierauf in dem Sitzungsmaterial des Ministerrates vom 6. Dezember 1968, in: BArch DC 20 I/3-714, S. 128 ff. (128 f.).

663 Vgl. hierzu das Schreiben des Obersten Gerichts vom 19. November 1968, in: BArch DC 20 I/3-714, S. 183-187 (186).

664 Siehe Schreiben des Obersten Gerichts vom 19. November 1968, in: BArch DC 20 I/3-714, S. 183-187 (185 f.).

665 Vgl. Stellungnahme der Rechtsabteilung des Ministerrates vom 13. Januar 1969, in: BArch DC 20 I/3-714, S. 195-200 (199). Danach handelte es sich um die Bereiche des Straßenwesens und der Wasserwirtschaft.

666 Hierzu das Schreiben der Staatlichen Plankommission vom 13. November 1968, in: BArch DC 20 I/3-714, S. 168 f. (169).

667 Vgl. Schreiben des Obersten Gerichts vom 19. November 1968, in: BArch DC 20 I/3-714, S. 183-187 (184).

668 Vgl. Schreiben des Obersten Gerichts vom 19. November 1968, in: BArch DC 20 I/3-714, S. 183-187 (187).

b) Reaktionen auf den Entwurf

Als Reaktion auf den zugesandten Entwurf gingen beim Justizministerium eine Reihe von Zustimmungsbekundungen ein.[669] Die darin enthaltenen Anregungen bezogen sich insbesondere auf das neue Verfahren und zielten darauf ab, der Verwaltung mehr Entscheidungskompetenz einzuräumen oder das Verfahren möglichst zu vereinheitlichen.[670]

Der Minister für Staatssicherheit schlug wiederholt vor, dass die getroffenen Entscheidungen gegebenenfalls auch mündlich zur Kenntnis gebracht werden können müssten. Er stimmte dem Entwurf ansonsten ebenfalls grundsätzlich zu.[671]

Lediglich das Oberste Gericht teilte in seinem Schreiben vom 19. November 1968 mit, dass es dem Entwurf des Staatshaftungsgesetzes "in der gegenwärtigen Fassung nicht zustimmen" könne. Es führte aus[672]:

"Die Weiterentwicklung des gesellschaftlichen Systems des Sozialismus in der DDR, insbesondere auch die sich aus der sozialistischen Verfassung ergebenden Prinzipien erfordern das Neudurchdenken einiger Grundprinzipien der Regelung der Staatshaftung."

Zwar werde den im Haftungsgrundtatbestand enthaltenen Voraussetzungen zugestimmt, jedoch entspreche die vorgeschlagene Verfahrensweise nicht mehr den an die Leiter der betroffenen Staatsorgane zu stellenden Anforderungen. Eine Differenzierung zwischen der Entscheidung über den Grund des Anspruchs durch den Leiter des betroffenen Organs und über die Höhe des Anspruchs "durch das Gericht als Berechnungsstelle" sei nicht gerechtfertigt. "Eine solche Trennung", so hieß es in dem Schreiben weiter, laufe "auf ein Misstrauen gegenüber der den Grund des Anspruchs feststellenden Dienststelle

669 Schreiben des Ministeriums für Verkehrswesen vom 1. November 1968, in: BArch DC 20 I/3-714, S. 155-157; Schreiben des Ministeriums für Verarbeitungsmaschinen- und Fahrzeugbau der DDR vom 7. November 1968, in: BArch DC 20 I/3-714, S. 142 f.; Schreiben des Amtes für Preise beim Ministerrat vom 7. November 1968, in: BArch DC 20 I/3-714, S. 146, Schreiben der Staatlichen Plankommission vom 13. November 1968, in: BArch DC 20 I/3-714, S. 168 f.; Schreiben des Ministeriums für Staatssicherheit vom 19. November 1968, in: BArch DC 20 I/3-714, S. 181 f.; Schreiben des Obersten Gerichts vom 19. November 1968, in: BArch DC 20 I/3-714, S. 183-187. Siehe auch die weiteren Antwortschreiben in: BArch DC 20 I/3-714, S. 143 ff.

670 Schreiben der Staatlichen Plankommission vom 13. November 1968, in: BArch DC 20 I/3-714, S. 168 f. (169); vgl. auch Schreiben des Ministeriums für Verkehrswesen vom 1. November 1968, in: BArch DC 20 I/3-714, S. 155-157 (157).

671 Schreiben des Ministeriums für Staatssicherheit vom 19. November 1968, in: BArch DC 20 I/3-714, S. 181 f. (182).

672 Schreiben des Obersten Gerichts vom 19. November 1968, in: BArch DC 20 I/3-714, S. 183-187 (183).

und auf eine Herabsetzung des von der Volksvertretung gewählten Gerichts zu einem Hilfsorgan der Verwaltung hinaus."[673]

Vor dem Hintergrund der geplanten gesetzlichen Verpflichtung der Deutschen Versicherungsanstalt, die zuständigen staatlichen Organe zu beraten und gegebenenfalls sogar deren Rechte und Pflichten wahrzunehmen, bestehe auch hinsichtlich der Sachkenntnis keinerlei Rechtfertigung für eine Trennung der Entscheidung über den Grund und über die Höhe. Bevor das Oberste Gericht in seinem Schreiben vorschlug, die Entscheidung über einen Staatshaftungsanspruch einheitlich im Verwaltungswege zu treffen, stellte es fest[674]:

"Entscheidend ist die Sicherung des Rechts der Bürger auf Entschädigung selbst. Die Berechnung der Höhe ist eine davon abgeleitete Frage, die nicht in die Zuständigkeit eines anderen als des über den Grund entscheidenden Organs gelegt werden kann."

Neben der Spaltung des Verfahrensweges kritisierte das Oberste Gericht auch die vorgesehene Haftung für durch gerichtliche Entscheidungen rechtswidrig zugefügte Schäden. In dem Schreiben hieß es dazu unter anderem[675]:

"Der bei Ausübung der Strafrechtspflege notwendige Ausgleich von Schädigungen der Bürger hat in Übereinstimmung mit den Prinzipien des Art. 106 der Verfassung bereits in der StPO Aufnahme gefunden. ... Außerhalb der Strafrechtspflege ist Inhalt der Rechtsprechung grundsätzlich die an die Gerichte herangetragene Regelung von Rechtsverhältnissen der Bürger untereinander beziehungsweise zwischen Bürgern und Rechtsträgern, die als Teilnehmer am Zivilrechtsverkehr mitwirken. ... Es ist nicht Sinn der Staatshaftung, praktisch das Risiko für eine in jedem Falle voll befriedigende Lösung dieser Konflikte zu übernehmen. ... Im Übrigen sind die Berufung, Kassation und Wiederaufnahme des Verfahrens die Instrumente der Rechtspflege, die die Sicherung der Rechte der Bürger voll gewährleisten und eine zusätzliche Haftung des Staates in den Fällen der Kassation und Wiederaufnahme nicht rechtfertigen ...."

Abschließend wurde hierzu vorgeschlagen, die Haftungsregelung bezüglich gerichtlicher Entscheidungen ersatzlos zu streichen, zumal dem Obersten Gericht kein Land bekannt sei, in dem eine derartige Haftung existiere.[676]

Weiterhin kritisierte das Oberste Gericht den Begriff des "Beauftragten", dem nicht zu entnehmen sei, dass damit ehrenamtlich tätige Mitarbeiter gemeint seien. Außerdem bezeichnete das Oberste Gericht auch die Beschränkung der Ersatzpflicht des Staates auf Fälle, die nach dem In-Kraft-Treten des Gesetzes

673 Schreiben des Obersten Gerichts vom 19. November 1968, in: BArch DC 20 I/3 714, S. 183-187 (184).

674 Schreiben des Obersten Gerichts vom 19. November 1968, in: BArch DC 20 I/3-714, S. 183-187 (184).

675 Schreiben des Obersten Gerichts vom 19. November 1968, in: BArch DC 20 I/3-714, S. 183-187 (185 f.).

676 Schreiben des Obersten Gerichts vom 19. November 1968, in: BArch DC 20 I/3-714, S. 183-187 (186).

verursacht würden, als problematisch. Da die Haftung des Staates für ungesetzliche Maßnahmen nach Art. 106 Verfassung der DDR unmittelbar geltendes Recht sei, müsse das Gesetz, dessen Erlass Verfassungspflicht sei, auch auf diesen Zeitpunkt zurückwirken.[677]

c) *Überarbeitung des Gesetzesentwurfs und Verabschiedung durch den Ministerrat*

Zur Vorbereitung der nächsten Ministerratssitzung am 15. Januar 1969 fertigte die Rechtsabteilung des Ministerrates eine zusammenfassende Stellungnahme zum letzten Gesetzesentwurf an.[678] Unter Berücksichtigung der in den Antwortschreiben erhaltenen Anregungen bereitete sie dabei Eventualvorschläge für einige der bisherigen Regelungen vor.[679] Hierzu gehörten zum Beispiel der Vorschlag, ein reines Verwaltungsverfahren einzurichten und der Vorschlag, die Haftung für gerichtliche Entscheidungen nicht mehr aufzunehmen.

Während der Ministerratssitzung wurden die einzelnen Regelungen des Entwurfs eingehend diskutiert. Dabei wurde entschieden, welche Regelungen im Gesetz verankert werden sollten und welche nicht. Zum Abschluss der Sitzung beschloss der Ministerrat, dass der gemäß den Diskussionsergebnissen geänderte Entwurf zur Regelung der Staatshaftung als Gesetz auszufertigen und alsbald zu verabschieden sei.[680]

In der bis zuletzt umstrittenen Frage des Verfahrensweges hatte man sich für den reinen Verwaltungsweg entschieden und dies wie folgt begründet[681]:

"1. Es entspricht der Verantwortung der staatlichen Organe und Einrichtungen, falls durch ungesetzliche Handlungen ihrer Mitarbeiter einem Bürger Schaden zugefügt wird, *selbst* die erforderlichen Maßnahmen durchzuführen, um in enger Zusammenarbeit mit dem Bürger den Schaden wieder auszugleichen, die Staatsdisziplin der Mitarbeiter zu stärken und das Vertrauensverhältnis der Bürger zu ihrem Staat dadurch zu festigen.
2. Dadurch, dass die Entscheidung über die Staatshaftung in die Verantwortung des Leiters bzw. übergeordneten Leiters des staatlichen Organs oder der staatlichen Einrichtung gegeben ist, sind sachlich und fachlich die erforderlichen Voraussetzungen für die Gesetzlichkeit und Objektivität der Entscheidung gegeben. Außerdem liegt

677 Schreiben des Obersten Gerichts vom 19. November 1968, in: BArch DC 20 I/3-714, S. 183-187 (187).

678 Stellungnahme der Rechtsabteilung des Ministerrates vom 13. Januar 1969, in: BArch DC 20 I/3-714, S. 195-200.

679 Dies ergibt sich aus dem Sitzungsmaterial des Ministerrates vom 15. Januar 1969, in: BArch DC 20 I/3-712, S. 127-143 (140).

680 Beschluss des Ministerrates vom 15. Januar 1969, in: BArch DC 20 I/3-712, S. 127.

681 Sitzungsmaterial des Ministerrates vom 15. Januar 1969, in: BArch DC 20 I/3-712, S. 127-143 (141 f.); Hervorhebung im Original.

damit die Entscheidung über Grund und Höhe des Anspruchs, die vielfach voneinander nicht zu trennen ist, in einer Hand, das gesamte Verfahren wird einfacher und für den Bürger übersichtlicher.

3. Die vorgesehene teilweise Einbeziehung der Gerichte in das Verfahren zur Regulierung von Staatshaftungsfällen entspricht nicht der Stellung und der Funktion der Gerichte im System der Staatsmacht der DDR. Es ist nicht zweckmäßig, ein Verfahren, in dem über die entscheidenden Fragen im Verwaltungswege befunden wird, bei einem anderen staatlichen Organ fortzusetzen. Eine exakte Beschränkung der Zuständigkeit des Gerichts auf die Höhe des Anspruchs wird auch nicht immer möglich sein, da die Höhe des Schadensersatzes nicht selten nur in Abhängigkeit vom Grunde beurteilt werden kann, z. B. im Fall einer mitwirkenden Verursachung.

Zudem wären bei Beibehaltung der aufgegebenen Variante Missverständnisse in der Weise möglich gewesen, als ob den Entscheidungen der staatlichen Organe die Entscheidungen der Gerichte gegenübergestellt oder übergeordnet und damit den Gerichten verwaltungsrechtliche Funktionen übertragen worden seien."

Der langjährige Streit war damit zugunsten des reinen Verwaltungsweges entschieden und durch einen Ministerratsbeschluss besiegelt. Die wohl größte Hürde auf dem Weg zum Erlass des Gesetzes war damit überwunden.

d) In-Kraft-Treten des Staatshaftungsgesetzes

Hinsichtlich des weiteren förmlichen Verfahrens bis zur Verkündung des Gesetzes war das vorliegende Aktenmaterial nur wenig aussagekräftig. Eine Entwurfsfassung des Justizministeriums, die inhaltlich dem später erlassenen Staatshaftungsgesetz entsprach, dürfte aus der Zeit Ende Januar/Anfang Februar 1969 stammen.[682]

Gemäß Art. 65 der Verfassung der DDR konnte der Ministerrat Gesetzesentwürfe der Volkskammer vorlegen. Diese hatte die Entwürfe in ihren Ausschüssen zu beraten und das Ergebnis der Beratung ihrem Plenum zur Entscheidung vorzulegen. Die von der Volkskammer verabschiedeten Gesetze waren sodann gemäß Art. 65 Abs. 5 Verfassung der DDR vom Vorsitzenden des Staatsrates innerhalb eines Monats im Gesetzblatt zu verkünden.[683]

Das Staatshaftungsgesetz der DDR wurde am 12. Mai 1969 verkündet. An diesem Tag fand die 13. Sitzung der Volkskammer statt. Während der Sitzung hatte der Justizminister *Wünsche* der Volkskammer die offizielle Begründung des zu verabschiedenden Staatshaftungsgesetzes vorgetragen und um Zustim-

682 Entwurf des Gesetzes zur Regelung der Staatshaftung in der Deutschen Demokratischen Republik nebst Begründung, in: BArch DP 1 VA 1431 Bd. 3, S. 211-223 (im zeitlichen Kontext mit Materialien von Januar und Februar 1969).

683 Art. 65 Verfassung der DDR vom 6. April 1968, GBl. I, S. 192-222 (215).

mung zum Erlass des Gesetzes gebeten.[684] Diese wurde in derselben Sitzung erteilt.

III. Zusammenfassung

Die Jahre nach dem Mauerbau hatten zu einer deutlichen Entspannung der wirtschaftlichen und politischen Lage geführt. Es wurde ein gesellschaftliches Entwicklungsniveau erreicht, welches nach Einschätzung der DDR-Führung die Anpassung der Verfassung an die neuen Verhältnisse erforderte. Der Anfang des Jahres 1968 veröffentlichte neue Verfassungstext wurde mit leichten Änderungen schließlich per Volksentscheid angenommen und trat am 9. April 1968 in Kraft.

Mit der zum Ende der siebziger Jahre in der DDR erreichten Konsolidierung stiegen auch die Chancen auf die Verabschiedung eines Staatshaftungsgesetzes. Dies zeigte sich bereits darin, dass im Jahre 1968 erstmals seit Gründung der DDR der Grundsatz der Staatshaftung in die Verfassung der DDR aufgenommen wurde. Die Arbeiten an einer Gesetzesregelung zur Staatshaftung wurden inzwischen fortgesetzt. Sie führten Anfang des Jahres 1969 zu einem Entwurf, den die Volkskammer schließlich in ihrer Sitzung vom 12. Mai 1969 annahm und mit sofortiger Wirkung in Kraft setzte. Anlass hierzu wird nicht zuletzt die Verfassungsregelung zur Staatshaftung gegeben haben. Deren Absatz 2 besagte und forderte zugleich, dass die Voraussetzungen und das Verfahren der Staatshaftung durch Gesetz geregelt würden.

Ganz unabhängig von deren Regelungen im Einzelnen standen die Verabschiedung der Verfassung und des Staatshaftungsgesetzes in engem Zusammenhang mit den in dieser Zeit sehr positiven politischen und ökonomischen Rahmenbedingungen in der DDR. Eine Schnittstelle der Entwicklung dieser Rahmenbedingungen und der Entwicklung des Systems der Staatshaftung stellt dabei die Verfassungsbestimmung zur Staatshaftung dar.

684 *Wünsche*, StuR 1969, S. 956-959; näheres zum Inhalt des Vortrages unten S. 173 ff.

Dritter Teil

Wortlaut und Interpretation des Staatshaftungsgesetzes

A. Wortlaut des Gesetzes

Das am 12. Mai 1969 erlassene Staatshaftungsgesetz der DDR hatte folgenden Wortlaut[685]:

"Gesetz zur Regelung der Staatshaftung in der DDR
– Staatshaftungsgesetz –
vom 12. Mai 1969

Die Gestaltung des entwickelten gesellschaftlichen Systems des Sozialismus entsprechend den Grundsätzen der Verfassung der Deutschen Demokratischen Republik erfordert die weitere Stärkung der sozialistischen Staatsmacht und damit die Vervollkommnung und Festigung der sozialistischen Gesetzlichkeit.

Die Verantwortung der staatlichen Organe und staatlichen Einrichtungen für die volle Übereinstimmung der Tätigkeit ihrer Mitarbeiter mit der sozialistischen Gesetzlichkeit schließt die Haftung für Schäden ein, die Bürgern durch ungesetzliche Maßnahmen einzelner Mitarbeiter entstehen.

Die gesetzliche Regelung der Staatshaftung dient der Vertiefung des Vertrauens der Bürger zu ihrem sozialistischen Staat, der weiteren Festigung des Verantwortungsbewusstseins der Mitarbeiter der staatlichen Organe und staatlichen Einrichtungen sowie der Qualifizierung der staatlichen Tätigkeit.

Auf der Grundlage des Artikels 106 der Verfassung beschließt die Volkskammer der Deutschen Demokratischen Republik daher folgendes Gesetz:

Erster Abschnitt
Voraussetzung und Umfang der Haftung

§ 1
Voraussetzung der Haftung

(1) Für Schäden, die einem Bürger oder seinem persönlichen Eigentum durch Mitarbeiter oder Beauftragte staatlicher Organe oder staatlicher Einrichtungen in Ausübung staatlicher Tätigkeit rechtswidrig zugefügt werden, haftet das jeweilige staatliche Organ oder die staatliche Einrichtung.

(2) Ein Schadensersatzanspruch des Geschädigten gegen den Mitarbeiter oder Beauftragten des staatlichen Organs oder der staatlichen Einrichtung ist ausgeschlossen.

(3) Die Schadensersatzpflicht staatlicher Organe und staatlicher Einrichtungen als Teilnehmer am Zivilrechtsverkehr bestimmt sich nach den Vorschriften des Zivilrechts.

685 Gesetz zur Regelung der Staatshaftung in der DDR – Staatshaftungsgesetz – vom 12. Mai 1969, GBl. I, S. 34-35.

(4) Für den Ersatz von Schäden, die einem Bürger oder seinem persönlichen Eigentum durch eine gerichtliche Entscheidung rechtswidrig zugefügt werden, gelten die dafür bestehenden Gesetze oder anderen Rechtsvorschriften.

§ 2
Pflicht zur Abwendung des Schadens

Der Bürger hat alle ihm möglichen und zumutbaren Maßnahmen zu ergreifen, um einen Schaden zu verhindern oder zu mindern. Verletzt er diese Pflicht schuldhaft, so wird die Haftung des staatlichen Organs oder der staatlichen Einrichtung entsprechend eingeschränkt oder ausgeschlossen.

§ 3
Art und Umfang des Schadensersatzes

(1) Der Schadensersatz ist in Geld zu leisten. Das ersatzpflichtige staatliche Organ oder die staatliche Einrichtung kann den Schaden auch durch Wiederherstellung des Zustandes, der vor dem Schadensfall bestanden hat, ausgleichen.
(2) Der Umfang des Schadensersatzes bestimmt sich nach den zivilrechtlichen Vorschriften, soweit in Gesetzen oder anderen Rechtsvorschriften nichts anderes bestimmt ist.
(3) Ein Schadensersatzanspruch besteht insoweit nicht, als ein Ersatz des Schadens auf andere Weise erlangt werden kann.

§ 4
Verjährung

(1) Der Schadensersatzanspruch verjährt innerhalb eines Jahres.
(2) Die Verjährungsfrist beginnt mit dem Tage, an dem der Geschädigte von dem Schaden und davon Kenntnis hat, dass der Schaden von einem Mitarbeiter oder Beauftragten eines staatlichen Organs oder einer staatlichen Einrichtung verursacht wurde.
(3) Durch die Stellung des Antrages auf Schadensersatz wird die Verjährung unterbrochen. Für den Lauf, die Hemmung und Unterbrechung der Verjährung gelten im Übrigen die allgemeinen Vorschriften des Zivilrechts.

Zweiter Abschnitt
Verfahrensbestimmungen

§ 5
Zuständigkeit der staatlichen Organe und staatlichen Einrichtungen

(1) Der Schadensersatz ist bei dem staatlichen Organ oder der staatlichen Einrichtung zu beantragen, durch deren Mitarbeiter oder Beauftragten der Schaden verursacht wurde.
(2) Wird der Schadensersatzantrag bei einem anderen staatlichen Organ oder einer anderen staatlichen Einrichtung gestellt, so hat dieses staatliche Organ oder diese staatliche Einrichtung den Antrag unverzüglich an das zuständige staatliche Organ

oder die zuständige staatliche Einrichtung weiterzuleiten und den Antragsteller hiervon zu unterrichten.

(3) Der Leiter des nach Abs. 1 zuständigen staatlichen Organs oder der zuständigen staatlichen Einrichtung hat über Grund und Höhe des Schadensersatzanspruchs zu entscheiden, sofern nicht die Zuständigkeit des Leiters eines übergeordneten Organs für diese Entscheidung festgelegt ist. Über den Antrag soll innerhalb eines Monats nach seinem Eingang entschieden werden. Kann die Frist aus besonderen Gründen nicht eingehalten werden, sind diese in den Akten zu vermerken; dem Bürger ist ein Zwischenbescheid zu erteilen.

(4) Die Entscheidung ist zu begründen, mit einer Rechtsmittelbelehrung zu versehen und dem Antragsteller zuzustellen. Erforderlichenfalls ist sie dem Bürger mündlich bekannt zu geben und zu erläutern.

§ 6

Beschwerde

(1) Gegen die Entscheidung über den Schadensersatzantrag ist innerhalb eines Monats nach Zustellung oder Bekanntgabe der Entscheidung die Beschwerde zulässig.

(2) Die Beschwerde ist bei dem staatlichen Organ oder der staatlichen Einrichtung einzulegen, deren Entscheidung angefochten wird. Wird der Beschwerde von dem Leiter dieses staatlichen Organs oder dieser staatlichen Einrichtung nicht abgeholfen, hat er sie innerhalb einer Woche dem Leiter des übergeordneten staatlichen Organs oder der übergeordneten staatlichen Einrichtung zur Entscheidung vorzulegen.

(3) Über die Beschwerde soll innerhalb eines Monats nach ihrem Eingang entschieden werden. § 5 Abs. 3 Satz 3 gilt entsprechend. Die Entscheidung über die Beschwerde ist endgültig.

§ 7

Mitwirkung der Staatlichen Versicherung

(1) Die Staatliche Versicherung der Deutschen Demokratischen Republik ist verpflichtet, die zuständigen staatlichen Organe und staatlichen Einrichtungen auf deren Verlangen bei der Durchführung des Verfahrens zu beraten.

(2) Die Staatliche Versicherung der Deutschen Demokratischen Republik nimmt die Rechte und Pflichten des zuständigen staatlichen Organs oder der zuständigen staatlichen Einrichtung wahr, wenn dies für den jeweiligen Bereich oder für bestimmte Aufgabengebiete im Einvernehmen mit dem Minister der Finanzen festgelegt ist.

§ 8

Leistung des Schadensersatzes

Der Schadensersatz ist aus den Haushaltsmitteln oder den finanziellen Fonds des staatlichen Organs oder der staatlichen Einrichtung zu leisten, deren Mitarbeiter oder Beauftragte den Schaden rechtswidrig verursacht haben.

Dritter Abschnitt
Schlussbestimmungen

§ 9
Materielle Verantwortlichkeit der Mitarbeiter und Beauftragten der staatlichen Organe und staatlichen Einrichtungen

(1) Für den Ersatzanspruch der staatlichen Organe und staatlichen Einrichtungen gegen Mitarbeiter wegen der von ihnen rechtswidrig und schuldhaft verursachten Schäden gelten die Rechtsvorschriften über die arbeitsrechtliche materielle Verantwortlichkeit. Für Angehörige der bewaffneten Organe gelten die für diese bestehenden Rechtsvorschriften über die materielle Verantwortlichkeit.

(2) Beauftragte staatlicher Organe oder staatlicher Einrichtungen können im Falle rechtswidriger und vorsätzlicher Schadensverursachung in entsprechender Anwendung der Rechtsvorschriften über die arbeitsrechtliche materielle Verantwortlichkeit in Anspruch genommen werden.

§ 10
Geltungsbereich

(1) Dieses Gesetz gilt für Bürger der Deutschen Demokratischen Republik, die ihren Wohnsitz in der Deutschen Demokratischen Republik haben. Ausnahmsweise kann unter Berücksichtigung der Umstände des Einzelfalles Schadensersatz auch dann geleistet werden, wenn Bürger der Deutschen Demokratischen Republik ihren Wohnsitz nicht in der Deutschen Demokratischen Republik haben. Die Entscheidung darüber trifft der Leiter des zuständigen zentralen staatlichen Organs.

(2) Ein Schadensersatzanspruch steht auch Personen zu, die nicht Bürger der Deutschen Demokratischen Republik sind, wenn sie ihren ständigen Wohnsitz in der Deutschen Demokratischen Republik haben.

(3) Gegenüber anderen Personen, die nicht Bürger der Deutschen Demokratischen Republik sind, tritt eine Haftung ein, wenn die Gegenseitigkeit gewährleistet ist. Ausnahmsweise kann unter Berücksichtigung der Umstände des Einzelfalles Schadensersatz auch dann geleistet werden, wenn die Gegenseitigkeit nicht gewährleistet ist. Die Entscheidung darüber trifft der Leiter des zuständigen zentralen staatlichen Organs.

§ 11
Durchführungsverordnungen

Durchführungsverordnungen zu diesem Gesetz erlässt der Ministerrat.

§ 12
In-Kraft-Treten

Dieses Gesetz tritt mit seiner Verkündung in Kraft.

Das vorstehende, von der Volkskammer der DDR am 12.05.1969 beschlossene Gesetz wird hiermit verkündet.

B. Diskussion in der DDR

I. Begründung des Gesetzes und Erläuterung im "Neuen Deutschland"

Die der Volkskammer durch den Justizminister vorgetragene Begründung des Gesetzes wurde in der juristischen Fachliteratur[686] sowie in Auszügen auch in der Tageszeitung Neues Deutschland[687] veröffentlicht. Im Neuen Deutschland wurde außerdem ein die Regelungen erläuterndes Gespräch mit einem damaligen Hauptabteilungsleiter im Justizministerium, *Einhorn*, abgedruckt.[688]

In der Begründung des Gesetzes ging der Justizminister nach einführenden Worten zur Bedeutung des Rechtsinstituts der Staatshaftung in der DDR auf die wesentlichen Regelungsgegenstände des Gesetzes ein und hob dabei die jeweiligen gedanklichen Hintergründe der Regelungen hervor.[689]

Zum Haftungstatbestand führte *Wünsche* aus, dass eine "Wiedergutmachung" für solche Schäden vorgesehen sei, "die einem Bürger oder seinem persönlichen Eigentum[690] in Ausübung staatlicher Tätigkeit rechtswidrig zugefügt" würden. Das Gesetz gehe dabei davon aus, dass der Schaden unabhängig davon zu ersetzen sei, ob er von einem Mitarbeiter eines staatlichen Organs oder einer staatliche Einrichtung verursacht worden sei. Es käme vielmehr entscheidend darauf an, dass es sich um rechtswidrig zugefügte Schäden handelte, die unmittelbar aus einer staatlichen Tätigkeit herrührten.[691]

Einhorn nannte hierzu einige Beispiele, in denen seiner Meinung nach eine rechtswidrige Schadenszufügung vorliegen würde. Das wäre zum Beispiel der Fall,

> "wenn durch die Volkspolizei ein Gebots- oder Verbotsschild entgegen den gesetzlichen Bestimmungen falsch aufgestellt wird und dadurch ein Verkehrsunfall zustande kommt. Denkbar wäre auch, dass Hygiene- oder Seuchenmaßnahmen unsachgemäß durchgeführt werden und dadurch einem Bürger gesundheitliche Schäden entstehen. Oder während des Sportunterrichts wird ein Schüler verletzt, weil der Lehrer die gesetzlichen Vorschriften über seine Aufsichtspflicht missachtet hat."[692]

Bei einem Vergleich der Aussagen *Wünsches* und *Einhorns* fällt auf, dass *Einhorn* deutlich das Erfordernis einer rechtswidrigen Handlung betont, während *Wünsche* nur auf das Kriterium eines rechtswidrig zugefügten Schadens, der aus staatlicher Tätigkeit herrührt, abstellt.

686 *Wünsche*, StuR 1969, S. 956-959.

687 *Wünsche*, ND vom 13. Mai 1969, S. 3.

688 *Einhorn*, ND vom 6. Juni 1969, S. 3.

689 *Wünsche*, StuR 1969, S. 956-959 (957); ND vom 13. Mai 1969, S. 3.

690 Siehe zum persönlichen Eigentum bereits Fn. 605 (oben S. 148).

691 *Wünsche*, StuR 1969, S. 956-959 (957); ND vom 13. Mai 1969, S. 3.

692 *Einhorn*, ND vom 6. Juni 1969, S. 3.

In seiner Gesetzesbegründung fuhr *Wünsche* fort, dass sich durch die Einführung des Begriffes des Beauftragten die Haftung auch auf Handlungen ehrenamtlicher Mitarbeiter staatlicher Organe oder Einrichtungen erstrecke.[693] Die Leistung eines Schadensersatzes sei außerdem nicht vom Vorliegen eines Verschuldens abhängig, was den Bürger von einer entsprechenden Beweislast befreie.[694]

Da das Gesetz auch dazu diene, "das Verantwortungsbewusstsein und die Staatsdisziplin der Leiter, Mitarbeiter und Beauftragten der staatlichen Organe und Einrichtungen und damit die Qualität der staatlichen Leitungstätigkeit weiter zu heben", sei Schadensersatz grundsätzlich mit den finanziellen Mitteln der staatlichen Stelle zu leisten, deren Mitarbeiter oder Beauftragte den Schaden rechtswidrig verursacht hätten. Dass dem Bürger kein unmittelbarer Anspruch gegen den handelnden Mitarbeiter oder Beauftragten zustehe, diene der besseren Absicherung des Bürgers, der somit nicht auf die Leistungsfähigkeit der einzelnen Person angewiesen sei. Bei rechtswidriger und schuldhafter Schadensverursachung könne der Staat wiederum beim Mitarbeiter oder Beauftragten Regress nach den arbeitsrechtlichen Bestimmungen nehmen.

Das Gesetz lege daneben auch dem Bürger eine hohe Verantwortung auf. Dieser sei verpflichtet, "alle ihm möglichen und zumutbaren Maßnahmen zu ergreifen, um einen drohenden Schaden zu verhindern oder in seinen Auswirkungen zu mindern".[695] *Einhorn* führte hierzu Folgendes aus[696]:

"Das Gesetz geht davon aus, dass jeder Bürger unseres Staates das Recht hat, auf allen Gebieten des gesellschaftlichen Lebens mitzuregieren. § 2 [des Gesetzes; d. Verf.] begründet für den Bürger das Recht, aber auch die Pflicht, Schäden zu verhindern oder zu mindern, deren Eintritt und Folgen er aus seinem Gesichtskreis voraussehen konnte. Dazu gehören zum Beispiel Eingaben und die Einlegung von Rechtsmitteln."

Um den staatlichen Organen und Einrichtungen die Verantwortung für ihre eigene Tätigkeit nicht abzunehmen, so führte wiederum *Wünsche* aus, sei über den Antrag auf Schadensersatz dem Grund und der Höhe nach durch den Leiter des staatlichen Organs oder der staatlichen Einrichtung zu entscheiden, durch

693 Beauftragte waren nach *Lübchen,* NJ 1969, S. 394-399 (395 f.), solche Personen, die als "ehrenamtliche Mitarbeiter staatliche Tätigkeit ausüben, das heißt beauftragt oder ermächtigt sind, selbst Weisungen, Anordnungen oder ähnliche Entscheidungen zu treffen. ... Zu Beauftragten in diesem Sinne gehören z. B. Helfer der Volkspolizei, Angehörige der freiwilligen Feuerwehr, Helfer in staatlichen Kinderferienlagern, Jugendhelfer, Erziehungshelfer u. a. Nicht darunter fallen Mitglieder von Wohngebietsausschüssen der Nationalen Front, von Verkaufsstellen- bzw. Kundenbeiräten, von Hausgemeinschaftsleitungen usw., da diese nicht staatliche, sondern gesellschaftliche Tätigkeit ausüben."

694 Hier und zu den folgenden Ausführungen *Wünsche*, StuR 1969, S. 956-959 (957).

695 *Wünsche*, StuR 1969, S. 956-959 (958).

696 *Einhorn*, ND vom 6. Juni 1969, S. 3.

dessen Mitarbeiter oder Beauftragten der Schaden verursacht wurde. "Aus den gleichen Gründen" solle der Bürger, der mit dieser Entscheidung nicht einverstanden sei, seine Beschwerde ebenfalls bei dem staatlichen Organ oder der staatlichen Einrichtung einlegen, deren Entscheidung angefochten werde. Sollte der Beschwerde nicht abgeholfen werden, so sei diese dem übergeordneten Leiter zur endgültigen Entscheidung vorzulegen. Dies ermögliche,

> "die erforderlichen disziplinarischen und anderen Maßnahmen zur Sicherung und Einhaltung der Gesetzlichkeit in den nachgeordneten Organen und Einrichtungen zu treffen. Aus den dargelegten und anderen prinzipiellen Erwägungen [habe man; d. Verf.] davon Abstand genommen, Feststellungen oder Entscheidungen über Fälle der Staatshaftung in die Zuständigkeit der Gerichte zu verweisen."[697]

Laut *Einhorn* drückte sich vor allem in dieser Bestimmung "die wachsende Verantwortung der Leiter aus". Diese seien am sachkundigsten, da sie diejenigen seien, die die Gesetze, auf deren Grundlage ihre Mitarbeiter zu handeln und zu entscheiden hätten, genau kennen würden.[698]

Schließlich traf *Wünsche* die seine inhaltlichen Ausführungen abrundende, bereits eingangs der Arbeit zitierte Aussage[699]:

> "Die gesetzliche Regelung der Staatshaftung ist ein weiterer wichtiger Schritt zur Vervollkommnung unserer sozialistischen Rechtsordnung. Sie ist ein Ausdruck dafür, dass in unserer sozialistischen Gesellschaft neben den politischen und ökonomischen auch die juristischen Garantien für die allseitige Entwicklung der Rechte der Bürger planmäßig und im Einklang mit den gesellschaftlichen Möglichkeiten geschaffen und erweitert werden."

II. Probleme bei der Auslegung

1. Rechtswidrige Schadenszufügung

Nach In-Kraft-Treten des Staatshaftungsgesetzes wurde insbesondere die Frage der rechtswidrigen Schadenszufügung kontrovers diskutiert. In der Literatur und in wissenschaftlichen Beiträgen gingen die Meinungen darüber auseinander, ob für die rechtswidrige Schadenszufügung das Vorliegen des Erfolgsunrechts ausreiche, oder ob zusätzlich das Vorliegen eines Handlungsunrechts erforderlich sei.[700]

697 *Wünsche*, StuR 1969, S. 956-959 (598 f.).

698 *Einhorn*, ND vom 6. Juni 1969, S. 3.

699 *Wünsche*, StuR 1969, S. 956-959 (959).

700 Vgl. unter anderem: *Duckwitz*, NJ 1979, S. 480-482 (481); *Lübchen*, NJ 1969, S. 394-399 (396) – beide noch für das Erfordernis des Handlungsunrechts; *Lörler*, 1981, S. 46; *Lühmann*, Staatshaftung, 1990, S. 56; *Duckwitz/Schulze*, NJ 1989, S. 146-149 (147); *Duckwitz/Lörler*, 1988, S. 210-226 (216) – jeweils gegen das Erfordernis des Handlungsunrechts.

In seiner Begründung des Gesetzesentwurfs hatte der Justizminister ausgeführt, dass es sich um rechtwidrig zugefügte Schäden handeln müsse, die unmittelbar aus einer staatlichen Tätigkeit herrührten. Dies lässt vermuten, dass es lediglich eines rechtswidrigen Schadenserfolges bedürfen sollte.

In einer ersten Stellungnahme zum Staatshaftungsgesetz in der juristischen Fachliteratur der DDR sprach sich *Lübchen*, damals wissenschaftlicher Mitarbeiter im Justizministerium, hingegen für das Erfordernis eines Handlungsunrechts aus. Er erklärte hierzu[701]:

"Ob der Schaden rechtswidrig zugefügt wurde, ist nach objektiven Maßstäben festzustellen. Rechtswidrigkeit liegt dann vor, wenn für den Eingriff in die Rechte der Bürger nach den geltenden Gesetzen und anderen Rechtsvorschriften keine Grundlage vorhanden ist. Keine Widerrechtlichkeit ist also gegeben, wenn das Handeln des Mitarbeiters oder Beauftragten auf gesetzlicher Grundlage beruhte. Das Gleiche gilt für die Vollziehung rechtmäßiger staatlicher Entscheidungen. Als weitere Gründe, die zugunsten von Mitarbeitern oder Beauftragten staatlicher Organe und Einrichtungen die Rechtswidrigkeit ausschließen, kommen Notstand, Notwehr sowie Selbsthilfe in Betracht.

Rechtswidrig zugefügte Schäden sind solche, die auf einem gesetzwidrigen Verhalten, einer unrichtigen oder fehlerhaften Anwendung des Gesetzes oder anderer Rechtsvorschriften sowie auf grobem Ermessensmissbrauch beruhen."

In diesen Ausführungen kommt klar zum Ausdruck, dass als notwendige Voraussetzung für die Haftung des Staates ein rechtswidriges Handeln angesehen werden solle. Diese Ausführungen *Lübchens* verwundern jedoch bei einem Rückblick auf die Entstehungsgeschichte des Gesetzes. Noch unter dem 13. Januar 1969 hatte *Lübchen* eine Stellungnahme zur Vorlage des Gesetzesentwurfs abgegeben, in der er erläuterte, dass es nach dem Wortlaut des Gesetzes lediglich eines Erfolgsunrechts bedürfe. In einem Vergleich von Art. 106 Verfassung der DDR und § 1 des Entwurfs von 1968 kam er damals zu dem Ergebnis[702]:

"Der Unterschied beider Regelungen besteht in Folgendem:

Die Verfassung bindet das Eintreten der Staatshaftung daran, dass die Schäden durch *ungesetzliche Maßnahmen* eingetreten sein müssen. Die Regelung im Gesetzesentwurf ist jedoch weitgehender. Sie geht davon aus, dass die *Schadenszufügung rechtswidrig sein muss*. Unabhängig davon, ob eine ungesetzliche oder gesetzliche Maßnahme vorliegt. ...

Dabei ist jedoch zu bemerken, dass in keiner der genannten Ausführungen die Terminologie Handlungs- und Erfolgsunrecht benutzt wurde. Offenbar gehörte diese Terminologie nicht zum juristischen Sprachgebrauch in der DDR.

701 *Lübchen*, NJ 1969, S. 394-399 (396).

702 Stellungnahme *Lübchens* in: BArch DC 20 I/3-714, S. 195-200 (195 f.); Hervorhebungen im Original.

Die im Gesetzesentwurf enthaltene Regelung wird für richtig gehalten, da es im Sinne der Verfassung liegt, unter dem Begriff 'ungesetzliche Maßnahmen' die rechtswidrige Schadenszufügung zu erfassen."

Aus welchen Gründen *Lübchen* ein halbes Jahr später eine völlig andere Auffassung zur Haftungsvoraussetzung vertrat, ist nicht erkennbar. Nach den Hintergründen befragt, erklärt er heute, dass seine Ausführungen nach Erlass des Gesetzes verdeutlichen sollten, dass die Haftung des Staates nach objektiven Maßstäben bestimmt werden sollte und es der subjektiven Seite, des Verschuldens, als Haftungsvoraussetzung nicht bedürfe. Er habe dabei nicht für das Erfordernis eines Handlungsunrechts auftreten wollen.[703]

Lübchen wurde jedoch auf Grund seines Aufsatzes nach Erlass des Gesetzes in der juristischen Wissenschaft und Literatur als Fürsprecher für das Erfordernis eines Handlungsunrechts angesehen.[704] Dem Wortlaut des Staatshaftungsgesetzes entspricht die Annahme, dass es für den Eintritt der Haftung des Staates eines Handlungsunrechts bedürfe, jedoch weniger. Vielmehr statuierte § 1 Abs. 1 StHG die Staatshaftung "für Schäden, die ... in Ausübung staatlicher Tätigkeit rechtswidrig zugefügt werden" und nicht für Schäden, die in rechtswidriger Ausübung staatlicher Tätigkeit zugefügt werden.

Die Ansicht, dass das Vorliegen des Handlungsunrechts als Voraussetzung der Staatshaftung nicht unbedingt erforderlich sei, setzte sich erst nach und nach durch und wird insbesondere in späteren wissenschaftlichen Beiträgen vertreten. So argumentierte *Lörler* unter anderem[705]:

"Auch wenn die schädigende Handlung schuldlos und ohne Pflichtverletzung begangen wurde, stellt die Schadenszufügung eine Rechtsverletzung, nämlich eine Verletzung der subjektiven Rechte des Geschädigten dar. Für die Staatshaftung ist demnach weder ein rechts- noch pflichtwidriges Handeln des schadensverursachenden Staatsfunktionärs notwendig."

Dieser Einschätzung im Ergebnis folgend erläuterte *Lühmann*[706]:

"Die im Staatshaftungsgesetz fixierte Voraussetzung der Rechtswidrigkeit bezieht sich auf die Schadenszufügung. ... Einer juristischen Bewertung unterliegt nicht die ausgeübte staatliche Tätigkeit. Relevant sind die daraus resultierenden Folgen. ... In konsequenter Verfolgung dieser Gedankenlinie bedarf es nicht der Feststellung einer individuellen Pflichtverletzung des handelnden Mitarbeiters oder Beauftragten oder eines Verschuldens. Das charakteristische Merkmal für die Rechtswidrigkeit der Scha-

703 Diese Erläuterungen gab *Lübchen* in einem Telefonat mit der Verfasserin am 1. Juli 2004. Dabei wies er jedoch darauf hin, dass er sich an die Einzelheiten und Hintergründe seines Aufsatzes in der Zeitschrift Neue Justiz nicht mehr genau erinnere.

704 Siehe beispielhaft: *Kitz*, 1975, S. 35-41 (36); *Westen*, ROW 1971, S. 105-113 (111); *Lühmann*, Staatshaftung, 1990, S. 57; *Ossenbühl*, 1991, S. 384.

705 *Lörler*, 1981, S. 46.

706 *Lühmann*, Staatshaftung, 1990, S. 56.

denszufügung besteht im Fehlen einer juristischen Grundlage für die Verursachung eines Nachteils beim Bürger. Dieser Zustand kann auch eintreten, wenn die staatliche Handlung selbst legitimiert ist."

Beide Autoren hatten damit schließlich jene Auslegung des Haftungstatbestandes gefunden, die vor dem Hintergrund der ersten Stellungnahme *Lübchens* vom Januar 1969 wohl den eigentlichen Intentionen des Gesetzgebers entsprach.

2. *Weitere Auslegungsschwierigkeiten*

Neben der Problematik der rechtswidrigen Schadenszufügung zeigten sich auch an anderen Stellen Schwierigkeiten bei der Auslegung und Umsetzung des neuen Gesetzes.

a) *Begriff der staatlichen Tätigkeit*

Der Begriff der staatlichen Tätigkeit bereitete in mehrfacher Hinsicht Schwierigkeiten. Zum einen hatte sich in der Praxis recht bald herausgestellt, dass seltener ein Tun, als vielmehr ein Dulden oder Unterlassen, also die Nichterfüllung gesetzlich vorgeschriebener Maßnahmen zu berechtigten Ansprüchen der Bürger führte. Daher musste erst besonders hervorgehoben werden, dass unter dem Begriff "Tätigkeit" neben dem Tun auch ein Dulden und ein Unterlassen zu verstehen sein solle.[707]

Der Begriff der staatlichen Tätigkeit bereitete zum anderen im Hinblick auf die große Anzahl volkseigener Betriebe Schwierigkeiten.[708] Aus der Tatsache, dass diese Betriebe verstaatlicht waren, konnte nicht automatisch auf die Ausübung staatlicher Tätigkeit und damit eine mögliche Staatshaftung geschlossen werden. Vielmehr war auch hier eine Abgrenzung zur wirtschaftlichen Tätigkeit der Betriebe mit der Folge einer eventuellen Haftung nach zivilrechtlichen Grundsätzen notwendig.

b) *Schadensfälle aus dem Bereich der Volksbildung*

Nicht eindeutig geklärt war offenbar auch die Frage, ob Schadensfälle aus dem Bereich der Volksbildung vom Staatshaftungsgesetz erfasst sein sollten, und wenn ja, welche Fälle. *Lübchen* erwähnte im Rahmen seiner Erläuterungen zum Gesetz eher nebenbei, dass "Schäden, die also zum Beispiel während des Schulunterrichts (Chemie-, Physik- oder Turnunterricht), auf Schulwanderungen oder

707 Bei der Regelung der Staatshaftung in der Verfassung der DDR sollte noch im Jahre 1968 ein Unterlassen gerade nicht in die Haftungsbestimmung mit aufgenommen werden. Siehe oben S. 160.

708 *Ossenbühl*, 1991, S. 384 m. w. N.

Exkursionen durch das Verhalten der Lehr- oder Aufsichtspersonen" entstünden, nach § 1 Abs. 1 StHG zu ersetzen seien.[709]

Im Zentralinstitut für Weiterbildung der Lehrer und Erzieher in Ludwigsfelde hatte man sich offenbar recht bald nach In-Kraft-Treten des Gesetzes mit dem Problem der Staatshaftung befasst und eine Zusammenfassung offener Fragen an das Justizministerium gesandt. Dabei wurde unter anderem angefragt, ob der Staat auch dann hafte, wenn ein Heimkind in Folge einer Aufsichtspflichtverletzung des Erziehers einem anderen Bürger einen Schaden zufüge. Dies sei insbesondere bei Jugendlichen problematisch, weil häufig davon ausgegangen werden müsse, dass den Jugendlichen ein Mitverschulden an der Schadenszufügung treffe. Für erzieherische Einrichtungen, die juristisch nicht selbstständig seien, sei außerdem ungeklärt, wer die Entscheidungsbefugnis über Staatshaftungsfälle habe. Hinsichtlich dieser und weiterer Fragen wurde das Justizministerium um Antwort gebeten.[710]

Dort ersparte man sich jedoch die Mühe, die einzelnen Fragen zu beantworten. Vielmehr hieß es im Antwortschreiben lapidar[711]:

"Wir weisen jedoch in diesem Zusammenhang darauf hin, dass das Ministerium der Justiz für eine über seinen Leitungsbereich hinausgehende Interpretation des Staatshaftungsgesetzes nicht zuständig ist. Gem. § 5 StHG ist der Leiter des staatlichen Organs, das aus den Gründen des § 1 zum Schadensersatz verpflichtet ist, für die Entscheidung über Ersatzansprüche zuständig. Inbegriffen ist darin auch die Verantwortlichkeit für die Exegese und richtige Anwendung des Gesetzes. Aus diesen Gründen kann unsererseits eine Stellungnahme zu den Problemen bei der Anwendung des Gesetzes im Bereich der Volksbildung nicht erfolgen."

Mit der Problematik der Schadensfälle im Bereich der Volksbildung beschäftigte sich *Bönninger* später etwas ausführlicher vor dem Hintergrund der Zulässigkeit des Rechtsweges bei Schadensersatzforderungen gegenüber Staatsorganen.[712] Dabei verwies er unter anderem auf die Verordnung über die Versicherung der staatlichen Organe und staatlichen Einrichtungen vom 18. November 1969[713], nach der einerseits Staatshaftungsfälle aus dem Versiche-

709 *Lübchen*, NJ 1969, S. 394-399 (396). 1975/1976 wurde das Volksbildungswesen sogar als ein Schwerpunktbereich der Staatshaftung angesehen; vgl. hierzu *Büchner-Uhder*, Probleme, 1976, S. 185-190 (187).

710 Problemdarstellung des Zentralinstituts für Weiterbildung der Lehrer und Erzieher in Ludwigsfelde, übersandt durch das Ministerium für Volksbildung mit Schreiben vom 11. Dezember 1969, in: BArch DP 1 VA 2504 Bd. 1, S. 1-4.

711 Antwortschreiben des Ministeriums der Justiz vom 24. Dezember 1969/8. Januar 1970, in: BArch DP 1 VA 2504 Bd. 1, S. 5-6 (5).

712 *Bönninger*, NJ 1976, S. 41-43 (42 f.).

713 Verordnung über die Versicherung der staatlichen Organe und staatlichen Einrichtungen vom 18. November 1969 (kurz: Versicherungsverordnung), GBl. II, S. 679-682 (680).

rungsschutz ausgenommen, andererseits aber zum Beispiel Unfälle von Kindern, Schülern und Studenten während ihres Aufenthalts in staatlichen Bildungs- und Erziehungseinrichtungen ab einem bestimmten Grad des dauernden Körperschadens und bei Todesfolge in den Versicherungsschutz einbezogen waren.[714] Daraus folgerte *Bönninger*, dass Schadensfälle im Bereich der Volksbildung bis zur Erreichung des festgelegten Grades des dauernden Körperschadens als Staatshaftungsfälle zu behandeln seien, für die ein Rechtsweg damals ausgeschlossen war. Ab Erreichung des Grades des dauernden Körperschadens entfalle jedoch wegen der Subsidiaritätsregelung des § 3 Abs. 3 StHG ein Schadensersatzanspruch aus Staatshaftung, mit der Folge, dass der zivilrechtliche Versicherungsanspruch gerichtlich geltend gemacht werden könne.[715]

Die Zuordnung von Schadensfällen zur Staatshaftung von der Intensität des Schadens oder dem Grad einer körperlichen Beeinträchtigung abhängig zu machen, kann grundsätzlich nicht überzeugen. Das gilt ebenso für die Annahme, dass es für die Art der Verfolgbarkeit von Schadensersatzansprüchen im Verwaltungswege oder aber im gerichtlichen Verfahren auf die Höhe oder Intensität des Schadens ankommen könnte. Ungeachtet dessen führten die Konstruktion des Staatshaftungsgesetzes und der Verordnung über die Versicherung der staatlichen Organe und staatlichen Einrichtungen offenbar in der Praxis zu einem solchen Ergebnis.

Dabei fragt sich, ob alle Argumente, die gegen die gerichtliche Durchsetzbarkeit von Staatshaftungsansprüchen vorgetragen wurden, in den durch die Versicherung abgedeckten Fällen nicht mehr gelten sollten, und warum? Die Antwort erscheint einfach. Während nach § 8 StHG der Schadensersatz aus den Haushaltsmitteln oder finanziellen Fonds der staatlichen Organe oder Einrichtung selbst zu leisten war, sollten besonders kostenintensive Schadensfälle, in denen ein bestimmter Grad eines dauernden Körperschadens oder die Todesfolge eingetreten war, offenbar nicht mehr von den staatlichen Organen oder Einrichtungen getragen werden müssen. Vermutlich hielt man die mit solchen Schadensfällen zusammenhängenden finanziellen Belastungen für unüberschaubar und insbesondere für die staatlichen Bildungs- und Erziehungseinrichtungen für zu hoch. Durch die Aufnahme dieser Fälle in die Versicherung der staatlichen Organe und Einrichtungen wurden die Kosten wieder überschaubar und kalkulierbar. Ein weiterer, für den Staat angenehmer Nebeneffekt bestand darin, dass gerade in solch schwerwiegenden Schadensfällen einem Streit mit dem Bürger aus dem Weg gegangen werden konnte.

Dass auf diesem Weg der Rechtswegausschluss des Staatshaftungsgesetzes teilweise umgangen wurde, scheint als geringeres Übel angesehen worden zu

714 § 6 Abs. 1 lit. b) und d) Versicherungsverordnung.

715 *Bönninger*, NJ 1976, S. 41-43 (42 f.).

sein. Vielleicht hat man an solche Fragen bei Einrichtung der Versicherung auch nicht gedacht.

Finanzielle Erwägungen des Staates waren damit nicht nur im Gesetzgebungsverfahren selbst ausschlaggebend, sondern beeinflussten das Regelungsgefüge auch im Nachhinein noch.

C. Diskussion in der Bundesrepublik

I. Aufsatz *Westens*[716]

Eine erste Reaktion zum neuen Gesetz erschien in der juristischen Literatur der Bundesrepublik im Mai 1971 mit dem Aufsatz *Westens* über "Das Staatshaftungsgesetz der DDR".[717] *Westen* wies dabei zunächst darauf hin, dass sich die Notwendigkeit von Staatshaftungsregelungen besonders dringlich für den sozialistischen Staat ergebe. Er führte hierzu aus[718]:

"Auch die überzeugendsten Beteuerungen, dass der sozialistische Staat sein ganzes Handeln auf die Interessen seiner Bürger hin orientiert, kamen nicht an der Tatsache vorbei, dass auch in den Handlungen der Organe des sozialistischen Staates Fehler möglich sind und damit zumindest objektiv Ungesetzlichkeiten, und dass hierdurch den Bürgern Schäden zugefügt werden können. Aus der sehr viel stärkeren Einschaltung des sozialistischen Staates in die Regelung aller Lebensbereiche seiner Bürger, als dies etwa in westlichen Demokratien der Fall ist, ergibt sich zugleich die Wahrscheinlichkeit einer quantitativ erhöhten Schädigungshäufigkeit."

Mit dem Erlass des Staatshaftungsgesetzes, so stellte *Westen* fest, sei nunmehr grundsätzlich eine bisher bestehende "empfindliche Lücke im Recht der DDR geschlossen worden".[719] Die im Zusammenhang mit einer Regelung der Staatshaftung zu klärenden Fragen sah er durch die Regelungen "in relativ klarer und eindeutiger Form" beantwortet. Er bezeichnete das Gesetz als "recht präzise gefasst". Es lasse "im Grunde nur wenige Fragen offen" und mache "nur hinsicht-

716 Prof. Dr. *Klaus Westen* gehörte zu den namhaftesten Ostrechtsforschern der Gegenwart. Geboren 1929 in Oberschlesien geriet er zunächst noch im Alter von 15 Jahren in Kriegsgefangenschaft. Er studierte ab 1948 Rechtswissenschaften an der Berliner Humboldt-Universität, promovierte 1957 in Freiburg und kehrte 1972 als Professor der Freien Universität nach Berlin zurück. Vgl. hierzu auch *Sieveking*, WGO-MfOR 1999, S. 205 ff.

717 *Westen*, ROW 1971, S. 105-113.

718 *Westen*, ROW 1971, S. 105-113 (106).

719 Vergleiche zur Wahrnehmung dieser Lücke bereits *Assmann*, StuR 1958, S. 265-278 (267).

lich weniger Fragen zusätzliche Interpretationen erforderlich", womit es sich wiederum "als redaktionell und technisch sehr gut gelungen" erweise.[720]

Den "wunden Punkt des Staatshaftungsgesetzes" sah *Westen* in der Regelung des Verfahrens und wies darauf hin, dass eine "noch so gute materielle Regelung eines Rechtsproblems ... durch eine verfahrensrechtliche 'Kleinigkeit' praktisch gegenstandslos" und die wirkliche Qualität der materiellen Regelung daher erst an der Verfahrensregelung gemessen werden könne.[721]

Die im Staatshaftungsgesetz getroffene Verfahrensregelung sei dabei "unter Anlegung aller nur denkbarer Maßstäbe ausgesprochen unbefriedigend", denn sie stelle "das Paradebeispiel der Einführung eines Richters in eigener Sache dar".[722] Auch wenn nicht der Schädiger selbst, sondern der Dienstvorgesetzte über den Schadensersatzanspruch entscheiden solle, so handle es sich im Ergebnis doch um die schädigende Handlung des Organs oder der Einrichtung, welcher wiederum sowohl der Schädiger als auch dessen Dienstvorgesetzter angehörten. Es sei daher zu befürchten, dass nur in völlig eindeutigen und offenkundigen Fällen, nicht aber in zweifelhaften Fällen Aussicht auf Ersatz eines Schadens bestünde. Dieser Missstand werde zusätzlich dadurch begünstigt, dass der Schadensersatz aus den finanziellen Mitteln des staatlichen Organs oder der staatlichen Einrichtung zu leisten sei, deren Mitarbeiter oder Beauftragter den Schaden verursacht habe. *Westen* resümierte hiernach[723]:

"Die schädigende Behörde ist also nicht nur insofern Richter in eigener Sache, als sie selbst über die Rechtmäßigkeit ihres Tuns entscheiden kann, sie nimmt mit ihrer Entscheidung auch ihre eigenen materiellen Interessen wahr."

Weniger kritisch als zur Verfahrensregelung äußerte sich *Westen* hingegen zu den materiellen Regelungen des Gesetzes.

So hielt er etwa die Regelung des § 5 Abs. 4 StHG, nach der die Entscheidung über den Schadensersatzantrag dem Bürger gegebenenfalls auch mündlich erteilt und erläutert werden durfte, für unproblematisch. Diese Bestimmung müsse immer dann zur Anwendung kommen, "wenn der Sachverhalt kompliziert und die Begründung der getroffenen Entscheidung dem Antragsteller nur schwer klarzumachen" sei.[724] Ob in einem solchen Fall das Erfordernis der

720 *Westen*, ROW 1971, S. 105-113 (105 f.).

721 *Westen*, ROW 1971, S. 105-113 (107).

722 *Westen*, ROW 1971, S. 105-113 (108); in diesem Sinne auch *Kitz*, 1975, S. 35-41 (38). Die These der Einführung des Richters in eigener Sache bekräftigt in Bezug auf das Staatshaftungsgesetz der DDR auch *Grasemann*, 1974, S. 295-304 (302).

723 *Westen*, ROW 1971, S. 105-113 (108).

724 Ähnlich sieht dies später auch *Grasemann*, 1974, S. 295-304 (302), in dem er erklärt, "In schwierigen Fällen sieht das StHG vor, dass die Entscheidung dem Bürger mündlich bekannt zu geben und zu erläutern ist (§ 5 Abs. 4 StHG)."

schriftlichen Begründung entfalle, sei zwar dem Gesetzestext nicht eindeutig zu entnehmen, dürfe aber kaum anzunehmen sein. Nach Ansicht *Westens* dürfe

"die Notwendigkeit einer mündlichen Erläuterung ... nur – im Bedarfsfalle – als zusätzliche Erläuterung im Sinne der erzieherischen und überzeugenden Funktion der Tätigkeit staatlicher Organe gemeint sein."[725]

Vor dem Hintergrund des Gesetzgebungsverfahrens, in dessen Verlauf insbesondere der Minister für Staatssicherheit darauf drängte, Entscheidungen über Staatshaftungsfragen dem Bürger auch mündlich bekannt geben zu dürfen,[726] erscheint die Bestimmung des § 5 Abs. 4 StHG jedoch in einem anderen Licht. Offenbar sollte durch die Zulassung der mündlichen Bekanntgabe eine "Papierlage" in Händen des Bürgers vermieden werden. Zuzugeben ist jedoch, dass sich diese Intention aus dem Wortlaut des Gesetzes nicht ergibt. Es bleibt zu vermuten, dass auch der überwiegende Teil derjenigen, die das Gesetz anwenden mussten, von dieser Intention keine Kenntnis hatten.

Hinsichtlich der Voraussetzungen des Staatshaftungsanspruches hob *Westen* positiv hervor, dass auf das Verschuldenserfordernis verzichtet worden sei. Jedoch werde die erforderliche rechtswidrige Schadenszufügung "als gesetzwidriges Verhalten, als unrichtige oder fehlerhafte Anwendung von Rechtsnormen oder als grober Ermessensmissbrauch umschrieben, wobei" nach Ansicht *Westens* wiederum "in den meisten dieser Fälle durchaus ein Verschulden vorliegen dürfte". Die Rechtswidrigkeit werde "ausgeschlossen, wenn der Schädigende in Notwehr, Notstand oder Selbsthilfe gehandelt" habe.[727]

Westen stützte seine Ausführungen hier auf die Erläuterungen *Lübchens* zum Haftungstatbestand. Wie bereits ausgeführt, konnte der Gesetzeswortlaut aber auch so verstanden werden, dass es einer rechtswidrigen Handlung des Schädigers gerade nicht bedurfte.[728]

Auch auf die Regelung, nach welcher die Staatliche Versicherung auf Verlangen des staatlichen Organs bei der Durchführung des Verfahrens beteiligt werden konnte, ging *Westen* näher ein. Dabei sah er die Bestimmung einerseits als "modern und zweckmäßig", andererseits aber auch als gefährlich an,

"weil auf diese Weise praktisch die Entscheidung der Staatlichen Versicherung darüber, ob sie den Schaden nach ihren Versicherungsbedingungen decken kann oder nicht, zum maßgeblichen Präjudiz für die Entscheidung der Behörde werden dürfte, die über den Staatshaftungsanspruch eigentlich zu entscheiden"[729]

725 *Westen*, ROW 1971, S. 105-113 (107).

726 Siehe dazu bereits Fn. 671 (oben Seite 163).

727 *Westen*, ROW 1971, S. 105-113 (111).

728 Siehe hierzu bereits oben S. 175 ff.

729 Ein ähnliches Verständnis hatte offenbar auch *Ossenbühl*, NJW 1991, S. 1201-1208 (1205), der äußerte, dass mit der Auflösung der Staatlichen Versicherung der DDR die

habe. "Die Entscheidung über Recht und Unrecht" werde damit aber zu einer "Angelegenheit der Versicherungsbedingungen".

In Widerspruch zu dieser Bestimmung sah *Westen* schließlich die Regelung des § 8 StHG, nach welcher der Schadensersatz aus den finanziellen Mitteln des in Anspruch genommenen Staatsorgans zu leisten sei[730]:

"Hiernach scheint das Staatsorgan, für das der Schädiger gehandelt hat, nun doch wieder den Schaden endgültig tragen zu müssen. Der sich aus den beiden Bestimmungen ergebende Widerspruch ist schwer aufzulösen. Man wird vermuten können, dass es sich bei § 8 StHG lediglich um eine Art Zuständigkeitsregelung handelt, die nichts über den technischen Ablauf der Schadensregulierung aussagt, wobei natürlich eine Behörde, die zur Leistung von Schadensersatz verpflichtet ist, insofern ihre Haushaltsmittel oder finanziellen Fonds belastet, als sie die Kosten für die Versicherungsprämien aufzubringen hat. Freilich trifft dies auch alle Behörden, gegen die in concreto keine Staatshaftungsansprüche geltend gemacht werden."

Westen weist hier auf eine Unschlüssigkeit des Gesetzes hin und wird über die angestellte Vermutung zu der Frage, wer nun den Schaden zu tragen habe, seiner eigenen Argumentation gegenüber inkonsequent. Wenn man wie *Westen* davon ausgeht, dass alle Behörden gleichermaßen Versicherungsprämien zu zahlen hatten und der Schadensersatz sodann durch die Versicherung ausgezahlt wurde, dann konnten die Leiter der staatlichen Organe und Einrichtungen hinsichtlich der finanziellen Belastung durchaus als unparteiisch angesehen werden.

Wie indes in den Beratungen zum Gesetz anklang, sollte die Einbeziehung der Staatlichen Versicherung insbesondere deshalb erfolgen, um deren Sachverstand bei der Entscheidung und Abwicklung der geltend gemachten Ansprüche nutzen zu können.[731] Immerhin war es bisher die Staatliche Versicherung, die in "Quasi-Staatshaftungsfällen" über den Ersatz des Schadens zu entscheiden hatte. Zumindest für den Zeitraum ab dem 1. Januar 1970 kann zudem grundsätzlich ausgeschlossen werden, dass die Staatliche Versicherung Schadensersatz auf der Grundlage des Staatshaftungsgesetzes zu leisten hatte. An diesem Tag trat die Verordnung über die Versicherung der staatlichen Organe

---

Möglichkeit einer Schadensabwälzung entfallen sei. Vgl. auch *Glaser*, 1981, S. 191-207 (201), speziell für die Bereiche der bewaffneten Organe und der Zollverwaltung.

730 *Weber*, Geschichte, 1986, S. 113.

731 Vgl. Stellungnahme des Obersten Gerichts vom 19. November 1968 in: BArch DC 20 I/3-714, S. 183 ff. (184), in der es unter anderem zur Entscheidungsbefugnis der Verwaltung ausführt: "Mit Rücksicht auf die in § 12 des Entwurfs verbindlich fixierte Verpflichtung der Deutschen Versicherungsanstalt, die zuständigen staatlichen Organe zu beraten und gegebenenfalls sogar deren Rechte und Pflichten wahrzunehmen, besteht auch von der Warte der *Sachkenntnis* aus gesehen keinerlei Rechtfertigung für eine Trennung der Entscheidung über den Grund und über die Höhe."; Hervorhebung im Original.

und staatlichen Einrichtungen[732] in Kraft, in deren § 6 Abs. 1 lit. b) Schadensersatzansprüche nach dem Staatshaftungsgesetz ausdrücklich vom Versicherungsschutz ausgenommen waren.[733]

II. Weitere Beiträge

Im Zusammenhang mit den Reformüberlegungen zum eigenen Staatshaftungsrecht enthielt ein rechtsvergleichendes Gutachten des Max-Planck-Instituts für ausländisches öffentliches Recht und Völkerrecht auch einen Bericht über die Rechtsquellen der Staatshaftung in der DDR.[734] Mit der Vereinigung beider deutscher Staaten lebte die Diskussion der Gesetzesbestimmungen zudem vor dem Hintergrund der durch den Einigungsvertrag vorgesehenen teilweisen Weitergeltung des Staatshaftungsgesetzes in den neuen Bundesländern noch einmal auf.[735] Während dabei einige Bestimmungen des Gesetzes Anerkennung fanden, wurden andere stark bemängelt.

Für Anerkennung sorgte insbesondere, dass es sich bei der Haftung nach dem Staatshaftungsgesetz der DDR um eine objektive und unmittelbare Haftung des Staates handelte.[736] Durch die Nichtübernahme des Amtshaftungsmodells in der DDR habe die Staatshaftung dort "von den auch heute noch als unbefriedigend angesehenen Fesseln des § 839 Abs. 1 Satz 1 BGB" befreit werden können.[737] Damit habe das Gesetz "jene Haftungskonstruktion, die auch dem gescheiterten bundesrepublikanischen StHG zugrunde" lag, verwirklicht.[738]

Insbesondere der Verzicht auf das Erfordernis eines Verschuldens wurde hervorgehoben. Denn anders als bei der deliktischen Haftung des Beamten als

732 Siehe bereits Fn. 713 (oben S. 179).

733 Zum immerhin fraglichen Umfang des Ausschlusses des Versicherungsschutzes siehe bereits S. 180.

734 *Kitz*, 1975, S. 35-41.

735 Vgl. *Christoph*, NVwZ 1991, S. 536-541; *Ossenbühl*, NJW 1991, S. 1201-1208; *Pfab*, 1997, S. 29-33; sowie *Büchner-Uhder*, NJ 1991, S. 153-155; *Lühmann*, LKV 1991, S. 120-124, und *Lühmann*, 1994, S. 68-79.

736 Hierzu und zu den folgenden Ausführungen zu positiven Aspekten des Staatshaftungsgesetzes der DDR siehe *Grasemann*, 1974, S. 295-304 (300 f.); *Ossenbühl*, 1991, S. 357-375 (358-365) sowie S. 377-390 (377, 383); *Ossenbühl*, NJW 1991, S. 1201-1208, und *Pfab*, 1997, S. 29-33 (29, 32).

737 *Ossenbühl*, 1991, S. 377-390 (383).

738 *Ossenbühl*, 1991, S. 377-390 (383). Zur Haftungskonzeption des bundesrepublikanischen Staatshaftungsgesetzes siehe beispielhaft *Arndt*, SGb 1982, S. 45-52; *Bonk*, DVBl. 1981, S. 801-813; *Papier*, NJW 1981, S. 2321-2327; *Rupp*, NJW 1982, S. 1731-1734. Das im Staatshaftungsgesetz der Bundesrepublik unter anderem weiterhin verfolgte Ziel der ausschließlichen Haftung des Staates war im Staatshaftungsgesetz der DDR mit dem ausdrücklichen Ausschluss eines Schadensersatzanspruches gegen den Mitarbeiter oder Beauftragten ebenfalls umgesetzt.

Privatperson könne eine Verschuldensabhängigkeit der Haftung des Staates nicht als gerechtfertigt angesehen werden.

Stets bemängelt wurde in den Beiträgen, dass nach dem Staatshaftungsgesetz der DDR zumindest bis zur Wiedereinführung der Verwaltungsgerichtsbarkeit 1988/1989 die gerichtliche Durchsetzbarkeit der gegen den Staat gerichteten Haftungsansprüche ausgeschlossen war.[739] Die Einrichtung eines reinen Verwaltungsverfahrens wurde dabei, wie bereits von *Westen*, als besonders unbefriedigend angesehen, weil sich damit "das Bild vom Bock als Gärtner" aufdränge.[740] Dieser Eindruck werde noch dadurch verschärft, dass die Ersatzleistungen aus den finanziellen Fonds des Organs zu leisten waren, welches den Schaden verursacht hatte.[741]

Unter dem Titel "Ideologische Reflexionen zum Gesetz zur Regelung der Staatshaftung in der DDR" äußerte sich *Glaser* im Jahre 1981.[742] Seinen Ausführungen war das Zitat *Pestalozzis* vorangestellt[743]:

"In den Abgründen des Unrechts findest Du immer die größte Sorgfalt für den Schein des Rechts."

Glasers durchgehend weniger wohlwollende Ausführungen zu den einzelnen Gesetzesregelungen bündelte er schließlich in seinen Reflexionen zum gewählten Verfahrensweg wie folgt[744]:

"Die reale Kraft der materiellen Rechtsnorm erweist sich erst in der Art und Weise ihrer Verwirklichung auf der zugehörigen verfahrensrechtlichen Seite. Das materielle Recht muss sich ... prägend auf die Struktur der Verfahrensregelungen auswirken, diese die Bedeutung und das Gewicht der sachlichen Tatbestandsbildung widerspiegeln und im Streitfall einen effektiven Rechtsschutz verbürgen. Dieser schließt den Anspruch auf ein 'faires' Verfahren ein, das nach Ziel und Zweck den Forderungen der Gerechtigkeit und Menschlichkeit Rechnung trägt."

739 *Grasemann*, 1974, S. 295-304 (301 f.); *Lühmann*, 1994, S. 68-79 (74 f.); *Ossenbühl*, 1991, S. 377-390 (386 f.); *Westen*, ROW 1971, S. 105-113 (106-110); vgl. auch *Glaser*, S. 191-207 (201-205).

740 *Ossenbühl*, 1991, S. 377-390 (387); ähnlich *Grasemann*, 1974, S. 295-304 (302).

741 Vgl. *Grasemann*, 1974, S. 295-304 (302); *Ossenbühl*, 1991, S. 377-390 (387); *Westen*, ROW 1971, S. 105-113 (108).

742 *Glaser*, 1981, S. 191-207.

743 *Glaser*, 1981, S. 191-207 (191).

744 *Glaser*, 1981, S. 191-207 (207).

Der im Staatshaftungsgesetz der DDR gewählte Verfahrensweg könne diese Ziele aber ohne Zweifel nicht erfüllen, führte *Glaser* weiter aus. Er beendete seine Ausführungen schließlich mit dem Satz[745]:

"§ 1 StHG besteht aus toten Buchstaben und erweist sich im Ergebnis für den Kernbereich der Staatshaftungsfälle als Scheinverantwortlichkeit."

Aus Sicht der Verfasserin handelt es sich hier um eine wenn auch pointierte, so doch äußerst treffende Zusammenfassung, der an dieser Stelle nichts hinzuzufügen ist.

745 *Glaser*, 1981, S. 191-207 (207).

Vierter Teil

Zusammenfassung

Der Weg, der über gut zwanzig Jahre zum Erlass des Staatshaftungsgesetzes der DDR führte, war hinsichtlich der politisch-wirtschaftlichen Rahmenbedingungen aber auch hinsichtlich des Fortschritts der Gesetzgebungsarbeiten selbst durch ein kontinuierliches Auf und Ab gekennzeichnet.

In den Diskussionen zur Ausarbeitung des Gesetzes hatten sich recht bald zwei Hauptstreitpunkte herauskristallisiert. Dabei ging es zum einen um die Frage, ob es künftig eine generelle Staatshaftung oder aber eine Staatshaftung nur für ausgewählte Fallgruppen geben sollte. Zum anderen war sehr umstritten, ob Haftungsansprüche des Bürgers gegen den Staat gerichtlich durchsetzbar sein sollten oder nicht.

Die Beobachtung der Diskussion beider Fragen führt unter Beachtung der jeweiligen politisch-wirtschaftlichen Rahmenbedingungen im Wesentlichen zu der Erkenntnis: Je besser es der DDR in politischer und vor allem wirtschaftlicher Hinsicht ging, desto freigiebiger ging man bei den Gesetzgebungsarbeiten mit den Rechtsgewährungen für den Bürger um. Dabei fällt auf, dass zu keiner Zeit die allgemeine Haftung in Kombination mit der vollständigen Eröffnung des Rechtsweges erwogen wurde. Vielmehr wurde zu guten Zeiten immer nur entweder ein allgemeiner Haftungstatbestand oder (in einem Fall) die vollständige Eröffnung des Rechtsweges vorgeschlagen. Der insofern am weitesten gehende Entwurf von 1966 sah neben der allgemeinen Haftung die gerichtliche Klärung der Höhe des Schadensersatzes vor. Über den Anspruchsgrund sollte aber auch nach diesem Entwurf die Verwaltung entscheiden.

Dass sich die Zugeständnisse in der Frage des Haftungsumfangs einerseits und in der Frage der gerichtlichen Durchsetzbarkeit der Staatshaftung andererseits trotz Vorliegens der gleichen Rahmenbedingungen nicht gleichförmig in die eine oder die andere Richtung bewegten, führt zu der weiteren Erkenntnis, dass die Entscheidung dieser Fragen offenbar im Einzelnen durch unterschiedliche Faktoren beeinflusst wurde.

Die Entscheidung für eine generelle oder aber eine enumerative Staatshaftung war in der DDR sehr wesentlich von politischen, insbesondere finanziellen Erwägungen des Staates beeinflusst. Da man eine Belastung der Staatskasse mit unüberschaubar vielen Haftungsfällen befürchtete, dachte man nur in wirtschaftlich besseren Zeiten, nämlich im Jahre 1957 und ab 1966, an die Einführung der generellen Staatshaftung. Eine Ausnahme stellen hier jedoch die ersten Jahre unmittelbar nach Kriegsende dar, in denen noch vom Bestehen einer allgemeinen Staatshaftung ausgegangen wurde. Der Grund für diese Ausnahme liegt darin, dass man nach Kriegsende und vor Gründung der DDR noch von der Weitergeltung des Art. 131 WRV zumindest als einfaches Gesetzesrecht ausging.

Aber auch von finanziellen Erwägungen unabhängigere politische Gründe hatten Einfluss auf die Ablehnung einer Staatshaftung. So wurde in der Zeit kurz nach Gründung der DDR durch das Justizministerium geäußert, dass eine Staatshaftung wegen der gewünschten Bestandskraft politischer Entscheidungen zunächst abzulehnen gewesen sei. So deutlich wie für diese Zeit lassen sich entsprechende Erwägungen für die Folgezeit in den genutzten Archivalien nicht mehr nachweisen. Jedoch bleibt festzuhalten, dass eine Haftung für politisch motivierte Schadenszufügungen automatisch auch immer in der Weise ausgeschlossen werden kann, dass eine Staatshaftung nur für genau definierte Einzelfälle vorgesehen wird, wie es insbesondere in den Jahren 1954 bis 1956/57 und 1959 der Fall war. Dass politische Gründe eine Rolle bei der Ablehnung der Staatshaftung spielten, ist insbesondere für den Sommer 1961 anzunehmen, in dem im Zuge der Abriegelung der DDR einer Vielzahl von Bürgern Schäden zugefügt wurden. Nicht zufällig wurden genau zu dieser Zeit alle Bemühungen, eine Staatshaftungsregelung zu schaffen, auf Eis gelegt. Da es somit zunächst auch weiterhin keinen gesetzlichen Haftungsanspruch gegen den Staat geben würde, war der Staat vor massenhafter finanzieller Inanspruchnahme ebenso bewahrt wie vor der Notwendigkeit, seine Maßnahmen im Zusammenhang mit der Grenzschließung zu rechtfertigen.

Bei der Diskussion um die Art und Weise der Durchsetzbarkeit von Staatshaftungsansprüchen hing die Entscheidung für oder gegen die Eröffnung des Rechtsweges besonders eng mit der Frage zusammen, ob die Einhaltung der Gesetze durch den Staat im Zweifel auch gerichtlich erzwingbar sein sollte. Diese Frage betrifft den Selbstbindungswillen des Staates, welcher wiederum politisch begründet ist. Nach Ansicht der Verfasserin steht dieser Selbstbindungswille in allererster Linie in Abhängigkeit zu der grundsätzlichen politischen Machtkonstruktion, die sich die DDR mit ihrer Gründung verliehen hatte, und erst in zweiter Linie in Abhängigkeit zu den jeweils schwankenden politisch-wirtschaftlichen Verhältnissen.

Mit der in der ersten Verfassung der DDR enthaltenen Formel "Alle Staatsgewalt geht vom Volke aus" und der Bestimmung der Volksvertretungen als oberstes staatliches Machtorgan hatte man sich deutlich gegen die Geltung des Gewaltenteilungsprinzips ausgesprochen. In der DDR sollten demnach Gesetzgebung, Rechtsprechung und Verwaltung keine voneinander unabhängigen Gewalten sein, die, soweit möglich, einander kontrollieren und begrenzen. Vielmehr sollten die Volksvertretungen maßgebendes oberstes Staatsorgan sein, welches sich im Ergebnis quasi freiwillig selbst kontrollieren musste. Freiwilligkeit und Bindung sind jedoch einander widersprechende Begriffe. Die Gefahr eines Machtmissbrauchs liegt nahe. Mit der Ablehnung der Gewaltenteilung und mit der Konzentration der staatlichen Macht ging daher auch eine

Ablehnung der Selbstbindung des Staates einher. Dies zeigte sich im Zusammenhang mit den Arbeiten am Staatshaftungsgesetz nicht nur darin, dass die gerichtliche Kontrolle von Verwaltungsmaßnahmen abgelehnt wurde, sondern zudem in der stillschweigenden Abschaffung der Verwaltungsgerichtsbarkeit im Jahre 1952. Ihre Wiedereinführung erfolgte erst im Jahre 1989, also kurz vor dem Untergang der DDR.

Im Rahmen der Untersuchungen wird sehr deutlich, dass die DDR eine Selbstbindung an ein Gesetz, welches die Haftung des Staates begründen sollte, fast durchgehend ablehnte. Die zu Beginn des Jahres 1958 vorgeschlagene Regelung, nach der die enumerativ festgelegten Haftungsfälle nach Abweisung durch die Verwaltung auch gerichtlich geltend gemacht werden konnten, wurde in dem sich anschließenden Mitzeichnungsverfahren gleich wieder verworfen. Der 1966 für die allgemeine Staatshaftung unterbreitete und nach scheinbarer Arbeitspause im Jahre 1968 noch einmal erwähnte Vorschlag, bei Streit über die Höhe des Haftungsanspruchs eine gerichtliche Klärung zu ermöglichen, war von Anfang an sehr umstritten. Nicht zuletzt, weil die Gerichte nicht als eine Art Berechnungsstelle zu Hilfsorganen der Verwaltung herabgesetzt werden sollten, wurde der Vorschlag wieder verworfen.

Die grundsätzliche Ablehnung einer Bindung des Staates stimmt mit dem Selbstverständnis der DDR als - wenn auch moderne – Diktatur überein. Denn in einer Gewaltherrschaft erscheint eine Selbstbindung der herrschenden Klasse von vornherein ausgeschlossen. Trotz aller Unterschiede der Diktatur des Proletariats zur faschistischen Diktatur drängen sich im Ergebnis der Beobachtungen deutliche Parallelen zwischen der DDR und dem Dritten Reich hinsichtlich des Umgangs mit der Staatshaftungsproblematik auf. In beiden Diktaturen war man offenbar bemüht, einen Rechtsweg für Staatshaftungsfälle und teilweise die Staatshaftung selbst auszuschließen.

Vor dem Hintergrund der eingangs der Arbeit zitierten Feststellung, dass die Haftung des Staates Wesensmerkmal des Rechtsstaatsprinzips sei, kann beiden politischen Systemen eine Rechtstaatlichkeit nur abgesprochen werden. Dies gilt für die DDR in besonderem Maße für den Zeitraum bis zum Erlass des Staatshaftungsgesetzes, da in diesem eine Haftung des Staates mangels gesetzlicher Regelung überwiegend gänzlich abgelehnt wurde. An dem Testat fehlender Rechtsstaatlichkeit konnte auch das 1969 erlassene Staatshaftungsgesetz der DDR im Ergebnis nichts ändern. Zwar enthielt das Gesetz mit dem Versprechen einer unmittelbaren und verschuldensunabhängigen Staatshaftung in materieller Hinsicht sehr bürgerfreundliche Elemente. Dennoch konnte es dem Bürger eine Haftung des Staates mangels gerichtlicher Durchsetzbarkeit etwaiger Ansprüche nicht garantieren.

Anhang

A. Wichtige Entwürfe

I. Entwurf vom 24. August 1955[746]

Gesetz

über die Haftung des Staates für die durch
seine Angestellten verursachten Schäden
(Staatshaftungsgesetz)
– Vom … –

§ 1

Der Staat haftet nach Maßgabe dieses Gesetzes für Schäden, die Angestellte staatlicher Verwaltungsorgane oder staatlicher Einrichtungen in Ausübung der ihnen übertragenen vollziehenden oder verfügenden Verwaltungstätigkeit rechtswidrig und schuldhaft einem Dritten zufügen.

§ 2

Die Haftung gemäß § 1 tritt nur ein:

a) wenn der Schaden dadurch entstanden ist, dass der Angestellte des staatlichen Verwaltungsorgans oder der staatlichen Einrichtung in Ausübung seines Amtes eine strafbare Handlung begangen hat und deshalb durch Strafurteil rechtskräftig verurteilt ist;
b) wenn in Gesetzen der Volkskammer oder in Verordnungen des Ministerrates die Haftung festgelegt wurde;
c) wenn Staatsorganen Geldbeträge oder andere Vermögenswerte zur Aufbewahrung, Verwertung, Sicherung oder Erfüllung gemäß gesetzlichen Vorschriften, gerichtlichen Entscheidungen, Verwaltungsverfügungen übergeben oder von ihnen in Besitz genommen worden sind und diese Geldbeträge oder anderen Vermögenswerte durch schuldhafte Handlungen der dafür verantwortlichen Staatsangestellten in Verlust geraten, beschädigt werden beziehungsweise in anderer als der vorgesehenen Weise Verwendung finden.

§ 3

Die Haftung tritt nicht ein:

a) wenn der Geschädigte es schuldhaft unterlassen hat, durch eine ihm zumutbare Maßnahme oder durch rechtzeitigen Hinweis gegenüber den zuständigen staatlichen Verwaltungsorganen oder Einrichtungen den Schaden abzuwenden;

746 Entwurf vom 24. August 1955, in: BArch DP 1 VA 1431, S. 7-8.

b) wenn der Geschädigte seinen Anspruch nicht binnen eines Jahres nach Kenntnis von der Entstehung des Schadens geltend gemacht hat.

§ 4

(1) Über das Bestehen der Haftung entscheidet dem Grunde und der Höhe nach dasjenige staatliche Organ oder diejenige staatliche Einrichtung, für welches die Person tätig war.
(2) Gegen die Entscheidung gemäß Abs. 1 ist, sofern diese nicht von einem zentralen Organ getroffen wurde, die Beschwerde an das übergeordnete Organ gegeben; dieses entscheidet endgültig.
(3) Im Falle einer strafgerichtlichen Verurteilung desjenigen, der das Schadensereignis herbeigeführt hat, ist für die weitere Behandlung des Haftungsvorganges das rechtskräftige Strafurteil bindend.

§ 5

Der Staat kann den Angestellten, der das Schadensereignis herbeigeführt hat, zum Ersatz der übernommenen Schadensleistung heranziehen, wenn dieser den Schaden vorsätzlich oder grob fahrlässig herbeigeführt hat.

§ 6

Die Haftung des Staates nach bereits bestehenden gesetzlichen Bestimmungen und den allgemeinen zivilrechtlichen Haftpflichtbestimmungen wird durch dieses Gesetz nicht berührt.

§ 7

Durchführungsbestimmungen zu diesem Gesetz erlässt das Ministerium des Innern im Einvernehmen mit dem Ministerium der Justiz und dem Ministerium der Finanzen.

§ 8

Dieses Gesetz tritt am ... in Kraft.

II. Entwurf vom 30. Januar 1957[747]

Gesetz
über die Staatshaftung
– Vom ... 1957 –

§ 1

(1) Der Staat ist für Schäden verantwortlich, die Mitarbeiter der Organe der staatlichen Verwaltung oder staatlichen Einrichtungen in Ausübung der ihnen übertragenen vollziehend-verfügenden Tätigkeit einem Dritten rechtswidrig und schuldhaft zufügen.
(2) Die Verantwortlichkeit zur Schadensersatzleistung vermindert sich insoweit, als der Geschädigte es schuldhaft unterlassen hat, durch eine ihm zumutbare Maßnahme oder durch rechtzeitigen Hinweis gegenüber den zuständigen Organen oder Einrichtungen die Ausdehnung des Schadens zu verhindern; sie entfällt ganz, wenn durch Vornahme einer solchen Maßnahme oder Abgabe eines derartigen Hinweises die Entstehung des Schadens abgewendet werden konnte.
(3) Die Verantwortlichkeit des Staates zur Schadensersatzleistung kann für bestimmte Fälle durch Gesetz der Volkskammer oder Verordnung des Ministerrates ausgeschlossen werden.

§ 2

(1) Wird durch ein Gesetz oder eine Verordnung die Verantwortlichkeit des Staates zur Schadensersatzleistung ausgeschlossen, kann das Organ der staatlichen Verwaltung oder die staatliche Einrichtung eine Entschädigung aus Billigkeitsgründen zuerkennen, wenn der Ausschluss der Schadensersatzverpflichtung unter den gegebenen Umständen dem Geschädigten gegenüber eine besondere soziale Härte darstellt und die Art und Weise des Eintritts des Schadensereignisses die Gewährung eines Schadensersatzes im Interesse des Ansehens und der Autorität des Staates notwendig erscheinen lässt.
(2) Aus Gründen der Billigkeit kann eine Entschädigung auch dann zuerkannt werden, wenn der Schaden rechtswidrig, aber nicht schuldhaft verursacht worden ist.

§ 3

(1) Eine Verpflichtung zur Entschädigung ist nicht mehr gegeben, wenn der Geschädigte den Anspruch nicht innerhalb eines Jahres geltend gemacht hat, nachdem er von der Entstehung des Schadens Kenntnis erlangte.
(2) Ohne Rücksicht auf diese Kenntnis erlischt die Verpflichtung zur Entschädigung in 10 Jahren nach Eintritt des Schadensereignisses.

747 Entwurf vom 30. Januar 1957, in: BArch DP 1 VA 1431 Teil I, S. 84- 87; Hervorhebung im Original.

§ 4

(1) Über Ansprüche gegen den Staat nach diesem Gesetz entscheidet dem Grunde und der Höhe nach das Organ oder die Einrichtung, die dem Organ der staatlichen Verwaltung oder der staatlichen Einrichtung, deren Mitarbeiter den Schaden herbeigeführt hat, unmittelbar übergeordnet ist.
(2) Gegen diese Entscheidung ist, sofern sie nicht von einem zentralen Organ oder einer zentralen Einrichtung getroffen wurde, innerhalb einer Frist von 4 Wochen die Beschwerde an das nächsthöhere Organ zulässig. Dieses entscheidet endgültig.
(3) Die nähere Festlegung der Art und Weise des Verfahrensweges hat in Durchführung dieses Gesetzes zu erfolgen.

§ 5

(1) Der Staat kann den Mitarbeiter, der das Schadensereignis herbeigeführt hat, zum Ersatz der geleisteten Entschädigung heranziehen, wenn dieser den Schaden vorsätzlich oder grob fahrlässig herbeigeführt hat.
(2) Die Art und Weise des Regressverfahrens, der Zwangsvollstreckung und des Beschwerdeweges richtet sich nach den allgemeinen Bestimmungen über die Wiedergutmachung der dem Staatshaushalt durch schuldhafte Handlungen zugefügten Schäden.

§ 6

Im Falle einer strafgerichtlichen Verurteilung des Schadensverursachenden sind die Organe der staatlichen Verwaltung und die staatlichen Einrichtungen bei ihren nach § 4 und § 5 zu treffenden Entscheidungen an die durch das rechtskräftige Strafurteil getroffene Feststellung einer strafbaren Handlung gebunden.

§ 7

Die Haftung des Staates für Streitigkeiten im Rahmen von Zivilrechtsverhältnissen nach den allgemeinen zivilrechtlichen Bestimmungen wird durch dieses Gesetz nicht berührt.

§ 8

Dieses Gesetz findet auf Schäden, die vor dem In-Kraft-Treten dieses Gesetzes entstanden sind, keine Anwendung.

§ 9

Durchführungsbestimmungen zu diesem Gesetz erlässt der Minister der Finanzen im Einvernehmen mit dem Minister der Justiz und dem Minister des Innern.

§ 10

(1) Dieses Gesetz tritt am ... in Kraft.

(2) Mit dem gleichen Tage tritt die Bestimmung des § 839 des Bürgerlichen Gesetzbuches außer Kraft.

Berlin, den ... 1957

III. Entwurf vom 27. Februar 1958[748]

Entwurf

Gesetz über die Haftung des Staates

Schadensersatzleistung des Staates

§ 1

(1) Der Staat haftet für den Schaden, den ein Mitarbeiter eines haushaltsplangebundenen staatlichen Organs in Ausübung der ihm übertragenen vollziehend-verfügenden Tätigkeit oder bei der Vornahme von Untersuchungshandlungen in einem Strafverfahren einem Dritten durch die Begehung einer strafbaren Handlung zugefügt hat.

(2) Entsteht einem Dritten dadurch ein Schaden, dass ein Mitarbeiter eines haushaltsplangebundenen staatlichen Organs schuldhaft
a) eine Eintragung ins Grundbuch fehlerhaft vorgenommen oder unterlassen hat,
b) eine Notariatshandlung fehlerhaft durchgeführt oder unterlassen hat,
c) die Aufsichtspflicht über einen Vormund oder Pfleger vernachlässigt, die Vormundschaft oder Pflegschaft fehlerhaft geführt oder erforderliche Maßnahmen unterlassen hat oder
d) ein Konkurs- oder Zwangsvollstreckungsverfahren fehlerhaft durchgeführt hat, dann haftet der Staat für diesen Schaden.

(3) Geraten Vermögenswerte, die gemäß gesetzlichen Bestimmungen, gerichtlichen Entscheidungen oder Verwaltungsverfügungen staatlichen Organen übergeben oder von ihnen in Besitz genommen worden sind, in Verlust, werden sie beschädigt oder vermindert oder finden sie in einer anderen als der vorgeschriebenen Weise Verwendung, dann haftet der Staat für den entstandenen Schaden. Soweit es sich nicht um Geld handelt, entfällt die Haftung, wenn nachgewiesen wird, dass weder den zuständigen noch einen anderen Mitarbeiter des staatlichen Organs ein Verschulden an der Entstehung des Schadens trifft.

(4) Durch Gesetz oder Verordnung kann die Verantwortlichkeit des Staates für weitere, von den Absätzen 1, 2 und 3 nicht erfasste Schäden bestimmt werden.

§ 2

Für Schäden, die Mitarbeiter haushaltsplangebundener staatlicher Organe in Ausübung der ihnen übertragenen vollziehend-verfügenden Tätigkeit oder bei der Vornahme von Untersuchungshandlungen in einem Strafverfahren Dritten rechtswidrig und schuldhaft zugefügt haben, ohne dass die Voraussetzungen der Haftung nach § 1 vorliegen, kann der Staat unter Berücksichtigung der Art und Weise ihrer Entstehung und der wirtschaftlichen Lage des Geschädigten Ersatz aus Billigkeitsgründen leisten.

748 Entwurf vom 27. Februar 1958, in: BArch DY 30/IV 2/13/98, S. 117 v.-118 v.; Hervorhebungen im Original.

§ 3

(1) Der Schadensersatz ist in Geld zu leisten, soweit nicht zwischen dem staatlichen Organ und dem Geschädigten etwas anderes vereinbart wird.
(2) Für den Umfang des Schadensersatzes gelten die allgemeinen zivilrechtlichen Bestimmungen, soweit nicht in diesem Gesetz etwas anderes bestimmt ist.

§ 4

Die Schadensersatzleistung des Staates entfällt oder vermindert sich, wenn der Geschädigte es schuldhaft unterlassen hat, durch einen Rechtsbehelf, durch eine ihm zumutbare Maßnahme oder durch rechtzeitigen Hinweis gegenüber den zuständigen staatlichen Organen die Entstehung oder die Ausdehnung des Schadens zu verhindern.

§ 5

(1) Die Schadensersatzleistung des Staates entfällt, wenn der Geschädigte nicht innerhalb eines Jahres, nachdem er von der Entstehung des Schadens Kenntnis erlangte, Schadensersatz fordert.
(2) Ohne Rücksicht auf diese Kenntnis entfällt die Schadensersatzleistung des Staates 10 Jahre nach Eintritt des Schadensereignisses. Das gilt nicht für Schäden nach § 1 Abs. 2 Buchst. b) und c), die sich erst nach Testamentseröffnung beziehungsweise nach Rechnungslegung über die beendete Vormundschaft oder Pflegschaft herausstellen. Die Schadensersatzleistung des Staates entfällt in diesen Fällen ohne Rücksicht auf die Kenntnis von der Entstehung des Schadens 6 Monate nach Testamentseröffnung beziehungsweise Rechnungslegung.

§ 6

(1) Der Anspruch auf Schadensersatz ist bei dem staatlichen Organ geltend zu machen, dessen Mitarbeiter den Schaden herbeigeführt hat. Lehnt dieses Organ die Schadensersatzleistung ganz oder teilweise ab, so entscheidet auf Klage des Geschädigten das Bezirksgericht.
(2) Zuständig für die Entscheidung nach Abs. 1 Satz 1 sind bei den örtlichen staatlichen Organen die örtlichen Räte und bei den zentral geleiteten staatlichen Organen deren Leiter oder ihre Stellvertreter. Die Räte der Kreise können diese Befugnis auf die Räte der kreisangehörigen Städte übertragen.
(3) Über die Schadensersatzleistung des Staates nach § 2 entscheiden die in Abs. 2 angeführten staatlichen Organe unter Ausschluss des Rechtsweges.
(4) Bei Schadensersatzleistung des Staates nach § 1 oder § 2 hat das zuständige staatliche Organ den Mitarbeiter, der den Schaden herbeigeführt hat, zu hören. Dies gilt nicht, wenn Gründe, die in der Person des betreffenden Mitarbeiters liegen, dem entgegenstehen.

§ 7

Im Falle einer strafgerichtlichen Verurteilung des den Schaden verursachenden Mitarbeiters ist das Gericht beziehungsweise das zuständige staatliche Organ bei seiner Entscheidung über die Schadensersatzleistung des Staates sowie über die Ersatzpflicht des

Mitarbeiters an die durch das rechtskräftige Strafurteil getroffenen Feststellungen gebunden.

Rückgriff des Staates gegen den Mitarbeiter

§ 8

(1) Der Staat hat den Mitarbeiter, der den Schaden schuldhaft herbeigeführt hat (§§ 1 und 2), zum Ersatz heranzuziehen. In leichten Fällen kann hiervon abgesehen werden.
(2) Hat der Mitarbeiter fahrlässig gehandelt, dann beschränkt sich die Pflicht zum Ersatz des Schadens auf einen Höchstbetrag von drei Monatsgehältern. Das Rückgriffsrecht kann auf einen Teil des Höchstbetrages beschränkt werden, wenn dies nach dem Grade der Fahrlässigkeit und nach dem bisherigen Verhalten und der wirtschaftlichen Lage des Mitarbeiters gerechtfertigt ist.
(3) Haben mehrere Mitarbeiter den Schaden schuldhaft herbeigeführt, dann findet eine gesamtschuldnerische Haftung nur in den Fällen der gemeinsamen vorsätzlichen Handlung statt. Im Übrigen verteilt sich der Umfang des von jedem einzelnen Mitarbeiter zu leistenden Ersatzes nach den Umständen, insbesondere nach dem Grad seines Verschuldens.

§ 9

Das Rückgriffsrecht kann nur innerhalb von 6 Monaten nach Ablauf des Tages geltend gemacht werden, an dem das staatliche Organ, dessen Mitarbeiter den Schaden herbeigeführt hat, seine Schadensersatzpflicht gegenüber dem Geschädigten anerkannt bzw. sich zur Schadensersatzleistung bereit erklärt hat oder rechtskräftig die Schadensersatzpflicht festgestellt worden ist.

§ 10

Das Verfahren beim Rückgriff gegen den Mitarbeiter wird in einer Durchführungsbestimmung geregelt.

§ 11

(1) Der Geschädigte kann gegen den Mitarbeiter eines haushaltsplangebundenen staatlichen Organs, der in Ausübung der ihm übertragenen vollziehend-verfügenden Tätigkeit oder bei der Vornahme von Untersuchungshandlungen in einem Strafverfahren Dritten rechtswidrig und schuldhaft Schaden zugefügt hat, einen Schadensersatzanspruch nicht geltend machen. Das Gleiche gilt in den Fällen der Schadensersatzpflicht des Staates nach § 1 Abs. 2 und 3.
(2) §§ 839, 841 des Bürgerlichen Gesetzbuchs vom 18. August 1896 (RGBl. S. 195) werden aufgehoben.

Schlussbestimmungen

§ 12

Die zivilrechtliche Verantwortlichkeit des Staates wird durch dieses Gesetz nicht berührt.

§ 13

Die im § 1 enthaltene Verantwortlichkeit des Staates besteht nur für Schäden, die nach dem In-Kraft-Treten des Gesetzes entstehen. Das Gleiche gilt für die Schadensersatzleistung des Staates aus Billigkeitsgründen entsprechend § 2.

§ 14

(1) Durchführungsbestimmungen zu dem Gesetz erlässt der Minister der Justiz im Einvernehmen mit den zuständigen Leitern der zentralen staatlichen Organe.
(2) Das Gesetz tritt am ... in Kraft.

IV. Entwurf der Ersten Durchführungsbestimmung vom 20. Mai 1958[749]

Entwurf

Erste Durchführungsbestimmung
zum Gesetz über die Haftung des Staates

Aufgrund des § 14 des Gesetzes über die Haftung des Staates vom ... wird im Einvernehmen mit den zuständigen Leitern der zentralen staatlichen Organe Folgendes bestimmt:

§ 1

Erklärt sich der nach §§ 8 und 9 des Gesetzes zum Ersatz herangezogene Mitarbeiter bereit, freiwillig Ersatz zu leisten, so ist unter Berücksichtigung der Höhe seines Monatsgehaltes und seiner wirtschaftlichen Lage zu vereinbaren, ob Ersatz durch sofortige Zahlung des gesamten Betrages oder durch monatliche Teilzahlung geleistet wird.

§ 2

(1) Weigert sich der nach §§ 8 und 9 des Gesetzes zum Ersatz herangezogene Mitarbeiter, freiwillig Ersatz zu leisten, dann entscheidet das Gericht über das Rückgriffsrecht des Staates.

(2) Ist die Schadensersatzpflicht des Staates nach § 1 des Gesetzes und die Schuld des Mitarbeiters durch eine rechtskräftige Entscheidung festgestellt und das Dienstverhältnis des betreffenden Mitarbeiters nicht beendet worden, dann entscheidet über das Rückgriffsrecht anstelle des Gerichts das nach § 6 Abs. 2 des Gesetzes zuständige staatliche Organ (Regressverfügung).

§ 3

(1) Die Regressverfügung ist schriftlich zu erlassen. Sie muss enthalten:
   1. den Namen des ersatzpflichtigen Mitarbeiters,
   2. den zu ersetzenden Geldbetrag,
   3. den Sachverhalt und die Gründe der Ersatzpflicht des Mitarbeiters,
   4. eine Regelung über das Beschwerderecht entsprechend Abs. 2.

(2) Die Regressverfügung ist dem Mitarbeiter gegen schriftliche Empfangsbestätigung zu übergeben.

(3) Gegen eine Regressverfügung kann innerhalb von 14 Tagen nach ihrer Bekanntgabe Beschwerde beim übergeordneten staatlichen Organ eingelegt werden. Die Entscheidung eines Rates des Bezirks oder eines Leiters eines zentral geleiteten staatlichen Organs ist endgültig.

749 Entwurf einer Ersten Durchführungsbestimmung zum Gesetz über die Haftung des Staates vom 20. Mai 1958, in: BArch DY 30/IV 2/13/98, S. 99 f.; Hervorhebungen im Original.

§ 4

(1) Die Vereinbarung nach § 1 und die Regressverfügung nach § 2 Abs. 2 können im Verwaltungswege vollstreckt werden, solange das Dienstverhältnis des betreffenden Mitarbeiters besteht. Die Vollstreckung erfolgt durch Gehaltsabzug.
(2) Auf die Vollstreckung finden die Vorschriften der Verordnung über die Pfändung von Arbeitseinkommen vom 9.6.1955 (GBl. I S. 429) entsprechende Anwendung. Die Beschwerderegelung des § 2 Abs. 2 gilt entsprechend bezüglich der Einwendungen des Mitarbeiters über die Höhe der abgezogenen Beträge.
(3) Wird das Dienstverhältnis eines ersatzpflichtigen Mitarbeiters beendet und kann deshalb gegen ihn nicht mehr im Wege des Gehaltsabzuges vollstreckt werden, so ist das Rückgriffsrecht gerichtlich geltend zu machen.

§ 5

Das in dieser Durchführungsbestimmung geregelte Verfahren beim Rückgriff gegen den Mitarbeiter gilt nicht, soweit bereits entsprechende Verfahrensordnungen bestehen.

V. Entwurf vom 9. Juli 1959[750]

Entwurf

Gesetz über die Haftung des Staates

Schadensersatzleistung des Staates

§ 1

(1) Der Staat haftet für den Schaden, den ein Mitarbeiter eines haushaltsplangebundenen staatlichen Organs in Ausübung der ihm übertragenen vollziehend-verfügenden Tätigkeit oder bei der Vornahme von Untersuchungshandlungen in einem Strafverfahren einem Dritten durch die Begehung einer Straftat zugefügt hat. Das Gleiche gilt für den Schaden, den ein Angehöriger der bewaffneten Organe bei Ausübung seiner dienstlichen Pflichten einem Dritten durch Begehung einer Straftat zugefügt hat.

(2) Entsteht einem Dritten dadurch ein Schaden, dass ein Mitarbeiter eines haushaltsplangebundenen staatlichen Organs schuldhaft
- a) eine Eintragung ins Grundbuch fehlerhaft vorgenommen oder unterlassen hat,
- b) eine Notariatshandlung fehlerhaft durchgeführt oder unterlassen hat,
- c) die Aufsichtspflicht über einen Vormund oder Pfleger vernachlässigt, die Vormundschaft oder Pflegschaft fehlerhaft geführt oder erforderliche Maßnahmen unterlassen hat oder
- d) ein Konkurs- oder Zwangsvollstreckungsverfahren fehlerhaft durchgeführt hat, dann haftet der Staat für diesen Schaden.

(3) Geraten Vermögenswerte, die gemäß gesetzlichen Bestimmungen, gerichtlichen Entscheidungen oder Verwaltungsverfügungen staatlichen Organen übergeben oder von ihnen in Besitz genommen worden sind, in Verlust, werden sie beschädigt oder vermindert oder finden sie in einer anderen als der vorgeschriebenen Weise Verwendung, dann haftet der Staat für den entstandenen Schaden. Soweit es sich nicht um Geld handelt, entfällt die Haftung, wenn nachgewiesen wird, dass weder den zuständigen noch einen anderen Mitarbeiter des staatlichen Organs ein Verschulden an der Entstehung des Schadens trifft.

(4) Durch Gesetz oder Verordnung kann die Verantwortlichkeit des Staates für weitere, von den Absätzen 1, 2 und 3 nicht erfasste Schäden bestimmt werden.

§ 2

Für Schäden, die Mitarbeiter haushaltsplangebundener staatlicher Organe in Ausübung der ihnen übertragenen vollziehend-verfügenden Tätigkeit oder bei der Vornahme von Untersuchungshandlungen in einem Strafverfahren Dritten rechtswidrig und schuldhaft zugefügt haben, ohne dass die Voraussetzungen der Haftung nach § 1 vorliegen, kann

750 Entwurf des Justizministeriums vom 9. Juli 1959, in: BArch DP 1 VA 1431 Bd. 2, S. 38-42; Hervorhebung im Original.

der Staat unter Berücksichtigung der Art und Weise ihrer Entstehung und der wirtschaftlichen Lage des Geschädigten Ersatz aus Billigkeitsgründen leisten. Unter den gleichen Voraussetzungen kann Ersatz aus Billigkeitsgründen geleistet werden, wenn ein Angehöriger der bewaffneten Organe bei Ausübung seiner dienstlichen Pflichten einem Dritten rechtswidrig und schuldhaft einen Schaden zugefügt hat.

§ 3

(1) Der Schadensersatz ist in Geld zu leisten, soweit nicht zwischen dem staatlichen Organ und dem Geschädigten etwas anderes vereinbart wird.
(2) Für den Umfang des Schadensersatzes gelten die allgemeinen zivilrechtlichen Bestimmungen, soweit nicht in diesem Gesetz etwas anderes bestimmt ist.

§ 4

Die Schadensersatzleistung des Staates entfällt oder vermindert sich, wenn der Geschädigte es schuldhaft unterlassen hat, durch einen Rechtsbehelf, durch eine ihm zumutbare Maßnahme oder durch rechtzeitigen Hinweis gegenüber den zuständigen staatlichen Organen die Entstehung oder die Ausdehnung des Schadens zu verhindern oder wenn der Geschädigte bereits aufgrund anderer gesetzlicher Bestimmungen durch den Staat Ersatz erhält.

§ 5

(1) Die Schadensersatzleistung des Staates entfällt, wenn der Geschädigte nicht innerhalb eines Jahres, nachdem er von der Entstehung des Schadens Kenntnis erlangte, Schadensersatz fordert.
(2) Ohne Rücksicht auf diese Kenntnis entfällt die Schadensersatzleistung des Staates 10 Jahre nach Eintritt des Schadensereignisses. Das gilt nicht für Schäden nach § 1 Abs. 2 b) und c), die sich erst nach Testamentseröffnung bzw. nach Rechnungslegung über die beendete Vormundschaft oder Pflegschaft herausstellen. Die Schadensersatzleistung entfällt in diesen Fällen ohne Rücksicht auf die Kenntnis der Entstehung des Schadens 6 Monate nach Testamentseröffnung bzw. Rechnungslegung.

§ 6

(1) Der Anspruch auf Schadensersatz ist bei dem staatlichen Organ geltend zu machen, dessen Mitarbeiter den Schaden herbeigeführt hat. Lehnt dieses Organ die Schadensersatzleistung ganz oder teilweise ab, so entscheidet auf Antrag des Geschädigten der nächsthöhere Rat bzw. die unmittelbar übergeordnete Dienststelle des zentral geleiteten staatlichen Organs.
(2) Zuständig für die Entscheidung nach Abs. 1 Satz 1 sind bei den örtlichen Organen der staatlichen Verwaltung die Räte der Stadtbezirke, Stadt- und Landkreise und der Bezirke, bei den zentral geleiteten staatlichen Organen deren Leiter oder ihre Stellvertreter und bei den zentralen Organen der staatlichen Verwaltung deren Leiter oder ihre Stellvertreter. Die Räte der Landkreise können diese Befugnis auf die Räte der kreisangehörigen Städte und Gemeinden über 10.000 Einwohner übertragen.

(3) Die örtlichen Räte treffen ihre Entscheidungen durch Beschluss. Die Entscheidungen der Räte der Bezirke sind endgültig.
(4) Über die Schadensersatzleistung des Staates nach § 2 entscheiden die in Abs. 2 angeführten staatlichen Organe.
(5) Bei Schadensersatzleistung des Staates nach § 1 oder § 2 hat das zuständige staatliche Organ den Mitarbeiter, der den Schaden herbeigeführt hat, zu hören. Dies gilt nicht, wenn Gründe, die in der Person des betreffenden Mitarbeiters liegen, dem entgegenstehen.

§ 7

Im Falle einer strafgerichtlichen Verurteilung des den Schaden verursachenden Mitarbeiters ist das zuständige staatliche Organ bei seiner Entscheidung über die Schadensersatzleistung des Staates sowie über die Ersatzpflicht des Mitarbeiters an die durch das rechtskräftige Strafurteil getroffenen Feststellungen gebunden.

Rückgriff des Staates gegen den Mitarbeiter

§ 8

(1) Der Staat hat den Mitarbeiter, der den Schaden schuldhaft herbeigeführt hat (§§ 1 und 2), zum Ersatz heranzuziehen.
(2) Für den Umfang der Ersatzpflicht des Mitarbeiters gegenüber dem staatlichen Organ und das Verfahren bei Rückgriff gelten die arbeitsrechtlichen Bestimmungen. Bei Angehörigen der bewaffneten Organe richten sich der Umfang der Ersatzpflicht und das Verfahren bei Rückgriff nach den Wiedergutmachungsbestimmungen der bewaffneten Organe.

§ 9

(1) Der Geschädigte kann gegen den Mitarbeiter eines haushaltsplangebundenen staatlichen Organs, der in Ausübung der ihm übertragenen vollziehend-verfügenden Tätigkeit oder bei der Vornahme von Untersuchungshandlungen in einem Strafverfahren Dritten rechtswidrig und schuldhaft Schaden zugefügt hat, einen Schadensersatzanspruch nicht geltend machen. Das Gleiche gilt in den Fällen der Schadensersatzpflicht des Staates nach § 1 Abs. 2 und 3.
(2) In den Fällen des Abs. 1 ist auch in einem Strafverfahren gegen den Mitarbeiter des staatlichen Organs ein Antrag des Geschädigten zum Ersatz des entstandenen Schadens (§ 268 StPO) nicht zulässig.
(3) §§ 839, 841 des Bürgerlichen Gesetzbuches vom 18. August 1896 (RGBl. S. 195) werden aufgehoben.

Schlussbestimmungen

§ 10

Die zivilrechtliche Verantwortlichkeit des Staates wird durch dieses Gesetz nicht berührt.

§ 11

(1) Dieses Gesetz findet auf Angehörige anderer Staaten insoweit Anwendung, als die Gegenseitigkeit verbürgt ist.
(2) Staatenlose, die ihren Wohnsitz oder ständigen Aufenthalt in der Deutschen Demokratischen Republik haben, werden wie Bürger der Deutschen Demokratischen Republik behandelt.

§ 12

Die im § 1 enthaltene Verantwortlichkeit des Staates besteht nur für Schäden, die nach dem In-Kraft-Treten des Gesetzes entstehen. Das Gleiche gilt für die Schadensersatzleistung des Staates aus Billigkeitsgründen entsprechend § 2.

§ 13

(1) Durchführungsbestimmungen zu dem Gesetz erlässt der Minister der Justiz im Einvernehmen mit den zuständigen Leitern der zentralen staatlichen Organe.
(2) Das Gesetz tritt am ... in Kraft.

VI. Entwurf vom 20. April 1966[751]

1. Entwurf

Gesetz

zur Regelung der Staatshaftung in der
Deutschen Demokratischen Republik vom …

In der Deutschen Demokratischen Republik üben die Mitarbeiter der staatlichen Organe und Einrichtungen eine verantwortungsvolle Tätigkeit zur Lösung der Aufgaben beim umfassenden Aufbau des Sozialismus aus. In Erfüllung der Beschlüsse der Partei- und Staatsführung sind die staatlichen Organe und Einrichtungen ständig bestrebt, ihre Tätigkeit zu vervollkommnen, die sozialistische Gesetzlichkeit zu festigen und die Rechte der Bürger strikt zu gewährleisten. Jede rechtswidrige Schadenszufügung durch Mitarbeiter und Beauftragte sozialistischer staatlicher Organe und Einrichtungen in Ausübung staatlicher Tätigkeit verletzt sowohl individuelle Rechte als auch gesamtgesellschaftliche Interessen. Der Erhöhung der Rechtssicherheit, der weiteren Vertiefung des Vertrauens zwischen den Bürgern und ihrem sozialistischen Staat, der weiteren Festigung des Verantwortungsbewusstseins der Mitarbeiter der staatlichen Organe und Einrichtungen und der Qualifizierung der staatlichen Tätigkeit dient auch die gesetzliche Regelung der Staatshaftung.
Die Volkskammer der Deutschen Demokratischen Republik beschließt daher folgendes Gesetz:

Erster Abschnitt
Voraussetzungen und Umfang der Haftung

§ 1
Voraussetzungen der Haftung

(1) Der Staat haftet für Schäden, die einem Bürger durch Mitarbeiter oder Beauftragte staatlicher Organe oder staatlicher Einrichtungen in Ausübung staatlicher Tätigkeit rechtswidrig zugefügt wurden. In diesen Fällen ist ein unmittelbarer Schadensersatzanspruch des Geschädigten gegen den Mitarbeiter oder Beauftragten ausgeschlossen.
(2) Die Schadensersatzpflicht staatlicher Organe und Einrichtungen als Teilnehmer des Zivilrechtsverkehrs bestimmt sich nach den Vorschriften des Zivilrechts.
(3) Bei gesetzlich zulässigen Eingriffen in die Rechte der Bürger richtet sich eine Entschädigung nach den speziellen gesetzlichen Bestimmungen.

751 Entwurf vom 20. April 1966, in: BArch DP 1 VA 1431 Bd. 3, S. 192 v.-194 h.; Hervorhebung im Original.

§ 2

Haftung für fehlerhafte gerichtliche Entscheidungen

(1) Der Staat haftet für einen Schaden, der durch eine fehlerhafte gerichtliche Entscheidung herbeigeführt worden ist, wenn die Entscheidung aufgrund eines Kassations- oder Wiederaufnahmeverfahrens abgeändert worden und der Ersatz des Schadens auf andere Weise nicht zu erlangen ist.

(2) Die Vorschriften über die Entschädigung für erlittene Untersuchungs- und Strafhaft und über die Auslagen des Verfahrens bei einem Freispruch bleiben unberührt.

§ 3

Pflicht zur Abwendung des drohenden Schadens

Der Bürger hat ihm mögliche Maßnahmen zu ergreifen, um einen Schaden zu verhindern oder zu mindern und eine Vergrößerung des Schadens zu vermeiden. Verletzt er diese Pflicht, wird die Haftung des Staates entsprechend eingeschränkt oder ausgeschlossen.

§ 4

Umfang des Schadensersatzes

(1) Der Umfang des Schadensersatzes bestimmt sich nach den zivilrechtlichen Vorschriften.

(2) Der Schadensersatz ist in Geld zu leisten. Der Schaden kann auch durch Wiederherstellung des ursprünglichen Zustandes ausgeglichen werden.

§ 5

Schadensersatzpflicht gegenüber Personen, die nicht Bürger der Deutschen Demokratischen Republik sind

(1) Ein Schadensersatzanspruch steht auch Personen zu, die nicht Bürger der Deutschen Demokratischen Republik sind, wenn sie ihren ständigen Wohnsitz in der Deutschen Demokratischen Republik haben.

(2) Gegenüber anderen Personen, die nicht Bürger der Deutschen Demokratischen Republik sind, haftet der Staat, wenn die Gegenseitigkeit gewährleistet ist oder unter Berücksichtigung der Umstände des Einzelfalles ein Schadensersatz angebracht ist.

§ 6

Verjährung

Der Schadensersatzanspruch verjährt innerhalb eines Jahres. Die Verjährungsfrist beginnt mit dem Tage, an dem der Geschädigte von dem Schaden und dem Schadensverursacher Kenntnis erlangt hat.

§ 7

Abweichende Regelungen

In Abweichung zu diesen Bestimmungen können ausnahmsweise durch den Ministerrat für einzelne gesellschaftliche Bereiche besondere Regelungen erlassen werden.

Anmerkung: Bereits jetzt notwendig erscheinende abweichende Regelungen für wichtige Bereiche sollten möglichst in das Gesetz selbst aufgenommen werden.

Zweiter Abschnitt
Verfahrensbestimmungen

§ 8

Zuständigkeit

(1) Der Schadensersatz ist bei dem staatlichen Organ oder der staatlichen Einrichtung zu beantragen, durch dessen Mitarbeiter oder Beauftragten der Schaden verursacht wurde.
(2) Das staatliche Organ oder die staatliche Einrichtung hat über den Schadensersatzantrag zu entscheiden, sofern nicht die Zuständigkeit eines übergeordneten Organs für diese Entscheidung festgelegt ist.
(3) Ein bei einem unzuständigen staatlichen Organ oder einer unzuständigen staatlichen Einrichtung gestellter Antrag ist dem zuständigen staatlichen Organ oder der zuständigen staatlichen Einrichtung zuzuleiten.
(4) Die Entscheidung ist zu begründen und dem Antragsteller zuzustellen.

§ 9

Beschwerde

(1) Wird der Schadensersatzantrag abgelehnt, ist innerhalb eines Monats nach Zustellung der Ablehnungsentscheidung die Beschwerde an das übergeordnete staatliche Organ oder die übergeordnete staatliche Einrichtung gegeben.
(2) Über eine Beschwerde gegen die Entscheidung eines bezirklich unterstellten staatlichen Organs oder einer solchen Einrichtung entscheidet der Rat des Bezirkes.
(3) Die Beschwerde ist bei dem Organ oder der Einrichtung einzulegen, deren Entscheidung angefochten wird. Wird der Beschwerde nicht abgeholfen, ist sie innerhalb einer Woche dem für die Entscheidung über die Beschwerde zuständigen Organ vorzulegen.
(4) Die Entscheidung über die Beschwerde ist, soweit sie den Grund betrifft, endgültig.

§ 10

Zuständigkeit des Gerichts

(1) Ist die Berechtigung des Schadensersatzanspruches von dem zuständigen staatlichen Organ oder der zuständigen staatlichen Einrichtung endgültig festgestellt worden, kann der Geschädigte bei Streit über die Höhe des Schadensersatzes darüber die Entscheidung des Gerichts beantragen.

(2) Der Antrag ist innerhalb von drei Monaten nach der Zustellung der endgültigen Entscheidung über die Berechtigung des Schadensersatzanspruches beim für den Wohnsitz des Bürgers zuständigen Kreisgericht zu stellen.

(3) Das Gericht entscheidet durch Beschluss. Das Verfahren ist kostenfrei. Im Übrigen finden die Bestimmungen der Zivilprozessordnung Anwendung.

Dritter Abschnitt
Schlussbestimmungen

§ 11
In-Kraft-Treten

Das Gesetz tritt mit seiner Verkündung in Kraft. Es findet auf zurückliegende Fälle keine Anwendung.

§ 12
Besondere Regelungen

(1) Der Ministerrat kann weiterhin notwendige Haftungsregelungen in eigener Zuständigkeit erlassen.

(2) Folgende gesetzliche Bestimmungen, die ganz oder teilweise Staatshaftungsregelungen enthalten, werden geändert:

a) ...
b) ...
c) ...

Anmerkung: Hierzu sind von den zuständigen staatlichen Organen, in deren Bereich bereits solche Regelungen bestehen, erforderliche Vorschläge zu unterbreiten.

(3) Folgende besondere Regelungen gelten unverändert weiter:

a) ...
b) ...

§ 13
Aufhebung gesetzlicher Bestimmungen

Folgende gesetzliche Bestimmungen werden aufgehoben:

a) ...
b) ...
c) ...

Anmerkung: Dazu sind von den zuständigen staatlichen Organen Vorschläge zu unterbreiten.

§ 14
Durchführungsverordnungen

Durchführungsverordnungen zu diesem Gesetz erlässt der Ministerrat.

B. Sonstige Dokumente

I. Rechtsgutachten vom 30. Oktober 1952[752]

HA Gesetzgebung
3431 - I - 3258/52

Berlin, den 30. Oktober 1952
App: 1666 Dr. A/Lei

Rechtsgutachten

Frage: Haftet der Staat für einen Schaden, der durch Pflichtverletzung des Gerichtsvollziehers dem Auftraggeber einer Zwangsvollstreckung entsteht?

Als herrschende Auffassung hatte sich über die Stellung des Gerichtsvollziehers Folgendes entwickelt:

Die Tätigkeit des Gerichtsvollziehers leitet sich aus staatlichen Befugnissen her, die ihm übertragen werden, nicht aber aus einem zivilrechtlichen Vertrag mit dem Vollstreckungsgläubiger. Dem Vollstreckungsgläubiger bleibt die Möglichkeit, im gesetzlich gegebenen Umfange auf diese Tätigkeit des Gerichtsvollziehers einzuwirken. Der Auftrag des Vollstreckungsgläubigers ist deshalb nur ein Antrag auf Tätigwerden des Gerichtsvollziehers. Zwischen Gerichtsvollzieher und dem Vollstreckungsgläubiger besteht kein zivilrechtlicher Vertrag. Deshalb besteht keine Haftung aus einem solchen Vertrag.

Ebenso kommt es zu keinem Vertragsverhältnis zwischen Vollstreckungsgläubiger und Staat. Die Zwangsvollstreckung ist staatliches Zwangsmittel zur Realisierung von Urteilen. Deshalb hat der Gerichtsvollzieher auch nicht die Stellung eines Vertreters, der bei Entgegennahme des Vollstreckungsauftrages in Vertretung des Staates einen Vertrag schließen würde. Auch deshalb entfällt eine Haftung des Staates aus Vertrag.

Der Gerichtsvollzieher haftet nach der Vorschrift des § 839 BGB. Diese Vorschrift lautet:

"(1)Verletzt ein Beamter vorsätzlich oder fahrlässig die ihm einem Dritten gegenüber obliegende Amtspflicht, so hat er dem Dritten den daraus entstehenden Schaden zu ersetzen. Fällt dem Beamten nur Fahrlässigkeit zur Last, so kann er nur dann in Anspruch genommen werden, wenn der Verletzte nicht auf andere Weise Ersatz zu erlangen vermag.
(2) Verletzt ein Beamter bei dem Urteil in einer Rechtssache seine Amtspflicht, so ist er für den daraus entstehenden Schaden nur dann verantwortlich, wenn die Pflichtverletzung mit einer im Wege des gerichtlichen Strafverfahrens zu verhängenden öffent-

752 Rechtsgutachten des Justizministeriums vom 30. Oktober 1952, in: BArch DP 1 VA 6912, S. 189–191.

lichen Strafe bedroht ist. Auf eine pflichtwidrige Verweigerung oder Verzögerung der Ausübung des Amtes findet diese Vorschrift keine Anwendung.
(3) Die Ersatzpflicht tritt nicht ein, wenn der Verletzte vorsätzlich oder fahrlässig unterlassen hat, den Schaden durch Gebrauch eines Rechtsmittels abzuwenden."

Am 22. Mai 1910 erging das Gesetz über die Haftung des Reiches für seine Beamten. Dieses besagt in Erweiterung des bürgerlichen Gesetzbuches, dass die in § 839 BGB bestimmte Verantwortlichkeit anstelle des Beamten das Reich trifft, wenn ein Reichsbeamter in Ausübung der ihm anvertrauten öffentlichen Gewalt schuldhaft die ihm einem Dritten gegenüber obliegende Amtspflicht verletzt. Dem Staat stand in diesem Fall ein Rückgriffsrecht gegenüber dem Beamten zu. Diese Vorschrift ging später auf in der Bestimmung des Art. 131 der Weimarer Verfassung. Eine formale Aufhebung des Gesetzes von 1910 erfolgte bei Inkrafttreten dieser Verfassungsnorm nicht, doch hatte sich die Auffassung durchgesetzt, dass das Gesetz von 1910 als aufgehoben zu betrachten war.

Allerdings erging am 3. Mai 1935 eine Verordnung über die Haftung des Reiches für die Justizbeamten (RGBl. S. 587), die ausspricht, dass auf die Amtspflichtverletzungen von Justizbeamten das Gesetz von 1910 Anwendung findet. Diese Verordnung hatte aber ihre Veranlassung in der sogen. "Vereinheitlichung der Justiz". Es sollte zweifellos neben der Bestimmung des Art. 131 der Verfassung, der damals noch voll angewendet wurde, keine rechtlich selbständige Haftung für die Justizbeamten geschaffen werden. Sowohl die Bestimmung aus Art. 131 als auch die aus dem Gesetz von 1910 bedeuten die Normierung desselben Prinzips.

Eine grundsätzliche Änderung der Rechtslage ist für die Jahre nach 1945 festzustellen. Der neue Inhalt des Staates hatte zur Folge, dass die Anwendung der alten Haftungsgrundsätze aus Art. 131 der Verfassung von Weimar nicht automatisch zum Inhalt der neuen Rechtsordnung wurde.

Für die Zeit nach 1945 sind zwei Fragen bei der Staatshaftung zu trennen, und zwar
a) die Frage der Zuständigkeit der Gerichte für die Entscheidung,
b) die Frage der Haftung.

Da es sich um eine Amtspflichtverletzung handelt, sind die Zivilgerichte nur zuständig, wenn diese Zuständigkeit durch ein Gesetz ausdrücklich begründet wird. Für die Zeit nach 1945 ist es abgelehnt worden, aus Art. 131 der Verfassung von Weimar oder aus dem Gesetz von 1910 die Zuständigkeit der Zivilgerichte herzuleiten. Es sind keine Urteile höherer Gerichte bekannt geworden, die eine solche Zuständigkeit bejaht hätten.

Damit ist die Entscheidung über einen Anspruch, sofern ein solcher entstehen könnte, Aufgabe des haftenden Staatsorgans selbst.

In welchem Umfang ist eine solche Haftung noch gegeben?

In den Ländern sind im Jahre 1947 landesrechtliche Verordnungen ergangen, die für Ansprüche aus Maßnahmen der öffentlichen Gewalt den Rechtsweg ausschlossen. Es sind aber keine Vorschriften des Inhalts ergangen, dass eine Haftung ausgeschlossen würde. Die Beziehungen des Bürgers zu unserer Ordnung fordern auch nicht den Ausschluss einer solchen Haftung. Im Gegenteil ist es mit dem Prinzip der Verantwortung und den allgemeinen Grundsätzen der demokratischen Gesetzlichkeit sehr wohl zu vereinbaren, dass eine solche Haftung des Staates grundsätzlich bejaht wird. Es ist deshalb auch damit zu rechnen, dass in der künftigen Zivilgesetzgebung sie wieder ausdrücklich festgelegt wird.

Diese Untersuchungen führen zu folgendem Ergebnis:

1) Der Staat haftet für schuldhafte Amtspflichtverletzungen des Gerichtsvollziehers.
2) Für den Anspruch ist das ordentliche Gericht nicht zuständig. Über ihn entscheidet das Ministerium der Justiz.
3) Die Entscheidung kann nicht nach freiem Ermessen getroffen werden, sondern auf der Grundlage der allgemeinen Vorschriften des Zivilrechts unter Wahrung der Grundsätze der demokratischen Gesetzlichkeit.

gez. ....

II. Versicherungsvertrag von 1953[753]

Deutsche Versicherungs-Anstalt
– Hauptverwaltung –

Versicherungsvertrag
Nr. 20/00/001/24

über die Versicherung der staatlichen Verwaltungen
und Einrichtungen

zwischen dem Ministerium der Finanzen der Deutschen
Demokratischen Republik, Berlin,
und der
Deutschen Versicherungs-Anstalt, Berlin, und
Vereinigten Großberliner Versicherungsanstalt, Berlin

wird folgender Vertrag geschlossen:

§ 1
Versicherte

1. Die vorstehend genannten Versicherungsanstalten gewähren im Rahmen ihrer Gebietszuständigkeit den staatlichen Verwaltungen und Einrichtungen der Republik, der Bezirke, der Kreise und der Gemeinden (nachstehend Haushaltsorganisationen genannt) Versicherungsschutz gegen Schäden durch:
   a) Brand, Blitzschlag und Explosion
   b) Geltendmachung von Haftpflichtansprüchen.
2. Dieser Vertrag gilt nicht für die Organe des Ministeriums des Innern sowie für die Verwaltungen und Einrichtungen, die dem Magistrat von Groß-Berlin unterstehen[754].

§ 2
Feuer-Versicherung

1. Es sind versichert gegen Brand, Blitzschlag und Explosion gemäß der Feuer-Pflichtversicherungs-Ordnung und den Durchführungsbestimmungen zur Feuer-Pflichtversicherungs-Ordnung:

753 Schreiben des Generalstaatsanwaltes vom 16. Juli 1956 nebst beigelegter Fotokopie des Versicherungsvertrages Nr. 20/00/001/24 über die Versicherung staatlicher Verwaltungen und Einrichtungen, in: BArch DP 1 VA 1431, S. 46-54 (47-50); Hervorhebungen im Original.

754 Mit dem Magistrat von Groß-Berlin bestand ein inhaltsgleicher Vertrag, siehe Aktenvermerk der Generalstaatsanwaltschaft vom 5. Dezember 1956, in: BArch DP 1 VA 1431, S. 74.

a) Gebäude, die von den Haushaltsorganisationen als Sachvermögen zu verwalten sind, ohne Rücksicht darauf, ob bereits eine Rechtsträgerschaft besteht oder nicht,
b) Gebäude des früheren Deutschen Reiches und des ehem. Preuß. Staates, soweit sie im Gebiet von Groß-Berlin gelegen sind und durch die Haushaltsorganisationen genutzt werden,
c) ehemals sequestrierte Gebäude, die von sowjetischen Dienststellen genutzt werden und die früher Eigentum des ehem. Deutschen Reiches oder Preuß. Staates bzw. der NSDAP oder Privatpersonen waren, mit Ausnahme von Kasernen.

2. Des Weiteren ist gegen Brand, Blitzschlag und Explosion nach Maßgabe des § 1 der Allgemeinen Feuer-Versicherungsbedingungen das den Haushaltsorganisationen gehörige bewegliche Vermögen zum Neuwert – Kraftfahrzeuge jedoch nur zum Zeitwert – versichert. Dazu gehört auch das bewegliche Vermögen der diplomatischen Missionen und der Handelsvertretungen der Deutschen Demokratischen Republik im Ausland. Gemietetes, gepachtetes bzw. geliehenes fremdes Eigentum ist mitversichert, soweit die Haushaltsorganisationen gesetzlich oder vertraglich die Gefahr tragen.
3. Der Versicherungsschutz erstreckt sich nicht auf Akten, Karteien, Pläne und sonstige Unterlagen.

§ 3
Kraftfahr-Haftpflicht-Versicherung

1. Es besteht Versicherungsschutz für den Fall, dass die Haushaltsorganisationen als Halter von auf sie zugelassenen Kraftfahrzeugen aller Art oder der berechtigte Fahrer des Fahrzeuges aufgrund gesetzlicher Haftpflichtbestimmungen wegen Schadensersatz für den Fall in Anspruch genommen werden, dass durch den Gebrauch des Fahrzeuges
   a) Personen verletzt oder getötet werden,
   b) Sachen beschädigt oder zerstört werden oder abhanden kommen,
   c) reine Vermögensschäden herbeigeführt werden, die weder mit einem Personen- noch mit einem Sachschaden mittelbar oder unmittelbar zusammenhängen.
2. Der Versicherungsschutz bezieht sich auch auf die Abwehr unbegründeter Ansprüche.
3. Der Versicherungsschutz erstreckt sich auch auf gesetzlich begründete Schadensersatzansprüche aus der Beförderung von Personen mit Kraftfahrzeugen, sofern die erforderliche polizeiliche Genehmigung oder Zulassung erteilt ist.
4. Gegenseitige Ansprüche verschiedener Haushaltsorganisationen, die unter diesen Vertrag fallen, sind in den Versicherungsschutz eingeschlossen.

§ 4
Allgemeine Haftpflicht Versicherung

1. Es besteht Versicherungsschutz für den Fall, dass die Haushaltsorganisationen aufgrund gesetzlicher Haftpflichtbestimmungen privatrechtlichen Inhalts von einem Dritten auf Schadensersatz in Anspruch genommen werden wegen eines Ereignisses, das den Tod, die Verletzung oder Gesundheitsschädigung von Menschen (Personenschaden) oder die Beschädigung, Vernichtung oder das Abhandenkommen

von Sachen (Sachschaden) zur Folge hat. Der Versicherungsschutz bezieht sich außerdem auf die gesetzliche Haftpflicht der Beschäftigten der Haushaltsorganisationen und der im Auftrag der Haushaltsorganisationen ehrenamtlich tätigen Personen aus Ansprüchen, welche gegen sie aus Anlass der Ausführung ihrer dienstlichen Verrichtungen erhoben werden.

2. Der Versicherungsschutz bezieht sich nicht auf
   a) Ansprüche auf Gehalt, Ruhegehalt, Lohn oder sonstige festgesetzten Bezüge, Verpflegung, ärztliche Behandlung im Falle der Dienstbehinderung sowie Fürsorgeansprüche;
   b) Haftpflichtansprüche aus Schäden aus dem Halten, Führen oder Verwenden von Kraft-, Luft- oder Wasserfahrzeugen (vgl. aber § 3);
   c) Ansprüche aus Sachschäden, welche durch Senkung von Grundstücken, durch Erdrutsch oder durch Überschwemmung stehender oder fließender Gewässer entstehen;
   d) reine Vermögensschäden.

§ 5
Schriftwechsel und Beitragszahlung

Der sich aus diesem Vertrage ergebende Schriftwechsel wird zwischen dem Ministerium der Finanzen und der Deutschen Versicherungs-Anstalt geführt. Die für die Beitragsabrechnung erforderlichen Angaben werden von dem Ministerium der Finanzen der Deutschen Versicherungs-Anstalt gemacht.

Die einzelnen Haushaltsorganisationen haben an die Versicherungs-Anstalten keine Meldungen – außer Schadensmeldungen – zu machen und auch keine Beiträge zu zahlen. Der Jahresbeitrag wird zwischen dem Ministerium der Finanzen der Deutschen Demokratischen Republik und der Deutschen Versicherungs-Anstalt und von dieser auf die beiden Versicherungsanstalten aufgeschlüsselt. Der Versicherungsbeitrag wird von dem Ministerium der Finanzen jährlich in 4 gleichen Raten im Voraus am 1. eines jeden Vierteljahres an die Versicherungsanstalten gezahlt.

§ 6
Aufhebung abgeschlossener Verträge

Alle bisherigen Versicherungsverträge, die zwischen den Haushaltsorganisationen und den Versicherungsanstalten bestehen, erlöschen mit Ablauf des 31.12.1952. Sofern Beiträge für einen nach dem Außerkrafttreten dieser Verträge liegenden Zeitraum bezahlt worden sind, wird auf die Rückrechnung verzichtet.

§ 7
Pflichten der Versicherten

1. Jeder Brand-, Blitz- und Explosionsschaden sowie jedes Ereignis, das einen Haftpflichtanspruch gegen eine Haushaltsorganisation zur Folge haben könnte, ist von der betroffenen Dienststelle unverzüglich der zuständigen Versicherungs-Anstalt zu melden.

2. Die Haushaltsorganisationen sind nicht berechtigt, ohne vorherige Zustimmung der Versicherungs-Anstalt einen Haftpflichtanspruch ganz oder zum Teil oder vergleichsweise anzuerkennen oder zu befriedigen.
3. Die Haushaltsorganisationen haben unter Beachtung der Weisungen der Versicherungs-Anstalt nach Möglichkeit für die Abwendung und Minderung eines Schadens zu sorgen und alle erforderlichen Aufklärungen der Versicherungs-Anstalt zu geben.
4. Die Versicherungs-Anstalt gilt als bevollmächtigt, alle zur Beilegung oder Abwehr eines Haftpflichtanspruchs als zweckmäßig erscheinenden Erklärungen im Namen der Haushaltsorganisationen abzugeben.
5. Anregungen, die von den Versicherungsanstalten den Haushaltsorganisationen zum Zwecke der Schadensverhütung gegeben werden, sind zu beachten.

§ 8
Abschluss weiterer Versicherungsverträge

Falls es für einzelne Haushaltsorganisationen erforderlich wird, für bestimmte Risiken weitere Versicherungsverträge abzuschließen, ist von der betreffenden Dienststelle die Zustimmung des Ministeriums der Finanzen zum Abschluss des Vertrages einzuholen.

§ 9
Vertragsdauer

Dieser Vertrag gilt ab 1. Januar 1953. Er verlängert sich stillschweigend von Jahr zu Jahr, wenn er nicht zum Jahresschluss mit einer Kündigungsfrist von 3 Monaten gekündigt wird.

Berlin, den 13.1.1954
Ministerium der Finanzen
I. V.

Hauptverwaltung – I. V.
Hauptabteilungsleiter

F.d.R. d. A.
(N.)
Hauptreferent

Berlin, den 24. Dezember 1953
Zugleich im Namen der
Vereinigten Großberliner
Versicherungsanstalt
gez. Sch.

Deutsche Versicherungs-Anstalt
gez. Dr. J.

III. Vermerk des Justizministeriums vom 9. März 1954[755]

Ministerium der Justiz
HA Gesetzgebung
3431 - I - 432/54

Berlin, den 9. März 1954
App. 1688 Pe/Ge.

Vermerk: Vortrag beim Herrn Staatssekretär

Es wird folgende Übereinstimmung erzielt:
Der vorliegende Gesetzesentwurf lässt wichtige Fragen des Komplexes Staatshaftung völlig außer Betracht. Es kommt in erster Linie darauf an, festzustellen, ob frühere Gesetze, in denen die Haftung des Staates festgelegt wurde, noch Geltung haben oder nicht. Im ersteren Falle müssten diese Gesetze bezeichnet werden. Wenn alle früheren Gesetze jedoch keine Anwendung mehr finden sollen, dann müssten entsprechende neue gesetzliche Bestimmungen erlassen werden, in denen die Staatshaftung konkretisiert wird. Der vorliegende Gesetzesentwurf löst die vorhandenen Fragen der Staatshaftung praktisch überhaupt nicht. Auf weitere Mängel des Entwurfs wird bereits im Vermerk von Herrn Dr. .... hingewiesen. Diese Kritik wird unterstrichen durch eine Rücksprache mit Vertretern der Ministerien für Eisenbahnwesen sowie für Post- und Fernmeldewesen, die übereinstimmend erklärten, dass frühere Sondergesetze für ihre Bereiche keine Anwendung mehr finden und eine Haftung nur nach den zivilrechtlichen Vorschriften besteht. Der vorliegende Gesetzesentwurf würde in seiner jetzigen Fassung daran z. B. nichts ändern.

Vfg.

1. Kollegin .... zur Kenntnis
2. Herrn Staatssekretär zur Kenntnis
3. Minister Frau Dr. Benjamin

755 Vermerk des Justizministeriums vom 9. März 1954, in: BArch DP 1 VA 2114, Teil III-3431, S. 19.

IV. Thesen für eine Verordnung über die materielle Verantwortlichkeit der Werktätigen vom 11. Juli 1957[756]

Entwurf
11.7.1957

T h e s e n

für eine gesetzliche Regelung
über die materielle Verantwortlichkeit

----

1. Die Betriebsleiter, die Leiter von Verwaltungen oder Betriebsinhaber sind verpflichtet, solche organisatorischen und technischen Bedingungen zu schaffen, die es dem Werktätigen ermöglichen, die ihm übertragenen Arbeiten und Aufgaben so auszuführen, dass dem Betrieb kein Schaden entsteht.

2. Jeder Werktätige hat dem Betrieb, den im Zusammenhang mit seinem Arbeitsrechtsverhältnis schuldhaft verursachten Schaden zu ersetzen. Als Schaden gilt nur eine tatsächliche Vermögensminderung, nicht aber entgangener Gewinn.

3. Die Pflicht zum Ersatz des Schadens beschränkt sich auf den Betrag, der dem Lohn oder Gehalt des Werktätigen für einen Monat entspricht. Maßgebend ist der Lohn oder das Gehalt, das zur Zeit der Schadensverursachung gezahlt wurde.

   In solchen Fällen, in denen der Umfang der Verantwortung, die wirtschaftliche Bedeutung des beschädigten Gegenstandes es erfordern und die materielle Lage des Werktätigen es rechtfertigt, kann die Ersatzpflicht bis auf den Betrag, der dem Lohn oder dem Gehalt für drei Monate entspricht, festgesetzt werden.

   Ist der Schaden niedriger als der Lohn oder das Gehalt eines Monats, so ist der tatsächliche Schaden zu ersetzen.

4. Der Werktätige hat den tatsächlich entstandenen Schaden ohne Beschränkung der Höhe zu ersetzen, wenn:
   a) der Schaden vorsätzlich oder durch eine strafbare Handlung verursacht wurde und der Werktätige mit mehr als drei Monaten Freiheitsentzug bestraft worden ist,
   b) er zu einer Gruppe von Werktätigen gehört, für die die volle materielle Verantwortlichkeit durch Gesetz oder Verordnung festgelegt ist,

756 Entwurf der Thesen für eine Verordnung über die materielle Verantwortlichkeit der Werktätigen vom 11. Juli 1957, in: BArch DP 1 VA 1432, Bd. 1, S. 60–64.

c) ihm durch Arbeitsvertrag für bestimmte anvertraute Gegenstände die volle materielle Verantwortlichkeit übertragen wurde.
   Diese Gruppen von Werktätigen, mit denen solche Vereinbarungen im Arbeitsvertrag abgeschlossen werden können, sind in den Lohnregelungen der volkseigenen und ihr gleichgestellten Wirtschaft bzw. in Tarifverträgen festzulegen.

5. Die Betriebsleiter, die Leiter von Verwaltungen oder Betriebsinhaber sind verpflichtet, innerhalb eines Monats nach Feststellung des Schadens den Grund und die Höhe des Schadens sowie die Höhe des zu fordernden Betrages festzulegen. Dem Werktätigen ist eine angemessene Frist zur schriftlichen Anerkennung des Schadens zu stellen. Die Anerkennung eines Betrages, der über den Lohn oder das Gehalt eines Monats hinausgeht, ist unzulässig.

   Erkennt der Werktätige die Höhe des geforderten Betrages an, so ist der Betrieb berechtigt, den Teil des Lohnes bzw. Gehaltes, der über die pfändungsfreie Grenze hinausgeht, einzubehalten.

   Erkennt der Werktätige nicht an, so sind die Betriebsleiter, die Leiter von Verwaltungen oder Betriebsinhaber verpflichtet, innerhalb von zwei Wochen nach Ablauf der dem Werktätigen gestellten Frist bei der Konfliktkommission bzw. Arbeitsgericht Klage zu erheben.

   Soweit bereits ein Strafverfahren gegen den Werktätigen schwebt, kann der Schadensersatzanspruch im Strafprozess nach den Vorschriften §§ 268 bis 273 StPO geltend gemacht werden.

6. Nach Ablauf eines Jahres nach Entstehung des Schadens kann ein Anspruch auf Schadensersatz nicht mehr geltend gemacht werden.

7. Ist durch das schuldhafte Verhalten mehrerer Werktätiger ein Schaden entstanden, so ist jeder Werktätige entsprechend der Art seiner Mitwirkung, dem Grad seines Verschuldens und seiner Verantwortung anteilmäßig zum Schadensersatz heranzuziehen. Wurde der Schaden vorsätzlich oder durch strafbare Handlung herbeigeführt, so kann der Betrieb von jedem Werktätigen die volle Höhe des entstandenen Schadens fordern.

Begründung

Die politische und ökonomische Entwicklung in der Deutschen Demokratischen Republik lässt erkennen, dass eine immer größere Festigung der sozialistischen Arbeitsverhältnisse und der Arbeitsdisziplin eingetreten ist. Der Kampf um die weitere Entwicklung fordert aber, dass unser Recht die Funktion, auf die sozialistischen Arbeitsverhältnisse in Bezug auf Arbeitsdisziplin und materielle Verantwortlichkeit einzuwirken, erfüllt. Es ist daher an der Zeit, eine rechtliche Regelung auf diesem Gebiet zu schaffen. Eine solche rechtliche Regelung muss darauf gerichtet sein, die

Ursachen der Entstehung des materiellen Schadens aufzudecken und zu bekämpfen und den Kampf zu führen gegen die Verletzung der Arbeitsdisziplin. Dazu ist erforderlich, auf dem Gebiet des Arbeitsrechts spezielle rechtliche Regelungen dieser Bestimmungen und damit der verschiedenen Formen der Verantwortlichkeit zu schaffen. Dabei müssen die Prinzipien der sozialistischen Organisation der Arbeit durchgesetzt und die individuelle Verantwortung der Werktätigen ohne Unterschied auf deren Stellung im gesellschaftlichen Produktionsprozess und das Leistungsprinzip in Bezug auf die Sicherung der materiellen Existenz berücksichtigt werden.

Darüber hinaus muss die Regelung der materiellen Verantwortlichkeit getragen sein von dem Schutz des sozialistischen Eigentums als Grundlage unserer Gesellschaftsordnung. Der Schutz des sozialistischen Eigentums wird in den einzelnen Rechtszweigen in bestimmten Formen durchgesetzt. Bei der arbeitsrechtlichen Regelung der materiellen Verantwortlichkeit muss aber besonders beachtet werden, dass die Verantwortung der Werktätigen, denen innerhalb der sozialistischen Arbeitsverhältnisse sozialistisches Eigentum anvertraut wird, eine viel größere ist, als die der übrigen Bürger. Dabei darf dennoch nicht übersehen werden, dass sich der Schutz des sozialistischen Eigentums im Arbeitsrecht verwirklichen muss, übereinstimmend mit dem Leistungsprinzip, der materiellen Interessiertheit der Werktätigen u.s.w., d.h. in Übereinstimmung mit den persönlichen Rechten der Werktätigen und deshalb eine Beschränkung der materiellen Verantwortlichkeit, gestaffelt nach den einzelnen Grundsätzen, in den Thesen vorgesehen wird. Die Regelung der materiellen Verantwortlichkeit durch arbeitsrechtliche Bestimmungen muss aber auch erzieherische Grundsätze enthalten, weil die Erziehung der Werktätigen vor allen Dingen im Arbeitsprozess durch die Arbeit selbst erfolgt. Sie steht im engen Zusammenhang mit der materiellen Verantwortlichkeit. Es wird in diesem Zusammenhang auch auf die Beschlüsse des IV. Parteitages der Sozialistischen Einheitspartei Deutschlands und auf das 21. Plenum zu den Fragen des Kampfes zu einer neuen Einstellung zur Arbeit hingewiesen.

Spezielle arbeitsrechtliche Regelungen bestehen zum Beispiel seit längerem in der Sowjetunion und in einigen Volksdemokratien. In der Deutschen Demokratischen Republik gelten bisher allgemeine Bestimmungen des Bürgerlichen Gesetzbuches, die eine Beschränkung der Schadensersatzpflicht nicht kennen. Die Rechtsprechung der Arbeitsgerichte und des Obersten Gerichts musste sich daher auf die Anwendung der Bestimmungen des Bürgerlichen Gesetzbuches beschränken. Es wird auf die letzten Entscheidungen des Obersten Gerichts vom 14.2.1956, abgedruckt in "Neue Justiz" 1956, S. 20 und in "Arbeitsrecht" Heft 3/1957, S. 79, auf die Entscheidungen der Bezirksarbeitsgerichte, zum Beispiel in Streitigkeiten aus Mankohaftung, abgedruckt in "Entscheidungen in Arbeitsstreitigkeiten" von Walter Schulz, S. 97 ff., und schließlich auf die Entscheidung des Stadtarbeitsgerichts von Groß-Berlin vom 17.6.1955, abgedruckt in "Neue Justiz" Seite 94/56, hingewiesen. In diesen Entscheidungen werden insbesondere die Frage des Verschuldens und die Frage der Beweislast behandelt.

Die Praxis beweist, dass eine Beschränkung der materiellen Verantwortlichkeit eingeführt werden muss, denn Tatsache ist, dass im Verkehrswesen - Eisenbahn, Kraftverkehr - auch bei geringfügigem Verschulden Schäden entstehen, die ein Werktätiger in vielen Jahren nicht mal decken kann, selbst wenn ihm viele Jahre lang kein höherer Lohn als der pfändungsfreie Betrag nach der Verordnung über die Pfändung von Arbeitseinkommen vom 9.6.1955 (GBl. I S. 429) verbleibt. Ähnliche Fälle gibt es im Bank-, Sparkassen- und Versicherungswesen, wo durch Buchungsfehler erhebliche Schäden für die Bank oder Nachteile für Kontoinhaber entstehen können.

Schließlich sei auf die allgemein bekannten Schwierigkeiten, die sich aus Mankostreitigkeiten im Groß- und Einzelhandel ergeben, hingewiesen.

In den Thesen ist ein Vorschlag enthalten, von dem Grundsatz der absoluten Unwirksamkeit eines abstrakten Schuldanerkenntnisses abzuweichen, den das Oberste Gericht in einer Entscheidung vom 2.11.1952 – 2 ZA 92/54 – abgedruckt in "Neue Justiz" 1955 S. 452 - aufgestellt hat. Im Wesentlichen wird jedoch der grundsätzlichen Auffassung des Obersten Gerichts zugestimmt.

Schließlich wird mit den Thesen versucht, Grundsätze aufzustellen für eine allgemeine Regelung der materiellen Verantwortlichkeit, die sowohl für die sozialistische als auch für die private Wirtschaft Anwendung finden soll.

V. Thesen der Justizministerin von 1957[757]

Ministerium der Justiz
HA Gesetzgebung
4036 - I - 2349/57

Berlin, den 18. Juli 1957
App. 2670

Thesen
für ein Staatshaftungsgesetz

These 1

Der Staat haftet für Schäden, die Mitarbeiter der Organe der staatlichen Verwaltung oder staatlicher Einrichtungen in Ausübung der ihnen übertragenen vollziehend-verfügenden Tätigkeit einem Dritten rechtswidrig und schuldhaft zufügen,

a) wenn der Schaden dadurch entstanden ist, dass der Mitarbeiter in Ausübung der ihm übertragenen vollziehend-verfügenden Tätigkeit eine strafbare Handlung begangen hat und deshalb durch Strafurteil rechtskräftig verurteilt bzw. lediglich deshalb nicht rechtskräftig verurteilt worden ist, weil ein Umstand vorliegt, der die Strafverfolgung ausschließt;
b) wenn der Schaden dadurch entstanden ist, dass Geldbeträge oder andere Vermögenswerte, die gemäß gesetzlichen Bestimmungen, gerichtlicher Entscheidungen oder Verwaltungsverfügungen Organen der staatlichen Verwaltung übergeben oder von ihnen in Besitz genommen worden sind, in Verlust geraten, beschädigt oder vermindert werden bzw. in anderer als der vorgeschriebenen Weise Verwendung finden;
c) wenn der Schaden dadurch entstanden ist, dass der Mitarbeiter eine fehlerhafte Eintragung in das Grundbuch vornahm;
d) wenn eine gesetzliche Bestimmung die Verantwortlichkeit des Staates für diesen Schaden bestimmt.

These 2

Hat ein Mitarbeiter eines Organs der staatlichen Verwaltung oder einer staatlichen Einrichtung in Ausübung der ihm übertragenen vollziehend-verfügenden Tätigkeit rechtswidrig und schuldhaft einem Dritten einen Schaden zugefügt, ohne dass die Voraussetzungen der These 1 vorliegen, so kann der Staat die Haftung aus Billigkeitsgründen übernehmen, wenn der Schaden eine besondere Härte darstellt.

These 3

Die Schadensersatzleistung des Staates vermindert sich insoweit, als der Geschädigte es schuldhaft unterlassen hat, durch eine ihm zumutbare Maßnahme oder durch rechtzeitigen Hinweis gegenüber den zuständigen Organen oder Einrichtungen die Ausdehnung des Schadens zu verhindern; sie entfällt ganz, wenn durch die Vornahme

757 Thesen der Justizministerin von 1957 nebst Begründungen, in: BArch DY 30/IV 2/13/98 S. 49-54.

einer solchen Maßnahme oder Abgabe eines derartigen Hinweises die Entstehung des Schadens abgewendet werden konnte.

These 4

Die Schadensersatzpflicht des Staates entfällt, wenn der Geschädigte den Anspruch nicht innerhalb eines Jahres, nachdem er von der Entstehung des Schadens Kenntnis erlangte, geltend macht. Ohne Rücksicht auf diese Kenntnis erlischt die Verpflichtung zur Entschädigung in fünf Jahren nach Eintritt des Schadensereignisses.

These 5

Über den Grund und die Höhe der Schadensersatzleistung des Staates nach These 1 entscheidet das Gericht.

Über die Schadensersatzleistung des Staates aus Billigkeit nach These 2 entscheidet ausschließlich die staatliche Verwaltung.

These 6

Im Falle einer strafgerichtlichen Verurteilung des den Schaden verursachenden Mitarbeiters ist das Gericht bzw. Organ der staatlichen Verwaltung bei seiner Entscheidung über die Schadensersatzleistung des Staates sowie über die Ersatzpflicht des Mitarbeiters gegenüber dem Organ der staatlichen Verwaltung oder der staatlichen Einrichtung an die durch das rechtskräftige Strafurteil getroffene Feststellung einer strafbaren Handlung gebunden.

These 7

Der Staat hat den Mitarbeiter, der den Schaden herbeigeführt hat, zum Ersatz heranzuziehen, wenn dieser den Schaden vorsätzlich oder grob fahrlässig verursacht hat.

Hat der Mitarbeiter grob fahrlässig gehandelt, beschränkt sich die Pflicht zum Ersatz des entstandenen Schadens auf einen Betrag, der dem Gehalt des Mitarbeiters von 1 bis 3 Monaten entspricht. Ist der tatsächlich entstandene Schaden niedriger, so ist dieser zu ersetzen.

Das Verfahren beim Rückgriff gegen den Mitarbeiter des Organs der staatlichen Verwaltung oder der staatlichen Einrichtung richtet sich nach den allgemeinen gesetzlichen Bestimmungen.

These 8

Soweit der Staat für Schäden, die von Mitarbeitern der Organe der staatlichen Verwaltung oder staatlicher Einrichtungen bei Ausübung der ihnen übertragenen vollziehend-verfügenden Tätigkeit rechtswidrig und schuldhaft verursacht worden sind, nicht haftet, kann der Geschädigte unmittelbar den betreffenden Mitarbeiter gemäß § 839 BGB in Anspruch nehmen.

Der Rechtsweg ist für solche Streitigkeiten zugelassen.

These 9

Die zivilrechtliche Verantwortlichkeit des Staates wird durch dieses Gesetz nicht berührt.

These 10

Die in der These 1 enthaltene Verantwortlichkeit des Staates gilt nur für Schäden, die nach dem Inkrafttreten des Gesetzes entstehen. Das gleiche gilt für die Schadensersatzleistung des Staates aus Billigkeitsgründen entsprechend These 2.

These 11

Durchführungsbestimmungen zu dem Gesetz erlässt der Minister der Justiz im Einvernehmen mit dem Minister des Innern und dem Minister der Finanzen.

Begründung der einzelnen Thesen:

Zu These 1:

Durch das Enumerationsprinzip können einerseits alle in der Praxis vorkommenden typischen Fälle, für die eine Haftung des Staates notwendig ist, erfasst werden, und andererseits wird aber vermieden, dass für alle möglichen weiteren unübersehbaren Fälle von vornherein allgemein gehaftet wird. Deshalb ist diesem Prinzip gegenüber dem Prinzip, dass der Staat allgemein für alle Schäden haftet, die Mitarbeiter der Organe der staatlichen Verwaltung oder der staatlichen Einrichtungen in Ausübung der ihnen übertragenen vollziehend-verfügenden Tätigkeit rechtswidrig und schuldhaft Dritten zufügen, der Vorrang zu geben, zumal auch noch durch die These 2 eine Billigkeitshaftung eingefügt und außerdem durch die These 8 dem Geschädigten die Möglichkeit eröffnet wird, sich bei Vorliegen bestimmter Voraussetzungen unmittelbar an den Schädiger halten zu können.

Bei der Gesetzgebungstätigkeit nach dem Inkrafttreten des Staatshaftungsgesetzes muss jedoch stets überlegt werden, ob nicht eine Haftung des Staates aufgrund der in den gesetzlichen Bestimmungen jeweils geregelten gesellschaftlichen Verhältnisse festgelegt werden soll, beispielsweise wie im § 8 der 2. Durchführungsbestimmung zu der Anordnung zur Durchführung von Schutzimpfungen vom 20.02.1951, GBl. S.133.

Zu These 2:

Mit Rücksicht darauf, dass der Staat nicht allgemein für alle Schäden haftet, wird durch die These 2 verhindert, dass für solche Schäden, die eine besondere Härte darstellen, kein Ersatz geleistet wird.

Zu These 3:

Die Regelung dieser These ist erforderlich, um den Staat vor ungerechtfertigt hohen Schadensersatzansprüchen zu schützen.

Zu These 4:

Die Ausschlussfristen sind so bemessen, dass die Rechte des Geschädigten nicht beschnitten werden. Ein Jahr nach Kenntnis des Schadensereignisses ist genug, um die notwendige Klarheit über die Geltendmachung des Schadensersatzanspruchs zu gewinnen. Wenn es auch verhältnismäßig wenige Fälle geben wird, dass der Geschädigte erst nach 5 Jahren nach Eintritt des Schadensereignisses von dem Schaden Kenntnis erlangt, so ist es aber auch in diesen Fällen im Interesse der Rechtssicherheit geboten, einen Schadensersatzanspruch zu verneinen.

Bekanntlich sind genaue Feststellungen über die Ursachen und den Umfang des Schadens nach Verstreichen eines solchen langen Zeitraumes außerordentlich schwierig.

Zu These 5:

Für die Fälle der Staatshaftung nach These 1 wurde deshalb der Rechtsweg zugelassen, weil wir kein Verwaltungsverfahren mit der Möglichkeit der Beweisaufnahme haben und weil es nicht zur Übersichtlichkeit und allgemeinen Verständlichkeit unserer Gesetze beiträgt, wenn für diese Fälle der Staatshaftung im einzelnen die Zuständigkeit der jeweiligen Organe der staatlichen Verwaltung für die Entscheidung über den Grund und die Höhe der Schadensersatzleistung des Staates und über die befristete Beschwerde festgelegt wird.

Der Staatsanwalt wird in allen diesen Zivilprozessen entsprechend § 20 des Gesetzes über die Staatsanwaltschaft mitzuwirken haben, denn hierdurch wird nicht nur die Einhaltung der sozialistischen Gesetzlichkeit in verstärktem Maße gewährleistet, sondern die Staatsanwaltschaft erhält zugleich wichtiges Material für ihre allgemeine Aufsichtstätigkeit.

Es liegt in der Natur der Billigkeitsentschädigung des Staates, dass hierüber nicht die Gerichte entscheiden.

Zu These 6:

Diese These ist mit Rücksicht auf die Bestimmung des § 14 Abs. 2 Nr. 1 EGZPO erforderlich. Sie verhindert, dass das Zivilgericht bzw. das zuständige Organ der staatlichen Verwaltung die der strafgerichtlichen Verurteilung zugrunde liegenden Tatsachen und Umstände entweder überhaupt nicht verwertet oder in einem anderen Sinne.

Zur These 7:

Würde man den Rückgriff auch bei einfacher Fahrlässigkeit zulassen, so könnte das in den Fällen der These 1b und c zu einer Überängstlichkeit der Mitarbeiter in den Organen der staatlichen Verwaltung oder in den staatlichen Einrichtungen und in der weiteren Folge zu bürokratischer Arbeitsweise führen.

Die Haftungsbeschränkung bei grober Fahrlässigkeit entspricht der allgemeinen Forderung der Werktätigen und der Arbeitsrechtswissenschaft in unserer Republik nach einer Beschränkung der materiellen Verantwortlichkeit in solchen Fällen.

Für das Verfahren beim Rückgriff gegen den betreffenden Mitarbeiter gelten die Bestimmungen über das Konfliktkommissions- und Arbeitsgerichtsverfahren bzw. die zivilprozessualen Bestimmungen.

Diese These geht davon aus, dass beim Inkrafttreten des Gesetzes über die Staatshaftung weder das Arbeitsgesetzbuch der DDR noch ein dem Erstattungsgesetz vom 18.04.1937 entsprechendes Gesetz in Kraft ist.

Zur These 8:

Diese These berücksichtigt einerseits die Interessen des Geschädigten und wird andererseits bewirken, dass die Mitarbeiter der Organe der staatlichen Verwaltung oder der staatlichen Einrichtungen noch sorgfältiger und überlegter arbeiten werden.

Inwieweit es zweckmäßig ist, eine Möglichkeit für Mitarbeiter der Organe der staatlichen Verwaltung oder der staatlichen Einrichtungen zu schaffen, dass sie sich gegen die Inanspruchnahme aus § 839 BGB versichern lassen können, muss noch im einzelnen überprüft werden.

Fest steht jedoch, dass es unsinnig wäre, wenn sich der Staat bei der DVA gegen die Inanspruchnahme aus den Thesen 1 und 2 versichern ließe, denn das liefe darauf hinaus, dass sich der Staat bei sich selbst versichert.

Zur These 9:

Durch das Gesetz über die Staatshaftung wird die zivilrechtliche Haftung des Staates, insbesondere aus dem Reichshaftpflichtgesetz vom 10.6.1871, aus dem Gesetz über die Haftpflicht der Eisenbahn und Straßenbahn für Sachschäden vom 29.4.1940, aus dem Luftverkehrsgesetz vom 1.8.1922 und aus dem BGB (§§ 31, 89 und 831; 31, 89 und 278; 823, 833, 836) nicht berührt, denn es regelt ausschließlich die Verantwortlichkeit des Staates für Schäden, die Mitarbeiter eines Organs der staatlichen Verwaltung oder einer staatlichen Einrichtung in Ausübung der ihnen übertragenen vollziehend-verfügenden Tätigkeit rechtswidrig und schuldhaft verursacht haben.

Zur These 10:

Gegen eine rückwirkende Kraft des Gesetzes spricht nicht nur die Tatsache, dass wahrscheinlich eine Vielzahl von Forderungen geltend gemacht würden, die größtenteils auf ihre Berechtigung schwer zu überprüfen wären, sondern auch die Tatsache, dass hierdurch eine Unzahl von Unzulänglichkeiten aus der Vergangenheit erörtert und untersucht werden müsste. Dies ist jedoch unerwünscht.

Zu These 11:

Diese drei zentralen Organe der staatlichen Verwaltung sind für die mit der Staatshaftung zusammenhängenden Fragen zuständig.

VI. Protokoll der Kommissionssitzung vom 26. Juli 1957[758]

Ministerium der Justiz
4036-I-2529/57

Berlin, den 8. August 1957
App.: 2670

P r o t o k o l l
über die erste Sitzung der Kommission "Staatshaftung"

am 26.7.1957 (Beginn 10 Uhr - Ende 13.30 Uhr)

I.

Teilnehmer waren:

Herr Ranke	Ministerium der Justiz, Stellvertreter des Ministers
Herr Sch.	Ministerium der Justiz
Herr St.	Ministerium der Finanzen, Rechtsabteilung
Herr R.	Ministerium für Arbeit und Berufsausbildung
Herr S.	Staatssekretär für Angelegenheiten der örtlichen Räte HA Angelegenheiten für örtliche Räte
Herr Dr. L.	Oberste Staatsanwaltschaft
Herr H.	Oberstes Gericht
Herr Assmann	Deutsche Akademie für Staats- und Rechtswissenschaften "Walter Ulbricht"

Nicht erschienen war der Vertreter des Ministeriums des Innern, VP-Oberrat P.

II.

Nach der Begrüßung der Anwesenden durch den Stellvertreter des Ministers, Herrn Ranke, gab dieser die vor der Kommission stehenden Aufgaben und die folgende Tagesordnung der ersten Sitzung bekannt:

1) Überblick über die Regelung der Staatshaftung in einigen sozialistischen Ländern und in einigen kapitalistischen Ländern sowie über den Stand der bisherigen gesetzgeberischen Vorarbeiten.
2) Generaldiskussion über die vorgelegten Thesen.
3) Ausarbeitung eines Arbeitsplanes der Kommission.

<u>zu 1):</u>

Herr Sch. trug die Grundzüge der gesetzlichen Regelung der Staatshaftung in der Sowjetunion, der VR Polen, der CSSR, der USA, Englands, Frankreichs, der Schweiz und Westdeutschlands vor. Dabei ging er besonders auf die Plenarentscheidung des

758 Protokoll zur ersten Sitzung der Kommission Staatshaftung vom 26. Juli 1957, in: BArch DY 30/ IV 2/13/98, S. 18 v.-21 h.

Obersten Gerichts der CSR vom 2.2.1954 zur Auslegung des § 346 Zivilgesetzbuch ein. Die in dieser Entscheidung herausgearbeiteten Unterscheidungsmerkmale zwischen vollziehend-verfügender Tätigkeit und wirtschaftlich-technischer Tätigkeit der Staatsangestellten seien nicht nur für die zukünftige Rechtsprechung aus dem Staatshaftungsgesetz der DDR wichtig, sondern sie müssten schon gegenwärtig von unseren Gerichten beobachtet werden. Nach der Darstellung der Rechtslage in unserer Republik auf dem Gebiete der Staatshaftung trug sodann Herr Sch. den Ablauf und den wesentlichen Inhalt der bisherigen gesetzgeberischen Vorarbeiten zur Schaffung eines Staatshaftungsgesetzes vor. Die bisherigen gesetzgeberischen Vorarbeiten seien insbesondere hinsichtlich der Fragen - allgemeine Staatshaftung oder Enumerationsprinzip, Verwaltungsweg oder Rechtsweg und Regressverfahren auf der Grundlage der beschränkten oder unbeschränkten materiellen Verantwortlichkeit der Staatsangestellten - noch unzulänglich. Deshalb müssten auch diese Fragen im Mittelpunkt der Kommissionsarbeit stehen.

zu 2):

Herr Ranke erläuterte einführend die Thesen und wies dabei besonders auf den Zusammenhang der Thesen 1, 2 und 5 hin. Er erklärte, während die in den Thesen enthaltene Richtung einer zukünftigen gesetzlichen Regelung klar und verständlich sei und den Bedürfnissen unseres gesellschaftlichen Lebens entspreche, müsse die nach außen hin großartig erscheinende Regelung der Staatshaftung in der Weimarer Zeit und jetzt in Westdeutschland als fadenscheinig bezeichnet werden. Sowohl das Reichsgericht als auch jetzt in Westdeutschland der BGH hätten es verstanden, die Staatshaftung so einzuengen, dass insbesondere die die Werktätigen betreffenden Fälle der Schadenszufügung durch Beamte als noch im Bereich des Ermessens des Beamten liegende Fälle, für die der Staat nicht haftet, charakterisiert worden seien. Zu These 9 führte Herr Ranke aus, dass diese These den richtigen Grundgedanken enthalte, dass eine Haftung des Staates immer dann nach allgemeinen Zivilrechtsgrundsätzen gegeben sei, wenn Staatsangestellte in wirtschaftlich-technischer Hinsicht tätig geworden seien. In dieser Frage sei die Rechtsprechung des Kammergerichts weitgehender als die des Obersten Gerichts. Die Grenzfälle zwischen These 1 und These 9 müsse das Oberste Gericht durch Grundsatzurteile entscheiden.

Herr L. gab bekannt, dass die Oberste Staatsanwaltschaft mehrere Staatsanwälte der Bezirke aufgefordert habe, Fälle zu berichten, bei denen die Frage der Haftung des Staates erwogen werden muss.

Die Thesen seien in der Obersten Staatsanwaltschaft noch nicht erörtert worden. Er könne daher auch nur seine persönliche Meinung vortragen. Seine persönliche Meinung zur Frage - allgemeine Haftung des Staates oder Enumerationsprinzip - sei die, dass er für die allgemeine Haftung des Staates für Schäden, die seine Mitarbeiter in Ausübung der ihnen übertragenen vollziehend-verfügenden Tätigkeit rechtswidrig und schuldhaft verursacht haben, eintrete. Diese allgemeine Haftung müsse jedoch durch die Rechtsprechung eingeengt werden.

Herr H. erklärte ebenfalls, dass die Thesen noch nicht im Kollektiv des Obersten Gerichts erörtert worden seien. Er könne jedoch erklären, dass die in den Thesen enumerativ aufgeführten Fälle der Staatshaftung den Fällen entsprechen, die an das Oberste Gericht herangetragen werden. Das Oberste Gericht wehre sich gegen eine solche Konzeption, die eine allgemeine Staatshaftung vorsehe. Die Thesen seien eine gute Arbeitsgrundlage. Im Übrigen sei nicht bekannt, dass die Rechtsprechung des Obersten Gerichts hinter der des Kammergerichts in der Frage der Unterscheidung zwischen vollziehend-verfügender und wirtschaftlich-technischer Tätigkeit des Staatsangestellten zurückgeblieben sei.

Auf die Frage Dr. L., welche Motive für das Enumerationsprinzip sprechen, entgegnete Herr Ranke, dass für das Enumerationsprinzip einerseits die richtige Methode der Gesetzgebung und andererseits auch die praktische Erwägung spreche, dass der Staat von vornherein nicht für alle möglichen unübersehbaren Schäden haften kann. Die Methode der Gesetzgebung sei die richtige, wenn wir uns von den praktischen Bedürfnissen des gesellschaftlichen Lebens bei der Schaffung von Normativakten leiten ließen. Die enumerativ in der These 1 aufgeführten Fälle entsprächen den nach den Feststellungen des Ministeriums der Justiz vorhandenen praktischen Bedürfnissen.

Herr Assmann bedauerte, dass der Vertreter des Ministeriums des Innern, VP-Oberrat P., nicht erschienen ist, denn dieser sei in der Hauptsache für eine allgemeine Staatshaftung eingetreten. Drei Fragen müssten näher untersucht werden:

a) allgemeine Haftung oder Enumerationsprinzip (er sei mit der These 1 einverstanden, nur sei b) an den Anfang zu stellen);
b) Zulässigkeit des Rechtsweges (Die Begründung der These 5 sei, soweit sie sich auf den Rechtsweg beziehe, nicht überzeugend, denn ein Verwaltungsverfahren mit der Möglichkeit einer Beweisaufnahme könnte man ja einführen. Die richtige Begründung für die Zulässigkeit des Rechtsweges sehe er nur darin, dass man heute unter Berücksichtigung der Einheitlichkeit unserer Staatsgewalt keine prinzipiellen Bedenken dagegen erheben könne, wenn unsere Gerichte Verwaltungsakte nachprüfen);
c) Regressverfahren.

Herr Ranke erklärte, dass es für die weitere Arbeit in der Kommission vorteilhaft wäre, wenn sowohl der Vertreter des Obersten Gerichts als auch der Vertreter der Obersten Staatsanwaltschaft jeweils auch die Auffassungen ihres Kollektivs zu den Fragen der Staatshaftung mitteilen könnten.

Herr Assmann erklärte, dass nach dem österreichischen Staatshaftungsgesetz der Staat auch für Schäden haftet, die durch ein Kollegialorgan durch fehlerhafte vollziehend-verfügende Tätigkeit verursacht wurden.

Herr Ranke bemerkt hierzu, dass dieser Gedanke - sollte für seine Regelung ein Bedürfnis bestehen - in der zweiten These seinen Niederschlag finden müsste.

Herr Assmann wies auch noch darauf hin, dass bei der zukünftigen gesetzlichen Regelung auch der Fall nicht außer Acht gelassen werden dürfe, dass der den Schaden verursachende Verwaltungsakt auf Anweisung der vorgesetzten Dienststelle ergangen ist. Gegen die These 8 meldete Herr Assmann Bedenken an, weil es hierdurch jedem möglich werde, über eine Klage gegen einen Staatsangestellten einen Verwaltungsakt nachprüfen zu lassen und weil eine solche Regelung ebenso zur Überängstlichkeit und schließlich bürokratischen Arbeitsweise führen könne wie ein Rückgriffsrecht des Staates wegen einfacher Fahrlässigkeit.

Herr Ranke bejahte demgegenüber These 8 und erklärte, dass These 8 einen an sich selbstverständlichen Gedanken enthalte.

Herr R. führte aus, dass die Bejahung der Zulässigkeit des Rechtsweges für die Fälle der Staatshaftung nach These 1 die Folge haben werde, dass auch die Arbeitsgerichte die Forderung stellen, die Arbeitsrechtsverhältnisse berührenden Verwaltungsakte ebenfalls überprüfen zu können. Herr R. übergab als Material zur These 7 die Thesen des Ministeriums für Arbeit und Berufsausbildung für eine gesetzliche Regelung der materiellen Verantwortlichkeit der Werktätigen.

Herr Sch. erwiderte hierauf, dass mit Rücksicht auf die Regelung des § 9 GVG und auf die beabsichtigte positive Regelung in einem zukünftigen Staatshaftungsgesetz, den Rechtsweg zuzulassen, von den Arbeitsgerichten nicht etwa die Schlussfolgerung gezogen werden könnte, dass nunmehr auch sie berechtigt sind, Arbeitsrechtsverhältnisse berührende Verwaltungsakte zu überprüfen.

Herr Sch. fasste das Ergebnis der Diskussion noch einmal zusammen und erklärte, dass es nunmehr notwendig sei, gründliche Einzeluntersuchungen insbesondere hinsichtlich folgender Probleme vorzunehmen:

a) Entsprechen die in der These 1 ausschließlich aufgeführten Fälle der Staatshaftung den in der Praxis vorkommenden wirklichen Fällen oder muss These 1 etwa noch um eine oder zwei Fallgruppen erweitert werden? Für die Lösung dieser Fragen seien besonders die Erfahrungen der Staatsanwälte in den Bezirken sehr nützlich.
b) Wie soll im Einzelnen das Verwaltungsverfahren nach These 5 Satz 2 ausgestaltet werden?
c) Genügt die Regelung der These 7?

zu 3):

Auf Anregung des Stellvertreters des Ministers beschloss die Kommission folgenden Arbeitsplan:

1) Zum Sekretär der Kommission wurde Herr Sch. bestimmt.
2) Am Mittwoch, dem 18.9.57, 9 Uhr, Zimmer 126, findet die zweite Kommissionssitzung statt. Auf dieser zweiten Sitzung soll auf der Grundlage der von Herrn Assmann angestellten Untersuchungen zu den Thesen 1 bis 4 und 9 über die endgültige Fassung dieser Thesen beraten werden. Herr Assmann wird insbesondere auf der Grundlage des in den Akten des Justizministeriums enthaltenen Materials und auf

der Grundlage der von Dr. L. zu übergebenden Berichte der Staatsanwälte der Bezirke seine Thesen ausarbeiten und bis Ende August dem Sekretär übersenden, damit dieser die Thesen vervielfältigen lassen und an die Kommissionsmitglieder zur Vorbereitung auf die zweite Sitzung rechtzeitig versenden kann. Alle Kommissionsmitglieder sollen von sich aus Herrn Assmann, Deutsche Akademie für Staats- und Rechtswissenschaften "Walter Ulbricht", Institut für Staats- und Verwaltungsrecht, Tatsachenmaterial aus ihrem Tätigkeitsbereich übersenden, insbesondere der Vertreter des Ministeriums der Finanzen und der Vertreter des Staatssekretariats für Angelegenheiten der örtlichen Räte.

3) Die dritte Sitzung der Kommission findet am Mittwoch, dem 2.10.1957, 9 Uhr, Zimmer 126, über die in den Thesen 5 bis 7 enthaltenen Verfahrensfragen statt. Verantwortlich für die Ausarbeitung der entsprechenden Thesen sind die Vertreter des Obersten Gerichts und des Ministeriums des Innern; den beiden Vertretern steht es frei, entweder jeder für sich die Thesen auszuarbeiten oder gemeinsam. Die Thesen für die Sitzung sollen dem Sekretär bis zum 13.9.57 übersandt werden.
4) Die vierte Sitzung der Kommission findet am Mittwoch, dem 16.10.57, 9 Uhr, Zimmer 126, über die These 8 statt. Verantwortlich für die Ausarbeitung und Übersendung der entsprechenden Thesen an den Sekretär der Kommission bis zum 28.9. ist Prof. Dr. B.
5) Die fünfte Sitzung der Kommission soll sich mit den Rechtsbeziehungen des zu schaffenden Staatshaftungsgesetzes zu den bestehenden gesetzlichen Bestimmungen über die Haftung für Schäden befassen. Dabei ist besonders zu überprüfen, welche gesetzlichen Bestimmungen mit dem Inkrafttreten des Staatshaftungsgesetzes außer Kraft treten müssen. Verantwortlich für diese Kommissionssitzung ist der Sekretär der Kommission.
   Die fünfte Sitzung findet am Mittwoch, dem 30.10.57, 9 Uhr, Zimmer 126, statt.
6) Es ist das Ziel der Kommission, bis zum Ende des Jahres 1957 einen brauchbaren Entwurf eines Staatshaftungsgesetzes auszuarbeiten.

VII. Anweisung 30/61 vom 17. August 1961[759]

Anweisung Nr. 30/61
des Ministers der Finanzen

vom 17.08.1961

Betrifft: Feststellung von Schäden der Haushaltorganisationen, der Geld- und Kreditinstitute sowie der Deutschen Versicherungs-Anstalt und die Auszahlung der Entschädigungsbeträge

Die Deutsche Versicherungs-Anstalt
– Hauptverwaltung –
Berlin 0 17, Ehrenbergstr. 11
(nachstehend "DVA" genannt)

übernimmt mit Wirkung vom

01.07.1961 – 0 Uhr –

die Feststellung von Schäden der Haushaltsorganisationen, der Geld- und Kreditinstitute sowie der Deutschen Versicherungs-Anstalt und die Auszahlung der Entschädigungsbeträge gemäß nachstehenden Festlegungen:

§ 1
Geltungsbereich

(1) Diese Anweisung findet Anwendung auf
   a) sämtliche Organe der staatlichen Verwaltung und staatlichen Einrichtungen (Haushaltorganisationen) einschließlich der freiwilligen und Pflicht-Feuerwehren sowie der Kampfgruppen,
   b) die staatlichen Geld- und Kreditinstitute, Lotterien und Lotto-Einrichtungen sowie die Deutsche Versicherungs-Anstalt und die Geschäftsstelle des Deutschen Städte- und Gemeindetages,
   c) die brutto planenden Kureinrichtungen und die Verwaltung der Sozialversicherung des FDGB
   (nachstehend "Dienststellen" genannt).
(2) Diese Anweisung findet auch Anwendung auf
   a) Personen, die in einem Arbeitsrechts- bzw. Dienstverhältnis zu den "Dienststellen" stehen (auch während ihres körperlichen Einsatzes in Betrieben der sozialistischen Wirtschaft),
   b) Mitglieder der freiwilligen und Pflicht-Feuerwehren sowie der Jugendgruppen der Feuerwehren,

759 Anweisung Nr. 30/61 des Finanzministeriums vom 17. August 1961, in: BArch DC 20 I/4-1261, S. 42 v.-46 h.

c) Helfer der Deutschen Volkspolizei, Helfer der Deutschen Grenzpolizei und Personen, die im Interesse der öffentlichen Sicherheit durch Angehörige der bewaffneten Organe des MdI polizeipflichtig gemacht werden oder sich freiwillig im Interesse der öffentlichen Sicherheit einsetzen, Angehörige der Organisation freiwilliger Luftschutzhelfer und Personen, die gemäß Gesetz über den Luftschutz in der DDR vom 11.02.1958 (GBl. I S. 121) zu Diensten im Luftschutz herangezogen werden,
d) Personen, die nebenberuflich oder ehrenamtlich für die "Dienststellen" tätig sind, z. B. Vertreter der "DVA", nebenberufliche oder ehrenamtliche Mitarbeiter der Wasserwirtschaftsdirektionen, Haus- und Straßenvertrauensleute,
e) Mitglieder der Kampfgruppen,
f) Kinder in vorschulischen Einrichtungen jeder Art,
g) Kinder und Jugendliche während ihrer Tätigkeit als Chormitglied oder Sprecher beim Staatlichen Rundfunkkomitee,
h) Schüler, Studenten, wissenschaftliche Aspiranten und Gastdozenten in Schulen jeder Art – einschließlich Volkshochschulen,
i) Fernstudenten während der Teilnahme an Konsultationen, Seminaren und ähnlichen Veranstaltungen,
k) Personen während des Besuchs der Abendoberschule und Volkshochschule (nachstehend "Personen" genannt).

§ 2
Umfang der Ersatzleistungen

A. Die "DVA" hat finanziellen Ersatz zu leisten:

(1) bei Brand-, Blitz-, Explosions-, Sturm- und Leitungswasserschäden
a) an beweglichen und unbeweglichen Sachen der "Dienststellen", ausgenommen nicht aktivierungspflichtige Kunstgegenstände sowie Bargeld und Wertpapiere. Ersetzt werden solche Schäden auch am treuhänderisch verwalteten und – wenn die "Dienststellen" gesetzlich oder vertraglich die Gefahr hierfür tragen – am zum Gebrauch oder zur Nutzung überlassenen fremden Eigentum. Nicht ersetzt werden Schäden an zum Abbruch bestimmten oder in Verfall befindlichen Gebäuden und Baulichkeiten sowie entgangener Gewinn, Mietverlust und Nutzungsausfall,
b) an persönlichem Eigentum – ohne Bargeld und Wertpapiere – der im § 1 Abs. 2 a) genannten Personen am jeweiligen Arbeits- und Einsatzort,
der im § 1 Abs. 2 b) – e) genannten Personen am jeweiligen Veranstaltungs- und Einsatzort,
aller "Personen" in Schulen jeder Art sowie den dazugehörigen Internaten,
der Insassen von Krankenhäusern, Kur-, Erholungs-, Pflege-, Feierabend-, Kinder- und Jugendwohnheimen u. ä. in diesen Einrichtungen;
(2) bei Einbruchsdiebstahl oder Beraubung, wenn
die im Absatz 1, Buchstabe b) erwähnten Gegenstände entwendet werden,

für Kraftfahrzeuge und Fahrräder wird bei Entwendung auch dann Ersatz geleistet, wenn sie sich auf einem besonders dafür vorgesehenen Abstellplatz befinden und durch Schloss gesichert bzw. verschlossen sind;

(3) bei berechtigten Schadensersatzansprüchen,
die von Dritten auf Grund gesetzlicher Haftpflichtbestimmungen gegen die "Dienststellen" oder die "Personen" in Ausübung ihrer dienstlichen, ehrenamtlichen oder gesellschaftlichen Tätigkeit bzw. in Erfüllung ihrer schulischen Aufgaben wegen

- Tötung, Verletzung oder Gesundheitsschädigung von Menschen,
- Vernichtung, Beschädigung oder Abhandenkommens von Sachen

gestellt werden.
Das Gleiche gilt für Schadensersatzansprüche gegen ausländische Gäste der "Dienststellen" im Zusammenhang mit der Ausübung der Jagd.
Eingeschlossen ist auch die von den im § 1 Abs. 1 a) genannten "Dienststellen" durch Vertrag übernommene Haftpflicht für Schäden an fremden Tieren und Fahrzeugen aller Art, die ihnen im Rahmen des nationalen Aufbauwerkes freiwillig unentgeltlich zur Verfügung gestellt werden bzw. zu Dienstleistungen für die freiwilligen und Pflichtfeuerwehren herangezogen werden, wenn der Schaden während und infolge der Gestellung und Benutzung eingetreten ist.
Ausgenommen sind solche Schäden, die durch den Eigentümer bzw. Besitzer vorsätzlich herbeigeführt werden.
Es ist Aufgabe der "DVA", die Berechtigung der Schadensersatzansprüche zu prüfen, berechtigte Ansprüche zu befriedigen und unberechtigte abzuwehren.
Nicht ersetzt werden

a) Ansprüche juristisch und wirtschaftlich nicht selbstständiger Einheiten einer "Dienststelle" untereinander,
b) Ansprüche der "Dienststellen" gegen die bei ihnen beschäftigten oder für sie ehrenamtlich tätigen Personen,
c) reine Vermögensschäden, mit Ausnahme bei Kraftfahr-Haftpflichtschäden (siehe § 1 Abs. 1 Buchstabe c) der Anordnung über die Allgemeinen Bedingungen für die Kraftfahr-Haftpflicht-Versicherung vom 13.10.1955 (- GBl. I S. 820 -)

(4) bei Beschädigung, gänzlichem oder teilweisem Verlust von

a) Filmvorführungsapparaten, Filmpositiven einschl. Diapositiven
Fremdes Eigentum wird nur ersetzt, wenn die "Dienststellen" die Gefahr hierfür tragen.
Nicht ersetzt werden Schäden an Filmpositiven, die durch normalen Verschleiß, insbesondere durch so genanntes Verregnen, entstehen,
b) eigenen Musikinstrumenten der "Dienststellen" während des Transportes,
c) eigenen oder fremden Ausstellungsgegenständen aller Art – mit Ausnahme von eigenen Kunstgegenständen – während der Ausstellung, auf dem Transportwege sowie den Vor- und Nachlagerungen.
Ersetzt werden auch Schäden an Kunstgegenständen, die den "Dienststellen" vorübergehend zur Herstellung von Reproduktionen überlassen worden sind.

Ersatz wird auch geleistet für Ausstellungsgegenstände, deren Gegenwert im Schadensfalle in anderer Währung als DM der Deutschen Notenbank zu entrichten ist. In derartigen Fällen sind von der "Dienststelle" der Hauptverwaltung der Deutschen Versicherungs-Anstalt 10 Tage vor Beginn des Antransportes zur Ausstellung folgende Angaben zu machen:

1. Art der Ausstellung,
2. Dauer der Ausstellung,
3. Ort der Ausstellung und Beschaffenheit der Ausstellungsräume (massiv, Holz usw.),
4. Verzeichnis der Ausstellungsgegenstände mit Wertangabe getrennt nach Währungsarten sowie Name und Anschrift der Eigentümer,
5. Art der Transportmittel (Bahn, Kraftfahrzeug usw.).

Das gilt sinngemäß auch für Kunstgegenstände, die den "Dienststellen" zur Herstellung von Reproduktionen überlassen werden,

d) Reisegepäck, das Mitarbeiter, die in einem Arbeitsrechts- bzw. Dienstverhältnis zu den "Dienststellen" stehen, während Dienstreisen bei sich führen bzw. befördern lassen.
Nicht ersetzt werden:
Schäden durch Verlieren, Stehen- oder Liegenlassen sowie der Verlust von Bargeld, Fahrkarten und Urkunden.

B. Eine Ersatzleistung bzw. Prüfung der Berechtigung von Schadensersatzansprüchen durch die "DVA" erfolgt grundsätzlich nicht bei

(1) Schäden an versicherten Sachen bis zum Betrage von DM 100,--, ausgenommen persönliches Eigentum gemäß Absätze 1 b) und 4 d),
(2) Sachschäden aus Haftpflichtansprüchen gemäß Absatz 3 bis zum Betrage von DM 100,-- mit Ausnahme von Kraftfahrhaftpflichtschäden.
(3) Schäden an aktivierungspflichtigen Grundmitteln der "Dienststellen", sofern die Schadenshöhe den Betrag von DM 30.000,-- übersteigt. In diesen Fällen haben die "Dienststellen" einen Antrag auf Wiedererrichtung, Wiederherstellung bzw. Wiederbeschaffung der zerstörten oder beschädigten aktivierungspflichtigen Grundmittel an das zuständige Organ der staatlichen Verwaltung entsprechend den gesetzlichen Bestimmungen für die Beauflagung von Investitionen zu richten.

§ 3
Entschädigung bei körperlichen Unfällen

(1) Für die im § 1 Absatz 2 a) genannten Personen sind die Entschädigungsleistungen bei körperlichen Unfällen nach der Anordnung über die zusätzliche Unfallversicherung für die Beschäftigten der Organe der staatlichen Verwaltung und staatlichen Einrichtungen vom 30.10.1958 (GBl. I S. 826) vorzunehmen. Ausgenommen davon sind die Angehörigen der Regiebetriebe des Ministeriums des Innern.
(2) Die Anordnung vom 30.10.1958 findet sinngemäß Anwendung auch auf die Personen, die zu staatlichen Geld- und Kreditinstituten, Lotterien und Lotto-Ein-

richtungen sowie der Deutschen Versicherungs-Anstalt in einem Arbeitsrechtsverhältnis stehen, und die Personen, die aufgrund eines Zivilrechtsverhältnisses (Agenturvertrag) für die genannten Einrichtungen tätig sind.
Für die letztgenannten Personen gelten als Jahresbruttolohnsumme die im Jahr vor dem Unfalleintritt aus diesem Zivilrechtsverhältnis erzielten Einkünfte.

(3) Für den übrigen Personenkreis erfolgt die Entschädigungsleistung bei körperlichen Unfällen in Ausübung der jeweiligen Funktion oder während einer in den Anlagen 1 und 2 aufgeführten Tätigkeit auf der Grundlage der Allgemeinen Bedingungen für Unfallversicherung (AUB) – Ausgabe 1958 –, bei Kindern und Jugendlichen auch der Zusatzbedingungen der Kinder-Unfallversicherung – Ausgabe 1958 –.
Maßgebend für die Höhe der Entschädigungsleistungen sind die Festlegungen in den Anlagen 1 und 2 dieser Anweisung.

(4) Sofern für die Personen neben der Entschädigung auf Grund dieser Anweisung gleichzeitig Leistungen aus Unfallversicherungen fällig werden, zu denen die Beträge aus staatlichen Mitteln gezahlt wurden, wird nur eine, und zwar die jeweils günstigere Entschädigung geleistet.

(5) Für Unfallschäden und typische Auslandserkrankungen bei Auslandsdienstreisen ist die Anordnung über die Versicherung gegen Unfall und Erkrankung bei Auslandsreisen im staatlichen Auftrage vom 18. April 1957 (GBl. I S. 271) und die Anordnung Nr. 2 über die Versicherung gegen Unfall oder Erkrankung bei Auslandsreisen im staatlichen Auftrage vom 14. Juni 1960 (GBl. I S. 394) maßgebend.

§ 4
Feststellung und Auszahlung der Entschädigung

(1) Die Feststellung und Auszahlung der Entschädigung erfolgen durch die Kreisdirektion der "DVA", in deren Arbeitsbereich sich die "Dienststelle" befindet. Bei Unfallschäden ist in Abweichung hiervon der Wohnsitz des Verletzten maßgebend.
Bei "Dienststellen" bzw. Verletzten, die ihren Sitz bzw. Wohnsitz im demokratischen Berlin haben, übernimmt die Vereinigte Großberliner Versicherungsanstalt im Wege der Regulierungshilfe für die "DVA" die Feststellung und Auszahlung der Schäden.

(2) Eine Feststellung und Auszahlung erfolgt nur, wenn die Schäden innerhalb der Deutschen Demokratischen Republik einschließlich des demokratischen Berlin eingetreten sind bzw. bei Ausstellungen, wenn diese in der Deutschen Demokratischen Republik einschl. des demokratischen Berlin durchgeführt werden, jedoch mit folgenden Ausnahmen:
  a) Ohne Rücksicht auf den Schadensort werden festgestellt und ausgezahlt
    aa) Schäden durch Luft- und Wasserfahrzeuge, – Ersatz wird auch geleistet für Ansprüche, die in anderer Währung als DM der Deutschen Notenbank zu befriedigen sind. Die Deutsche Auslands- und Rückversicherungs-A.G. (DARAG) übernimmt im Wege der Regulierungshilfe die Feststellung und Auszahlung der Schäden.
    bb) Reisegepäckschäden,

cc) Schäden bei den diplomatischen Missionen und Handelsvertretungen der Deutschen Demokratischen Republik im Ausland, mit Ausnahme jedoch solcher Schadensersatzleistungen, die in anderer Währung als DM der Deutschen Notenbank ausfallen,

dd) Unfallschäden,

b) Schäden durch Kraftfahrzeuge der "Dienststellen" in Westdeutschland oder Westberlin fallen auch unter diese Anweisung.

(3) Sofern der geschädigte Dritte für einen eingetretenen Sachschaden Ersatz aus einem bestehenden Versicherungsvertrag erlangen kann, wird der Schaden auf Grund dieser Anweisung nur insoweit ersetzt, als er durch die Leistungen aus dem Versicherungsverhältnis nicht ausgeglichen wird.

§ 5

Höhe der Entschädigung

Maßgebend für die Entschädigungsberechnung sind:

(1) bei Gebäuden, Baulichkeiten, Transportmitteln, Maschinen, Geräten, Einrichtungsgegenständen und Vorräten der Neuwert. Der Neuwert wird unter Berücksichtigung der preisrechtlich zulässigen Preise am Tage des Schadensfalles bestimmt und richtet sich bei

a) Gebäuden und Baulichkeiten nach den ortsüblichen Kosten der Wiederherstellung,

b) Transportmitteln, Maschinen, Geräten, Einrichtungsgegenständen und Vorräten nach den Kosten der Wiederherstellung bzw. Wiederbeschaffung,

(2) bei Gebrauchsgegenständen und wissenschaftlichem Arbeitsgerät der "Personen" sowie bei sonstigem fremden Eigentum der Zeitwert.

(3) Auf die Entschädigung werden Restwerte und Erlöse angerechnet.

§ 6

Entscheidung durch Kommission

Bei Meinungsverschiedenheiten zwischen den "Dienststellen" und der "DVA" bzw. der Vereinigten Großberliner Versicherungsanstalt über die Entschädigungspflicht in einzelnen Schadensfällen kann die anspruchserhebende "Dienststelle" Beschwerde bei der Hauptverwaltung der "DVA" einlegen. Wird durch die Entscheidung der Hauptverwaltung der "DVA" die Meinungsverschiedenheit nicht beseitigt, entscheidet eine Kommission, zusammengesetzt aus

- einem Vertreter des zentralen Organs der einspruchserhebenden "Dienststelle",
- einem Vertreter des Ministeriums der Finanzen,
- einem Vertreter der "DVA",

endgültig.

§ 7

Verwendung der gezahlten Leistungen

(1) Maßgebend sind die Bestimmungen der "Anweisung über die Verwendung von Versicherungsleistungen für Schäden an Gegenständen des Anlage- und Umlaufvermögens der finanzplangebundenen Betriebe und Institutionen der volkseigenen

Wirtschaft sowie der staatlichen Verwaltungen und deren Einrichtungen" vom 19. August 1954 (Zentralblatt Nr. 35 vom 4.9.1954) – siehe aber § 2, Buchstabe B, Absatz 3 –.

(2) Liegen der "DVA" die im Abschnitt I., Buchstabe A, Ziffer 1. bb) und cc) der Anweisung vom 19. August 1954 festgelegten schriftlichen Genehmigungen nicht innerhalb von 3 Monaten nach Schadensfeststellung vor, erfolgt keine Zahlung durch die "DVA".

§ 8

Betrifft Verrechnung der gezahlten Leistungen[760]

§ 9

Regresse

(1) Steht den "Dienststellen" oder den "Personen" Anspruch auf Ersatz eines Schadens gegen einen Dritten zu, so geht dieser Anspruch auf die "DVA" über, soweit diese den Schaden ersetzt hat.

(2) Die Rückzahlung der von der "DVA" auf Grund eines Kraftfahrhaftpflichtschadens geleisteten Entschädigung regelt sich nach den Bestimmungen des § 6 – Regress – der Anordnung über die allgemeinen Bedingungen für die Kraftfahr-Haftpflichtversicherung vom 13.10.1955 (GBl. I S. 820).

(3) Sofern vorsätzlich und widerrechtlich herbeigeführte Schäden von der "DVA" ersetzt wurden, ist die "DVA" verpflichtet, Regressmaßnahmen gegen die Schadenurheber einzuleiten.

§ 10

Pflichten der "Dienststellen"

(1) Jeder Schaden ist von der betroffenen "Dienststelle" unverzüglich der zuständigen Kreisdirektion der "DVA" bzw. der Vereinigten Großberliner Versicherungsanstalt zu melden. Das trifft auch zu für jedes Ereignis, das einen Haftpflichtanspruch gegen eine "Dienststelle" zur Folge haben könnte. Feuer- und Einbruchsdiebstähle sind darüber hinaus unverzüglich der Deutschen Volkspolizei zu melden.

(2) Die "Dienststellen" sind nicht berechtigt, ohne vorherige Zustimmung der "DVA" bzw. Vereinigten Großberliner Versicherungsanstalt einen Haftpflichtanspruch ganz oder zum Teil oder vergleichsweise anzuerkennen oder zu befriedigen.

(3) Die "Dienststellen" haben unter Beachtung der Weisungen der "DVA" bzw. Vereinigten Großberliner Versicherungsanstalt nach Möglichkeit für die Abwendung oder Minderung eines Schadens zu sorgen.

(4) Die "DVA" bzw. Vereinigte Großberliner Versicherungsanstalt ist bevollmächtigt, alle zur Beilegung oder Abwehr eines Haftpflichtanspruchs als zweckmäßig erscheinenden Erklärungen im Namen der "Dienststelle" abzugeben.

(5) Die "DVA" bzw. die Vereinigte Großberliner Versicherungsanstalt ist berechtigt, Auflagen zur Schadensverhütung zu erteilen. Diese Auflagen sowie auch sonstige

760 Zu dieser Überschrift enthielt das Archivmaterial keinen Text.

Anweisungen staatlicher Stellen aufgrund bestehender Gesetze sind durch die "Dienststellen" zu befolgen.
Ist durch schuldhafte Nichtbefolgung einer Auflage ein Schaden entstanden, ist die "DVA" bzw. die Vereinigte Großberliner Versicherungsanstalt berechtigt, die verantwortlichen Personen regresspflichtig zu machen.

§ 11
Bescheinigungskarten für Kraftfahrzeuge

Für jedes zulassungspflichtige Kraftfahrzeug der "Dienststellen" stellt die "DVA" eine Bescheinigungskarte als Versicherungsnachweis gemäß § 29 StVZO aus.

§ 12
Aufhebung abgeschlossener Versicherungsverträge

Mit Wirkung vom 30.06.1961 erlöschen sämtliche bei der "DVA" bzw. Vereinigten Großberliner Versicherungsanstalt sowie bei der Deutschen Auslands- und Rückversicherungs-A.G. bestehenden Versicherungsverträge der "Dienststellen". Sofern Beiträge für einen nach dem Außerkrafttreten dieser Verträge liegenden Zeitraum bezahlt worden sind, erfolgt keine Rückzahlung durch die "DVA".

§ 13
Abschluss von Versicherungsverträgen

Falls es für einzelne "Dienststellen" erforderlich wird, für bestimmte Objekte und Gefahren über den Rahmen dieser Anweisung hinaus Versicherungsverträge abzuschließen, ist von der betreffenden "Dienststelle" die Zustimmung des Ministeriums der Finanzen zum Abschluss des Vertrages einzuholen.

F. d. R. (B.)
Hpt. Referent
Ag 708/61/DDR

i. V. Sandig
Erster Stellvertreter des Ministers

VIII. Fallsammlung vom 15. Januar 1960[761]

Zusammenstellung von Fällen,
für die nach den Schreiben der zentralen Organe und nach den vorliegenden Materialien eine Staatshaftung in Frage kommen könnte

---

1. schuldhafte und rechtswidrige Handlungen, die jedoch nicht strafbar sind.
   Nach Auffassung der Obersten Staatsanwaltschaft umfasst diese Gruppe die meisten in der Praxis vorkommenden Fälle. Auch bei den bewaffneten Organen nehmen diese Fälle einen großen Raum ein. Im Entwurf des Staatshaftungsgesetzes war für diese Fälle in der Regel nur eine Billigkeitszahlung vorgesehen. Lediglich bei falschen Handlungen des Notars und des Gerichts bei Zwangsvollstreckungsangelegenheiten war eine Schadensersatzpflicht vorgesehen.

   a) Beispiele aus dem Bereich des Ministeriums für Nationale Verteidigung:
      - Beschädigung von Straßen und Wegen, Häusern und Einfriedungen, Acker- und Wiesenflächen sowie landwirtschaftlichen und sonstigen Geräten durch Räder- und Kettenfahrzeuge.
      - Infolge schuldhaften Verhaltens des Kommandanten verursacht ein Boot der Seestreitkräfte eine Kollision mit einem Motorschiff.
      - Ein Panzer befindet sich auf dem Schießplatz. Beim Schießen aus der Bewegung wird entgegen der Vorschrift geschossen, nämlich von unten ins Ziel gehend. Da der Panzer im gleichen Moment über eine Bodenwelle fährt und dabei eine ruckartige Bewegung nach oben ausführt, verfehlt das Geschoss sein Ziel, fliegt darüber hinweg und schlägt in ein Haus am Rande des Schießplatzes ein.

   b) Beispiele aus dem Bereich des Ministeriums des Innern:
      - Beschädigung von Kulturflächen, Wiesen und dgl. bei der Durchführung von Übungen, Manövern usw.
      - Schäden, die durch Liegenlassen von Munition, chemischen Mitteln nach Übungen und dgl. entstehen.
      - Schäden, die durch fehlende oder unzureichende Sicherung oder Kennzeichnung von Unfallstellen, Kontrollstellen oder bekannten Gefahrenquellen entstehen, die eine Folge fehlender oder falscher Verkehrsbeschilderung im öffentlichen Straßenverkehr sind; die zurückzuführen sind auf falsche Zeichengebung bei Verkehrsregelung oder -kontrollen.
      - Schäden, die sich aus einer ungerechtfertigten Erteilung einer Genehmigung oder mangelnden oder fehlenden Sicherung von Veranstaltungen, von Groß-

761 Abdruck der Zusammenstellung von Fällen im Vermerk des Justizministeriums vom 15. Januar 1960, in: BArch DP 1 VA 1431 Bd. II, S. 122 v.-124 v.

raum- oder Schwerlasttransporten oder Personentransporten auf Lastkraftwagen usw. ergeben.

- Schäden, die sich aus einer ungerechtfertigten Stilllegung oder Außerbetriebsetzung von Fahrzeugen ergeben oder die durch mangelhafte Prüfung des verkehrs- oder betriebssicheren Zustandes von Kraftfahrzeugen entstehen.
- Schäden, die durch die Gewährung der Fahrt oder Weiterfahrt eines Fahrzeugführers im Zustand der Trunkenheit eingetreten sind.
- Schäden, die durch die ungerechtfertigte Einziehung einer erteilten Erlaubnis oder Abverfügung von Vermögen bei ungerechtfertigten Betriebs- und Geschäftsschließungen oder Auflösung von Vereinigungen entstehen.
- Schäden, die durch fahrlässige Handlungen an der Gesundheit oder dem Vermögen anderer außen stehender Personen bei der Durchführung rechtmäßiger Diensthandlungen entstehen, wie Beschädigung von dritten Personen bei der Verfolgung flüchtiger Verbrecher, Beschädigung von Sachen bei Haussuchungen usw.
- Schäden, die durch schuldhafte Nichtbeachtung dienstlicher Weisungen entstehen:
  - Es wird einem Bürger die Genehmigung zur Übersiedlung nach Westdeutschland erteilt. Der Bürger veräußert sein Mobiliar und trifft entsprechende Reisevorbereitungen. Später wird die erteilte Genehmigung wieder eingezogen, da sie bestehenden Weisungen widerspricht.
  - Bei Inhaftierung werden bei Haftantritt nicht die angeordneten Untersuchungen durchgeführt, sodass dadurch ein Gesundheitsschaden zu spät erkannt wird und eine Verschlechterung des Gesundheitszustandes mit dauernden Folgen eintritt.
  - Abgabe von falschen Meldungen, die andere Organe zu weiteren objektiv falschen Handlungen veranlassen, wie Veräußerung des Mobiliars (angebliche Republikflucht usw.)
  - Erteilung falscher Auskünfte, die unnötige Geldausgaben und dgl. bei den Anfragenden verursachen usw.

c) Beispiele aus dem Bereich der örtlichen Organe:

- Falsche Weisungen der örtlichen Räte; z. B. mussten zwei Häuser geräumt werden, weil sie abgerissen werden sollten. Nachdem die Häuser zwei Jahre lang leer gestanden haben, wurden wieder Mieter eingewiesen. Der Eigentümer macht Schadensersatz geltend.
- Unsachgemäße Räumung von Wohnungen; z. B. wurde die Wohnung eines Inhaftierten geräumt und die Möbel in nasse Räume gestellt, so dass sie unbrauchbar wurden. Bei anderen Räumungen wurde kein Inventarverzeichnis aufgestellt und ohne Beachtung eines Mindestmaßes an Sorgfalt ein Schaden verursacht.
- Verletzung der Straßeninstandhaltungs- und Sicherungspflicht; z. B. wurde ein Straßengully nicht abgedeckt und ein Bürger verletzte sich erheblich; ein tiefer gemauerter Straßengraben war nicht gesichert und ein Bürger stürzte hinein;

eine Straße wies erhebliche Mängel auf, die zu Personen- und Sachschaden führten.

d) Beispiele aus dem Bereich der Justiz:
- Ein Notar stellt ein unwirksames Testament aus. Der Benachteiligte verlangt Schadensersatz.
- Ein Richter erlässt einen falschen Beschluss, der dem Berechtigten Schaden zufügt.
- Bei einem Bezirksarbeitsgericht wirkt ein unberechtigter Schöffe mit. Das Verfahren muss wiederholt werden. Es entstehen doppelte Rechtsanwalts- und andere Kosten.

2. Strafbare Handlungen. Diese Pflichtverletzungen bilden keinen Schwerpunkt.

a) Beispiele aus dem Bereich des Ministeriums für Nationale Verteidigung:
- Durch den fahrlässigen Umgang mit der Schusswaffe verletzt oder tötet der Posten einen Bürger.
- Auf dem Schießstand werden durch den Schützen die befohlenen Sicherheitsmaßnahmen nicht eingehalten. Ein Geschoss trifft einen Bürger, der außerhalb des Schießstandes beschäftigt ist.
- Entgegen der Vorschrift, das Gelände nach verloren gegangenen Imitationsmitteln abzusuchen, werden Knallkörper und Übungshandgranaten im Gelände (nicht auf einem abgesperrten Übungsplatz) liegen gelassen. Kinder finden die Imitationsmittel, spielen damit und erleiden Verletzungen.
- Durch Leuchtspurgeschosse, Imitationsmittel, Lagerfeuer oder Verbrennen von Reisig auf Übungsplätzen ohne Einhaltung der gesetzlich vorgeschriebenen Sicherheitsmaßnahmen werden Waldbrände hervorgerufen.

b) Beispiele aus dem Bereich des Ministeriums des Innern:
- Personen- oder Sachschaden durch fahrlässigen Umgang mit Waffen.
- Schaden durch Diebstahl bei Haussuchungen, Beschlagnahmungen und Diebstahl von Asservaten und dgl.
- Personenschäden durch Körperverletzung bei Vernehmungen.
- Personen- und Sachschaden durch Verkehrsunfälle im Zusammenhang mit Dienstfahrten.

c) Beispiele aus dem Bereich der örtlichen Organe:
- Unterschlagungen und sonstige strafbare Handlungen staatlicher Treuhänder (es sind Fälle aufgetreten, wo der Schaden bis zu 80.000.- DM beträgt).

d) Beispiele aus dem Bereich der Justiz und anderer Organe:
- Unterschlagungen von Geld und Gegenständen durch Gerichtsvollzieher und andere Angestellte.

e) Beispiele aus dem Bereich des Ministeriums für Volksbildung:

- Unfälle beim Turnunterricht in den Schulen, bei Wanderungen usw. durch Verletzung der Aufsichtspflicht des Lehrers.

3. Schädigungen von Bürgern, die trotz ordnungsgemäßen Handelns eintreten können. Vom Ministerium des Innern wird mitgeteilt, dass diese Fälle die häufigsten sind.

   a) Beispiele aus dem Bereich des Ministeriums des Innern:
   - Im Ergebnis eines Verkehrsunfalls erfolgt ein sofortiger Entzug der Fahrerlaubnis. Im Verlauf der späteren Untersuchung ergibt sich die Unschuld des Kraftfahrers. Durch den Fahrerlaubnisentzug entsteht ein monatelanger Verdienstausfall (Taxifahrer).
   - Es werden in Grenzabschnitten (im Zusammenhang mit Grenzverletzungen) Feuergefechte durchgeführt. Dabei werden das Eigentum Dritter oder dritte Personen verletzt.
   - Bei Untersuchungen, Vernehmungen, Durchsuchungen u. ä., bei denen sich der Verdacht einer Straftat nicht bestätigt und für die der Betroffene keinen Anlass durch sein Verhalten gegeben hat (z. B. Anzeige durch Dritte), kann Schaden entstehen, z. B. Fahrgeld und Verdienstausfall bei Zuführungen usw.
   - Kunstfehler, die Ärzten bei der Behandlung von Inhaftierten entstehen.
   - Schäden können auch bei Durchführung kriminaltaktischer Maßnahmen entstehen, z. B. beim Stellen von Fallen, durch die Dritte ebenfalls Schaden erleiden.
   - Durch den Einsatz von Diensthunden kann Personen- oder Sachschaden entstehen.
   - Es werden Personen polizeipflichtig gemacht oder stellen sich freiwillig den Organen des MdI unterstützend zur Verfügung und erleiden dabei Schaden, ohne dass der Schädiger in Anspruch genommen werden kann, z. B. bei Hilfeleistungen, wenn der Schädiger nicht bekannt oder tot ist.

   b) Beispiele aus dem Bereich des Ministeriums für Nationale Verteidigung:
   - Bei der Überquerung eines Flusses werden die an die Ufer grenzenden Wiesen durch Räder- und Kettenfahrzeuge beschädigt.
   - Eine ordnungsgemäß abgeschossene Leuchtkugel fällt auf das Strohdach einer Scheune und setzt diese in Brand.

C. Literaturverzeichnis

Anschütz, Gerhard, Die Verfassung des Deutschen Reichs vom 11. August 1919, Ein Kommentar für Wissenschaft und Praxis, 2. Auflage, Berlin 1921.

Anschütz, Gerhard, Die Verfassung des Deutschen Reichs vom 11. August 1919, Ein Kommentar für Wissenschaft und Praxis, 14. Auflage, Berlin 1933.

Arndt, H.-W., Das neue Staatshaftungsrecht, Eine Einführung, in: SGb 1982, S. 45-52.

Arnold, Jörg u. a., Das Oberste Gericht der DDR, Rechtsprechung im Dienste des Volkes, Berlin 1989.

Assmann, Walter, Zur Neuregelung der Staatshaftung in der DDR, in: StuR 1958, S. 265-278.

Assmann, Walter, Die Grundfragen der materiellen Verantwortlichkeit des sozialistischen Staates in der DDR für Schäden, die Mitarbeiter staatlicher Verwaltungsorgane Bürgern in Ausübung vollziehend-verfügender Tätigkeit schuldhaft zufügen, Potsdam 1959; zitiert: Dissertation.

Assmann, Walter (Hrsg.), Staatsrecht der DDR, Lehrbuch, Berlin 1977.

Badkowski, Jan, Entwicklung und Problematik des geltenden Staatshaftungsrechts in Polen, eine rechtsvergleichende Untersuchung bei Berücksichtigung der Rechtlage auf dem Gebiet der Staatshaftung in der DDR und in der CSSR, Frankfurt/Main 1976.

Bender, Bernd, Staatshaftungsrecht, Karlsruhe 1981.

Bernet, Wolfgang, Gerichtliche Nachprüfbarkeit von Verwaltungsakten für die DDR?, in: Friedrich-Schiller-Universität Jena (Hrsg.), Bürger im sozialistischen Recht, wissenschaftliche Beiträge der Friedrich-Schiller-Universität, Jena 1983, S. 48-62.

Bettermann, Karl August, Vom Sinn der Amtshaftung, Bemerkungen zu BGHZ 34, 99, in: JZ 1961, S. 482-483.

Bonk, Heinz-Joachim, Zum neuen Staatshaftungsgesetz, in: DVBl. 1981, S. 801-813.

Bönninger, Karl, Zur Zulässigkeit des Gerichtsweges bei Schadensersatzforderungen von Bürgern gegenüber Staatsorganen, in: NJ 1976, S. 41-43.

Botur, Andre, Privatversicherung im Dritten Reich, Zur Schadensabwicklung nach der Reichskristallnacht unter dem Einfluss nationalsozialistischer Rassen- und Versicherungspolitik, Berlin 1995.

Brachmann, Roland u. a., Rechtslexikon, Berlin 1988.

Brand, Arthur, Anmerkungen zu Art. 128-131, in: *Nipperdey, Hans-Carl,* Die Grundrechte und Grundpflichten der Reichsverfassung. Kommentar zum zweiten Teil der Reichsverfassung, Band 2, Berlin 1930; zitiert: Anmerkungen.

Brand, Arthur, Das Deutsche Beamtengesetz [DBG] vom 26. Januar 1937, Berlin 1942; zitiert: Beamtengesetz.

Brentzel, Marianne, Die Machtfrau Hilde Benjamin 1902-1989, Berlin 1997.

Brintzinger, Ottobert L., Staatshaftung für Amtspflichtverletzungen in der SBZ?, in: ROW 1965, S. 145-155 und S. 193-202.

Brunner, Georg, Einführung in das Recht der DDR, München 1979.

Büchner-Uhder, Willi, Zu Problemen der Staatshaftung, in: Friedrich-Schiller-Universität Jena (Hrsg.), 6. Jenaer Juristentag 1975, Jena 1976, S. 185-190; zitiert: Probleme.

Büchner-Uhder, Willi, Staatshaftungsgesetz als Landesrecht der neuen Bundesländer, in: NJ 1991, S. 153-155.

Bundesministerium für gesamtdeutsche Fragen (Hrsg.), Unrecht als System, Teil II, 1952-1954, Bonn 1955.

Christoph, Karl-Heinz, Die Staatshaftung im beigetretenen Gebiet, in: NVwZ 1991, S. 536-541.

Delius, Hans, Die Beamtenhaftpflichtgesetze des Reiches und der Länder, Berlin 1921.

Duckwitz, Günther, Sozialistische Gesetzlichkeit und Staatshaftung, in: NJ 1979, S. 480-482.

Duckwitz, Günther/Lörler, Sieghart, Staatshaftung und Entschädigung, in: Akademie für Staats- und Rechtswissenschaft der DDR, Verwaltungsrecht, Lehrbuch, Berlin 1988, S. 210-226.

Duckwitz, Günther/Schulze, Gerhard, Anforderungen an Verwaltungsentscheidungen in Staatshaftungsangelegenheiten, in: NJ 1989, S. 146-149.

Eckert, Jörn, Einleitende Bemerkungen zur Entstehungsgeschichte des ZGB der DDR, in: *Eckert, Jörn/Hattenhauer, Hans* (Hrsg.), Das Zivilgesetzbuch der DDR vom 19. Juni 1975, Goldbach 1995, S. 231-242.

Eckert, Jörn/Hattenhauer, Hans (Hrsg.), Das Zivilgesetzbuch der DDR vom 19. Juni 1975, Anhang 4: Entwurf des Zivilgesetzbuches (Gesetzestext und Begründung) vom 15. Oktober 1965, Vorlage für die Beratung in der ZGB-Ministerratskommission, S. 276-817, Goldbach 1995.

Einhorn, Hans, Hauptanliegen: Vertrauen weiter vertiefen, Gespräch über das neue Staatshaftungsgesetz, in: ND vom 6. Juni 1966, S. 3.

Feht, Andrea, Hilde Benjamin, Eine Biographie, Berlin 1997.

Flinder, Marcus, Die Entstehungsgeschichte des Zivilgesetzbuches der DDR, Frankfurt/Main 1999.

Frank, Mario, Walter Ulbricht, Eine deutsche Biografie, Berlin 2001.

Glaeßner, Gert-Joachim, Schwierigkeiten beim Schreiben der Geschichte der DDR, Anmerkungen zum Problem der Periodisierung, in: DA 1984, S. 638-650.

Glaser, Hans-Joachim, Ideologiekritische Reflexionen zum Gesetz zur Regelung der Staatshaftung in der DDR, in: *Damrau, Jürgen* (Hrsg.), Festschrift für *Otto Mühl* zum 70. Geburtstag am 10. Oktober 1981, Stuttgart 1981, S. 191-207.

Glinski, Rudolf H. D. von, Der Begriff der hoheitlichen Tätigkeit im Sinne des Artikels 131 Weimarer Reichsverfassung, München 1998.

Grasemann, Hans-Jürgen, Staatshaftung in Deutschland, Rechtsstaat und sozialistische Gesetzlichkeit, in: Deutsche Studien, Hamburg 1974, H. 47, S. 295-304.

Grzeszick, Bernd, Rechte und Ansprüche, Eine Rekonstruktion des Staatshaftungsrechts aus den subjektiven öffentlichen Rechten, Tübingen 2002.

Güpping, Stefan, Die Bedeutung der "Babelsberger Konferenz" von 1958 für die Verfassungs- und Wissenschaftsgeschichte der DDR, Speyer 1997.

Heidenhain, Martin, Amtshaftung und Entschädigung aus enteignungsgleichem Eingriff, Berlin 1965.

Heitzer, Heinz, DDR, Geschichtlicher Überblick, Berlin Ost 1979.

Heller, Friedrich, in: Institut für Ostrecht (Hrsg.), Die Reform der örtlichen Verwaltung im Ostblock, Herrenalb/Schwarzwald 1961.

Jarass, Hans D./Pieroth, Bodo, Grundgesetz für die Bundesrepublik Deutschland, München 1992; zitiert: Jarass/Pieroth-*Bearbeiter*.

Jellinek, Walter, Verwaltungsrecht, Offenburg 1948.

Jodl, Markus, Amboss oder Hammer? Otto Grotewohl, Eine politische Biographie, Berlin 1997.

Kästner, Annett, Die Verfolgung zivilrechtlicher Ansprüche im Eingabenweg auf dem Gebiet des Mietrechts, in: *Schröder, Rainer* (Hrsg.), Zivilrechtskultur der DDR, Bd. 2, Berlin 2000, S. 129-149.

Kayser, Alfred, Die Amtshaftung bei Ausübung öffentlicher Gewalt, München/Berlin 1939.

Kitz, E., Landesbericht Deutsche Demokratische Republik (DDR), in: Bundesministerium der Justiz (Hrsg.), Zur Reform des Staatshaftungsrechts, Rechtsvergleichendes Gutachten des Max-Planck-Instituts für ausländisches öffentliches Recht und Völkerrecht, Bonn 1975, S. 35-41.

Kröger, Herbert, Zur Frage der Zulässigkeit des ordentlichen Zivilrechtswegs, in: NJ 1952, S. 255-260.

Kroeschell, Karl, Rechtsgeschichte Deutschlands im 20. Jahrhundert, Göttingen 1992.

Lehmann, Otto, Über die Aufgaben der Gewerkschaften bei der allgemeinen Erhöhung der Arbeitsnormen, Referat auf der außerordentlichen Arbeitstagung der Abteilung Löhne des FDGB-Bundesvorstandes am 22. Mai 1953, in: Sonderbeilage zu Tribüne vom 3. Juni 1953; zitiert: Sonderbeilage.

Lehmann, Otto, Zu einigen schädlichen Erscheinungen bei der Erhöhung der Arbeitsnormen, in: Tribüne vom 16. Juni 1953, S. 1-2.

Löffler, Martin/Ricker, Reinhart, Handbuch des Presserechts, München 1986.

Lörler, Sieghart, Das Staatshaftungsrecht und seine Anwendung, Potsdam 1981.

Löwenthal, Heinrich, Zur Frage der Zulässigkeit des ordentlichen Rechtswegs, in: NJ 1952, S. 70-71.

Lübchen, Gustav-Adolf, Die gesetzliche Regelung der Staatshaftung, Eine weitere Garantie für den Rechtsschutz der Bürger, in: NJ 1969, S. 394-399.

Lübchen, Gustav-Adolf u. a., Kommentar zum Zivilgesetzbuch der Deutschen Demokratischen Republik vom 19. Juni 1975 und zum Einführungsgesetz zum Zivilgesetzbuch der Deutschen Demokratischen Republik vom 19. Juni 1975, Berlin 1983; zitiert: Kommentar.

Lühmann, Hans, Die Staatshaftung in der DDR, Eine juristische Garantie der Rechte der Bürger, Jena 1990; zitiert: Staatshaftung.

Lühmann, Hans, Grundzüge des Staatshaftungsrechts in den fünf neuen Bundesländern, in: LKV 1991, S. 120-124.

Lühmann, Hans, Neuordnung des Amtshaftungsrechts im vereinigten deutschen Staat, Zurück zur Rechtswidrigkeit?, Speyer 1994; zitiert: Neuordnung.

Mählert, Ulrich, Kleine Geschichte der DDR, München 2001.

Maunz, Theodor/Dürig, Günter/Herzog, Roman/Scholz, Rupert, Grundgesetz, Kommentar, München, Stand Juli 2001; zitiert: Maunz/Dürig/Herzog/Scholz-*Bearbeiter*.

Mollnau, Karl A., Beschlusschronik der KPD/SED-Führungszentrale nebst kommentierter Auswahlbibliographie, in: *Mohnhaupt, Heinz/Schönfeldt, Hans-Andreas* (Hrsg.), Normdurchsetzungsverfahren in Osteuropäischen Nachkriegsgesellschaften (1944-1989), Einführung in die Rechtsentwicklung mit Quellendokumentation, Bd. 1 – Normdurchsetzung in der SBZ/DDR (1945-1958), Frankfurt/Main 1997, S. 291-467; zitiert: Beschlusschronik.

Mollnau, Karl A., Recht und Juristen im Spiegel der Beschlüsse des Politbüros und Sekretariats des Zentralkomitees der SED, Teilband 1 in: *Mohnhaupt, Heinz* (Hrsg.), Normdurchsetzungsverfahren in Osteuropäischen Nachkriegsgesellschaften (1944-1989), Einführung in die Rechtsentwicklung mit Quellendokumentation, Bd. 5 - Deutsche Demokratische Republik (1958-1989), Frankfurt/Main 2003; zitiert: Recht.

Mollnau, Karl A., Dokumente, Teilband 2, in: *Mohnhaupt, Heinz* (Hrsg.), Normdurchsetzungsverfahren in Osteuropäischen Nachkriegsgesellschaften (1944-1989), Einführung in die Rechtsentwicklung mit Quellendokumentation, Bd. 5 - Deutsche Demokratische Republik (1958-1989), Frankfurt/Main 2004; zitiert: Dokumente.

Mollnau, Karl A., Vorbereitungen zur Babelsberger Konferenz im Lichte des SED-Parteiarchivs, Ein thesenhafter Zwischenbericht, in: *Eckert, Jörn* (Hrsg.), Die Babelsberger Konferenz vom 2./3. April 1958, Rechtshistorisches Kolloquium 13.-16. Februar 1992, Baden-Baden 1993; zitiert: Vorbereitungen.

Mollnau, Marcus, Die Bodenrechtsentwicklung in der SBZ-DDR anhand der Akten des Zentralen Parteiarchivs der SED, Berlin 2001.

Münchner Kommentar zum Bürgerlichen Gesetzbuch, Hrsg. Kurt Rebmann, Band 1, München 1993, zitiert: MK-*Bearbeiter*.

Neubauer, Werner, Die erweiterte Verantwortlichkeit für Schadenszufügung nach dem Zivilgesetzbuch der DDR, Gefährdungshaftung, Hamburg 1989.

Neumann-Duesberg, Horst, Bildberichterstattung über absolute und relative Personen der Zeitgeschichte, in: JZ 1960, S. 114–118.

Oberstes Gericht der DDR (Hrsg.), Entscheidungen des Obersten Gerichts der Deutschen Demokratischen Republik, Entscheidungen in Zivilsachen, Bd. 1, Berlin 1951; zitiert: OGZ 1951.

ohne Verfasser, Ein wichtiger Teil unserer Moskauer Vereinbarungen verwirklicht, in: ND, B-Ausgabe, vom 1. Januar 1954, S. 1.

ohne Verfasser, Grußbotschaft des Zentralkomitees der Sozialistischen Einheitspartei Deutschlands an den XX. Parteitag der KPdSU, in: ND, B-Ausgabe, vom 14. Februar 1956, S. 1.

ohne Verfasser, Der zweite Fünfjahrplan, Das große Wirtschafts- und Sozialprogramm, in: ND, B-Ausgabe, vom 25. März 1956, S. 1.

ohne Verfasser, Begeisternde Perspektive im zweiten Planjahrfünft, in: ND, B-Ausgabe, vom 26. März 1956, S. 1.

ohne Verfasser, 1966, Ein Jahr, das uns alle reicher machte, Gesundes und beständiges Wachstum unserer Volkswirtschaft, in: ND, B-Ausgabe, vom 19. Januar 1967, S. 1.

ohne Verfasser, Staatsrat beriet Perspektivplan bis zum Jahre 1970, in: ND, B-Ausgabe, vom 20. Januar 1967, S. 1-2.

Ossenbühl, Fritz, Staatshaftungsrecht, München 1991.

Ossenbühl, Fritz, Das Staatshaftungsrecht in den neuen Bundesländern, in: NJW 1991, S. 1201-1208.

Palandt, Bürgerliches Gesetzbuch mit Einführungsgesetz, München 1999, zitiert: Palandt-*Bearbeiter*.

Papier, Hans-Jürgen, Das neue Staatshaftungsrecht, in: NJW 1981, S. 2321-2327.

Pfab, Susanne, Staatshaftung in Deutschland, München 1997.

Pfetsch, Hermann, § 26 GewO und der vom Reichsgericht entwickelte Grundsatz der Staatshaftung für die so genannten unverschuldet rechtswidrigen Eingriffe, Tübingen 1936.

Pollmann, Bernhard, Daten zur Geschichte der Deutschen Demokratischen Republik, Düsseldorf 1984.

Prölß, Erich R., Versicherungsvertragsgesetz, München 1948.

Rat für gegenseitige Wirtschaftshilfe, Grundprinzipien der internationalen sozialistischen Arbeitsteilung, Beschluss der Vertreter der Länder des Rates für gegenseitige Wirtschaftshilfe, in: ND, B-Ausgabe, vom 17. Juni 1962, S. 5-6.

Rosenkötter, Rolf, Die arbeitsrechtliche materielle Verantwortlichkeit des Werktätigen nach dem Gesetzbuch der Arbeit der DDR im Vergleich zur Arbeitnehmerhaftung in der Bundesrepublik Deutschland, Göttingen 1973.

Rupp, Hans Heinrich, Reform der Staatshaftung trotz Teilnichtigkeit des Staatshaftungsgesetzes?, in: NJW 1982, S. 1731-1734.

Sachs, Michael, Grundgesetz, Kommentar, München 1996; zitiert: Sachs-*Bearbeiter*.

Sauer, Franz (Hrsg.), Beamtenrecht des Reichs, Sammlung der für die Beamten geltenden reichsrechtlichen Bestimmungen, Berlin 1933.

Schaub, Günter, Arbeitsrechtshandbuch, Systematische Darstellung und Nachschlagewerk für die Praxis, München 1996.

Schmidt-Bleibtreu, Bruno/Klein, Franz, Kommentar zum Grundgesetz, Neuwied u. a. 1995; zitiert: Schmidt-Bleibtreu/Klein-*Bearbeiter*.

Schreier, Gerhard, Gedanken zu einer gesetzlichen Regelung der Staatshaftung, in: NJ 1958, S. 195-198.

Schroeder, Klaus, Der SED-Staat, Partei, Staat und Gesellschaft 1949-1990, München 2000.

Schröder, Rainer (Hrsg.), Zivilrechtskultur der DDR, Bd. 1–3, Berlin 1999-2001; zitiert: Zivilrechtskultur.

Schröder, Rainer, "... aber im Zivilrecht sind die Richter standhaft geblieben!", Die Urteile des OLG Celle aus dem Dritten Reich; Baden-Baden 1988; zitiert: Zivilrecht.

Schultes, Karl (Hrsg.), Thüringische Rechtskartei in Loseblattform, Weimar 1947.

Siefart, Hans-Jürgen, Die Rechtsstellung der NSDAP und die Frage der Amtshaftung, Marburg 1939.

Sieveking, Klaus, Die Entwicklung des sozialistischen Rechtsstaatsbegriffs in der DDR, Eine Studie zur Auseinandersetzung mit dem Rechtsstaat in der SBZ/DDR zwischen 1945 und 1968, Berlin 1975; zitiert: Studie.

Sieveking, Klaus, Aus Forschung und Lehre, Nachruf Professor Dr. Klaus Westen, in: WGO-MfOR 1999, S. 205-207.

Sorgenicht, Klaus, Hilde Benjamin – eine kommunistische Persönlichkeit, in der sich die Einheit von Theorie und Praxis verkörpert, in: Akademie für Staats- und Rechtswissenschaften der DDR (Hrsg.), Ein Vorbild der Einheit von Theorie und Praxis, Zum 85. Geburtstag von Hilde Benjamin, Potsdam 1987, S. 9-18.

Stab der Sowjetischen Militärverwaltung in Deutschland, Befehle des Obersten Chefs der Sowjetischen Militärverwaltung in Deutschland, Heft 1, Berlin 1946.

Staritz, Dietrich, Geschichte der DDR, Frankfurt/Main 1996.

Steiniger, Alfons, Ausschließbarkeit des Rechtsweges bei Staatshaftungsklagen durch das neue Landesrecht?, in: NJ 1947, S. 146-150.

Stern, Klaus, Der Rechtsstaat, Rektoratsrede vom 15. Oktober 1971, Krefeld 1971; zitiert: Rechtsstaat.

Stern, Klaus, Das Staatsrecht der Bundesrepublik Deutschland, Bd. 1, Grundbegriffe und Grundlagen des Staatsrechts, Strukturprinzipien der Verfassung, München 1984; zitiert: Staatsrecht.

Stoph, Willi, Über den Nutzen der neuen Ordnungen für die gute genossenschaftliche Arbeit, in: Bürgermeisterseminar in Markkleeberg, ND, B-Ausgabe, vom 14. Juni 1961, S. 2.

Thaetner, Thomas, Die Zwangsvollstreckung in der DDR, Berlin 2003.

Ulbricht, Walter, Über den XX. Parteitag der Kommunistischen Partei der Sowjetunion, in: ND, B-Ausgabe, vom 4. März 1956, S. 3-4.

Ulbricht, Walter, Die gegenwärtige Lage und die neuen Aufgaben der SED, in: Zentralkomitee der SED (Hrsg.), Protokoll der Verhandlungen der II. Parteikonferenz der SED, Berlin 1952, S. 20-110; zitiert: Parteikonferenz.

Voßke, Heinz/Nitzsche, Gerhard, Wilhelm Pieck, Biographischer Abriss, Berlin 1975.

Weber, Hermann, Geschichte der DDR, München 1986; zitiert: Geschichte.

Weber, Hermann, Kleine Geschichte der DDR, Köln 1988; zitiert: Kleine Geschichte.

Weber, Hermann, DDR, Grundriss der Geschichte 1945-1990, Hannover 1991; zitiert: Grundriss.

Weber, Hermann, Die DDR 1945-1990, München 2000; zitiert: DDR.

Westen, Klaus, Das Staatshaftungsgesetz der DDR, in: ROW 1971, S. 105-113.

Westen, Klaus, Das neue Zivilrecht der DDR nach dem Zivilgesetzbuch von 1975, Berlin 1977; zitiert: Zivilrecht.

Wolle, Stefan, Die heile Welt der Diktatur, Alltag und Herrschaft in der DDR 1971-1989, Bonn 1998.

Wünsche, Kurt, Bedeutender Beitrag zu unserem Rechtssystem, Stellvertreter des Vorsitzenden des Ministerrates und Minister der Justiz begründet den Entwurf zum Gesetz zur Regelung der Staatshaftung in der DDR, in: ND, B-Ausgabe, vom 13. Mai 1969, S. 3.

Wünsche, Kurt, Begründung des Entwurfs eines Gesetzes zur Regelung der Staatshaftung in der Deutschen Demokratischen Republik (Staatshaftungsgesetz) vor der Volkskammer durch den Ministerrat, in: StuR 1969, S. 956-959.

Zentralkomitee der SED, Das Zentralkomitee der SED zum XIX. Parteitag der KPdSU, in: ND, B-Ausgabe, vom 22. Oktober 1952, S. 1.

Zentralkomitee der SED, Die Frau – der Frieden und der Sozialismus, Kommuniqué des Politbüros des Zentralkomitees der SED, in: ND, B-Ausgabe, vom 23. Dezember 1961, S. 1-2.

D. Quellenverzeichnis

1946	Von Hilde Benjamin unterzeichnete und offenbar auch persönlich gefertigte handschriftliche Ausarbeitung, in: BArch DP 1 VA 6912, S. 4 v.-7 h.
28. August 1946	Schreiben der Justizverwaltung des Landes Mecklenburg-Vorpommern vom 28. August 1946, in: BArch DP 1 VA 6912, S. 1.
15. Oktober 1946	Vermerk der DJV vom 15. Oktober 1946, in: BArch DP 1 VA 6912, S. 2.
21. Oktober 1946	Schreiben des Landes Thüringen vom 21. Oktober 1946, in: BArch DP 1 VA 6912, S. 10 v. u. h.
30. Oktober 1946	Schreiben des Landes Thüringen vom 30. Oktober 1946, in: BArch DP 1 VA 6912, S. 3.
15. November 1946	Vermerk der DJV vom 15. November 1946, in: BArch DP 1 VA 6912, S. 10 h.
25. Februar 1948	Schreiben der Landesregierung Sachsen vom 25. Februar 1948, in: BArch DP 1 VA 6912, S. 12 v. u. h.
8. März 1948	Verfügung der DJV vom 8. März 1948, in: BArch DP 1 VA 6912, S. 13 v. u. h. (13 v.).
17. März 1948	Schreiben des Justizministeriums Mecklenburg-Vorpommern vom 17. März 1948, in: BArch DP 1 VA 6912, S. 14.
31. März 1948	Schreiben des Justizministeriums Thüringen vom 31. März 1948, in: BArch DP 1 VA 6912, S. 16 v. u. h.
12. Juli 1948	Schreiben des Justizministeriums Sachsen-Anhalts vom 12. Juli 1948, in: BArch DP 1 VA 6912, S. 23 v. u. h.
5. November 1948	Schreiben des Justizministeriums Brandenburg vom 5. November 1948, in: BArch DP 1 VA 6912, S. 27 v. u. h.
27. November 1948	Schreiben der Landesregierung Sachsen vom 27. November 1948, in: BArch DP 1 VA 6912, S. 30 v. u. h.
6. Januar 1949	Schreiben der DJV vom 6. Januar 1949, in: BArch DP 1 VA 6912, S. 31.
30. März 1949	Schreiben des Justizministeriums Sachsens von 30. März 1949, in: BArch DP 1 VA 6912, S. 35 v. u. h.
17. Januar 1950	Schreiben der Deutschen Notenbank vom 17. Januar 1950, in: BArch DP 1 VA 6912, S. 36-40

1. Februar 1950	Vermerk des Justizministeriums der DDR aus Februar 1950, in: BArch DP 1 VA 6912, S. 42.
4. Februar 1950	Schreiben des Justizministeriums der DDR vom 4. Februar 1950, in: BArch DP1 VA 6912, S. 41
2. Juni 1950	Schreiben der Landesregierung Mecklenburg vom 2. Juni 1950, in: BArch DP 1 VA 6912, S. 65 v. u. h.
13. Juli 1950	Übersetzung der Staatshaftungsregelungen des sowjetischen Zivilgesetzbuches vom 13. Juli 1950, in: BArch DP 1 VA 6912, S. 43-48
20. Juli 1950	Entwurf eines Schreibens des Justizministeriums der DDR an die Landesregierung Mecklenburgs vom 20. Juli 1950, in: BArch DP 1 VA 6912, S. 68 v.-69 h.
8. August 1950	Verfügung vom 8. August 1950, in: BArch DP 1 VA 6912, S. 66 v. u. h.
20. Oktober 1950	Aktennotiz des Justizministeriums der DDR vom 20. Oktober 1950, in: BArch DP 1 VA 6912, S. 71.
9. April 1951	Schreiben des Innenministeriums an das Ministerium für Volksbildung vom 9. April 1951, in: BArch DP 1 VA 6912, S. 75.
9. April 1951	Schreiben des Innenministeriums an das Justizministerium vom 9. April 1951, in: BArch DP 1 VA 6912, S. 74.
23. April 1951	Verfügung des Justizministeriums vom 23. April 1951, in: BArch DP 1 VA 6912, S. 76 v.-77 v.
11. Juni 1951	Schreiben des Ministeriums für Auswärtige Angelegenheiten vom 11. Juni 1951, in: BArch DP 1 VA 6912, S. 124.
12. Juli 1951	Schreiben des Ministeriums für Auswärtige Angelegenheiten vom 12. Juli 1951 nebst Anlage, in: BArch DP 1 VA 6912, S. 125-127.
19. Juli 1951	Verfügung des Justizministeriums vom 19. Juli 1951, in: BArch DP 1 VA 6912, S. 123.
31. August 1951	Schreiben eines Rechtsanwalts aus Rostock vom 31. August 1951, in: BArch DP 1 VA 6912, S. 129.
Nach 12. Oktober 1951	Abschrift des Urteils des Landgerichts Dresden vom 12. Oktober 1951 - 52 O 4/51, in: BArch DP 1 VA 6912, S. 141 v.-143 h.
2. November 1951	Schreiben des Ministeriums für Außenhandel und Innerdeutschen Handel vom 2. November 1951, in: BArch DP 1 VA 6912, S. 133 v. u. h.

16. November 1951	Schreiben des Präsidenten der DDR an das Justizministerium der DDR vom 16. November 1951, in: BArch DP 1 VA 6912, S. 134.
22. November 1951	Verfügung des Justizministeriums vom 22. November 1951, in: BArch DP 1 VA 6912, S. 137 v.-138 v.
18. Januar 1952	Schreiben des Landes Thüringen vom 18. Januar 1952, in: BArch DP 1 VA 6912, S. 164 v. u. h.
31. Januar 1952	Abschrift des Schreibens vom 31. Januar 1952, in: BArch DP 1 VA 6912, S. 167 v. u. h.
14. Februar 1952	Verfügung zum Antwortschreiben an das Land Thüringen vom 14. Februar 1952, in: BArch DP 1 VA 6912, S. 160 v. u. h.
8. April 1952	Verfügung des Justizministeriums der DDR vom 8. April 1952, in: BArch DP 1 VA 6912, S. 169 v.-170 v.
20. Mai 1952	Schreiben des Finanzministeriums vom 20. Mai 1952, in: BArch DP 1 VA 6912, S. 178 v. u. h.
1. Juli 1952	Schreiben des Justizministeriums vom 1. Juli 1952, in: BArch DP 1 VA 6912, S. 179 v.-180 v.
6. September 1952	Vermerk des Justizministeriums vom 6. September 1952, in: BArch DP 1 VA 6912, S. 185.
30. Oktober 1952	Vorlage Nr. 10 des Justizministeriums vom 30. Oktober 1952, in: BArch DP 1 VA 6912, S. 223.
30. Oktober 1952	Rechtsgutachten des Justizministeriums vom 30. Oktober 1952, in: BArch DP 1 VA 6912, S. 189-191
23. Februar 1953	Abschrift aus dem Protokoll der Grundsatzkommission vom 23. Februar 1953, in: BArch DP 1 VA 2114; Teil III-3431; S 18 v. u. h.
16. Juli 1953	Hausmitteilung des Justizministeriums vom 16. Juli 1953, in: BArch DP 1 VA 6912, S. 212a v.-212b h.
5. September 1953	Schreiben des Innenministeriums vom 5. September 1953, in: BArch DP 1 VA 6912, S. 212c.
21. September 1953	Vermerk des Justizministeriums vom 21. September 1953 über die Ergebnisse der Besprechung vom 18. September 1953, in: BArch DP 1 VA 6912, S. 213 f.
Jahresanfang 1954	"Über die Gerichtspraxis bei Schadensersatzklagen in der UdSSR", in: BArch DP 1 VA 2114, Teil III-3431, S. 15-17.

Jahresanfang 1954	Auszug aus "Bratus" – Sowjetisches Zivilrecht, im zeitlichen Kontext des Jahresanfangs 1954, in: BArch DP 1 VA 2114, Teil III – 3431, S. 7-14.
8. Februar 1954	Entwurf eines Gesetzes über die Haftung der Staatsorgane für die durch ihre Staatsangestellten verursachten Schäden vom 8. Februar 1954, in: BArch DP 1 VA 2114, Teil III-3431, S. 2 f.
11. Februar 1954	Schreiben des Innenministeriums vom 11. Februar 1954, in: BArch DP 1 VA 2114, Teil III-3431, S. 1
15. Februar 1954	Vermerk des Justizministeriums vom 15. Februar 1954, in: BArch DP 1 VA 2114, Teil III-3431, S. 5 v. u. h.
2. März 1954	Schreiben der Deutschen Akademie für Staats- und Rechtswissenschaften vom 2. März 1954, in: BArch DP 1 VA 1432 Bd. 2, S. 124 v. u. h.
2. März 1954	Schreiben des Finanzministeriums vom 2. März 1954, in: BArch DP 1 VA 1432 Bd. 2, S. 123 v. u. h.
9. März 1954	Vermerk des Justizministeriums vom 9. März 1954, in: BArch DP 1 VA 2114, Teil III-3431, S. 19.
13. August 1954	Entwurf vom 13. August 1954, in: BArch DP 1 VA 2114, Teil III-3431, S. 47 f.
26. August 1954	Schreiben des Ministers für Eisenbahnwesen vom 26. August 1954, in: BArch DP 1 VA 1432 Bd. 2, S. 128 v. u. h.
4. September 1954	Verfügung der Justizministerin vom 4. September 1954, in: BArch DP 1 VA 2114, Teil III-3431, S. 49.
16. September 1954	Schreiben der Zentralen Kommission für Staatliche Kontrolle vom 16. September 1954, in: BArch DP 1 VA 1432 Bd. 2, S. 103-105
18. September 1954	Schreiben des Generalstaatsanwalts der DDR vom 18. September 1954, in: BArch DP 1 VA 2114 Teil III-3431, S. 51 f.
10. Dezember 1954	Schreiben des Ministeriums für Post- und Fernmeldewesen vom 10. Dezember 1954, in: BArch DP 1 VA 1432 Bd. 2, S. 106 v. u. h.
29. Dezember 1954	Vermerk des Justizministeriums vom 29. Dezember 1954, in: BArch DP 1 VA 2114, Teil III-3431, S. 57 v. u. h.
18. Januar 1955	Schreiben des Innenministeriums vom 18. Januar 1955, in: BArch DP 1 VA 2114, Teil III-3431, S. 62-67

21. Februar 1955	Schreiben der Zentralen Kommission für staatliche Kontrolle vom 21. Februar 1955, in: BArch DP 1 VA 1432 Bd. 2, S. 133.
22. Februar 1955	Schreiben des Justizministeriums vom 22. Februar 1955, in: BArch DP 1 VA 2114, Teil III-3431, S. 68 v. u. h.
23. Februar 1955	Hausmitteilung des Justizministeriums vom 23. Februar 1955, in: BArch DP 1 VA 2114, Teil III-3431, S. 73 v. u. h.
4. März 1955	Schreiben des Finanzministeriums vom 4. März 1955, in: BArch DP 1 VA 1432 Bd. 2, S. 108.
11. März 1955	Schreiben des Präsidiums des Ministerrates vom 11. März 1955, in: BArch DP 1 VA 1432 Bd. 2, S. 109 f.
24. März 1955	Hausmitteilung des Justizministeriums vom 24. März 1955, in: BArch DP 1 VA 2114, Teil III-3431, S. 75 v. u. h.
1. April 1955	Verfügung des Justizministeriums vom 1. April 1955 in: BArch DP 1 VA 2114, Teil III-3431, S. 78 v. u. h.
21. April 1955	Schreiben des Präsidenten des Obersten Gerichts vom 21. April 1955, in: BArch DP 1 VA 1432 Bd. 2, S. 111 v. u. h.
14. Mai 1955	Schreiben des polnischen Justizministeriums vom 14. Mai 1955, in: BArch DP 1 VA 2114, Teil III-3431, S. 96.
Anfang Juni 1955	Schreiben der Justizministerin von Anfang Juni 1955, in: BArch DP 1 VA 2114, Teil III-3431, S. 85 v.-86 v.
13. Juni 1955	Verfügung des Justizministeriums vom 13. Juni 1955, in: BArch DP 1 VA 2114, Teil III-3431, S. 80 v. u. h.
13. Juni 1955	Hausmitteilung des Justizministeriums vom 13. Juni 1955, in: BArch DP 1 VA 2114, Teil III-3431, S. 83 v. u. h.
20. Juni 1955	Schreiben der Justizministerin vom 20. Juni 1955, in: BArch DP 1 VA 2114, Teil III-3431, S. 87.
4. Juli 1955	Schreiben des Finanzministeriums mit Auszug aus dem Versicherungsvertrag vom 4. Juli 1955, in: BArch DP 1 VA 2114, Teil III-3431, S. 88 v.-89 h.
11. Juli 1955	Vermerk vom 11. Juli 1955, in: BArch DP 1 VA 2114, Teil III-3431, S. 89 h.
23. Juli 1955	Schreiben des Justizministeriums vom 23. Juli 1955, in: BArch DP 1 VA 2114, Teil III-3431, S. 101
28. Juli 1955	Verfügung des Justizministeriums vom 28. Juli 1955, in: BArch DP 1 VA 2114, Teil III-3431, S. 94 v. u. h.

24. August 1955	Entwurf eines Gesetzes über die Haftung des Staates für die durch seine Angestellten verursachten Schäden (Staatshaftungsgesetz) vom 24. August 1955, in: BArch DP 1 VA 1431, S. 7-8.
24. August 1955	Schreiben des Innenministeriums vom 24. August 1955, in: BArch DP 1 VA 2114, Teil III-3431, S. 109.
25. August 1955	Schreiben des Finanzministeriums vom 25. August 1955, in: BArch DP 1 VA 1432 Bd. 2, S. 112 v. u. h.
29. August 1955	Schreiben des Justizministeriums vom 29. August 1955, in: BArch DP 1 VA 2114, Teil III-3431, S. 108 v. u. h.
7. September 1955	Abschrift eines Vermerks des Justizministeriums vom 7. September 1955 und Erinnerung der Justizministerin vom 26. September 1955, jeweils in: BArch DP 1 VA 1431, S. 5.
5. Oktober 1955	Vermerk des Justizministeriums vom 5. Oktober 1955, in: BArch DP 1 VA 1431, S. 1 v.-2 v.
14. Oktober 1955	Verfügung des Justizministeriums vom 14. Oktober 1955, in: BArch DP 1 VA 1431, S. 9 v. u. h.
1. November 1955	Entwurf vom 1. November 1955, in: BArch DP 1 VA 1432 Bd. 2, S. 134 f.
16. Januar 1956	Vorlage des Innenministeriums vom 16. Januar 1956, in: BArch DY 30/IV 2/13/98, S. 1-4.
13. Februar 1956	Schreiben der Deutschen Akademie für Staats- und Rechtswissenschaften vom 13. Februar 1956, in: BArch DP 1 VA 1432 Bd. 2, S. 116 f.
2. März 1956	Schreiben des Finanzministeriums vom 2. März 1956, in: BArch DY 30/IV 2/13/98, S. 10-12.
17. März 1956	Aktennotiz des ZK der SED vom 17. März 1956, in: BArch DY 30/IV 2/13/98, S. 9.
19. April 1956	Vermerk des Justizministeriums vom 19. April 1956, in: BArch DP 1 VA 1431, S. 42 v.-43 v.
16. Juli 1956	Schreiben des Generalstaatsanwaltes der DDR vom 16. Juli 1956 nebst beigelegter Fotokopie des Versicherungsvertrages Nr. 20/00/001/24 über die Versicherung staatlicher Verwaltungen und Einrichtungen, in: BArch DP 1 VA 1431, S. 46-54.
17. Juli 1956	Entwurf vom 17. Juli 1956, Abschrift in: BArch DP 1 VA 1431, S. 56-58.

7. September 1956	Schreiben des Generalstaatsanwalts der DDR vom 7. September 1956, in: BArch DP 1 VA 1432 Bd. 2, S. 121-122.
5. Dezember 1956	Vermerk der Generalstaatsanwaltschaft der DDR vom 5. Dezember 1956, in: BArch DP 1 VA 1431, S. 74.
2. Januar 1957	Verfügung des Justizministeriums vom 2. Januar 1957, in: BArch DP 1 VA 1431, S. 75
30. Januar 1957	Entwurf eines Gesetzes über die Staatshaftung vom 30. Januar 1957, in: BArch DP 1 VA 1431 Teil I, S. 84-87.
15. Februar 1957	Schreiben des Innenministeriums vom 12. Februar 1957 und vom 15. Februar 1957, in: BArch DP 1 VA 1431 Teil I, S. 76-78.
1. März 1957	Schreiben des Generalstaatsanwalts der DDR vom 1. März 1957, in: BArch DP 1 VA 1431 Teil I, S. 93.
16. März 1957	Schreiben des Finanzministers vom 16. März 1957, in: BArch DP 1 VA 1431 Teil I, S. 89.
8. April 1957	Verfügung des Justizministeriums vom 8. April 1957, in: BArch DP 1 VA 1431 Teil I, S. 91 h.
24. April 1957	Vermerk des Justizministeriums vom 24. April 1957, in: BArch DP 1 VA 1431 Teil I, S. 114 v.-115 v.
13. Mai 1957	Vermerk des Justizministeriums vom 13. Mai 1957, in: BArch DP 1 VA 1431 Teil I, S. 118 v. u. h.
16. Mai 1957	Schreiben des Innenministeriums vom 16. Mai 1957, in: BArch DP 1 VA 1431 Teil I, S. 119.
5. Juli 1957	Abschrift der Ausarbeitung vom 5. Juli 1957, in: BArch DP 1 VA 1432 Bd. I, S. 6 v.-18 v.
18. Juli 1957	Vermerk des Justizministeriums vom 18. Juli 1957 über die Ergebnisse des Ministervortrags, in: BArch DP 1 VA 1432 Bd. I, S. 47 v.-48 v.
18. Juli 1957	Thesen vom 18. Juli 1957, in: BArch DY 30/IV 2/13/98, S. 49-54
19. Juli 1957	Schreiben der Regierung vom 19. Juli 1957, in: BArch DY 30/IV 2/13/98, S. 48 v. u. h.
8. August 1957	Protokoll des Justizministeriums vom 8. August 1957 zur ersten Sitzung der 1957 gebildeten "Kommission Staatshaftung", in: BArch DY 30 2/13/98, S. 18 v.-21 h.

21. August 1957	Vermerk des Justizministeriums vom 21. August 1957 zur Anfrage des Ministeriums für Verkehrswesen vom 20. August 1957, in: BArch DP 1 VA 1432 Bd. I, S. 79 v.
28. August 1957	Vermerk des Justizministeriums vom 28. August 1957, in: BArch DP 1 VA 1432 Bd. I, S. 79 h.
Ende August 1957	Stellungnahme der Deutschen Akademie für Staats- und Rechtswissenschaften von Ende August 1957 zu Thesen 1 bis 4 und 9, in: BArch DY 30/IV 2/13/98, S. 22-28.
1. September 1957	Vermerk des Justizministeriums vom September 1957 über die Kollegiumssitzung des Generalstaatsanwalts der DDR vom 2. September 1957, in: BArch DP 1 VA 1432 Bd. 1, S. 82 v. u. h.
19. September 1957	Schreiben des Vorsitzenden der LDP-Fraktion der Volkskammer vom 19. September 1957, in: BArch DP 1 VA 1431 Teil I, S. 123-126.
19. September 1957	Hausmitteilung des Justizministeriums von der Redaktion "Neue Justiz" vom 19. September 1957, in: BArch DP 1 VA 1432 Bd. I, S. 99.
September/ Oktober 1957	Stellungnahme des Obersten Gerichts von September/ Oktober 1957 zu den Thesen 5, 6, 7 und 1, in: BArch DY 30/IV 2/13/98, S. 35 f.
2. Oktober 1957	Protokoll vom 2. Oktober 1957 zur 2. Sitzung der Kommission Staatshaftung vom 18. September 1957, in: BArch DY 30/IV 2/13/98, S. 37 v.-39 h.
2. Oktober 1957	Vermerk des Justizministeriums vom 2. Oktober 1957 zur Leitungssitzung des Finanzministeriums vom gleichen Tag, in: BArch DP 1 VA 1432 Bd. 1, S. 111 v. u. h.
15. Oktober 1957	"Aussprache" des Justizministeriums mit der Rechtsabteilung des Ministeriums für Nationale Verteidigung vom 10. Oktober 1957, siehe Vermerk des Justizministeriums vom 15. Oktober 1957, in: BArch DP 1 VA 1432 Bd. 1, S. 112 v. u. h.
15. Oktober 1957	Vermerk des Justizministeriums vom 15. Oktober 1957, in: BArch DP 1 VA 1432 Bd. 1, S. 113 v. u. h.
30. Oktober 1957	Protokoll vom 30. Oktober 1957 zur 3. Sitzung der Kommission Staatshaftung vom 16. Oktober 1957, in: BArch DY 30/IV 2/13/98, S. 41 v.-43 h.

Oktober/ November 1957	Thesen über das Verfahren für die Regressnahme von Mitarbeitern der Organe der staatlichen Verwaltung für die von ihnen schuldhaft verursachten Schäden aus dem Kontext des Jahres 1957, in: BArch DP 1 VA 1432 Bd. 1, S. 130-134.
1. November 1957	Stellungnahme des Finanzministeriums von November 1957 zu These 8, in: BArch DY 30/IV 2/13/98, S. 47.
9. November 1957	Stellungnahme des Innenministeriums vom 9. November 1957 zu These 7, in: BArch DY 30/IV 2/13/98, S. 44-46
22. November 1957	Vermerk des Justizministeriums vom 22. November 1957 über die Besprechung zur Vorbereitung der 4. Kommissionssitzung, in: BArch DP 1 VA Bd. 1, S. 157.
25. November 1957	Protokoll vom 25. November 1957 zur 4. Sitzung der Kommission Staatshaftung vom 13. November 1957, in: BArch DY 30/IV 2/13/98, S. 56 v.-60 v.
13. Dezember 1957	"Thesen für ein Staatshaftungsgesetz" vom 13. Dezember 1957, in: BArch DY 30/IV 2/13/98, S. 68 v.-69 h.
19. Dezember 1957	Protokoll zur 5. Sitzung der Kommission Staatshaftung vom 19. Dezember 1957, in: BArch DY 30/IV 2/13/98, S. 64 v.-67 v.
19. Dezember 1957	Protokoll der 22. Kollegiumssitzung des Justizministeriums vom 19. Dezember 1957, in: BArch DY 30/IV 2/13/98, S. 70-87.
27. Januar 1958	Vermerk des Justizministeriums vom 27. Januar 1958, in: BArch DP 1 VA 1432 Beiakte 2, S. 35 v.-39 h.
18. Februar 1958	Vermerk über den Ministervortrag vom 18. Februar 1958, in: BArch DP 1 VA 1432, Beiakte 2, S. 47 v.-48 v.
27. Februar 1958	Entwurf eines Gesetzes über die Haftung des Staates vom 27. Februar 1958, in: BArch DY 30/IV 2/13/98, S. 117 v.-118 v.
28. Februar 1958	Vermerk des Justizministeriums vom 28. Februar 1958, in: BArch DP 1 VA 1432 Beiakte 2, S. 50 v. u. h.
12. März 1958	Verfügung des Justizministeriums vom 12. März 1958, in: BArch DP 1 VA 1432 Beiakte 2, S. 57 v.-58 v.
28. März 1958	Schreiben des Ministers für Staatssicherheit vom 28. März 1958, in: BArch DP 1 VA 1432 Beiakte 2, S. 71.
2. April 1958	Schreiben des Finanzministeriums vom 2. April 1958, in: BArch DP 1 VA 1432 Beiakte 2, S. 72.

21. April 1958	Schreiben des Obersten Gerichts vom 21. April 1958, in: BArch DP 1 VA 1432 Beiakte 2, S. 75 v. u. h.
29. April 1958	Vermerk des Justizministeriums vom 29. April 1958, in: BArch DP 1 VA 1432 Beiakte 2, S. 76.
6. Mai 1958	Schreiben der Generalstaatsanwaltschaft vom 6. Mai 1958, in: BArch DP 1 VA 1432 Beiakte 2, S. 81.
7. Mai 1958	Schreiben des Ministeriums für Nationale Verteidigung vom 7. Mai 1958, in: BArch DP 1 VA 1432 Beiakte 2, S. 79 f.
16. Mai 1958	Schreiben des Innenministeriums vom 16. Mai 1958, in: BArch DP 1 VA 1432 Beiakte 2, S. 87 f.
19. Mai 1958	Vermerk des Justizministeriums vom 19. Mai 1958, in: BArch DP 1 VA 1432 Beiakte 2, S. 84.
19. Mai 1958	Schreiben des Ministeriums für Volksbildung vom 19. Mai 1958, in: BArch DP 1 VA 1432 Beiakte 2, S. 85.
20. Mai 1958	Entwurf einer Ersten Durchführungsbestimmung zum Gesetz über die Haftung des Staates vom 20. Mai 1958, in: BArch DY 30/IV 2/13/98, S. 99 f.
2. Juni 1958	Vermerk des Justizministeriums vom 2. Juni 1958 über die Kommissionssitzung vom 27. Mai 1958, in: BArch DY 30/IV 2/13/98, S. 102-108.
3. Juni 1958	Schreiben des Ministeriums für Arbeit und Berufsausbildung vom 3. Juni 1958, in: BArch DP 1 VA 1432 Beiakte 2, S. 112 f.
14. Juni 1958	Schreiben des Justizministeriums vom 14. Juni 1958, in: BArch DY 30/IV 2/13/98, S. 109 v. u. h.
21. Juni 1958	Vermerk des Justizministeriums vom 21. Juni 1958, in: BArch DP 1 VA 1432 Beiakte 2, S. 126 v. u. h.
21. Juni 1958	Vermerk des Justizministeriums vom 21. Juni 1958, in: BArch DP 1 VA 1432 Beiakte 2, S. 128.
7. August 1958	Vermerk des Justizministeriums vom 7. August 1958, in: BArch DP 1 VA 1432 Beiakte 2, S. 128a v.-128c h.
27. September 1958	Übersicht des Justizministeriums vom 27. September 1958, in: BArch DP 1 VA 1432 Bd. 2, S. 5-18.
Ende 1958	Schreiben des Bundesvorstandes des FDGB aus dem Kontext von Ende 1958, in: BArch DP 1 VA 1432 Beiakte 2, S. 152 f.
6. Februar 1959	Schreiben des Justizministeriums vom 6. Februar 1959, in: BArch DP 1 VA 1432 Bd. 2, S. 35 f.

9. Februar 1959	Schreiben des Staatssekretärs für Angelegenheiten der örtlichen Räte beim Innenministerium vom 9. Februar 1959, in: BArch DY 30/IV 2/13/98, S. 113 f.
28. Februar 1959	Schreiben des Justizministeriums vom 28. Februar 1959, in: BArch DY 30/IV 2/13/98, S. 115 v. u. h.
9. März 1959	Entwurf eines Gesetzes über die Haftung des Staates vom 9. März 1959, in: BArch DY 30/IV 2/13/98, S. 119-123.
24. März 1959	Schreiben des Obersten Gerichts vom 24. März 1959, in: BArch DP 1 VA 1432 Bd. 2, S. 9 v. u. h.
26. März 1959	Schreiben des Ministers für Volksbildung vom 26. März 1959, in: BArch DP 1 VA 1431 Bd. 2, S. 11.
28. März 1959	Schreiben des Innenministeriums vom 28. März 1959, in BArch DP 1 VA 1431 Bd. 2, S. 12.
28. März 1959	Schreiben des Ministers für Nationale Verteidigung vom 28. März 1959, in BArch DP 1 VA 1431 Bd. 2, S. 13.
17. April 1959	Schreiben des Finanzministers vom 17. April 1959, in: BArch DP 1 VA 1431 Bd. 2, S. 15.
24. April 1959	Schreiben der Staatlichen Plankommission vom 24. April 1959, in: BArch DP 1 VA 1431 Bd. 2, S. 16 f.
2. Juli 1959	Vermerk des Justizministeriums vom 2. Juli 1959, in: BArch DP 1 VA 1431 Bd. 2, S. 20 v.-23 h.
6. Juli 1959	Verfügung des Justizministeriums vom 6. Juli 1959, in: BArch DP 1 VA 1431 Bd. 2, S. 29 v.-32 h.
9. Juli 1959	Entwurf eines Gesetzes über die Haftung des Staates vom 9. Juli 1959, in: BArch DP 1 VA 1431 Bd. 2, S. 38-42.
18. Juli 1959	Schreiben der Deutschen Akademie für Staats- und Rechtswissenschaften vom 18. Juli 1959, in: BArch DP 1 VA 1431 Bd. 2, S. 43-47 v.
31. August 1959	Vermerk des Justizministeriums vom 31. August 1959, in: BArch DP 1 VA 1431 Bd. 2, S. 57-60.
3. September 1959	Vermerk des Justizministeriums vom 3. September 1959, in: BArch DP 1 VA 1431 Bd. 2, S. 61.
3. September 1959	Verfügung des Justizministeriums vom 3. September 1959, in: BArch DP 1 VA 1431 Bd. 2, S. 61 h.-62 v.
27. Oktober 1959	Vermerk des Justizministeriums vom 27. Oktober 1959, in: BArch DP 1 VA 1431 Bd. 2, S. 89 v-91 v.
Oktober/ November 1959	Schreiben des Komitees für Arbeit und Löhne in: BArch DP 1 VA 1431 Bd. 2, S. 93.

Oktober/ November 1959	Schreiben der Deutschen Notenbank in: BArch DP 1 VA 1431 Bd. 2, S. 94.
Oktober/ November 1959	Schreiben des Ministers für Außenhandel und innerdeutschen Handel in: BArch DP 1 VA 1431 Bd. 2, S. 95.
Oktober/ November 1959	Schreiben des Finanzministeriums in: BArch DP 1 VA 1431 Bd. 2, S. 96.
Oktober/ November 1959	Schreiben des Bundesvorstandes des FDGB in: BArch DP 1 VA 1431 Bd. 2, S. 100.
Oktober/ November 1959	Schreiben der Staatlichen Plankommission in: BArch DP 1 VA 1431 Bd. 2, S. 103.
Oktober/ November 1959	Schreiben des Innenministeriums in: BArch DP 1 VA 1431 Bd. 2, S. 107.
4. November 1959	Schreiben des Ministeriums für Nationale Verteidigung vom 4. November 1959, in: BArch DP 1 VA 1431 Bd. 2, S. 97-99.
13. November 1959	Schreiben des Obersten Gerichts vom 13. November 1959, in: BArch DP 1 VA 1431 Bd. 2, S. 101 v.-102 v.
25. November 1959	Schreiben von Walter Assmann vom 25. November 1959, in: BArch DP 1 VA 1431 Bd. 2, S. 105.
5. Dezember 1959	Schreiben des Justizministeriums vom 5. Dezember 1959, in: BArch DP 1 VA 1431 Bd. 2, S. 106.
5. Januar 1960	Schreiben der Staatlichen Plankommission vom 5. Januar 1960, in: BArch DP 1 VA 1431 Bd. 2, S. 108-111.
7. Januar 1960	Schreiben des Innenministeriums vom 7. Januar 1960, in: BArch DP 1 VA 1431 Bd. 2, S. 112-114.
8. Januar 1960	Schreiben der Generalstaatsanwaltschaft vom 8. Januar 1960, in: BArch DP 1 VA 1431 Bd. 2, S. 115-121.
15. Januar 1960	Vermerk des Justizministeriums vom 15. Januar 1960, in: BArch DP 1 VA 1431 Bd. 2, S. 122 v.-124 v.
25. Januar 1960	Schreiben des Justizministeriums vom 25. Januar 1960, in: BArch DP 1 VA 1431 Bd. 2, S. 126 v. u. h.
4. Februar 1960	Verfügung des Justizministeriums vom 4. Februar 1960, in: BArch DP 1 VA 1431 Bd. 2, S. 127.
11. Februar 1960	Schreiben des Justizministeriums vom 11. Februar 1960, in: BArch DP 1 VA 1431 Bd. 2, S. 128 v. u. h.
1. März 1960	Schreiben des Innenministeriums vom 1. März 1960, in: BArch DP 1 VA 1431 Bd. 2, S. 130.

2. März 1960	Schreiben des Ministeriums für Nationale Verteidigung vom 2. März 1960, in: BArch DP 1 VA 1431 Bd. 2, S. 129.
15. September 1960	Verfügung des Justizministeriums vom 15. September 1960, in: BArch DP 1 VA 1431 Bd. 3, S. 66 v. u. h.
17. August 1961	Anweisung Nr. 30/61 des Ministers der Finanzen vom 17. August 1961, in: BArch DC 20 I/4-1261, S. 42 v.-46 h.
September/ Oktober 1964	"Fragenspiegel" des Justizministeriums, in: BArch DP 1 VA 1431 Bd. 3, S. 79.
Mai 1965	Bericht des Justizministeriums über den Stand, die bisherigen Arbeitsergebnisse sowie die nächsten Aufgaben in der Arbeit am Entwurf eines ZGB und einer ZPO von Mai 1965, in: BArch DC 20 I/4-1134, S. 125-150.
7. Mai 1965	Geheime Ministerratssache Nr. 356/65 vom 7. Mai 1965, in: BArch DC 20 I/4-1134, S. 122.
18. Mai 1965	Stellungnahme des Justizministeriums vom 18. Mai 1965, in: BArch DC 20 I/4-1134, S. 178-180.
20. Mai 1965	Beschluss des Ministerrates vom 20. Mai 1965, in: BArch DC 20 I/4-1134, S. 186.
Mai/ Juni 1965	Rechtsvergleichende Übersicht des Justizministeriums von Mai/Juni 1965, in: BArch DP 1 VA 1431 Bd. 3, S. 139 v.-144 h.
26. August 1965	Materialzusammenstellung des Justizministeriums der DDR vom 26. August 1965, in: BArch DP 1 VA 1431 Bd. 3, S. 147-155.
30. August 1965	Problemzusammenstellung des Justizministeriums, in: BArch DP 1 VA 1431 Bd. 3, S. 156-161.
30. September 1965	Vermerk des Justizministeriums vom 30. September 1965, in: BArch DP 1 VA 1431 Bd. 3, S. 179 f.
5. November 1965	Schreiben der Justizministerin vom 5. November 1965, in: BArch DC 20 I/4-1261, S. 47 f.
22. November 1965	Stellungnahme der Rechtsabteilung des Ministerrates vom 22. November 1965, in: BArch DC 20 I/4-1261, S. 32-39.
25. November 1965	Protokoll des Präsidiums des Ministerrates vom 25. November 1965, in: BArch DC 20 I/4-1261, S. 49.
20. Januar 1966	Beschluss des Ministerrates vom 20. Januar 1966, in: BArch DC 20 I/4-1257, S. 185.

20. Januar 1966	Beispielhafte Zusammenstellung von Fällen der Staatshaftung aus verschiedenen Bereichen, abgelegt unter dem 20. Januar 1966, in: BArch DC 20 I/4-1261, S. 1-60 (18-22).
20. Januar 1966	Begründung der Konzeption des Justizministeriums, abgelegt unter dem 20. Januar 1966, in: BArch DC 20 I/4-1261, S. 1-60 (17).
20. Januar 1966	Konzeption des Justizministeriums, abgelegt unter dem 20. Januar 1966, in: BArch DC 20 I/4-1261, S. 1-60 (3-7).
21. Januar 1966	Vermerk des Justizministeriums vom 21. Januar 1966, in: BArch DP 1 VA 1431 Bd. 3, S. 189-191.
20. April 1966	1. Entwurf – Gesetz zur Regelung der Staatshaftung in der Deutschen Demokratischen Republik vom 20. April 1966, in: BArch DP 1 VA 1431 Bd. 3, S. 192 v.-194 h.
7. Mai 1966	Schreiben des Ministeriums für Kultur vom 7. Mai 1966, in: BArch DP 1 VA 2504 Bd. 1, S. 168 f.
12. Mai 1966	Schreiben des Staatssekretariats für das Hoch- und Fachschulwesen vom 12. Mai 1966, in: BArch DP 1 VA 2504 Bd. 1, S. 172 f.
13. Mai 1966	Schreiben des Landwirtschaftsrates beim Ministerrat vom 13. Mai 1966, in: BArch DP 1 VA 2504 Bd. 1, S. 170.
14. Mai 1966	Schreiben des Ministeriums für Handel und Versorgung vom 14. Mai 1966, in: BArch DP 1 VA 2504 Bd. 1, S. 174.
17. Mai 1966	Schreiben des Amtes für Wasserwirtschaft beim Ministerrat vom 17. Mai 1966, in: BArch DP 1 VA 2504 Bd. 1, S. 181-184.
18. Mai 1966	Schreiben des Staatlichen Amtes für Arbeit und Löhne beim Ministerrat vom 18. Mai 1966, in: BArch DP 1 VA 2504 Bd. 1, S. 177.
18. Mai 1966	Schreiben des Ministeriums für Auswärtige Angelegenheiten vom 18. Mai 1966, in: BArch DP 1 VA 2504 Bd. 1, S. 180.
18. Mai 1966	Schreiben des Ministeriums für Bauwesen vom 18. Mai 1966, in: BArch DP 1 VA 2504 Bd. 1, S. 175 f.
18. Mai 1966	Schreiben der Generalstaatsanwaltschaft vom 18. Mai 1966, in: BArch DP 1 VA 2504 Bd. 1, S. 179.

20. Mai 1966	Schreiben des Ministeriums für Nationale Verteidigung vom 20. Mai 1966, in: BArch DP 1 VA 2504 Bd. 1, S. 178.
20. Mai 1966	Schreiben des Ministeriums für Erzbergbau, Metallurgie und Kali vom 20. Mai 1966, in: BArch DP 1 VA 2504 Bd. 1, S. 185 f.
20. Mai 1966	Schreiben des Ministeriums für Anleitung und Kontrolle der Bezirks- und Kreisräte vom 20. Mai 1966, in: BArch DP 1 VA 2504 Bd. 1, S. 187.
21. Mai 1966	Schreiben des Ministeriums für Gesundheitswesen vom 21. Mai 1966, in: BArch DP 1 VA 2504 Bd. 1, S. 188 f.
24. Mai 1966	Schreiben des Amtes für Erfindungs- und Patentwesen vom 24. Mai 1966, in: BArch DP 1 VA 2504 Bd. 1, S. 191.
24. Mai 1966	Schreiben des Staatlichen Komitees für Erfassung und Aufkauf von landwirtschaftlichen Erzeugnissen vom 24. Mai 1966, in: BArch DP 1 VA 2504 Bd. 1, S. 226.
25. Mai 1966	Schreiben des Ministeriums für Volksbildung vom 25. Mai 1966, in: BArch DP 1 VA 2504 Bd. 1, S. 190.
27. Mai 1966	Schreiben des Amtes für Preise beim Ministerrat vom 27. Mai 1966, in: BArch DP 1 VA 2504 Bd. 1, S. 207 f.
27. Mai 1966	Schreiben des Ministeriums für Verkehrswesen vom 27. Mai 1966, in: BArch DP 1 VA 2504 Bd. 1, S. 192-196.
1. Juni 1966	Schreiben des Staatlichen Komitees für Körperkultur und Sport vom 1. Juni 1966, in: BArch DP 1 VA 2504 Bd. 1, S. 209.
1. Juni 1966	Schreiben des Ministeriums für Außenhandel und Innerdeutschen Handel vom 1. Juni 1966, in: BArch DP 1 VA 2504 Bd. 1, S. 210 f.
2. Juni 1966	Schreiben des Obersten Gerichts vom 2. Juni 1966, in: BArch DP 1 VA 2504 Bd. 1, S. 212-217.
10. Juni 1966	Schreiben des Ministeriums für Staatssicherheit vom 10. Juni 1966, in: BArch DP 1 VA 2504 Bd. 1, S. 221.
14. Juni 1966	Schreiben des Innenministeriums 14. Juni 1966, in: BArch DP 1 VA 2504 Bd. 1, S. 222 f.
20. Juni 1966	Schreiben der Staatlichen Plankommission vom 20. Juni 1966, in: BArch DP 1 VA 2504 Bd. 1, S. 224 f.

15. Juli 1966	Schreiben des Finanzministeriums vom 15. Juli 1966, in: BArch DP 1 VA 2504 Bd. 1, S. 227 f.
16. August 1966	Schreiben der Arbeiter-und-Bauern-Inspektion vom 16. August 1966, in: BArch DP 1 VA 2504 Bd. 1, S. 229.
30. Januar 1967	Bericht über die Arbeit und die Arbeitsergebnisse der Ministerratskommission zur Ausarbeitung des neuen Zivilgesetzbuches und der Zivilprozessordnung vom 30. Januar 1967, in: BArch DC 20 I/4-581, S. 75 v.-89 v.
30. Januar 1967	Bericht der Ministerratskommission zur Ausarbeitung des neuen Zivilgesetzbuches und der Zivilprozessordnung vom 30. Januar 1967, in: BArch DC 20 I/4-581, S. 69-139.
23. Februar 1967	Beschluss des Ministerrats vom 23. Februar 1967, in: BArch DC 20 I/4-581, S. 74.
Februar 1968	Auszug aus dem Verfassungsentwurf von 1967/1968, in: BArch DA 1-4208, S. 15 h.-16 v.
11. März 1968	Bericht der Kommission zur Ausarbeitung einer sozialistischen Verfassung der DDR vom 11. März 1968, in: BArch DA 1-4208, S. 118 ff.
15. März 1968	Vermerk der Kommission zur Ausarbeitung einer sozialistischen Verfassung der DDR vom 15. März 1968, in: BArch DA 1-4208, S. 85.
1. November 1968	Schreiben des Ministeriums für Verkehrswesen vom 1. November 1968, in: BArch DC 20 I/3-714, S. 155-157.
7. November 1968	Schreiben des Ministeriums für Verarbeitungsmaschinen- und Fahrzeugbau der DDR vom 7. November 1968, in: BArch DC 20 I/3-714, S. 142 f.
7. November 1968	Schreiben des Amtes für Preise beim Ministerrat vom 7. November 1968, in: BArch DC 20 I/3-714, S. 146.
13. November 1968	Schreiben der Staatlichen Plankommission vom 13. November 1968, in: BArch DC 20 I/3-714, S. 168 f.
19. November 1968	Schreiben des Obersten Gerichts vom 19. November 1968, in: BArch DC 20 I/3-714, S. 183-187.
19. November 1968	Schreiben des Ministeriums für Staatssicherheit vom 19. November 1968, in: BArch DC 20 I/3-714, S. 181 f.
6. Dezember 1968	Sitzungsmaterial des Ministerrates vom 6. Dezember 1968, in: BArch DC 20 I/3-714, S. 128 ff.
13. Januar 1969	Stellungnahme der Rechtsabteilung des Ministerrates vom 13. Januar 1969, in: BArch DC 20 I/3-714, S. 195-200.

15. Januar 1969	Sitzungsmaterial des Ministerrates vom 15. Januar 1969, in: BArch DC 20 I/3-712, S. 127-143.
15. Januar 1969	Beschluss des Ministerrates vom 15. Januar 1969, in: BArch DC 20 I/3-712, S. 127.
Januar/ Februar 1969	Entwurf des Gesetzes zur Regelung der Staatshaftung in der Deutschen Demokratischen Republik nebst Begründung in: BArch DP 1 VA 1431 Bd. 3, S. 211-223.
11. Dezember 1969	Schreiben des Ministeriums für Volksbildung mit Problemdarstellung des Zentralinstituts für Weiterbildung der Lehrer und Erzieher in Ludwigsfelde vom 11. Dezember 1969, in: BArch DP 1 VA 2504 Bd. 1, S. 1-4.
24. Dezember 1969/ 8. Januar 1970	Schreiben des Ministeriums der Justiz vom 24. Dezember 1969/8. Januar 1970, in: BArch DP 1 VA 2504 Bd. 1, S. 5 f.

RECHTSHISTORISCHE REIHE

Band 1 Studien zu den germanischen Volksrechten. Gedächtnisschrift für Wilhelm Ebel. Vorträge gehalten auf dem Fest-Symposion anläßlich des 70. Geburtstages von Wilhelm Ebel am 16. Juni 1978 in Göttingen. Götz Landwehr (Hrsg.) 1982.

Band 2 Hans Poeschel: Die Statuten der Banken, Sparkassen und Kreditgenossenschaften in Hamburg und Altona von 1710 bis 1889. 1978.

Band 3 Thomas Kolbeck: Juristenschwemmen, Untersuchungen über den juristischen Arbeitsmarkt im 19. und 20. Jahrhundert. 1978.

Band 4 Norbert Hempel: Richterleitbilder in der Weimarer Republik. 1978.

Band 5 Rolf Stratmann: Die Scheinbußen im mittelalterlichen Recht. 1978.

Band 6 Martin C. Lockert: Die niedersächsischen Stadtrechte zwischen Aller und Weser. Vorkommen und Verflechtungen. Eine Bestandsaufnahme. 1979.

Band 7 Joachim Rückert/Wolfgang Friedrich: Betriebliche Arbeiterausschüsse in Deutschland, Großbritannien und Frankreich im späten 19. und frühen 20. Jahrhundert. Eine vergleichende Studie zur Entwicklung des kollektiven Arbeitsrechts. 1979.

Band 8 Peter Bender: Die Rezeption des römischen Rechts im Urteil der deutschen Rechtswissenschaft. 1979.

Band 9 Friedrich Karl Alsdorf: Untersuchungen zur Rechtsgestalt und Teilung deutscher Ganerbenburgen. 1980.

Band 10 Dietmar Willoweit/Winfried Schich (Hrsg.): Studien zur Geschichte des sächsisch-magdeburgischen Rechts in Deutschland und Polen (Sammelband). 1980.

Band 11 Brigitte Hempel: Der Entwurf einer Polizeiordnung für das Herzogtum Sachsen-Lauenburg aus dem Jahre 1591. 1980.

Band 12 Klaus-Detlev Godau-Schüttke: Rechtsverwalter des Reiches. Staatssekretär Dr. Curt Joël. 1981.

Band 13 Rainer Polley: Anton Friedrich Justus Thibaut (AD 1772-1840) in seinen Selbstzeugnissen und Briefen. Teil 1: Abhandlung. Teil 2: Briefwechsel. Teil 3: Register zum Briefwechsel. 1982.

Band 14 Michael Wettengel: Der Streit um die Vogtei Kelkheim 1275-1276. Ein kanonischer Prozeß.1981.

Band 15 Otto Wilhelm Krause: Naturrechtler des sechzehnten Jahrhunderts. Ihre Bedeutung für die Entwicklung eines natürlichen Privatrechts. 1982.

Band 16 Helga Spindler: Von der Genossenschaft zur Betriebsgemeinschaft. Kritische Darstellung der Sozialrechtslehre Otto von Gierkes. 1982.

Band 17 Holger Otte: Gustav Radbruchs Kieler Jahre 1919 - 1926. 1982.

Band 18 Rüdiger Teuner: Die fuldische Ritterschaft 1510 - 1656. 1982.

Band 19 Gerhard Dilcher/Rudolf Hoke/Gian Savino Pene Vidari/Hans Winterberg (Hrsg.): Grundrechte im 19. Jahrhundert. 1982.

Band 20 Karl-Hans Schloßstein: Die westfälischen Fabrikengerichtsdeputationen - Vorbilder, Werdegang und Scheitern. 1982.

Band 21 Birger Schulz: Der Republikanische Richterbund (1921-1933). 1982.

Band 22 Engelbert Krause: Die gegenseitigen Unterhaltsansprüche zwischen Eltern und Kindern in der deutschen Privatrechtsgeschichte. 1982.

Band 23 Meent W. Francksen: Staatsrat und Gesetzgebung im Großherzogtum Berg (1806-1813). 1982.

Band 24 Gerd von Sonnleithner: Bearbeitung des Handelsrechts durch Ignaz von Sonnleithner in seinem "Leitfaden über das österreichische Handels- und Wechselrecht". 1982.

Band 25 Rudolf Palme: Rechts-, Wirtschafts- und Sozialgeschichte der inneralpinen Salzwerke bis zu deren Monopolisierung. 1983.

Band 26 Helen Bosshard: Pestalozzis Staats- und Rechtsverständnis und seine Stellung in der Aufklärung. 1983.

Band 27 Jens Jessen: Die Selbstzeugnisse der deutschen Juristen. Erinnerungen, Tagebücher und Briefe. Eine Bibliographie. 1983.

Band 28 Günter Martin Jensen: Das Domanium Waldeck. Die rechtliche Zuordnung eines Fürstenvermögens. 1984.

Band 29 Johann Heinrich Kumpf: Petitionsrecht und öffentliche Meinung im Entstehungsprozeß der Paulskirchenverfassung 1848/49. 1983.

Band 30 Sabine Frey: Rechtsschutz der Juden gegen Ausweisungen im 16. Jahrhundert. 1983.

Band 31 Dietrich Joswig: Die germanische Grundstücksübertragung. 1984.

Band 32 Andreas Baryli: Konzessionssystem contra Gewerbefreiheit. Zur Diskussion der österreichischen Gewerberechtsreform 1835 bis 1860. 1984.

Band 33 Gerhard Oberkofler: Studien zur Geschichte der österreichischen Rechtswissenschaft. 1984.

Band 34 Rudolf Lauda: Kaufmännische Gewohnheit und Burgrecht bei Notker dem Deutschen. Zum Verhältnis von literarischer Tradition und zeitgenössischer Realität in der frühmittelalterlichen Rhetorik. 1984.

Band 35 Jens Jensen: Die Ehescheidung des Bischofs Hans von Lübeck von Prinzessin Julia Felicitas von Württemberg-Weiltingen AD 1648-1653. Ein Beitrag zum protestantischen Ehescheidungsrecht im Zeitalter des beginnenden Absolutismus. 1984.

Band 36 Horst Schröder: Friedrich Karl von Savigny. Geschichte und Rechtsdenken beim Übergang vom Feudalismus zum Kapitalismus in Deutschland. 1984.

Band 37 Andreas Hatzung: Dogmengeschichtliche Grundlagen und Entstehung des zivilrechtlichen Notstands. 1984.

Band 38 Matthias Klasen: Das Billwerder Landrecht. Landrecht und Landgericht in den Hamburger Elbmarschen. 1985.

Band 39 Rainer Jamin: Aufbau, Tätigkeit und Verfahren der Auseinandersetzungsbehörden bei der Durchführung der preußischen Agrarreformen. 1985.

Band 40 Henry Winter: Teilschuld, Gesamtschuld und unechte Gesamtschuld. Zur Konzeption der §§ 420 ff. BGB - Ein Beitrag zur Entstehungsgeschichte des BGB. 1985.

Band 41 Hermann Eichler: Verfassungsbewegung in Amerika und Europa. 1985.

Band 42 Dagmar Bandemer: Heinrich Albert Zachariae. Rechtsdenken zwischen Restauration und Reformation. 1985.

Band 43 Eva-Christine Frentz: Das Hamburgische Admiralitätsgericht (1623-1811). Prozeß und Rechtsprechung. 1985.

Band 44 Karl Lillig: Rechtsetzung im Herzogtum Pfalz-Zweibrücken während des 18. Jahrhunderts. Ein Beitrag zur Geschichte der territorialen Rechtsbildung. 1985.

Band 45 Walter Weber: Die Entwicklung der Sparkassen zu selbständigen Anstalten des öffentlichen Rechts. Ein Beitrag zur Entwicklung des Anstaltsbegriffs im 19. Jahrhundert. 1985.

Band 46 Bärbel Baum: Der Stabreim im Recht. Vorkommen und Bedeutung des Stabreims in Antike und Mittelalter. 1986.

Band 47 Hans Popp: Die nationalsozialistische Sicht einiger Institute des Zivilprozeß- und Gerichtsverfassungsrechts. 1986.

Band 48 John Karl-Heinz Montag: Die Lehrdarstellung des Handelsrechts von Georg Friedrich von Martens bis Meno Pöhls. Die Wissenschaft des Handelsrechts im ersten Drittel des 19. Jahrhunderts. 1986.

Band 49 Volker D. Anhäusser: Das internationale Obligationenrecht in der höchstrichterlichen Rechtsprechung des 19. Jahrhunderts. 1986.

Band 50 Udo Beer: Die Juden, das Recht und die Republik. Verbandswesen und Rechtsschutz 1919-1933. 1986.

Band 51 Herbert Grziwotz: Der moderne Verfassungsbegriff und die "Römische Verfassung" in der deutschen Forschung des 19. und 20. Jahrhunderts. 1986.

Band 52 Ralf Conradi: Karl Friedrich Eichhorn als Staatsrechtslehrer. Seine Göttinger Vorlesung über "Das Staatsrecht der deutschen Bundesstaaten" nach einer Kollegmitschrift aus dem Wintersemester 1821/22. 1987.

Band 53 Dieter Dannreuther: Der Zivilprozeß als Gegenstand der Rechtspolitik im Deutschen Reich 1871 - 1945. Ein Beitrag zur Geschichte des Zivilprozeßrechts in Deutschland. 1987.

Band 54 Stephan Felix Pauly: Organisation, Geschichte und Praxis der Gesetzesauslegung des (Königlich) Preußischen Oberverwaltungsgerichtes 1875 - 1933. 1987.

Band 55 Rüdiger Schulz: Die Entstehung des Seerechts des Allgemeinen Deutschen Handelsgesetzbuches unter besonderer Berücksichtigung der Bestimmungen über die Reederei, den Schiffer und die Schiffsmannschaft. 1987.

Band 56 Reinhold Reis: Deutsches Privatrecht in den Weistümern der Zenten Schriesheim und Kirchheim. 1987.

Band 57 Jürgen Christoph: Die politischen Reichsamnestien 1918 - 1933. 1987.

Band 58 Gerhard Oberkofler/Eduard Rabofsky: Hans Kelsen im Kriegseinsatz der k.u.k.-Wehrmacht. Eine kritische Würdigung seiner militärtheoretischen Angebote. 1988.

Band 59 Arne Wulff: Staatssekretär Prof. Dr. Dr. h.c. Franz Schlegelberger. 1876-1970. 1991.

Band 60 Gerhard Köbler (Hrsg.): Wege europäischer Rechtsgeschichte. Karl Kroeschell zum 60. Geburtstag. 1987.

Band 61 Rüdiger Hütte: Der Gemeinschaftsgedanke in den Erbrechtsreformen des Dritten Reichs. 1988.

Band 62 Markus Göldner: Politische Symbole der europäischen Integration. Fahne, Hymne, Hauptstadt, Paß, Briefmarke, Auszeichnungen. 1988.

Band 63 Wolfgang Kröner: Freiheitsstrafe und Strafvollzug in den Herzogtümern Schleswig, Holstein und Lauenburg von 1700 bis 1864. 1988.

Band 64 Werner Gaile: Die Norder Theelacht. 1988.

Band 65 Karl v. Kempis: Andreas Gaill (1526 - 1587). Zum Leben und Werk eines Juristen der frühen Neuzeit. 1988.

Band 66 Wolf-Rüdiger Osburg: Die Verwaltung Hamburgs in der Franzosenzeit. 1811-1814. 1988.

Band 67 Christian Schudnagies: Hans Frank. Aufstieg und Fall des NS-Juristen und Generalgouverneurs. 1988.

Band 68 Otmar Jung: Senatspräsident Freymuth. Richter, Sozialdemokrat und Pazifist in der Weimarer Republik. Eine politische Biographie. 1989.

Band 69 Joachim Lohner: Das landeshauptmannschaftliche Gericht in Oberösterreich zu Beginn der Neuzeit. Eine Darstellung des oberösterreichischen Prozeßrechts am obersten Territorialgericht des Landes anhand der oberösterreichischen Landtafel. 1989.

Band 70 Bernd Klemann: Rudolf von Jhering und die Historische Rechtsschule. 1989.

Band 71 Adalbert Langer: Männer um die österreichische Zivilprozeßordnung 1895. Zusammenspiel / Soziales Ziel. 1990.

Band 72 Robert-Dieter Klee: Die Landessuperintendentur Lauenburg. Ursprung und Entwicklung sowie Ende der Sonderstellung des Kirchenkreises Herzogtum Lauenburg durch die nordelbische Kirchenvereinigung. 1989.

Band 73 Heinrich Herrmann: Die Gehöferschaften im Bezirk Trier. 1989.

Band 74 Wilhelm Brauneder, Franz Baltzarek (Hrsg.): Modell einer neuen Wirtschaftsordnung. Wirtschaftsverwaltung in Österreich 1914 - 1918. 1991.

Band 75 Thomas Dreyer: Die "Assecuranz- und Haverey-Ordnung" der Freien und Hansestadt Hamburg von 1731. 1990.

Band 76 Bernhard Sendler: Die Rechtssprache in den süddeutschen Stadtrechtsreformationen. 1990.

Band 77 Brigitte Lehmann: Ehevereinbarungen im 19. und 20. Jahrhundert. 1990.

Band 78 Michael Sunnus: Der NS-Rechtswahrerbund (1928-1945). Zur Geschichte der nationalsozialistischen Juristenorganisation. 1990.

Band 79 Stefan Schulz: Die historische Entwicklung des Rechts an Bienen. (§§ 961 - 964 BGB). 1990.

Band 80 Gerhard Lingelbach, Heiner Lück (Hrsg.): Deutsches Recht zwischen Sachsenspiegel und Aufklärung. Rolf Lieberwirth zum 70. Geburtstag dargebracht von Schülern, Freunden und Kollegen, herausgegeben von Gerhard Lingelbach und Heiner Lück. 1991.

Band 81 Manfred Krohn: Die deutsche Justiz im Urteil der Nationalsozialisten 1920 - 1933. 1991.

Band 82 Angelika Kühn: Privilegierung nationaler Minderheiten im Wahlrecht der Bundesrepublik Deutschland und Schleswig-Holsteins. 1991.

Band 83 Georg Brun: Leben und Werk des Rechtshistorikers Heinrich Mitteis unter besonderer Berücksichtigung seines Verhältnisses zum Nationalsozialismus. 1991.

Band 84 Wolfgang Simon: Claudius Freiherr von Schwerin. Rechtshistoriker während dreier Epochen deutscher Geschichte. 1991.

Band 85 Friedrich-Carl Wachs: Das Verordnungswerk des Reichsdemobilmachungsamtes. Stabilisierender Faktor zu Beginn der Weimarer Republik. 1991.

Band 86 Jens-Uwe Petersen: Die Vorgeschichte und die Entstehung des Mieterschutzgesetzes von 1923 nebst der Anordnung für das Verfahren vor dem Mieteinigungsamt und der Beschwerdestelle. 1991.

Band 87 Ulrike Haibach: Familienrecht in der Rechtssprache. Die historische Entwicklung zentraler Ausdrücke des geltenden Familienrechts. 1991.

Band 88 Joern Christian Nissen: Die Beratungen des Seeversicherungsausschusses der Akademie für Deutsches Recht zu einem neuen Seeversicherungsgesetz (1934-1939). Ein Beitrag zur Entwicklung der allgemeinen Lehren des Seeversicherungsrechts unter besonderer Berücksichtigung des Handelsgesetzbuchs und der Allgemeinen Deutschen Seeversicherungs-Bedingungen 1919. 1991.

Band 89 Diethard Bühler: Die Entstehung der allgemeinen Vertragsschluß-Vorschriften im Allgemeinen Deutschen Handelsgesetzbuch (ADHGB) von 1861. Ein Beitrag zur Kodifikationsgeschichte des Privatrechts im 19. Jahrhundert. 1991.

Band 90 Gerhard Oberkofler: Die Vertreter des Römischen Rechts mit deutscher Unterrichtssprache an der Karls-Universität in Prag. Vom Vormärz bis 1945. 1991.

Band 91 Ulrich Andermann: Ritterliche Gewalt und bürgerliche Selbstbehauptung. Untersuchungen zur Kriminalisierung und Bekämpfung des spätmittelalterlichen Raubrittertums am Beispiel norddeutscher Hansestädte. 1991.

Band 92 Heinz Marcus Hanke: Luftkrieg und Zivilbevölkerung. Der kriegsvölkerrechtliche Schutz der Zivilbevölkerung gegen Luftbombardements von den Anfängen bis zum Ausbruch des Zweiten Weltkrieges. 1991.

Band 93 Kirsten Kraglund: Familien- und Erbrecht. Materielles Recht und Methoden der Rechtsanwendung in der Rechtsprechung des Oberappellationsgerichts der vier Freien Städte Deutschlands zu Lübeck. 1991.

Band 94 Reinhard Lorenz: Die politische und rechtliche Stellung des Proletariats in Preußen in der Zeit zwischen den Reformen und der Revolution 1848/49. 1991.

Band 95 Eric Hilgendorf: Die Entwicklungsgeschichte der parlamentarischen Redefreiheit in Deutschland. 1991.

Band 96 Hans J. Reiter: Die Handelsgesellschaft Villeroy & Boch von der Gründung 1836 bis zum Jahr 1878. 1992.

Band 97 Martin Johannes Heller: Reform der deutschen Rechtssprache im 18. Jahrhundert. 1992.

Band 98 Michael Kotulla: Die Tragweite der Grundrechte der revidierten preußischen Verfassung vom 31.01.1850. 1992.

Band 99 Michael Siefener: Hexerei im Spiegel der Rechtstheorie. Das crimen magiae in der Literatur von 1574 bis 1608. 1992.

Band 100 Andreas Ebert-Weidenfeller: Hamburgisches Kaufmannsrecht im 17. und 18. Jahrhundert. Die Rechtsprechung des Rates und des Reichskammergerichtes. 1992.

Band 101 Enno Bommel: Die Entstehung der Verwirkungslehre in der Krise des Positivismus. 1992.

Band 102 Ralph Steppacher: Die Berücksichtigung der bäuerlichen Postulate bei der Entstehung des ZGB und der Revision des OR. Ein Beitrag zur schweizerischen Kodifikationsgeschichte (1893 - 1912). 1992.

Band 103 Martin Fleckenstein: Die Todesstrafe im Werk Carl Joseph Anton Mittermaiers (1787 - 1867). Zur Entwicklungsgeschichte eines Werkbereichs und seiner Bedeutung für Theorie- und Methodenbildung. 1992.

Band 104 Jörn Eckert: Der Kampf um die Familienfideikommisse in Deutschland. Studien zum Absterben eines Rechtsinstitutes. 1992.

Band 105 Jörg Grotkopp: Beamtentum und Staatsformwechsel. Die Auswirkungen der Staatsformwechsel von 1918, 1933 und 1945 auf das Beamtenrecht und die personelle Zusammensetzung der deutschen Beamtenschaft. 1992.

Band 106 Andreas Rohde: Die Garantiehaftung des Vermieters und ihr Verhältnis zum Unmöglichkeitsrecht in dogmengeschichtlicher und modernrechtlicher Sicht. 1992.

Band 107 Tjark Siefke Kunstreich: Gesamtvertretung. Eine historisch-systematische Darstellung. 1992.

Band 108 Jürgen Krüger: Blindheit und Königtum. Die Blindheit des Königs Georg V. von Hannover als verfassungsrechtliches Problem. 1992.

Band 109 Wolfgang Putschek: Ständische Verfassung und autoritäre Verfassungspraxis in Österreich 1933-1938 mit Dokumentenanhang. Verfassung und Verfassungswirklichkeit. Mit einem Anhang: Denkschriften von Rechtsanwalt Dr. Erich Führer 1936/37. 1993.

Band 110 Klaus Hofmann: Die Verdrängung der Juden aus öffentlichem Dienst und selbständigen Berufen in Regensburg 1933-1939. 1993.

Band 111 Franz Kilger: Die Entwicklung des Telegraphenrechts im 19. Jahrhundert mit besonderer Berücksichtigung der technischen Entwicklung. Telegraphenrecht im 19. Jahrhundert. 1993.

Band 112 Wilhelm Brauneder (Hrsg.): Heiliges Römisches Reich und moderne Staatlichkeit. 1993.

Band 113 Thomas Heinrich: Das preußische Nichtehelichenrecht: Von der Aufklärung zur Reaktion. 1993.

Band 114 Gerald Kohl: Jagd und Revolution. Das Jagdrecht in den Jahren 1848 und 1849. 1993.

Band 115 Christian Schudnagies: Der Kriegs- oder Belagerungszustand im Deutschen Reich während des Ersten Weltkrieges. Eine Studie zur Entwicklung und Handhabung des deutschen Ausnahmezustandsrechts bis 1918. 1994.

Band 116 Elisabeth Bellmann: Die Internationale Kriminalistische Vereinigung (1889-1933). 1994.

Band 117 Julia Pfannkuch: Volksrichterausbildung in Sachsen 1945-1950. 1993.

Band 118 Jörg Offen: Von der Verwaltungsgemeinschaft des BGB von 1896 zur Zugewinngemeinschaft des Gleichberechtigungsgesetzes von 1957. 1994.

Band 119 Dorothee Kohlhas-Müller: Untersuchungen zur Rechtsstellung Theoderichs des Großen. 1995.

Band 120 Monika Rose: Das Gerichtswesen des Herzogtums Pfalz-Zweibrücken im 18. Jahrhundert. Ein Beitrag zur territorialen Gerichtsbarkeit im Alten Reich. 1994.

Band 121 Jörn Eckert / Hans Hattenhauer (Hrsg.): Bibel und Recht. Rechtshistorisches Kolloquium 9. - 13. Juni 1992 an der Christian-Albrechts-Universität zu Kiel. 1994.

Band 122 Robert Martin Mizia: Der Rechtsbegriff der Autonomie und die Begründung des Privatfürstenrechts in der deutschen Rechtswissenschaft des 19. Jahrhunderts. 1995.

Band 123 Walther Graf von Plettenberg: Das Fortleben des Liber Iudiciorum in Asturien/León (8. - 13. Jh.). 1994.

Band 124 Wolfgang Schulz: Das deutsche Börsengesetz. Die Entstehungsgeschichte und wirtschaftlichen Auswirkungen des Börsengesetzes von 1896. 1994.

Band 125 Frank Hagemann: Der Untersuchungsausschuß Freiheitlicher Juristen. 1949 – 1969. 1994.

Band 126 Andreas Rethmeier: "Nürnberger Rassegesetze" und Entrechtung der Juden im Zivilrecht. 1995.

Band 127 Edith Grether: Die Poesie der Throne. Die Juristen in der Fruchtbringenden Gesellschaft. 1995.

Band 128 Anna Bartels-Ishikawa: Der Lippische Thronfolgestreit. Eine Studie zu verfassungsrechtlichen Problemen des Deutschen Kaiserreiches im Spiegel der zeitgenössischen Staats. 1995.

Band 129 Jörg Schmidt: Otto Koellreutter 1883-1972. Sein Leben, sein Werk, seine Zeit. 1995.

Band 130 Christian Hattenhauer: Wahl und Krönung Franz II. AD 1792. Das Heilige Reich krönt seinen letzten Kaiser - Das Tagebuch des Reichsquartiermeisters Hieronymus Gottfried von Müller und Anlagen. 1995.

Band 131 Jutta v. der Decken: Das Seearbeitsrecht im Hamburger Stadtrecht von 1301 bis 1603. 1995.

Band 132 Detlev Schmidt: Die Reform des Rechts der Handelsvertreter von 1953. 1995.

Band 133 Gabi Roßdeutscher: Privatautonomie im Scheidungsrecht. Scheidungsbezogene Vereinbarungen in den letzten 200 Jahren. 1995.

Band 134 Harald Kahlenberg: Leben und Werk des Rechtshistorikers Walther Merk. Ein Beispiel für das Verhältnis von Rechtsgeschichte und Nationalsozialismus. 1995.

Band 135 Michael Steitz: Adelbert Düringer am Reichsgericht (1902-1915). Seine aktienrechtlichen Entscheidungen und sein Einfluß auf das Aktienrecht in Deutschland. 1995.

Band 136 Christian Becker: Beata Justorum Translatio. Juristen in schleswig-holsteinischen Leichenpredigten. 1996.

Band 137 Christoph Seiler: Vom Allgemeinen Landrecht zum Bürgerlichen Gesetzbuch. Dargestellt am Beispiel der höchstrichterlichen Judikatur zum kaufrechtlichen Sachmängelgewährleistungsrecht. 1996.

Band 138 Bernd Mayer: Die Vertrauensmännerausschüsse auf den preußischen Steinkohlegruben an der Saar. Entstehung und Wirken. Eine rechtshistorische Untersuchung. 1996.

Band 139 Rochus Scholl: Juden und Judenrecht im Herzogtum Pfalz-Zweibrücken. Ein Beitrag zur Rechtsgeschichte eines deutschen Kleinstaates am Ende des alten Reiches. 1996.

Band 140 Meike Bursch: Judentaufe und frühneuzeitliches Strafrecht. Die Verfahren gegen Christian Treu aus Weener/Ostfriesland 1720-1728. 1996.

Band 141 Markus Hillenbrand: Fürstliche Eheverträge. Gottorfer Hausrecht 1544 - 1773. 1996.

Band 142 Ulf Häder: Das gemeinschaftliche Oberappellationsgericht thüringischer Staaten in Jena. Ein Beitrag zur Geschichte des Gerichtswesens im 19. Jahrhundert. 1996.

Band 143 Andreas Bauer: Das Gnadenbitten in der Strafrechtspflege des 15. und 16. Jahrhunderts. Dargestellt unter besonderer Berücksichtigung von Quellen der Vorarlberger Gerichtsbezirke Feldkirch und des Hinteren Bregenzerwaldes. 1996.

Band 144 Christian Wirth: Der Jurist Johann Andreas Georg Friedrich Rebmann zwischen Revolution und Restauration. 1996.

Band 145 Stefanie Müller: Die Rechtsprechung des Hanseatischen Oberlandesgerichts zum persönlichen Eherecht in Hamburgischen Gerichtsfällen von 1879 -1900. 1996.

Band 146 Jean-Nicolas Morisset: Der Frachtvertrag in der *Ordonnance de la marine* von 1681. 1996.

Band 147 Dirk Lentfer: Die Glogauer Landesprivilegien des Andreas Gryphius von 1653. 1996.

Band 148 Wencke Mull: Die Haftung für Einsturzschäden nach den §§ 836-838 BGB in der Rechtsprechung des Reichsgerichts. 1996.

Band 149 Renate Zelger: Teufelsverträge. Märchen, Sage, Schwank, Legende im Spiegel der Rechtsgeschichte. 1996.

Band 150 Guido Kraß: Das Arrestverfahren in Frankfurt am Main im Spätmittelalter. 1996.

Band 151 F. Benedict Heyn: Die Entwicklung des Eisenbahnfrachtrechts von den Anfängen bis zur Einführung des Allgemeinen Deutschen Handelsgesetzbuches (ADHGB). 1996.

Band 152 Thomas Lang: Die Staats- und Verfassungslehre Carl Salomo Zachariaes. 1996.

Band 153 Michael Hebeis: Karl Anton von Martini (1726-1800). Leben und Werk. 1996.

Band 154 Gerald Hubert: Die Diskussion um die rechtliche Natur der Bizone in den Jahren 1947-1949. 1996.

Band 155 Christof Horn: Die Rechtsprechung des Reichsgerichts in Ehescheidungssachen der Jahre 1900 bis 1905. 1996.

Band 156 Hermann Nehlsen / Georg Brun (Hrsg.): Münchener rechtshistorische Studien zum Nationalsozialismus. 1996.

Band 157 Jan Otto Clemens Kehrberg: Die Entwicklung des Elektrizitätsrechts in Deutschland. Der Weg zum Energiewirtschaftsgesetz von 1935. 1997.

Band 158 Johannes Tradt: Der Religionsprozeß gegen den Zopfschulzen (1791-1799). Ein Beitrag zur protestantischen Lehrpflicht und Lehrzucht in Brandenburg-Preußen gegen Ende des 18. Jahrhunderts. 1997.

Band 159 Dietmar Olsen: Das kaufrechtliche Sachmängelgewährleistungsrecht des Code civil in der Rechtsprechung deutscher Gerichte im 19. Jahrhundert. Ein Beitrag zur Ablösung der Partikularrechte durch das BGB. 1997.

Band 160 Ulrich Bernhardt: Die Deutsche Akademie für Staats- und Rechtswissenschaft „Walter Ulbricht" 1948-1971. 1997.

Band 161 Claudia Susan Hoppe: Die Bürgschaft im Rechtsleben Hamburgs von 1600 bis 1900. 1997.

Band 162 Franz-Rudolf Ecker: Die Entwicklung des Bergrechts im Saarbrücker Steinkohlenrevier bis zum Ende des 18. Jahrhunderts. Ein Vergleich mit dem älteren deutschen Bergrecht. 1997.

Band 163 Anne Katrin Rückert: Politik und Privatrecht in der „konservativen Revolution". 1997.

Band 164 Gisbert Laube: Der Reichskunstwart. Geschichte einer Kulturbehörde 1919-1933. 1997.

Band 165 Nicolas Lührig: Die Diskussion über die Reform der Juristenausbildung von 1945 bis 1995. 1997.

Band 166 Regula Gerber Jenni: Die Emanzipation der mehrjährigen Frauenzimmer. Frauen im bernischen Privatrecht des 19. Jahrhunderts. 1997.

Band 167 Mischa A. Färber: Das gemeinschaftliche Testament in der höchstrichterlichen Rechtsprechung zum Allgemeinen Preußischen Landrecht und zum BGB. Ein Beitrag zur Ablösung der Partikularrechte durch das BGB. 1997.

Band 168 Catherine Antoinette Gasser: Philipp Lotmar 1850-1922. Professor der Universität Bern. Sein Engagement für das Schweizerische Arbeitsrecht. 1997.

Band 169 Lars Immisch: Der sozialistische Richter in der DDR und seine Unabhängigkeit. Der Versuch eines Rechtsvergleiches zum Unabhängigkeitsbegriff in der bundesdeutschen Rechtsordnung. 1997.

Band 170 Jessica Jacobi: Besitzschutz vor dem Reichskammergericht. Die friedenssichernde Funktion der Besitzschutzklagen am Reichskammergericht im 16. Jahrhundert, dargestellt anhand von Kameralisten. 1998.

Band 171 Ewald Hügemann: Die Geschichte des öffentlichen und privaten Mietpreisrechts vom Ersten Weltkrieg bis zum Gesetz zur Regelung der Miethöhe von 1974. 1998.

Band 172 Lutz Rentzow: Die Entstehungs- und Wirkungsgeschichte der Vernewerten Landesordnung für das Königreich Böhmen von 1627. 1998.

Band 173 Sabine Stürmer: Mühlenrecht im Herzogtum Pfalz-Zweibrücken während des 18. Jahrhunderts. Ein Beitrag zum Wirtschaftsrecht eines deutschen Kleinstaates im Alten Reich. 1998.

Band 174 Mario Bogisch: *Nemo testis in re sua*. Das Problem der Zeugnisfähigkeit bei der Anwendung der deutschen Zivilprozeßordnung von 1877. 1998.

Band 175 Rainer Oßwald: Pactane sunt servanda? Freiwilligkeit, Zwang und Unverbindlichkeitserklärungen im islamischen Vertragsrecht malikitischer Schule. 1998.

Band 176 Bettina Kern: Der preußische BGB-Entwurf von 1842. 1998.

Band 177 Inken Fuhrmann: Die Diskussion über die Einführung der fakultativen Zivilehe in Deutschland und Österreich seit Mitte des 19. Jahrhunderts. 1998.

Band 178 Annette Rieck: Der Heilige Ivo von Hélory (1247-1303). Advocatus pauperum und Patron der Juristen. 1998.

Band 179 Frank Bottenberg: Die Hamburgische Strafprozeßordnung von 1869. 1998.

Band 180 Matthias Krauß: Das kursächsische Postrecht von seinen Anfängen bis zum Ende des Alten Reichs. 1998.

Band 181 Torsten Schmidt: Die Entmündigung von den Anfängen des BGB bis zu ihrer Ablösung durch das Institut der Betreuung. 1998.

Band 182 Christian Nunn: Rudolf Müller-Erzbach. 1874-1959. Von der realen Methode über die Interessenjurisprudenz zum kausalen Rechtsdenken (Leben und Werk). 1998.

Band 183 Christian Ortloff: Das staatskirchenrechtliche System Wilhelm Traugott Krugs. Glaubens- und Gewissensfreiheit – eine Forderung der Vernunft. 1998.

Band 184 Christian Hattenhauer: Schuldenregulierung nach dem Westfälischen Frieden. Der sog. § *de indaganda* und seine Umsetzung im Jüngsten Reichsabschied (AD 1648 und 1654). 1998.

Band 185 Werner Schubert: Preußen im Vormärz. Die Verhandlungen der Provinziallandtage von Brandenburg, Pommern, Posen, Sachsen und Schlesien sowie – im Anhang – von Ostpreußen, Westfalen und der Rheinprovinz (1841-1845). 1998.

Band 186 Silvia Schumacher: Das Rechtsverhältnis zwischen Eltern und Kindern in der Privatrechtsgeschichte. 1999.

Band 187 Kai Sommer: Die Strafbarkeit der Homosexualität von der Kaiserzeit bis zum Nationalsozialismus. Eine Analyse der Straftatbestände im Strafgesetzbuch und in den Reformentwürfen (1871-1945). 1998.

Band 188 Jan Erik Backhaus: Volksrichterkarrieren in der DDR. 1999.

Band 189 Ralf Ruhnau: Die Fürstlich Thurn und Taxissche Privatgerichtsbarkeit in Regensburg. Ein Kuriosum der deutschen Rechtsgeschichte. 1999.

Band 190 Antonio Grilli: Die französische Justizorganisation am linken Rheinufer 1797-1803. 1999.

Band 191 Stephanie Kammerloher-Lis: Die Entstehung des Gesetzes über die religiöse Kindererziehung vom 15. Juli 1921. 1999.

Band 192 Jan Telp: Ausmerzung und Verrat. Zur Diskussion um Strafzwecke und Verbrechensbegriffe im Dritten Reich. 1999.

Band 193 Kurt von Pannwitz: Die Entstehung der Allgemeinen Deutschen Wechselordnung. Ein Beitrag zur Geschichte der Vereinheitlichung des deutschen Zivilrechts im 19. Jahrhundert. 1999.

Band 194 Sylvia Busch: Die Entstehung der Allgemeinen Gerichtsordnung für die Preussischen Staaten von 1793/95. Ein Beitrag zur Geschichte der Kodifikationsbewegung und der Reform des Zivilprozesses in Preußen im 18. Jahrhundert. 1999.

Band 195 Dirk Bieresborn: Klage und Klageerwiderung im deutschen und englischen Zivilprozeß. Eine rechtshistorische und rechtsvergleichende Untersuchung unter besonderer Berücksichtigung der Beeinflussung durch das römisch-kanonische Verfahren. 1999.

Band 196 Andreas Thier / Guido Pfeifer / Philipp Grzimek (Hrsg.): Kontinuitäten und Zäsuren in der Europäischen Rechtsgeschichte. Europäisches Forum Junger Rechtshistorikerinnen und Rechtshistoriker München 22.-24. Juli 1998. 1999.

Band 197 Franz Smola: Die Fürstlich Liechtenstein'sche Kunstsammlung. Rechtsfragen zur Verbringung der Sammlung von Wien nach Vaduz in den Jahren 1944/45. 1999.

Band 198 Frank Martin Krauss: Das geteilte Eigentum im 19. und 20. Jahrhundert. Eine Untersuchung zum Fortbestand des Teilungsgedankens. 1999.

Band 199 Matthias Frey: Die spanische Aktiengesellschaft im 18. Jahrhundert und unter dem Código de Comercio von 1829. 1999.

Band 200 Alexandra Gilde: Die Stellung der Frau im Reichsstrafgesetzbuch von 1870/71 und in den Reformentwürfen bis 1919 im Urteil der bürgerlichen Frauenbewegung. Eine Analyse ausgewählter Straftatbestände. 1999.

Band 201 Malte Dießelhorst / Arne Duncker: Hans Kohlhase. Die Geschichte einer Fehde in Sachsen und Brandenburg zur Zeit der Reformation. 1999.

Band 202 Jörg Hillmann: Territorialrechtliche Auseinandersetzungen der Herzöge von Sachsen-Lauenburg vor dem Reichskammergericht im 16. Jahrhundert. 1999.

Band 203 Carsten Engler: Die Kommanditgesellschaft (KG) und die stille Gesellschaft im Allgemeinen Deutschen Handelsgesetzbuch (ADHGB) von 1861. 1999.

Band 204 Vesta Hoffmann-Steudner: Die Rechtsprechung des Reichsgerichts zu dem Scheidungsgrund des § 49 EheG (EheG 1938) in den Jahren 1938-1945. 1999.

Band 205 Michaela Thiele: Die Auflösung von Arbeitsverhältnissen aufgrund Anfechtung und außerordentlicher Kündigung nach der Rechtsprechung des Reichsarbeitsgerichts (1927-1945). 2000.

Band 206 Peter Landau / Hermann Nehlsen / Mathias Schmoeckel (Hrsg.): Karl von Amira zum Gedächtnis. 1999.

Band 207 Marcus Flinder: Die Entstehungsgeschichte des Zivilgesetzbuches der DDR. 1999.

Band 208 Boris Franz Leo Bromm: Die Entstehungsgeschichte des Berufs des Handelsvertreters. Unter besonderer Berücksichtigung der Sozialgesetzgebung in den Jahren von 1871-1933. 2000.

Band 209 Winfried C. J. Eberstein: Das Tierschutzrecht in Deutschland bis zum Erlaß des Reichs-Tierschutzgesetzes vom 24. November 1933. Unter Berücksichtigung der Entwicklung in England. 1999.

Band 210 Patrick Deller: Der „nach dem Vertrage" vorausgesetzte Gebrauch (§ 459 Absatz 1 Satz 1 BGB). Eine kaufrechtliche Untersuchung unter Berücksichtigung rechtshistorischer wie rechtsvergleichender Grundlagen. 2000.

Band 211 Eckard Freiherr von Bodenhausen: Haftung des Geschäftsherrn für Verrichtungsgehilfen im Straßen- und Schienenverkehr. Eine Analyse der Entscheidungen des Reichsgerichts zu § 831 BGB (1900-1945). 2000.

Band 212 Birte Gast: Der Allgemeine Teil und das Schuldrecht des Bürgerlichen Gesetzbuchs im Urteil von Raymond Saleilles (1855-1912). 2000.

Band 213 Hansjörg Michael Huber: Koloniale Selbstverwaltung in Deutsch-Südwestafrika. Entstehung, Kodifizierung und Umsetzung. 2000.

Band 214 Ulf Björner: Die Verfassungsgerichtsbarkeit im Norddeutschen Bund und Deutschen Reich (1867-1918). Eine rechtshistorische Untersuchung über Gerichtsbarkeit im Spannungsfeld von Politik und Recht innerhalb der von Bismarck geschaffenen deutschen Bundesstaaten. 2000.

Band 215 Mathias Freiherr von Rosenberg: Friedrich Carl von Savigny (1779-1861) im Urteil seiner Zeit. 2000.

Band 216 Reinhard Binder-Krieglstein: Österreichisches Adelsrecht 1868-1918/19. Von der Ausgestaltung des Adelsrechts der cisleithanischen Reichshälfte bis zum Adelsaufhebungsgesetz der Republik unter besonderer Berücksichtigung des adeligen Namensrechts. 2000.

Band 217 Claudia-Regine Nerius: Johannes Lehmann-Hohenberg (1851-1925). Eine Studie zur völkischen Rechts- und Justizkritik im Deutschen Kaiserreich. 2000.

Band 218 Ludger Meuten: Die Erbfolgeordnung des Sachsenspiegels und des Magdeburger Rechts. Ein Beitrag zur Geschichte des sächsisch-magdeburgischen Rechts. 2000.

Band 219 Christoph Alexander von Wilcken: Die Reformbestrebungen zum Genossenschaftsgesetz in der Frühzeit der Bundesrepublik. Die Beratungen der Sachverständigenkommission zur Überprüfung des Genossenschaftsrechts 1954 bis 1958 und der Referentenentwurf von 1962. 2000.

Band 220 Verein Junger RechtshistorikerInnen Zürich (Hrsg.): ¿Rechtsgeschichte(n)? ¿Histoire(s) du droit? ¿Storia/storie del diritto? ¿Legal Histori(es)? Europäisches Forum Junger Rechtshistorikerinnen und Rechtshistoriker Zürich 28.-30. Mai 1999. 2000.

Band 221 Hans Christian Schüler: Die Entstehungsgeschichte der Bundesnotarordnung vom 24. Februar 1961. 2000.

Band 222 Nils-Eberhard Schramm: Die Vereinigung demokratischer Juristen (1949-1999). 2000.

Band 223 Silke Anke Torp: Das Rechtsverhältnis zwischen den Eltern und ihren Kindern. Dienstleistungspflicht, Aussteuer und Ausstattung. Eine Analyse der Rechtsprechung des Reichsgerichts und des Reichsarbeitsgerichts zu den Vorschriften der §§ 1616 bis 1625 des Bürgerlichen Gesetzbuches in der Zeit von 1900 bis 1945. 2000.

Band 224 Martin Jürgen Maaß: Die Geschichte des Eigentumsvorbehalts, insbesondere im 18. und 19. Jahrhundert. 2000.

Band 225 Stefanie Langer: Rechtswissenschaftliche Itinerarien. Lebenswege namhafter europäischer Juristen vom 11. bis zum 18. Jahrhundert. 2000.

Band 226 Ulrich Schmitz: Der Unterhaltsanspruch des nichtehelichen Kindes gegen seinen Erzeuger. Die rechtsgeschichtliche und dogmatische Entwicklung im deutschen Recht. 2000.

Band 227 Sebastian Günther: Friedrich Carl von Savigny als Grundherr. 2000.

Band 228 Henning Ibs: Hermann J. Held (1890-1963). Ein Kieler Gelehrtenleben in den Fängen der Zeitläufe. 2000.

Band 229 Matthias Rücker: Wirtschaftswerbung unter dem Nationalsozialismus. Rechtliche Ausgestaltung der Werbung und Tätigkeit des Werberats der deutschen Wirtschaft. 2000.

Band 230 Hendrik Sandmann: Die Entwicklung von Begriff und Inhalt des Wirtschaftchsrechts durch die Rechtswissenschaft in der Weimarer Republik. 2000.

Band 231 Sibylle Müller: Gibt es Menschenrechte bei Samuel Pufendorf? 2000.

Band 232 Karin Olechowski-Hrdlicka: Die gemeinsamen Angelegenheiten der Österreichisch-Ungarischen Monarchie. Vorgeschichte – Ausgleich 1867 – Staatsrechtliche Kontroversen. 2001.

Band 233 Johannes Mierau: *Die juristischen Abschluß- und Diplomprüfungen in der SBZ/DDR.* Ein Einblick in die Juristenausbildung im Sozialismus. 2001.

Band 234 Jörg Wolff (Hrsg.): Stillstand, Erneuerung und Kontinuität. Einsprüche zur Preußenforschung. 2001.

Band 235 Friedo Schröder: Die anwaltliche Tätigkeit während der nationalsozialistischen Herrschaft. Eine Analyse der anwaltlichen Argumentation in Zivilprozessen anhand der vorhandenen Prozeßakten der Landgerichte Frankenthal, Wiesbaden, Limburg und Frankfurt und der Handakten der *jüdischen Konsulenten* des OLG-Bezirks Frankfurt. 2001.

Band 236 Der Code pénal des Königreichs Westphalen von 1813 mit dem Code pénal von 1810 im Original und in deutscher Übersetzung. Herausgegeben und mit einer Einleitung versehen von Werner Schubert. 2001.

Band 237 Klaus Richter: Deutsches Kolonialrecht in Ostafrika 1885-1891. 2001.

Band 238 Kai von Lewinski: Deutschrechtliche Systembildung im 19. Jahrhundert. 2001.

Band 239 Alexander Herzog: Sittenwidrige Rechtsgeschäfte in der höchstrichterlichen Rechtsprechung aus den Jahren 1948-1965. 2001.

Band 240 Claudia Rönnau: Die Beratungen des Wasserrechtsausschusses der Akademie für Deutsches Recht zu einem Reichswassergesetz (1934-1941). Ein Beitrag zur Dogmatik der Begriffe *Gemeingebrauch* und *Sondergebrauch* in der Zeit des Nationalsozialismus. 2001.

Band 241 Momme Rohlack: Kriegsgesellschaften (1914-1918). Arten, Rechtsformen und Funktionen in der Kriegswirtschaft des Ersten Weltkrieges. 2001.

Band 242 Rolf Geyer: Der Gedanke des Verbraucherschutzes im Reichsrecht des Kaiserreichs und der Weimarer Republik (1871-1933). Eine Studie zur Geschichte des Verbraucherrechts in Deutschland. 2001.

Band 243 Felix Lorenz Benjamin Lehmann: Der Rote Adlerorden. Entstehung und rechtliche Grundlagen (1705-1918). 2002.

Band 244 Marc Ludwig: Der Pfändungsschutz für Lohneinkommen. Die Entstehungs- und Entwicklungsgeschichte der Vorschriften zum Schutz vor Lohnpfändung in Deutschland. 2001.

Band 245 Alexander Wachter: Dorfschule zwischen Pastor und Schulmeister. Zur Säkularisierung des niederhessischen Schulwesens im 19. Jahrhundert. 2001.

Band 246 Richard Scholz: Analyse der Entstehungsbedingungen der reichsgerichtlichen Aufwertungsrechtsprechung. Untersuchung unter besonderer Berücksichtigung der konservativen Geldpolitik der Reichsbank und der Inflationspolitik der Reichsregierung. 2001.

Band 247 Judith Laeverenz: Märchen und Recht. Eine Darstellung verschiedener Ansätze zur Erfassung des rechtlichen Gehalts der Märchen. 2001.

Band 248 Christina Schenk: Bestrebungen zur einheitlichen Regelung des Strafvollzugs in Deutschland von 1870 bis 1923. 2001.

Band 249 Nils Werner: Die Prozesse gegen die Landvolkbewegung in Schleswig-Holstein 1929/32. Ein Beitrag zur Justizkritik in der späten Weimarer Republik. 2001.

Band 250 Wolfgang Walter: Das Duell in Bayern. Ein Beitrag zur bayerischen Strafrechtsgeschichte. 2002.

Band 251 Jörn Eckert / Kjell Å. Modéer (Hrsg.): Geschichte und Perspektiven des Rechts im Ostseeraum. Erster Rechtshistorikertag im Ostseeraum 8.–12. März 2000. 2001.

Band 252 Jan Könighaus: Die Inauguration der Christian-Albrechts-Universität zu Kiel 1665. Symbolgehalt und rechtliche Bedeutung des Universitätszeremoniells. 2002.

Band 253 Andreas Görgen: Rechtssprache in der Frühen Neuzeit. Eine vergleichende Untersuchung der Fremdwortverwendung in Gesetzen des 16. und 17. Jahrhunderts. 2002.

Band 254 Ralf Schäfer: Die Rechtsstellung der Haigerlocher Juden im Fürstentum Hohenzollern-Sigmaringen von 1634-1850. Eine rechtsgeschichtliche Untersuchung. 2002.

Band 255 Regine Schmalhorst: Die Tierhalterhaftung im BGB von 1896. Die Entstehung und Änderung des § 833 BGB sowie eine Analyse der Rechtsprechung des Reichsgerichts bis 1908. 2002.

Band 256 Thomas Hense: Konrad Beyerle. Sein Wirken für Wissenschaft und Politik in Kaiserreich und Weimarer Republik. 2002.

Band 257 Christian Mahlmann: Die Strafrechtswissenschaft der DDR. Klassenkampftheorie und Verbrechenslehre. 2002.

Band 258 Henning Kahmann: Die Bankiers von Jacquier & Securius 1933–1945. Eine rechtshistorische Fallstudie zur "Arisierung" eines Berliner Bankhauses. Mit einem Geleitwort von John Kornblum. 2002.

Band 259 Volker Friedrich Drecktrah: Die Gerichtsbarkeit in den Herzogtümern Bremen und Verden und in der preußischen Landdrostei Stade von 1715 bis 1879. 2002.

Band 260 Andreas Klass: Standes- oder Leistungselite? Eine Untersuchung der Karrieren der Wetzlarer Anwälte des Reichskammergerichts (1693-1806). 2002.

Band 261 Wolfgang Eder: Das italienische Tribunale Speciale per la Difesa dello Stato und der deutsche Volksgerichtshof. Ein Vergleich zwischen zwei politischen Gerichtshöfen. 2002.

Band 262 Albrecht Cordes / Bernd Kannowski (Hrsg.): Rechtsbegriffe im Mittelalter. 2002.

Band 263 Thomas Hildebrandt: Die Brandenburgischen Provinziallandtage von 1841, 1843, und 1845 anhand ausgewählter Verhandlungsgegenstände. 2002.

Band 264 Jan Finzel: Georg Adam Struve (1619–1692) als Zivilrechtler. 2003.

Band 265 Björn Carsten Frenzel: Das Selbstverständis der Justiz nach 1945. Analyse der Rolle der Justiz unter Berücksichtigung der Reden zur *Wiedereröffnung* der Bundes- und Oberlandesgerichte. 2003.

Band 266 Nils Reichhelm: Die marxistisch-leninistische Staats- und Rechtstheorie Karl Polaks. 2003.

Band 267 Raik Schneider: Altrechtliche Personenzusammenschlüsse. Ihre Entwicklung unter besonderer Berücksichtigung des Rechts des Großherzogtums Sachsen-Weimar-Eisenach sowie der Herzogtümer Sachsen-Meiningen und Sachsen-Gotha. 2003.

Band 268 Anke Meier: Die Geschichte des deutschen Konkursrechts, insbesondere die Entstehung der Reichskonkursordnung von 1877. 2003.

Band 269 Stefan Jens Jordan: Leben und Werk des Tübinger Rechtsprofessors Wilhelm Gottlieb Tafinger 1760–1813. 2003.

Band 270 Stefanie Hubig: Die historische Entwicklung des § 23 ZPO. Zum Ursprung und Fortleben des Vermögensgerichtsstandes im deutschen Prozeßrecht des 19. Jahrhunderts. 2003.

Band 271 Michael G. Perband: Der Grundsatz der freien Beweiswürdigung im Zivilprozeß (§ 286 ZPO) in der Rechtsprechung des Reichsgerichts. 2003.

Band 272 Mathias Bouveret: Die Stellung des Staatsoberhauptes in der parlamentarischen Diskussion und Staatsrechtslehre von 1848 bis 1918. 2003.

Band 273 Barbara Széchényi: Rechtliche Grundlagen bayerischer Zensur im 19. Jahrhundert. 2003.

Band 274 Sylvia Scharfenberg: Die Entstehungsgeschichte des Beurkundungsgesetzes vom 28. August 1969. 2003.

Band 275 Urte Nesemann: Die schwedische Familiengesetzgebung von 1734 bis zu den Reformgesetzen von 1915 bis 1920 und deren Einfluss auf die Gesetzgebungsprojekte der Weimarer Republik. Unter besonderer Berücksichtigung der Rechtsstellung der Frau und des unehelichen Kindes. 2003.

Band 276 Alexandra Brück: Die Polizeiordnung Herzog Christians von Braunschweig-Lüneburg vom 6. Oktober 1618. 2003.

Band 277 Torsten Landwehr: Das Kommissionsgeschäft in Rechtswissenschaft, Gesetzgebung und Rechtspraxis vom 16. bis zum Ende des 18. Jahrhunderts. 2003.

Band 278 Tassilo Wilhelm Maria Englert: Deutsche und italienische Zivilrechtsgesetzgebung von 1933–1945. Parallelen in der Rechtsetzung und gegenseitige Beeinflussung unter besonderer Berücksichtigung des Familien- und Erbrechts. 2003.

Band 279 Tobias Prang: Der Schutz der Versicherungsnehmer bei der Auslegung von Versicherungsbedingungen durch das Reichsgericht. 2003.

Band 280 Thorsten Lieb: Privileg und Verwaltungsakt. Handlungsformen der öffentlichen Gewalt im 18. und 19. Jahrhundert. 2004.

Band 281 Michael Rühling: Das Ladenschlussgesetz vom 28. November 1956. Vorgeschichte, Entstehung des Gesetzes und weitere Entwicklung. 2004.

Band 282 Kathrin Nawotki: Die schleswigsche Deichstavengerechtigkeit. Vom 17. Jahrundert bis in die Gegenwart. Eine gewohnheitsrechtliche Superfizies an nordfriesischen Deichgrundstücken und ihre Entwicklung. 2004.

Band 283 Erik Nils Voigt: Die Gesetzgebungsgeschichte der militärischen Ehrenstrafen und der Offizierehrengerichtsbarkeit im preußischen und deutschen Heer von 1806 bis 1918. 2004.

Band 284 Dorothea Riedi Hunold: Die Einführung der allgemeinen Wechselfähigkeit in der Schweiz in der zweiten Hälfte des 19. Jahrhunderts. Unter besonderer Berücksichtigung der politischen, wirtschaftlichen und sozialen Verhältnisse. 2004.

Band 285 Thomas Gergen: Pratique juridique de la paix et trêve de Dieu à partir du concile de Charroux (989–1250). Juristische Praxis der Pax und Treuga Dei ausgehend vom Konzil von Charroux (989–1250). 2004.

Band 286 Kathrin Bethkenhagen: Die Entwicklung des Luftrechts bis zum Luftverkehrsgesetz von 1922. 2004.

Band 287 Heiko Lüpkes: Die Verbrechen der Diener des Staats im Allgemeinen Landrecht für die Preußischen Staaten von 1794 und ihre Entwicklung zu den Vergehen und Verbrechen im Amte im Strafgesetzbuch für die Preußischen Staaten von 1851. 2004.

Band 288 Mirco Peter Hirsch: Von der Erbbescheinigung des Preußischen Rechts zum Erbschein des Bürgerlichen Gesetzbuchs. 2004.

Band 289 Bettina Günther: Die Behandlung der Sittlichkeitsdelikte in den Policeyordnungen und der Spruchpraxis der Reichsstädte Frankfurt am Main und Nürnberg im 15. bis 17. Jahrhundert. 2004.

Band 290 Seunghyeon Seong: Der Begriff der *nicht gehörigen Erfüllung* aus dogmengeschichtlicher und rechtsvergleichender Sicht. 2004.

Band 291 Steffen-Werner Meyer: Bemühungen um ein Reichsgesetz gegen den Büchernachdruck. Anläßlich der Wahlkapitulation Leopolds II. aus dem Jahre 1790. 2004.

Band 292 Ulrich Löffler: Instrumentalisierte Vergangenheit? Die nationalsozialistische Vergangenheit als Argumentationsfigur in der Rechtsprechung des Bundesverfassungsgerichts. 2004.

Band 293 Norbert Koch: Die Entwicklung des deutschen privaten Immissionsschutzrechts seit Beginn der Industrialisierung. Unter besonderer Berücksichtigung des Einflusses der höchstrichterlichen Rechtsprechung. 2004.

Band 294 Julius Ludwig Pfeiffer: Das Tierschutzgesetz vom 24. Juli 1972. Die Geschichte des deutschen Tierschutzrechts von 1950 bis 1972. 2004.

Band 295 Bert-Hagen Strodthoff: Die richterliche Frage- und Erörterungspflicht im deutschen Zivilprozeß in historischer Perspektive. 2004.

Band 296 Tim Kannewurf: Die Höfeordnung vom 24. April 1947. Entstehungsgeschichte und Einordnung in die Entwicklung des Anerbenrechts. 2004.

Band 297 Steffi Heine: Die Methodendiskussion nach Inkrafttreten des Bürgerlichen Gesetzbuches und die Gründung des Vereins *Recht und Wirtschaft*. 2004.

Band 298 Anne Marlene Simon-Holtorf: Geschichte des Familienwahlrechts in Frankreich (1871 bis 1945). 2004.

Band 299 Jürgen Busch: Das Germanenbild der deutschen Rechtsgeschichte. Zwischen Wissenschaft und Ideologie. Mit einem Vorwort von Herwig Wolfram. 2004.

Band 300 Jan Kohlmann: Der Marsch zu den Gräbern von Karl und Rosa. Geschichte eines Gedenktages. 2004.

Band 301 Christian Rainer Schlicht: Die kumulative Schuldübernahme in der Rechtsprechung des Reichsgerichts und in der zeitgenössischen Literatur. 2004.

Band 302 Hans Peter Glöckner: Positive Vertragsverletzung. Die Geburt eines Rechtsinstituts. 2004.

Band 303 João Manuel Azevedo Alexandrino Fernandes: Die Theorie der Interpretation des Gesetzes bei Francisco Suárez. 2005.

Band 304 René Funk: Die Wahlprüfung der volksgewählten Abgeordneten der Volksvertretungen im Frühkonstitutionalismus. Eine Untersuchung der Wahlprüfung in den Kammern der Abgeordneten des Großherzogtums Baden, des Königreichs Württemberg und des Großherzogtums Hessen. 2005.

Band 305 Carolin O'Sullivan. Die Ahndung von Rechtsbrüchen der Seeleute im mittelalterlichen hamburgischen und hansischen Seerecht (1301–1482). 2005.

Band 306 Martin Jürgens: Staat und Reich bei Ernst Rudolf Huber. Sein Leben und Werk bis 1945 aus rechtsgeschichtlicher Sicht. 2005.

Band 307 Florian G. Dürselen: Franz Beyerle (1885–1977). Leben, Ära und Werk eines Rechtshistorikers. 2005.

Band 308 Kai Bandilla: Urheberrecht im Kaiserreich. Der Weg zum Gesetz betreffend das Urheberrecht an Werken der Literatur und Tonkunst vom 19. Juni 1901. 2005.

Band 309 Stefan Mieth: Die Entwicklung des Denkmalrechts in Preußen 1701–1947. 2005.

Band 310 Catharina Lodemann: Die Geschichte des französischen *acte de gouvernement*. 2005.

Band 311 Christina Wicke: *Kodifikationsbestrebungen und Wissenschaft in Hessen-Darmstadt im* vorkonstitutionellen Zeitalter. Zu der Beteiligung der Gießener Rechtsprofessoren an den Gesetzgebungsarbeiten in Hessen-Darmstadt in der Zeit zwischen 1769 und 1820. 2005.

Band 312 Christiane Chlosta: Nur dem Gesetz unterworfen? Eine rechtsgeschichtliche Untersuchung zu Idee und Wirklichkeit richterlicher Gesetzestreue unter besonderer Berücksichtigung der Aufwertungsrechtsprechung und des richterlichen Prüfungsrechts. 2005.

Band 313 Kathrin Dirr: Hoheitsrechtliche Streitigkeiten zwischen den Kölner Erzbischöfen und der Stadt Köln auf Grundlage reichskammergerichtlicher Verfahren des 16. und 17. Jahrhunderts. 2005.

Band 314 Michael Racky: Die Diskussion über Gewaltenteilung und Gewaltentraining im Vormärz. 2005.

Band 315 Petra Thiemrodt: Die Entstehung des Staatshaftungsgesetzes der DDR. Eine Untersuchung auf der Grundlage von Materialien der DDR-Gesetzgebungsorgane mit zeitgeschichtlichen Bezügen. 2005.

Band 316 Julius F. Reiter: Entstehung und staatsrechtliche Theorie der italienischen *Carta del Lavoro*. 2005.

Band 317 André Book: Die Justizreform in der Frühzeit der Bundesrepublik. Die Beratungen der Kommission zur Vorbereitung einer Reform der Zivilgerichtsbarkeit in den Jahren 1955 bis 1961. 2005.

Band 318 Frank Zentz: Das amerikanische Strafverfahren als Element der Besatzungspolitik in Deutschland. Erziehung zur Demokratie durch den *Court of Appeals* 1948–1955. 2005.

www.ingramcontent.com/pod-product-compliance
Ingram Content Group UK Ltd.
Pitfield, Milton Keynes, MK11 3LW, UK
UKHW021131041026
8980IPUK00034B/1553

9 783631 540336